Geschickte Sprünge
Physik und Medium bei Martin Heidegger

D1734775

Christina Vagt

Geschickte Sprünge
Physik und Medium bei Martin Heidegger

diaphanes

Gedruckt mit freundlicher Unterstützung des Graduiertenkollegs
»Mediale Historiographien« der Universitäten Weimar, Erfurt und Jena,
der Technischen Universität Berlin und der Johanna und Fritz Buch
Gedächtnisstiftung.

1. Auflage
ISBN 978-3-03734-198-8
© diaphanes, Zürich 2012

www.diaphanes.net

Satz und Layout: 2edit, Zürich
Druck: Pustet, Regensburg

Inhalt

Einleitung

Die vorliegende Arbeit begann mit der epistemologischen Frage, welche Rolle naturwissenschaftliche Diskurse innerhalb von Heideggers philosophischem Programm im Allgemeinen und für seine Technikphilosophie im Besonderen spielen und ob sich daran eine medienontologische Relation aufzeigen lässt, die über Heidegger hinaus symptomatisch für das Wissen des 20. und 21. Jahrhunderts wäre. Im Zuge meiner Recherchen tauchte 2005 ein unbekannter Briefwechsel zwischen Heidegger und Werner Heisenberg auf. So stand am Anfang die recht mühselige Entzifferung eines Heidegger-Konvolutes zu Heisenberg, das im Laufe der Promotion dann immer mehr zu einem Fluchtpunkt meiner Überlegungen und schließlich auch dieses Buches avancierte.[1]

Das Konvolut ist etwas, das Heideggers Philosophie gleichermaßen entzaubert und in Vollzug setzt, denn dieses Zeug konfrontiert mit der ausdauernden Gedanken- und Papierverarbeitung des Philosophen. Plötzlich bilden alltägliche Tätigkeiten wie Lesen, Schreiben, Markieren, Umschreiben, Ausstreichen, Verschicken, Empfangen, Überarbeiten, Ausschneiden, Überschreiben den profanen Hintergrund von Daseinsanalyse und Seinsgeschichte.

Ihre Materialität macht die zahllosen Bündel von losen handschriftlichen Notizen, abgetippten Entwürfen, Zeitungsausschnitten, Briefen und Postkarten, aus denen der unveröffentlichte Nachlass Heideggers größtenteils besteht, zu begehrten Objekten der aktuellen Forschung.

Unter dem Titel *Leitgedanken zur Entstehung der Metaphysik, der neuzeitlichen Wissenschaft und der modernen Technik* ist 2009 Band Nr. 76 der Martin-Heidegger-Gesamtausgabe, eine Sammlung von Notizen und unveröffentlichten Aufsätzen Heideggers erschienen, die als »Vorüberlegungen und seinsgeschichtliche Nachbereitung«, so die Herausgeber, Heideggers Schriften zu Wissenschaft und Technik betreffen. Band 76, eine mühevoll edierte, druckgelegte Ausgabe von Konvoluten, enthält keine Faksimiles, erleichtert aber dafür um einiges die Lektüre der heideggerschen Notizen. Hier kann jeder

---

1 Vgl. *2.3. Heisenberg.*

nachlesen, wie eingehend sich Heidegger zwischen 1935 und 1953 mit den in der Naturwissenschaft herrschenden Ontologien auseinandersetzte und wie sich dieses Nachdenken als Schreibübung auf Papier vollzog.

Die Aussage des Konvolutes in all seiner Faktizität ist aber zunächst und zumeist nicht mehr als ein ›Dass‹: dass Heidegger sich mit der Wissensgeschichte der Naturwissenschaften und insbesondere der Quantenphysik sehr viel eingehender beschäftigte, als es die Philosophie lange Zeit wahrhaben wollte, dass diese Auseinandersetzung zur langen Vorgeschichte der heideggerschen Frage nach der Technik gehört, und dass eben dieser Sachverhalt in Vergessenheit geraten ist. Von den Konsequenzen handelt dieses Buch.

Die Arbeit gliedert sich in zwei Teile. Der erste beschäftigt sich mit der Wissensordnung der Simultanität und ihrer Medien, wie sie im Kontext der philosophischen und physikalischen Bezüge bei Heidegger begegnen. Dabei steht der Diskurs rund um Leben und Zeit innerhalb von Thermodynamik und Relativitätstheorie im Vordergrund, wie er bei Heidegger in Bezug auf Henri Bergson, Hermann Weyl, Albert Einstein, Erwin Schrödinger, Oskar Becker u.a. erscheint. Auch Heideggers Auseinandersetzung mit der theoretischen Biologie Jakob von Uexexternal Uexexternal Uexexternal Uexexternal — Jakob von Uexexternal Uexexternal — Jakob von Uexexternal Uexexternal — wird in Bezug auf die Begriffe des Lebens und der Maschine, vor allem aber in Bezug auf Welt- und Raumbegriffe thematisiert.

Der zweite Teil beschreibt die Wissensordnung der Unbestimmtheit als Folge der quantenphysikalischen Volten und ihrer Medien. Der Streit um die Formalisierung der Quantenphysik, wie er zwischen Werner Heisenberg, Niels Bohr, Max Born, Hermann Weyl, Erwin Schrödinger u.a. ausgetragen wird, bildet den Ausgangspunkt der Diskussion um einen neuen Stellenwert des Medialen bei Heidegger. Er versucht das Wissen der Physik, ihre medialisierten Räume und neue Ursächlichkeit nicht nur in expliziter Auseinandersetzung mit der Naturwissenschaft zu verstehen, sondern versucht es durch die ihm vertrauten Ontologien, vor allem anhand von Kant- und Aristoteleslektüren, seinsgeschichtlich wieder einzuholen.

Während unter den Wissensbedingungen der Simultanität Medien der Gleichzeitigkeit, der Einschreibung und der raumzeitlichen Verschränkung in Physik und Philosophie vor allem der ontologischen Unterscheidung dienen, scheinen unter dem quantenmechanischen

Axiom der Unbestimmtheit Medien der Verdoppelung eher ontologische Identitäten zu produzieren. Durch die von der Quantenphysik gewandelte Substanz- und Kausalitätsbestimmung verändert sich auch die Funktion des Medialen bei Heidegger. Die Unbestimmtheit zieht eine Revision der heideggerschen Zeit-, Raum- und Seinsbestimmungen nach sich und verweist das frühe fundamentalontologische Programm auf seinen seinsgeschichtlichen Platz.

Die beiden Wissensordnungen dienen auch dem besseren Verständnis des heideggerschen Werkzusammenhangs in Bezug auf die Geschichte des Seins und der modernen Physik, da die handelnden Akteure dieser Geschichte jeweils andere sind und sich darüber hinaus ihre ontologische Funktion verändert.

Während sich der frühe Heidegger im weitesten Sinne mit den Relationen von Dasein, Zeit und Raum beschäftigt, lauten die Vektoren beim späten Heidegger Sein, Sprache und Geschichte. Obwohl Heidegger sich diese Fragen erst im Laufe der 1930er Jahre stellt, verändert sich unter ihren Bedingungen auch die Perspektive auf die frühen Schriften, insbesondere was die Rolle des Medialen betrifft. Als Folge dieses Kurzschlusses überlagern sich auch die beiden Wissensordnungen.

Der Begriff der »Seinsgeschichte« wird von Heidegger in zwei unterschiedlichen Modalitäten verwendet. Er bezeichnet die Geschichte zunehmender Seinsvergessenheit, wie Heidegger sie anhand der ontologischen Zuschreibungen in metaphysischen Etappen beschreibt. Die andere »Seinsgeschichte« bildet den Bezugspunkt für das von Heidegger adressierte »Wesen« des Seins, das sich nicht durch Destruktion herrschender Wahrheiten, sondern nur im Vollzug eigentlichen Denkens und Sagens ereignet. Dabei handelt es sich nach Heidegger nicht mehr um klassische, sondern um prozessorientierte Seinsbestimmungen, da sich das Wesen des Seins in seinem unverstellten, »gelichteten« Wesen dem Diskurs und vor allem der Logik der Philosophie entzieht. Im Folgenden soll gezeigt werden, weshalb genau in der Überschreitung des »reinen« philosophischen Diskurses das Potenzial einer Medienontologie nach Heidegger liegt.

Während die ontisch-ontologische Differenz seit *Sein und Zeit* für den fundamentalen Unterschied zwischen Seiendem und Sein steht, behauptet die seinsgeschichtliche Differenz geschichtliche Identität, den seinsgeschichtlichen Zusammenhang innerhalb einer *epoché* des

»Geschicks«. Diese Überlagerung von Differenz und Identität ist verwirrend aber unumgänglich, zumal auch Heidegger alle Versuche, die Differenzen und Identitäten des Seins auf der Signifikantenebene zu markieren (etwa durch die Schreibweisen »Seyn« und »Sein«, »Ge-stell« und »Gestell«, Sein und S̶e̶i̶n̶) schnell wieder aufgegeben hat. Identitäten und Differenzen müssen in gedanklicher Nähe vollzogen werden, so scheint Heideggers Philosophie zu fordern, als ob diejenigen, die nicht zwischen den verschiedenen Seinsweisen und -geschichten hin- und herspringen können, wieder in die herrschende Ontologie des vorhandenen, gegenständlichen, faktischen und seinsvergessenen Denkens zurücksinken.

Die griechischen Begriffe, die sich bei Heidegger teilweise in griechischer, meist jedoch in lateinischer Schrift finden, werden ausschließlich in lateinischen Buchstaben wiedergegeben. In wenigen Fällen wurden Betonungszeichen gesetzt.

Erster Teil

Simultanität

Simultanität – a) Gemeinsamkeit, Gleichzeitigkeit; b) die Darstellung von zeitlich oder räumlich auseinanderliegenden Ereignissen in einem Bild.

Die lexikalische Definition der Simultanität gibt zu denken. Zunächst erscheint es seltsam, dass Simultanität Gleichzeitigkeit *und* Gemeinsamkeit bedeutet, da sie im herkömmlichen Sinne eher ein technischer Ausdruck ist, während Gemeinsamkeit doch eher eine soziale Konnotation besitzt. Bemerkenswert erscheint auch, dass der Begriff neben seiner zeitlichen Bedeutung explizit für eine bestimmte Art der Repräsentation steht, die Darstellung von zeitlich oder räumlich auseinanderliegenden Ereignissen in einem Bild.

Der Begriff der Simultanität verweist in dieser doppelten, räumlichen und zeitlichen Funktion auf eine Wissensordnung um 1900, die die philosophischen, textbasierten Diskurse wie die der Zeit- und Lebensphilosophie mit der Experimental- und Mathematikgeschichte der Thermodynamik und der Relativitätstheorie verschränkt. Diskursanalytisch lässt sich sowohl die moderne Physik als auch die Philosophie Heideggers als Produkt dieser Wissensordnung verstehen.

Simultanität wird durch Medien der Gemeinsamkeit, der Gleichzeitigkeit und der Darstellung von zeitlich oder räumlich auseinanderliegenden Ereignissen in einem Bild hergestellt. Uhren, Schreibmaschinen, Diagramme und Fotografien verschränken Heideggers Philosophie mit Diskursen der Lebensphilosophie, Relativitätstheorie und Biologie auf unterschiedliche Art und Weise: Während Uhren bestimmte Auffassungen von Zeit generieren, bedingen Schreibmaschinen bestimmte Formen der Geschichte und Diagramme prägen den Welt- und Bildbegriff Heideggers.

1.1 Von Uhren

»Je mehr das Besorgen in der Welt aufgeht (jetzt das, dann das und dann erst noch das), umso weniger *hat* es ›Zeit‹. Je häufiger und dringlicher das besorgende Aufgehen nach dem »Wann« fragen muß, umso kostbarer wird die Zeit. Und je kostbarer sie ist, umso feiner und handlicher wird die Uhr. Die Rede des Besorgens: ›ich habe keine Zeit‹ besagt: ich habe *jetzt* keine Zeit übrig für… Das Besorgen geht in der verfügbaren Zeit auf. Sie soll nicht verloren gehen. Nicht einmal die Feststellung des ›rechten Jetzt‹ soll ›Zeit‹ in Anspruch nehmen. Die Kostbarkeit dokumentiert das *Sein* der Zeit. Es gibt ›die Zeit‹.«[1]

Die Ökonomie des heideggerschen Daseins besteht aus kostbarer Zeit und handlichen Uhren. Erst die Uhr macht Zeit ablesbar und verfügbar, ihr Gebrauch zeitigt Physik und Philosophie des frühen 20. Jahrhunderts gleichermaßen. Da Funktion und Bedeutung der Uhr aber keineswegs zeitlos, sondern selbst geschichtlich sind, gilt der erste Schritt dieser Untersuchung dem Uhr-Wesen, das die Konstellation aus Daseinsanalyse und Relativitätstheorie überhaupt erst gestattet: ein durch Uhren konstruierter Raum der Simultanität, der an die Stelle des Äthers tritt.

Die Auseinandersetzung zwischen Henri Bergson und Albert Einstein, eigentlich ein Streit um die erkenntnistheoretische Rolle der Uhr, dient Heidegger als diskursiver Grund für die eigene zeitphilosophische Position der Daseinsanalyse jenseits von Lebensphilosophie, Phänomenologie und Transzendentalismus. Die Wissensordnung der Simultanität zersetzt nicht nur die Modelle der vorrelativistischen Physik und des Transzendentalismus, sie produziert ihrerseits neue epistemische Felder und Aussageregeln. Medialer Akteur dieser Ordnung sind die Uhren, die sowohl an der neuen Ontologie der Physik wie an der heideggerschen Seinsgeschichte mitschreiben.

---

1 Heidegger, Martin: *Der Begriff der Zeit* (GA 64), Frankfurt a.M. 2004, S. 71f.

1.1.1 Im Äther

Der Äther fungiert bis zu Beginn des 20. Jahrhunderts nicht nur als Träger elektromagnetischer Wellen und seit der Antike als Mittel, sich den *horror vacui* vom Leib zu halten, sondern auch als quasi-stoffliche Bedingung der Möglichkeit räumlicher Erfahrung. Er verbindet das Wissen der beiden Leitdisziplinen des 19. Jahrhunderts, Philosophie und Physik, seit Kant in ihm einen *Übergang von den metaphysischen Anfangsgründen der Naturwissenschaft zur Physik* auf systematische Art und Weise erkannt hat.[2]

Der Äther operiert im Innersten des europäischen Wissenschaftsverständnisses, wenn er bei Kant den Unterschied zwischen eigentlicher und uneigentlicher Wissenschaft, zwischen rational deduzierbarem Wissen und schöpferischer Erfindung, zwischen *Science* und *Fiction* markiert.

»Eigentliche Wissenschaft kann nur diejenige genannt werden, deren Gewißheit apodiktisch ist; Erkenntnis, die bloß empirische Gewißheit, ist ein nur uneigentlich so genanntes Wissen. Dasjenige Ganze der Erkenntnis, was systematisch ist, kann schon darum Wissenschaft heißen, und, wenn die Verknüpfung der Erkenntnis in diesem System ein Zusammenhang von Gründen und Folgen ist, sogar rationale Wissenschaft. Wenn aber diese Gründe oder Prinzipien bloß empirisch sind, so führen sie kein Bewußtsein ihrer Notwendigkeit bei sich (sind nicht apodiktisch-gewiß), und alsdann verdient das Ganze in strengem Sinne nicht den Namen einer Wissenschaft, und Chemie sollte daher eher systematische Kunst als Wissenschaft heißen.«[3]

Die Konzeption einer rationalen Naturlehre, also einer Naturwissenschaft darf *per definitionem* nicht bloß aus Erfahrungssätzen zusammengesetzt sein, sondern muss, um unumstößlich zu sein, *a priori* reine Vernunfterkenntnis sein. Kants *Metaphysischen Anfangsgründen der Naturwissenschaft* liegen dann auch wissenschaftstheo-

---

2   Vgl. Vagt, Christina: »Absolut ruhend. Zur medialen Epistemologie des Äthers«; in: Butis Butis (Hg.): *Stehende Gewässer. Medien und Zeitlichkeiten der Stagnation*, Weimar 2007, S. 151–162.

3   Kant, Immanuel: *Metaphysische Anfangsgründe der Naturwissenschaft* (1786), Hamburg 1997, S. 4.

retische Fragen zugrunde, die entstehen, wenn das Reale als intensive Größe, als die Gegenstände unserer sinnlichen Wahrnehmung,
die graduell und unendlich fein differenziert und ohne irgendwelche
Messungen als Erfahrungen integriert werden können, als extensive
Größe behandelt werden soll, um mathematisierbar zu sein. Kant
widmet sich den theoretischen Problemen, die bei Umwandlungen
von Wahrnehmungen in mathematische Modelle entstehen bzw. der
Transformation von Begriffen der Wahrnehmung in Maß-Begriffe.

Physik um 1800 ist eine nicht formalisierte, experimentell arbeitende Wissenschaft. Erst durch die Entwicklung der analytischen
Mechanik, also durch die umfassende Mathematisierung der Mechanik im 19. Jahrhundert, erweist sich auch die theoretische Physik
zunehmend als eine im praktischen Sinne nützliche. Rudolph Kötter
rehabilitiert in diesem Sinne Kants Newton-Buch als frühen Versuch,
die empirische Physik systematisch zu theoretisieren, sie auf widerspruchsfreie Begriffe zu bringen.[4]

In den *Metaphysischen Anfangsgründen* befasst Kant sich unter
anderem mit dem Begriff zusammengesetzter Geschwindigkeiten. Er
beschreibt, wie die Physik aus den Relativbewegungen der Wahrnehmung (graduelle Unterscheidung nach Richtung und Schnelligkeit) extensive Größen konstruiert, welche die intensive Ordnung
bewahren. Das Reale der Wahrnehmung als intensive Größe muss
per Maßeinheit in extensive Größen transformierbar sein, um mathematisierbar zu sein. Im Falle der zusammengesetzten Geschwindigkeiten wäre das, in moderner Terminologie ausgedrückt, eine
Galilei-Transformation:

> »Die Zusammensetzung zweier Bewegungen eines und desselben Punktes
> kann nur dadurch gedacht werden, daß die eine derselben im absoluten
> Raume, statt der anderen aber eine mit der gleichen Geschwindigkeit in
> entgegengesetzter Richtung geschehene Bewegung des relativen Raums,
> als mit derselben einerlei, vorgestellt wird.«[5]

---

4   Vgl. Kötter, Rudolph: »Kants Schwierigkeiten mit der Physik. Ansätze zu einer
problemorientierten Interpretation seiner späten Schriften zur Philosophie der
Naturwissenschaft«, in: Blasche, Siegfried (Hg.): *Übergang. Untersuchungen zum
Spätwerk Immanuel Kants*, Frankfurt a.M. 1991, S. 162f.
5   Kant: *Metaphysische Anfangsgründe der Naturwissenschaft*, S. 30.

Kants Lehrsatz zur *Phoronomie* (Bewegungslehre) verhandelt das klassische newtonsche Relativitätsprinzip der Mechanik, die Transformation von Bewegungen im absoluten Raum. Relativ zu diesem gibt es unendlich viele bewegte Inertialsysteme (*inertia* = lat. Trägheit), die, wenn in verschiedenen, aber gleichberechtigten Koordinatensystemen dargestellt, die Transformations-Gleichungen unseres Erfahrungsraums ergeben

$$x' = x - vt$$
$$y' = y$$
$$z' = z.^6$$

Einige Jahre später kommt Kant im *Übergang von den metaphysischen Anfangsgründen zur Physik* nach langwierigen Papierbogenüberlegungen zu dem Schluss, dass solches Transformieren in Wahrnehmung und Wissenschaft nur mittels eines Weltstoffs, eines Urstoffs möglich ist, der den Raum ausfüllt: der ›Wärmestoff‹ oder auch ›Äther‹. Nur so kann die Physik zu einer »eigentlichen« Wissenschaft werden. Das Verhältnis zwischen Philosophie und Mathematik allein reicht nicht aus, um zu einer systematisch-wissenschaftlichen Konzeption der Naturwissenschaft als Naturphilosophie zu gelangen. Kants Wissenschaftskonzeption verlangt also ein Medium, das die Ordnung der Wahrnehmung in die Ordnung der (mathematischen) Physik übersetzen kann:

»Nun folgt der nicht aus der Physik entlehnte und so empirische, sondern zum Übergange von den metaphysischen Anfangsgründen der Naturwissenschaft gehörende a priori geltende Satz: Es ist eine im ganzen Weltraum als ein Kontinuum verbreitete, alle Körper gleichförmig durchdringend erfüllende (mithin keiner Ortveränderung unterworfene) Materie, welche, man mag sie nun Äther oder Wärmestoff etc. nennen, kein hypothetischer Stoff ist (um gewisse Phänomene zu erklären und zu gegebenen Wirkungen sich Ursachen mehr oder weniger scheinbar auszudenken), sondern als zum Übergang von den metaphysischen Anfangs-

---

6   Vgl. Max Borns Darstellung der Galileitransformation: Born, Max: *Die Relativitätstheorie Einsteins*, Berlin 1920, S. 51ff.

gründen der Naturwissenschaft zur Physik notwendig gehörendes Stück a priori anerkannt und postuliert werden kann.«[7]

Kants Übergang, der ein Schritt und kein Sprung von der Metaphysik zur Physik sein soll, ist also abhängig von einem Begriff, der seinen Ort (innerhalb der transzendentalen Topik) weder im reinen Verstand (rational, philosophisch oder mathematisch) noch im Sinnlichen hat.[8] Der Äther ist nicht nur, wie bei der Lektüre der langen propädeutischen Vorbemerkungen mehr als deutlich wird, das *a priori* gültige Prinzip für jegliche Naturphilosophie, sondern wächst sich im Hauptteil der Schrift zunehmend zur Begründung des transzendentalen Systems selbst aus, dessen Funktion nicht weniger als der Erhalt der Einheit der Erfahrung ist:

»Es ist objektiv nur Eine Erfahrung, und wenn subjektiv von Erfahrungen gesprochen wird, so sind diese nichts weiter als Teile und gesetzlich verknüpfte Aggregate einer synthetisch-allgemeinen Erfahrung. Der Welt-Raum ist der Inbegriff des Ganzen aller möglichen äußeren Erfahrung, sofern er erfüllet ist. Ein absolut-leerer Raum, das Nichtsein in oder um ihn her, ist dagegen kein Gegenstand möglicher Erfahrung.«[9]

Die Einheit der Erfahrung als Basis des transzendentalen Wahrnehmungskonzepts wird nur garantiert von *Einem* Raum, dessen geometrische Verfasstheit nach Euklid allein für Kant nicht mehr auszureichen scheint, und der nunmehr transzendental-stofflich gefüllt sein will.[10] Wohl wissend, dass davon nicht nur der Status seiner

---

7 Kant, Immanuel: *Übergang von den metaphysischen Anfangsgründen der Naturwissenschaft zur Physik (1790–1804),* hrsg. von Ingeborg Heidemann, Hildesheim 1996, S. 37.
8 »Der Physiker muß jene Gesetze [der Metaphysischen Anfangsgründe der Naturwissenschaft; Anm. CV] gleich als a priori gegeben den übrigen Erfahrungen zum Grunde legen, denn anders kann er die metaphysischen Anfangsgründe mit den physischen nicht in Zusammenhang bringen. – Der Überschritt von einem Territorium auf das andere würde ein Sprung, nicht ein Schritt sein (wo der sich Bewegende vorher fühlen muß, daß beide Füße feststehen, ehe er den einen nach dem anderen zieht).« (ebd., S. 29.)
9 Ebd., S. 50.
10 Zum Konzept des Raumes als reiner Anschauung vgl. §3 in: Kant, Immanuel: *Kritik der reinen Vernunft* (1781), hrsg. von Jens Timmermann, Hamburg 1998.

Naturwissenschaftslehre abhängt, sucht Kant sein Beweisverfahren durch eine stoffliche Basis abzusichern:

> »Die Existenz dieser Materie als Einheit eines absoluten Ganzen, sie mag nun Wärmestoff oder Äther usw. heißen, kann nun nicht direkt *durch* Erfahrung beglaubigt werden, sondern muß a priori und zwar indirekt, bloß auf die Notwendigkeit der Zusammenstimmung jener Bedingungen zur Erfahrung überhaupt und der Möglichkeit derselben bewiesen werden, wobei dann jener Wärmestoff nicht bloß als *hypothetischer Stoff* in das Fach des Übergangs von den metaphysischen Anfangsgründen der Naturwissenschaft zur *Physik* geworfen und auf bloß empirische Erklärungsgründe, die keinen sicheren Bestand haben, herabgewürdigt werden würde.«[11]

Ohne das Prinzip der Identität der Erfahrung gäbe es überhaupt keine Erfahrung über gewisse Objekte, und aus der Funktion des Äthers als Basis aller Erfahrung folgt wiederum, dass der Stoff selbst nicht direkt erfahrbar ist. Es mag nun nicht verwundern, dass eine solche Konstruktion auch eine besondere, ja einmalige Beweisart verlangt:

> »Dieser Beweis der Existenz einer solchen alldurchdringenden und innerlich allbewegenden Materie kann nur *indirekt*, nämlich als zum Behuf der Möglichkeit der Erfahrung überhaupt erforderlich, und kann doch Prinzipien a priori, d.i. mit dem Bewußtsein ihrer inneren Notwendigkeit, gemäß geführt werden; – also nicht *aus* der Erfahrung – aber nicht um einen Sinnegegenstand zu demonstrieren, welches empirische Prinzipien voraussetzt, sondern den Begriff der Vernunft selbst als Gegenstand einer synthetischen Erkenntnis der Sinnenvorstellungen: eine Beweisart, die in ihrer Art einzig ist, wie das behandelnde Objekt es gleichfalls ist, welches auf nichts Geringeres als den Begriff des Ganzen der bewegenden Kräfte in Raum und Zeit als einem solchen gerichtet ist.«[12]

Nicht der Stoff ist hypothetisch, so die transzendentale Pointe, »der Beweis aber seiner Wirklichkeit ist ein hypothetischer Beweis, weil

---

11 Kant: *Übergang von den metaphysischen Anfangsgründen der Naturwissenschaft zur Physik (1790–1804)*, S. 53.
12 Ebd., S. 57.

seine Wahrheit auf dem Prinzip der Übereinstimmung desselben mit der Möglichkeit der Erfahrung von dem Gegenstande desselben beruht.«[13]

Im Transzendentalismus müssen Wahrnehmungen mit den Bedingungen der Möglichkeit übereinstimmen, sie dürfen sich nicht widersprechen, sonst ist es aus mit der Vernunft. Daher kann der Beweis der Bedingung nicht direkt (empirisch) erfolgen und er ist auch nicht auf andere Sachverhalte übertragbar; er gilt nur für diesen Fall, »weil die Idee von der distributiven Einheit aller möglichen Erfahrung überhaupt hier mit der kollektiven in einen Begriff zusammenfällt.«[14]

Dass Kant vom newtonschen Relativitätsprinzip der Bewegung zum Ätherbeweis kommt, die Frage nach den Bedingungen der Erfahrung also quasi der experimentellen Physik stellt, um sie dann transzendental zu beantworten, lässt sich als Überführung des formalen Systems des Transzendentalismus in das Terrain heutiger Medientheorien lesen. Indem er die Frage nach den Bedingungen der Erfahrung mittels des Äthers zu beantworten sucht, schließt er einen leeren Raum *a priori* aus, denn in einem leeren Raum gibt es kein Medium der Übertragung. Nicht zuletzt unter dem Eindruck elektrifizierter Körper und napoleonischer Nachrichtentechnik, so zeigt Bernhard Sieferts medientheoretische Lektüre des späten Kant, wandelt sich Kants Erkenntnistheorie von einer Repräsentationsordnung zu einer Befehlslogik – im Sinne physisch übertragener Befehle: »Statt die Dinge zu erkennen, werden unsere Sinne von ihnen benachrichtigt.«[15] Somit handelt es sich beim *Opus postumum* um nicht weniger als die Umkodierung des Transzendentalismus von einer Philosophie der Zeichen zu einer Philosophie der Signale.[16]

Aus einer medienarchäologischen Perspektive wundert es also nicht, dass der Äther im Verlauf des 19. Jahrhunderts zum Universalmedium der Physik avanciert – er garantiert als Signalträger die Einheit der Erfahrung durch die Konstitution des *Einen* Welt-Raumes, ob als Gehirnwasser oder Füllstoff des Universums.

---

13 Ebd., S. 60.
14 Ebd., S. 64.
15 Siegert, Bernhard: »Das trübe Wasser der reinen Vernunft. Kantsche Signaltechnik«, in: Vogl, Joseph (Hg.): *Poetologien des Wissens um 1800*, München 1999, S. 53–68, hier S. 62.
16 Vgl. ebd.

Kants Ätherbeweis kehrt auf eigentümliche Weise im Realen experimenteller Physik des späten 19. Jahrhunderts wieder, wie von ihm vorhergesagt, als Nullergebnis.

Obwohl in den Abhandlungen von Albert A. Michelson und Edward W. Morley kein Transzendentalismus zu finden ist, hat es der Äther im Zuge der elektrodynamischen Entwicklung zu einer geradezu apodiktischen Notwendigkeit an Existenz gebracht.

Physiker und Chemiker hielten den experimentellen Nachweis des Lichtäthers lediglich für eine Frage möglichst genauer Messung, also nur für eine Frage der Zeit. Ihn durch die Subtraktion einer im Vergleich zur Lichtgeschwindigkeit (c = ca. 300.000 km/sec) sehr geringen Erdbewegung um die Sonne nachzuweisen, galt lediglich als eine experimentelle Herausforderung. An der Existenz einer das Licht tragenden Substanz zweifelte kaum jemand.

Der Experimentalanordnung von Michelson selbst liegt ein denkbar einfacher Satz zugrunde: Gibt es einen alles durchdringenden Stoff, dessen Bewegungen u.a. als Licht oder elektromagnetische Welle wahrnehmbar sind, dann muss die Bewegung der Erde durch dieses Medium auch messbare Spuren hinterlassen.[17]

Der von Albert A. Michelson konstruierte Interferometer nutzt das Verhalten von Lichtwellen, die miteinander interferieren: Treffen zwei Wellen im gleichen Phasenwinkel aufeinander, verstärken sie sich, treffen sie im entgegengesetzten Winkel aufeinander, löschen sie sich. Sind die Wege der beiden Lichtstrahlen genau gleich, ergibt sich ein anderes Interferenzstreifenmuster, als wenn sie verschieden lang sind.

Geht man davon aus, dass die Erde durch den Lichtäther fliegt, müsste sich die Lichtgeschwindigkeit, sprich das Interferenzmuster, minimal verändern, je nachdem, ob sich das Licht mit oder gegen die Erdbewegung ausbreitet. Die Interferometer-Experimente bestanden also im Wesentlichen darin, die Apparatur gegen die Erdbewegung

---

17 Eine ausführliche Beschreibung der Versuchsanordnung und der verfolgten Arbeitshypothesen bieten Michelson und Morley selbst, vgl. Michelson, Albert A. und Morley, Edward W.: »On the Relative Motion of the Earth and the Luminiferous Ether«, in: *American Journal of Science 203* (November 1887), S. 333–345.

zu drehen, in der Hoffnung, dabei entsprechende Interferenzveränderungen zu entdecken – die sich aber nicht zeigten.

Genau genommen handelt es sich bei Michelsons Interferometer um eine sehr feine Uhr, die in der Lage ist, selbst kleinste Verzögerungen zu messen; ein Messzeug, um Verzögerungen der Lichtgeschwindigkeit zu messen. Die Ergebnisse seiner ersten Versuche mit dem an Hermann Helmholtz' Institut in Berlin gebauten Apparat wurden allerdings von Hendrik A. Lorentz widerlegt. Lorentz bemängelte Berechnungsfehler in der Veröffentlichung der Ergebnisse, vor allem sei die Weglänge der beiden senkrecht zueinanderstehenden Lichtstrahlen nicht lang genug, um die Auswirkungen des Ätherwindes, also Größen zweiter Ordnung, überhaupt messen zu können.[18]

Auf Drängen von Lord Rayleigh und William Thomson wiederholte Michelson 1886/1887 Hippolyte Fizeaus Experiment zur Messung der Lichtgeschwindigkeit im Wasser und sein eigenes Interferometer-Experiment gemeinsam mit dem Chemiker Edward Morley in den USA. Man schien sich mit Lorentz darin einig zu sein, wie wichtig Messergebnisse zweiter Ordnung für die Formulierung der elektrodynamischen Theorie sein könnten; es brauchte also Uhren zweiter Ordnung.[19]

Die neue Apparatur, die Michelson und Morley in Ohio bauten, war wesentlich größer und wurde auf eine Steinscheibe gebaut, die auf einem Quecksilberteppich schwamm, um ein leichtes Drehen zu ermöglichen und jegliche Erschütterungen und andere Nebeneffekte zu vermeiden (auch der Verkehr wurde 1886 in Cleveland, Ohio weitreichend abgeriegelt).

Der gewünschte Effekt zeigte sich allerdings auch diesmal nicht. Das Ergebnis blieb negativ: c ist konstant und nicht abhängig vom Winkel zwischen der Ausbreitungsrichtung des Lichtes und der Bewegungsrichtung der Erde.

Die Absenz des Ätherwindes war aber nur ein Ergebnis des Michelson-Morley-Experiments. Der von ihnen entwickelte Apparat diente abseits der großen theoretischen Diskussion über die Elektrodynamik

---

18 Vgl. Staley, Richard: »Michelson's Interferometer: Experiment or Instrument?«, in: Meinel, Christoph (Hg.): *Instrument – Experiment. Historische Studien*, Berlin 2000, S. 194.

19 Vgl. ebd., S. 197.

vor allem der Durchsetzung des Lichtes als standardisiertes Längenmaß, als neue Universalkonstante.[20]

Theoretisch gab es noch einige Ideen, um den Riss, der sich zwischen Äther-Weltbild und experimenteller Physik aufgetan hatte und immer breiter zu werden drohte, zu überbrücken. Im Vorfeld der Relativitätstheorie konstruiert A.H. Lorentz ein absolut träges Medium. Der Äther dient ihm zwar noch als ausgezeichnetes Bezugssystem, ist aber *absolut ruhend* und deswegen experimentell auch nicht nachzuweisen.

Mit diesem absolut-ruhenden Äther erreicht die theoretische Physik um 1900 quasi transzendentales Niveau. Nur dass jetzt statt von einer »alle Körper gleichförmig durchdringend erfüllenden (mithin keiner Ortveränderung unterworfenen) Materie«[21] von der Kontraktion aller Körper, die sich gegen den Äther bewegen, ausgegangen wird.

Diese Kontraktion ist idealerweise genauso groß wie die Differenz, die nach dem klassischen Relativitätsprinzip der Mechanik eigentlich zwischen den Laufzeiten desselben Lichtstrahls, der sich einmal mit und einmal senkrecht zur Erdbewegung um die Sonne hin und her bewegt, bestehen müsste.

Der Relativitäts- und Quantenphysiker Max Born verweist in seiner Geschichte der Relativitätstheorie auf die epistemologische Rolle des Äthers, dessen zugeschriebene Eigenschaften die Lücken innerhalb der physikalischen Kausalitätsbeziehungen schließen soll:

»Die Kontraktionshypothese erscheint darum so merkwürdig, fast absurd, weil die Verkürzung nicht als eine Folge irgendwelcher Kräfte, sondern als einfacher Begleitumstand der Tatsache der Bewegung erscheint. Aber Lorentz ließ sich durch diesen Einwand nicht abschrecken.«[22]

Das Wissen um den Äther als ontologisches Medium ist bereits Teil des zeitgenössischen relativitätstheoretischen Diskurses, und nicht etwas, dass der Physik erst im Nachhinein von der historischen Epis-

---

20 Vgl. Michelson, Albert A. und Morley, Edward W.: »On a Method of Making the Wave-Length of Sodium Light the Actual and Practical Standard of Length«, in: *American Journal of Science* 34 (1887), S. 427–430.
21 Kant: *Metaphysische Anfangsgründe der Naturwissenschaft* (1786), S.30.
22 Born: *Die Relativitätstheorie Einsteins*, S. 160.

temologie angetragen werden muss. In der Vorstellung von Lorentz und Henri Poincaré sind es Kräfte bzw. Bewegungseigenschaften, die auf Elektronen bei ihrem Flug durch den Äther einwirken, und die Arme des Interferometers zusammendrücken.[23] Eben diese Kräfte halten sowohl die negativen Ladungen der Elektronen wie das elektrodynamische Weltbild zusammen, nachdem mit Michelsons Uhr die fundamentale Konstante der Lichtgeschwindigkeit, der neue Längenstandard, in die Welt gekommen war.

1899 gelangt Lorentz zu dem Ergebnis, dass alle elektromagnetischen Vorgänge in bewegten Systemen ebenso ablaufen wie im Äther, wenn man das jeweilige, dem System immanente Zeitmaß einführt, die *Ortszeit*. Unterwirft man Raum und Zeit entsprechenden Transformationen, bleiben die (Feld-)Gleichungen der Elektronentheorie unverändert. Mit diesen Transformations-Gleichungen erstellt Lorentz zwar die erste mathematisch widerspruchsfreie Theorie der Elektrodynamik, produziert aber gleichzeitig neue physikalische Antinomien.

Erst Albert Einsteins Formulierungen zur speziellen Relativität von 1905 kommen ganz ohne Äther, also ohne eine den Raum füllende Substanz und ohne absolutes Bezugssystem aus, indem sie alle Inertialsysteme anhand der neuen Absolutheit namens Lichtgeschwindigkeit konstruieren:

»Die Einführung eines Lichtäthers wird sich insofern als überflüssig erweisen, als nach der zu entwickelnden Auffassung weder ein mit besonderen Eigenschaften ausgestatteter absoluter Raum, noch einem Punkte des leeren Raumes, in welchem elektromagnetische Prozesse stattfinden, ein Geschwindigkeitsvektor zugeordnet wird.«[24]

Einstein überführt die ehemals »reine Anschauung« Raum konsequent in ein Nachrichtensystem, das durch die Synchronisation von Lichtsignalen konstituiert ist. Er erfasst die Koordination von Uhren als den entscheidenden Schritt, um die großen Prinzipien der Physik, Dynamik und Kinetik zusammen zu bringen. Weder Poincaré noch

23 Vgl. Galison, Peter: *Einsteins Uhren, Poincarés Karten. Die Arbeit an der Ordnung der Zeit*, Frankfurt a.M. 2003, S. 249.
24 Einstein, Albert: »Zur Elektrodynamik bewegter Körper« (1905), in: *Annalen der Physik*, 17 (1905), S. 891–921, S. 892.

Lorentz hatten damit gerechnet, »dass die Umdeutung der Zeit ihrer Auffassung des Äthers, der Elektronen und der bewegten Körper den Boden entziehen würde; ebenso wenig, dass die Lorentz-Kontraktion selbst lediglich als eine Konsequenz aus der Umformulierung des Zeitbegriffs anzusehen wäre.«[25]

Mit Lorentz' Äther endet eine Physik, die ihre reinen Anschauungen, den Raum der Erfahrung *ohne* die Frage nach den medialen Bedingungen der Erfahrungen konstruiert.

Die Lorentz-Transformation mit ihrer Lokalzeit und der Kontraktionshypothese erstellt eine mathematisch gültige Überführung der maxwellschen Gleichungen in das System der Mechanik, mathematisch war das Problem der Elektrodynamik also schon vor Einstein gelöst. Aber als theoretische Physik haust sie in einem quasi-transzendentalen Gebäude, das nur noch aufgrund der Konstruktion eines nicht zu beweisenden, weil *per definitionem* unbeweisbaren Stoffes besteht.

Mit Einsteins neuer Relationalität, die mit den Medien eines Signalraums, den synchronisierten Uhren, beginnt und von dort die Begriffe der Erfahrung und der »wirklichen Zeit« ableitet, beginnt auch die Ära der physikalischen Universalkonstanten, die in der Physik des 20. Jahrhunderts an die Stelle der reinen Anschauungen, an die Stelle von absoluter Zeit und absolutem Raum treten.

Die Uhren der Mikrobe

»Man hat den Äther eigens erdacht, damit ein Träger der Lichtschwingungen oder allgemeiner der elektromagnetischen Kräfte im leeren Raum vorhanden ist. Schwingungen ohne etwas, was schwingt, sind in der Tat undenkbar. Aber die Behauptung, im leeren Raum seien feststellbare Schwingungen vorhanden, geht über jede mögliche Erfahrung hinaus. [...] Der leere, von der Materie völlig freie Raum ist überhaupt kein Gegenstand der Beobachtung. [...] Das bedeutet, die Theorie darf das Vakuum mit Zustandsgrößen, Feldern oder dergleichen nach freiem Ermessen ausstatten, mit der einzigen Einschränkung, daß dadurch die

---

25 Galison: *Einsteins Uhren, Poincarés Karten*, S. 249.

an materiellen Körpern beobachteten Veränderungen in einen straffen, durchsichtigen Zusammenhang gebracht werden.«[26]

Nachdem der Äther zu Beginn des 20. Jahrhunderts als substantieller Träger aus der Physik verbannt wird, oszilliert er auf merkwürdige Weise zwischen Bedingung und Medium der Physikgeschichte. Bei Max Born fungiert er sowohl als Träger der historischen Narration als auch der Argumentation einer einheitlichen Physik und verhandelt so die Geschichte der Physik bis zur speziellen Relativität.

Ausgerechnet Einstein, der sich mit seiner Annahme durchsetzte, dass Licht sich ohne jedes Medium ausbreitet und eine konstante Geschwindigkeit im Vakuum, d.h. eine absolute, durch nichts zu überbietende Geschwindigkeit hat, versucht den ehemaligen physikalischen Akteur als (leeren) Signifikanten wieder einzuführen – der *Gravitationsäther* könne den Begriff des Raumes ersetzen, so wie das elektromagnetische Feld den Begriff der Materie ersetzt habe:

»Nach der allgemeinen Relativitätstheorie ist der Raum mit physikalischen Qualitäten ausgestattet; es existiert also in diesem Sinne ein Äther. Gemäß der allgemeinen Relativitätstheorie ist ein Raum ohne Äther undenkbar; denn in einem solchen gäbe es nicht nur keine Lichtfortpflanzung, sondern auch keine Existenzmöglichkeit von Maßstäben und Uhren, also auch keine räumlich-zeitlichen Entfernungen im Sinne der Physik. Dieser Äther darf aber nicht mit der für ponderable Medien charakteristischen Eigenschaft ausgestattet gedacht werden aus durch die Zeit verfolgbaren Teilchen zu bestehen; der Bewegungsbegriff darf auf ihn nicht angewendet werden.«[27]

Die Wirklichkeit von Uhren und Maßstäben bleibt auch innerhalb der relativistischen Argumentation an einen einheitlichen Erfahrungsraum gebunden und der Äther fungiert als Name dieser Einheit. Allerdings ist jede Erfahrung jetzt abhängig von einem zu spezifizierenden Medium. Einsteins Wiederaufgreifen des Äthers erscheint als Symptom der Begriffskrise, die mit den neuen Physiken entsteht. Es gibt schlicht (noch) keinen Namen für diesen Raum.

---

26 Born: *Die Relativitätstheorie Einsteins*, S. 162f.
27 Einstein, Albert: *Äther und Relativitätstheorie*, Berlin 1920, S. 15.

Michelsons Experimentalanordnung zur Feststellung des Ätherwindes sollte die Kluft schließen, die sich zwischen Experiment und Theorie, zwischen dem Bewegungsverhalten des elektromagnetischen Feldes und der newtonschen Physik aufgetan hatte.

Nachdem Einsteins spezielle Relativitätstheorie das ehemalige Medium der Bedingung der Erfahrung konsequent in eine Theorie der synchronisierten Ereignisse, also in eine Signaltheorie transformiert hatte, war das Problem theoretisch gelöst, nur fehlte es jetzt an nichtmathematischen Begriffen für das, was an die Stelle des euklidischen Raumes getreten war.

Um eben diesen Sachverhalt dreht sich die Auseinandersetzung zwischen Einstein und Henri Bergson. Bergson fühlt sich als Philosoph durch den neuen physikalischen Zeitbegriff nicht nur herausgefordert, sondern geradezu bestätigt. Sein Buch zur Relativität ist der ausführliche Versuch, die neue Physik ins Französische zu übersetzen – angesichts der Verwirrung, die über ihre philosophische Bedeutung herrschte, ist das nicht weiter verwunderlich. *Durée et simultanéité* erscheint 1922, ein Jahr nach Einsteins Nobelpreisverleihung (anlässlich seiner Lichtquantenhypothese, nicht etwa für die Relativitätstheorie), zu einem Zeitpunkt, als sich die Relativitätstheorie endlich durchgesetzt hatte und durch die Beobachtungen der Sonnenfinsternis von 1919 auch experimentell bestätigt worden war.[28]

Bergson stellt das Äther-Experiment an den Anfang und in den Mittelpunkt seiner Argumentation. Denn die Aufgabe des Philosophen bestehe darin, den Weg vom Experiment zur mathematischen Abstraktion und von dort zur physikalischen Konzeption der Gleichzeitigkeit nachzuvollziehen, die Ebene des realen Experiments aber dabei nie aus den Augen zu verlieren:

>»L'expérience Michelson-Morley a le grand avantage de poser en termes concrets le problème à résoudre, et de mettre aussi sous nos yeux les éléments de la solution. Elle matérialise, pour ainsi dire, la difficulté. C'est d'elle que le philosophe doit partir, c'est à elle qu'il devra constamment

---

28 Vgl. zur Vorgeschichte und Notwendigkeit experimenteller Bestätigung der Relativitätstheorie sowie zur epistemologischen Restauration des Äthers Kassung, Christian und Hug, Marius: »Der Raum des Äthers«, in: Kümmel-Schnur, Albert und Schröter, Jens (Hg.): *Äther. Ein Medium der Moderne*, Bielefeld 2008, S. 99–132.

se reporter, s'il veut saisir le sens véritable des considérations de temps dans la théorie de la Relativité.«[29]

Der Philosoph, der es sich zur Aufgabe macht, die »wahre« Bedeutung relativistischer Zeit zu erfassen, hat keine andere Wahl, als immer wieder zum Äther-Experiment zurückzukehren. Denn nur dort zeigt sich der Übergang von einer psychologischen zu einer physikalischen Perspektive, vom allgemeinen Begriff zu Einsteins speziellem Begriff der Zeit.

Die fundamentalen, qualitativen und wesentlichen Differenzierungen liegen für Bergson immer auf der Zeitebene, die Frage nach der Zeit ist seine Heuristik, doch ist der diskursive Ort, an dem er die Strukturen der Zeit aufzuzeigen versucht, durchaus ein immer anderer. So scheidet er in *Materie und Gedächtnis*[30] zwischen Subjekt und Objekt nur graduell, denn der eigentliche, der wirkliche (weil wirksame) Unterschied verläuft zwischen der Zeit der Wahrnehmung und der Zeit der Erinnerung, zwischen sensomotorischer, unbewusster Körperzeit und virtuellem Gedächtnisraum, welcher unendlich ausgedehnt darauf wartet, per Schnitt geteilt und mit neuen, aktuellen Wahrnehmungs-Dingen verknüpft wieder Gegenwart zu werden, jenes Mixtum aus aktueller Wahrnehmung und virtueller Erinnerung, das wir Wirklichkeit nennen.

Das Buch von 1896 zeigt, wie weit bereits der junge, von Experimentalphysiologie, -psychologie und -physik beeinflusste Bergson von der Zeit-Konzeption *t* der klassischen Mechanik entfernt war. Und so erschöpft sich auch seine Kritik an der Physik 1922 nicht in verräumlichter, dem Leben entfremdeter Zeit, der er eine erlebbare, erfahrbare und eben psychologische Zeit der Dauer gegenüberstellt. *Durée et simultanéité* liest sich über weite Passagen durchaus affirmativ als Einführung in die spezielle Relativitätstheorie. Bergson will sie als physikalische Theorie nicht verwerfen, er buchstabiert sie vielmehr dezidiert nach, so als sähe er in Einsteins physikalischer

———
29 Bergson, Henri: *Durée et simultanéité. À propos de la théorie d'Einstein* (1922), Paris 1968, S. 11.
30 Bergson, Henri: *Materie und Gedächtnis. Eine Abhandlung über die Beziehung zwischen Körper und Geist (1896)*, Hamburg 1991.

Revolution eine Chance, die eigene Zeit-Philosophie physikalisch zu fundieren.[31]

Anhand des Äther-Experiments versucht Bergson Schritt für Schritt, den Übergang von einer empirischen, erfahrbaren und messbaren Zeit der Physik, die hier vorläufig »Laborzeit« genannt werden soll (die erlebte Dauer des Physikers verläuft im Experiment parallel, sie ist zeitgenössisch, »contemporaine« zur gemessenen Zeit), hin zum abstrakten Begriff der Raumzeit, wie Einstein sie dann formuliert, aufzuzeigen.

Das Experiment mit seiner erlebbaren Laborzeit wird Teil der konkreten Erkenntnistheorie Bergsons als unmittelbare Reaktion auf die Relativitätstheorie und ihren Einfluss auf die zeitgenössische Philosophie. Der Philosoph soll deshalb immer wieder zu Michelson-Morley zurückkehren, weil die Apparatur, »le dispositif«, Anteil an der reellen, wirklichen, erlebbaren Zeit hat, etwas, das Bergson zufolge Theorie und Sprache wesentlich mangelt, weil sie den direkten Bezug zum Geschehen verloren haben. Anhand des Michelson-Morley-Experimentes versucht Bergson auf den Akt aufmerksam zu machen, der aus einer wirklichen Bewegung im Experiment eine theoretische Größe macht.

>>Car le temps qui intervient dans l'expérience Michelson-Morley est un temps réel; – réel encore [est] le temps où nous revenons avec l'application des formules de Lorentz. Si l'on part du temps réel pour aboutir au temps réel, on a peut-être usé d'artifices mathématiques dans l'intervalle, mais ces artifices doivent avoir quelque connexion avec les choses. C'est donc la part du réel, la part du conventionnel, qu'il s'agit de faire. Nos analyses étaient simplement destinées à préparer ce travail.<<[32]

---

31 »Bergsons aims to develop, therefore, a philosophical position which ›implements‹ – and is implemented by – the special theory of relativity, thereby providing an interpretation within which Einstein's theses are shown to lose their paradoxial appearance just as they are shown to confirm the Bergsonian hypothesis regarding the relation between objective time and duration,« so Robin Durie in seiner Einleitung zur englischen Übersetzung (Henri Bergson: *Duration and Simultaneity. Bergson and the Einsteinian Universe,* Manchester 1999).

32 Bergson: *Durée et simultaneité. À propos de la théorie d'Einstein* (1922), S. 47f.

Die epistemologische Grundfrage Bergsons ist immer die nach der Differenz zwischen erlebbarer und verräumlichter Zeit. Mit der Relativitätstheorie wird sie nun von der Physik selbst gestellt: Wo endet die reelle Zeit, wo beginnt die begrifflich-theoretische Konvention?

Bergson greift mit dem Begriff der Konvention die Diskussion auf, die er bereits 1898 mit Henri Poincaré in der *Revue de Métaphysique et de Morale* über den Begriff der Gleichzeitigkeit geführt hatte. Simultanität, so der Physiker, könne nicht intuitiv erfasst, sondern nur vertraglich geregelt werden.

Poincarés Theorie der Konvention bezeichnet recht gut das theoretische Vorfeld der speziellen Relativitätstheorie; hier findet sich bereits der Gedanke, Simultanität verfahrenstechnisch über synchronisierte Uhren zu definieren und bei der Übermittlung eines telegraphischen Zeitsignals die Übertragungszeit zu berücksichtigen. Dass dieser Gedanke in Auseinandersetzung mit der bergsonschen Philosophie formuliert wurde, bezeugt das gemeinsame epistemische Feld von Physik und Philosophie, ob Einstein Poincarés Artikel und die Idee der Uhrensynchronisation nun kannte oder nicht; die neue Medientechnik war um 1900 allgegenwärtig.[33]

Bergson setzt Poincarés *convention* das *contemporaine* des Experimentalphysikers entgegen, er argumentiert also mit dem Erleben des Experimentalphysikers gegen das theoretische Verfahren. Jeder einzelne Schritt der Lorentz-Transformationen ist demnach reell, wirklich und anhand des Äther-Experimentes kontinuierlich nachvollziehbar, d.h. bei Bergson widerspruchsfrei und erlebbar. Die vier Lorentz-Gleichungen können quasi natürlich aus diesem Experiment entwickelt werden. Aber für Lorentz, anders als für Einstein, gelten sie noch in Bezug auf ein absolutes Bezugssystem, eben den Äther. Lorentz glaubt an eine tatsächliche Kontraktion der Materie auf der Erdoberfläche durch den Ätherwiderstand, und erklärt das Nullergebnis von Michelson-Morley damit, dass auch die Arme des Interferometers kontrahieren.

Einstein gebraucht den Begriff der Simultanität für die Gleichzeitigkeit zweier Uhren ohne bevorzugtes Bezugssystem. Sie ist, wie alle Bewegung in der speziellen Relativitätstheorie, beobachterabhängig;

---

33 Vgl. Galison: *Einsteins Uhren, Poincarés Karten*, S. 29f.

d.h. sie ist nicht substantiell im Sinne klassischer Ontologien, sondern verfahrensabhängig.

Bergson lässt das Kapitel mit der Überschrift »La demi-relativité« mit den vier Gleichungen der Lorentz-Transformation enden, um zu zeigen, dass sie keine Aussage über den Äther oder irgendeinen anderen substantiellen Begriff machen, dass vielmehr alle Aussagen über Längen und Zeiten in den verschiedenen Inertialsystemen aus dem Relativitätsprinzip und dem Prinzip von der Konstanz der Lichtgeschwindigkeit entwickelt wurden »pour obtenir ainsi [...] une représentation mathématique intégrale de l'univers.«[34]

$$x' = \frac{x - vt}{\sqrt{1 - \frac{v^2}{c^2}}}$$

$$y' = y$$
$$z' = z$$

$$t' = \frac{t - \frac{v}{c^2} x}{\sqrt{1 - \frac{v^2}{c^2}}}$$

Die ersten drei Variablen x', y', z' stehen für die transformierten Raumkoordinaten, t' bezeichnet die vierte Dimension, die Zeit in Abhängigkeit der Bewegung auf der x-Achse. Die Gleichungen zeigen, dass die klassische Galilei-Transformation hier als Grenzfall enthalten ist, da bei sehr niedrigen Geschwindigkeiten v/c neben 1 zu vernachlässigen ist oder anders formuliert: Erst bei sehr hohen Geschwindigkeiten, sprich Geschwindigkeiten nahe c fällt die Lorentz-Transformation überhaupt *auf* bzw. *in* den messbaren Bereich.

Die Gleichungen zeigen auch, wie die Absolutheit der Lichtgeschwindigkeit mathematisch gesetzt wird: Sie lassen keine Geschwindigkeit zu, die höher als c ist, denn das ergäbe einen imaginären Nenner in x' und t'.[35]

Bergson leitet die Lorentz-Gleichungen direkt aus dem Michelson-Morley-Experiment ab, was anschaulich ist, da sich dort keine

---

34 Bergson: *Durée et simultaneité. À propos de la théorie d'Einstein* (1922), S. 25.
35 Dadurch werden die Größen x' und t' rein imaginär, da der imaginäre Nenner den gesamten Ausdruck zur imaginären Größe werden lässt: $i^2 = -1$. Daraus folgt: $\frac{1}{i} = -1$.

Dampfzüge, sondern Licht sich relativ zum Beobachter bewegt, während Einstein das Gedankenexperiment vom sehr schnell fahrenden Zug wählt.[36]

Die mathematische und historische Argumentation in *Durée et simultanéité* soll die Uneindeutigkeit physikalischer Begriffe demonstrieren. Denn die Lorentz-Gleichungen gelten sowohl für die »Halbrelativität« von Lorentz, für den sich alle Lokalzeiten und Inertialsysteme letztendlich auf etwas Absolutes, den Äther beziehen, als auch für Einsteins Relativität ohne bevorzugtes Bezugssystem. Für die Gültigkeit der mathematischen Repräsentation spielt die Interpretation keine Rolle.

Dem Philosophen fällt daher nach Bergson die Aufgabe zu, in der neuen Welt der mathematisch exakten, aber naturbegrifflich strauchelnden Physik die Begriffe zu klären und die Vielheit der Zeit gegen die ›egozentrische‹ Konzeption einer absoluten Zeit der Physik zu verteidigen.[37]

Im Sommer 1922 kommt es zur direkten Auseinandersetzung zwischen Bergson und Einstein in Paris, auf einem Empfang der philosophischen Gesellschaft wird Bergson aus dem Zuschauerraum auf die Bühne gebeten. Von Nobelpreisträger zu Nobelpreisträger definiert Bergson zunächst die Uhr als Gebrauchsgegenstand, deren Wissen immer vom Wissen und Erleben eines Beobachters abhängig ist:

»Monsieur Bergson. – La simultanéité entre l'événement et l'indication d'horloge est donnée par la perception qui les unit dans un acte indivisible; elle consiste essentiellement dans le fait – indépendant de tout réglage d'horloges – que cet acte est *un* ou *deux* à volonté. Si cette simultanéité-là n'existait pas, les horloges ne serviraient à rien. On n'en fabriquerait pas, ou du moins personne n'en achèterait. Car on n'en achète que pour savoir l'heure qu'il est; et ›savoir l'heure qu'il est‹ consiste à constater une correspondance, non pas entre une indication d'horloge et une autre indication d'horloge, mais entre une indication d'horloge et le

36 Vgl. Einstein, Albert: *Grundzüge der Relativitätstheorie (Meaning of Relativity, 1921)*, Ost-Berlin 1969, S. 27ff.
37 Vgl. Merleau-Ponty, Maurice: *Die Natur. Vorlesungen am Collège de France 1956–1960*, München 2000, S. 155.

moment où l'on se trouve, l'événement qui s'accomplit, quelque chose enfin qui n'est pas une indication d'horloge.«[38]

Um diese letzte Instanz, die Abhängigkeit des Wissens von einer bestimmten Dimensionalität des Lebens zu veranschaulichen, greift er schließlich auf sein eigenes Gedankenexperiment aus *Durée et simultanéité* zurück, die Uhren der Mikroben:

> »Monsieur Bergson. – Des microbes savants, postés respectivement aux points E et H, trouveraient énorme la distance qui les sépare, c'est-à-dire la distance entre l'horloge et l'événement déclaré par vous ›voisin‹. Ils construiraient des horloges microbiennes qu'ils synchroniseraient par un échange de signaux optiques. Et quand vous viendriez leur dire que votre œil constate purement et simplement une simultanéité entre l'événement E et l'indication de l'horloge humaine H, qui en est ›voisine‹, ils vous répondraient: ›Ah non! nous n'admettons pas cela. Nous sommes plus einsteiniens que vous, Monsieur Einstein. Il n'y a aura simultanéité entre l'événement E et l'indication de votre horloge humaine H, que si nos horloges microbiennes, placées en E et en H, marquent la même heure; et cette simultanéité pourra être succession pour un observateur extérieur à notre système, elle n'aura rien d'intuitif ou d'absolut‹.«[39]

Absolut kann für einen Beobachter immer nur das eigene Erleben, die eigene Dauer sein, darin besteht für Bergson das Wesen der Relativität. Einsteins Retour fällt eher nüchtern aus. Er lässt sich weder auf die Frage nach der Dimensionalität noch auf die nach dem Leben ein:

---

38 Bergson, Henri: »Discussion avec Einstein (1922)«. In: *Mélanges*. Paris, 1972, S. 1340–1347, S. 1344.

39 Ebd., S. 1344f. Vgl. auch die entsprechende Stelle in Bergson: *Durée et simultaneité. À propos de la théorie d'Einstein* (1922), S. 43: »Un microbe intelligent trouverait entre deux horloges ›voisines‹ un intervalle énorme; et il accorderait pas l'existence d'une simultanéité absolue, intuitivement aperçue, entre leurs indications. Plus einsteinien qu'Einstein, il ne parlerait ici de simultanéité que s'il avait pu noter des indications identique sur deux horloges microbiennes, réglées l'une sur l'autre par signaux optiques, qu'il eût substituées à nos deux horloges ›voisine‹. La simultanéité qui est absolue à nos yeux serait relative aux siens, car il reporterait la simultanéité absolue aux indications de deux horloges microbiennes qu'il apercevrait à son tour (qu'il aurait d'ailleurs également tort d'apercevoir) ›au même endroit‹.«

»Monsieur Einstein. – La question se pose donc ainsi: le temps du philosophe est-il le même que celui du physicien? le temps du philosophe,
je crois, est un temps psychologique et physique à la fois; or, le temps
physique peut être dérivé du temps de la conscience. Primitivement les
individus ont la notion de la simultanéité de perception; ils purent alors
s'entendre entre eux et convenir de quelque chose sur ce qu'ils perce-
vaient: c'était là une première étape vers la réalité objective. Mais il y a
des événements objectifs indépendants des individus et, de la simultanéité des perceptions, on est passé à celle des événements eux-mêmes.
Et, en fait, cette simultanéité n'a pendant longtemps conduit à aucune
contradiction à cause de la grande vitesse de propagation de la lumière.
Le concept de simultanéité a donc pu passer des perceptions aux objets.
De là à déduire un ordre temporel dans les événements, il n'y avait pas
loin, et l'instinct l'a fait. Mais rien dans notre conscience ne nous permet
de conclure à la simultanéité des événements, car ceux-ci ne sont que des
constructions mentales, des êtres logiques. Il n'y a donc pas un temps
des philosophes; il n'y a qu'un temps psychologique différent du temps
du physiciens.«[40]

Einstein spricht von der Ordnung der Simultanität als Raum der
Objekte. Für Bergson ist Simultanität dagegen nichts, was unabhängig von einem Beobachter diagnostiziert werden kann. Als Ergebnis
einer Messung ist sie abhängig von der Synchronizität eines starren
Mediums, in diesem Fall der Uhr. Im Gegensatz zur kontinuierlich
erlebten, dem Bewusstsein simultane Zeit der *durée* handelt es sich
bei einer Zeit, die aus diskreten Schnitten zusammengesetzt wird,
nicht um wirkliche und das heißt bei Bergson reelle, sondern um
virtuelle Zeit.

Bergson hatte sich 1907 in *Schöpferische Entwicklung* sehr erfolgreich mit der Frage der Synchronizität in Bezug auf die Bewegungsil-
lusion des Kinematographen beschäftigt, die philosophische Abhandlung brachte ihm einen Nobelpreis für Literatur ein. Das technische
Medium, so Bergson darin, wiederholt lediglich etwas, das bereits
»Wahrnehmung, intellektuelle Auffassung und Sprache« leisten; der
ganze Erkenntnisapparat ist quasi ein »innerer Kinematograph«.[41]

---

40 Bergson: »Discussion avec Einstein« (1922), S. 1345f.
41 Vgl. Bergson, Henri: *Schöpferische Entwicklung* (*L'évolution créatrice*, 1907),
Zürich 1970, S. 303.

Zuvor hatte er bereits in *Materie und Gedächtnis* die Synchronisation zwischen Wahrnehmung und bewegtem Bild in den Mittelpunkt seiner Zeitbildphilosophie gestellt, wie sie etwa in den Bewegungsstudien und Chronofotografien von Jules-Étienne Marey untersucht wurden. Der medienepistemische Hintergrund seiner Zeitphilosophie ist evident.[42]

Vor diesem Hintergrund behauptet Bergson gegenüber Einstein eine Absolutheit der eigenen »Dauer« (Simultanität), von der so etwas wie die Gleichzeitigkeit der Ereignisse (Synchronizität) überhaupt erst abgeleitet werden kann, weil unsere Wahrnehmung notwenig jedem anderen Ereignis voraus geht.

Die verschiedenen Aggregatzustände der Relativität, ihre historische Entwicklung als Theorie, die Bergson in *Durée et simultanéité* nachzeichnet, sollen die grundsätzliche Differenz zwischen Prozessen der Zeit und Prozessen des Raums in Bezug auf das Konzept des Lebens verdeutlichen. Wenn die Relativisten von Simultanität reden, so reden sie immer von der Gleichzeitigkeit zweier Momente. Naheliegender sei aber doch, so Bergson, die Frage nach der Gleichzeitigkeit zweier Prozesse zu stellen, die alltägliche Erfahrung der Gleichzeitigkeit unserer Wahrnehmungs- und Bewusstseinsströme:

> »Nous disons qu'il est de l'essence même de notre attention de pouvoir se partager sans se diviser. Quand nous sommes assis au bord d'une rivière, l'écoulement de l'eau, le glissement d'un bateau ou le vol d'un oiseau, le murmure ininterrompu de notre vie profonde sont pour nous trois choses différentes ou une seule, à volonté.«[43]

Das Ausgezeichnete des Wahrnehmungsaktes besteht in seiner Fähigkeit, die Aufmerksamkeit zu teilen, ohne sich selbst zu spalten. Das beständige Rauschen der Wahrnehmung integriert problemlos Lichtblitze und kontinuierliche Bewegungen. Die Idee der Simultanität hat für Bergson einen wahrnehmungspsychologischen Ursprung, d.h. sie ist keine symbolische Erfindung. Die Wahrnehmung zweier parallel stattfindender Prozesse oder auch Ereignisse setzt immer ein

---

42 Vgl. Vagt, Christina: »Zeitkritische Bilder. Bergsons Zeitphilosophie zwischen Topologie und Fernsehen«, in: Vollmer, Axel (Hg.): *Zeitkritische Medien*, Berlin 2010, S. 105–126.

43 Bergson: *Durée et simultanéité. À propos de la théorie d'Einstein* (1922), S. 40.

Drittes voraus, die eigene Dauer des Beobachters; ein Moment ist nie aktuell, sondern lediglich virtuell. Der Punkt ist nach Bergson symbolisch, nicht reell, denn der Moment ist als wahrgenommener immer schon vergangen. Gegeben ist immer nur der eigene Körper, erst dann kommt die Linie und schließlich der Punkt. Die Ausdehnung geht der Abstraktion voraus.[44]

In der Auseinandersetzung mit der Relativitätstheorie tritt das Konzept der bergsonschen Dauer deutlicher als zuvor als eine plurale Zeittheorie des Wirklichen in Abgrenzung zum Symbolischen hervor. Die symbolische Zeit, die »konventionelle« Zeit der theoretischen Physik könne niemals die ganze Realität des Lebens ausdrücken, »mais il est impossible qu'elle n'exprime pas quelque réalité.«[45]

Als Verräumlichung von Zeitprozessen ist die physikalische Abstraktion nichts Unnatürliches, sondern gehört immer schon zu den Arbeitsprozessen der Erinnerung. Das Gedächtnis verfügt auch nur über virtuelle, symbolische Bilder, die erst in der Synthese mit aktuellen Wahrnehmungen wieder Wirklichkeit werden. Das Feld der Philosophie, die Arbeit des Philosophen, besteht demzufolge in der Rückübersetzung reeller Prozesse aus den Räumen des Symbolischen, zumeist der Sprache: »La recette en est déposée dans le langage.«[46]

Die Frage nach den Relationen von Dingen, Bildern und Begriffen zieht sich durch das gesamte bergsonsche Werk, aber erst mit dem Wissen der Relativitätstheorie und der Frage des Beobachters wird die Rolle der Zeit nicht nur für die Mikroprozesse der Wahrnehmung, sondern für das Konzept des Lebens selbst auffällig.

> »Déjà l'analyse que nous venons de faire a montré comment cette théorie traite le rapport de la chose à son expression. La chose est ce qui est perçue; l'expression est ce que l'esprit met à la place de la chose pour la soumettre au calcul. La chose est donnée dans une vision réelle; l'expression correspond tout au plus à ce que nous appelons une vision fantasmatique.«[47]

44 Vgl. ebd., S. 40.
45 Ebd., S. 47.
46 Ebd., S. 41.
47 Ebd., S. 92.

Nach eigenen Angaben beginnt Bergson sich 1911 für die Relativitätstheorie zu interessieren, nachdem Paul Langevin mit seinem Astronauten-Gedankenexperiment für einige Aufmerksamkeit gesorgt hatte.[48] Dass der Astronaut in der Rakete bei genügend großer Geschwindigkeit nur zwei Jahre verbringt, während auf der Erde 200 Jahre vergehen mögen, ist eine Variante des einsteinschen Zwillingsparadoxons und bis heute Inspiration der *Science fiction*.[49]

Die Relativitätstheorie betrifft die Lebensphilosophie Bergsons unmittelbar, denn das Diktum der Irreversibilität der Zeit, ein Wissen der Thermodynamik, und mit ihm der Begriff des Lebens, scheint mit der Relativitätstheorie und ihren Zeitreisenden unvereinbar. Bergsons Frage nach der Wirklichkeit der Zeit wird zur ersten Frage der Epistemologie, denn sie kann mit Relativitätstheorie und Thermodynamik, also innerhalb der physikalischen Disziplin, nicht mehr einheitlich beantwortet werden und evoziert erkenntnistheoretische Überlegungen *über* ihr jeweiliges Wissen. Für Bergson sind die einsteinschen Paradoxien nicht innerhalb der Physik zu beantworten.

1.1.2 Leben und Sprache

»Die Dinge und die Ereignisse finden statt in bestimmten Augenblicken, das Urteil, das das Erscheinen des Dinges oder des Ereignisses feststellt, kann erst nach ihnen kommen, es hat also sein Datum.«[50]

Bergson verfolgt mit seiner Epistemologie eine Erkenntnistheorie des Realen, das sich keiner Sprache fügen will, weil die wirkliche Zeit, die erlebte Dauer oder die *durée* immer schon vergangen ist, eine Figur, die sich bei Gaston Bachelard wiederfindet:

---

48 Vgl. ebd., S. 58.
49 Vgl. Kassung, Christian: »Tichy × 2 = ?. Relativitätstheorie als literarisches Gedankenexperiment«, in: Macho, Thomas und Wunschel, Annette (Hg.): *Science and Fiction. Über Gedankenexperimente in Wissenschaft, Philosophie und Literatur*, Frankfurt a.M. 2004, S. 17–32, hier S. 20ff.
50 Bergson, Henri: *Denken und schöpferisches Werden* (*La pensée et le mouvement*, 1934), Hamburg 1993, S. 33.

»Die Enthüllungen des Realen geschehen immer rückläufig. Nie ist das Reale das, was man sich denken könnte, sondern es ist immer das, »was man hätte denken müssen«. Das empirische Denken ist *nachträglich* klar, wenn das Instrumentarium der Gründe richtig eingestellt ist.«[51]

Diese grundsätzliche und nicht zu hintergehende Nachträglich der Erkenntnis führt bei Bachelard zu jener »intellektuellen Reue«, aus der heraus der Wissenschaftler seine frühere Erkenntnis zurücknimmt, »falsche Erkenntnisse zerstört und das überwindet, was im Geist selbst der Vergeistigung zum Hindernis wird.«[52]

Das erste *obstacle épistémologique* bei der Hervorbringung von Wissen ist die kontingente Zeit empirischer Ereignisse und die »unaufgeräumten Räume« der Wissenschaft, ohne die auch im Labor nichts Neues entstehen kann, und dem gegenüber jede Formalisierung und Theoretisierung wie eine Sisyphos-Aufgabe anmutet.[53]

Bachelard formuliert seine Epistemologie Ende der 1930er Jahre, als die mathematische Physik ehemalige Naturgesetze zu Spezialfällen degradiert und in einem eingeschränkten Sinne demütig gegenüber ihren Techniken und Apparaten geworden ist. Das physikalische Wissen hat sich im Zuge ständiger Paradigmenwechsel selbst als vorläufiges zu begreifen gelernt.

Bergson nennt das 1934 die »rückläufige Bewegung der Wahrheit.«[54] Die Wahrheit selbst sei es, die die Differenz zwischen Ereignis und Urteil verwischt, da sie zugunsten ihres Ewigkeits-Anspruchs das eigene Datum in die Vergangenheit projiziert, und Urteile, die im gegenwärtigen Augenblick wahr sind, zu »immer schon« wahren Urteilen erklärt.

Als Heidegger in seinen Freiburger Vorlesungen 1920 eine erste Auseinandersetzung mit Bergsons Lebensphilosophie führt, stößt er auf diesen Kern der französischen Epistemologie und erkennt darin

51 Bachelard, Gaston: *Epistemologie. Ausgewählte Texte*, Frankfurt a.M. 1974, S. 171.
52 Ebd., S. 171.
53 Vgl. Rheinberger, Hans-Jörg: *Epistemologie des Konkreten. Studien zur Geschichte der modernen Biologie*, Frankfurt a.M. 2006, S. 47.
54 Bergson: *Denken und schöpferisches Werden* (La pensée et le mouvement, 1934), S. 33.

ein – wenn nicht gar das zentrale – Problem der Philosophie: die »Verunstaltung des Lebens« durch die »Verräumlichung der Dauer«:

> »Ein zweites Motiv, das Bergson in seinem *Essai sur les donnéés immédiates de la conscience* (1889) besonders stark betonte, wird aus der Sprache genommen. Das Erkennen teilt sich mit in der Sprache, in Worten. Die Sprache ist, sagt man, auf die räumliche Außenwelt zugeschnitten und ihre praktische, verstandesmäßig technische Beherrschung. Die Wortbedeutungen und Begriffe sind raumbezogen; alle Logik ist Logik des Raumes. (Das sind Sätze, auf denen Spengler heute als angebliche Entdeckungen seine Grundthese aufbaut.) Sofern nun auch Philosophie und philosophisches Erkennen mit Begriffen arbeitet und mitteilend sich kundgibt, ist alle theoretisch begriffliche Erfassung des Erlebens, des Bewußtseins oder des Geistes eine Verräumlichung und damit eine prinzipielle Verunstaltung. Zur Theoretisierung überhaupt kommt die besondere Unangemessenheit des Begrifflichen als eines Auseinander räumlicher Art gegenüber der Unräumlichkeit des Seelischen.«[55]

Heidegger setzt bei diesem von Bergson formulierten Problem an, wenn er das Leben als Urphänomen der Philosophie betrachtet, allerdings sieht er eben darin – wohl auch als Reaktion auf die Bergson-Rezeption in Deutschland – das Problem der Irrationalität. Es scheint fraglich, ob es sich bei einer solchen Philosophie überhaupt um Wissenschaft handeln kann:

> »Sofern aber Philosophie – also jeder ins Werk zu setzende Versuch, diesem Ungenügen [der bisherigen philosophischen Versuche, Anm. CV] abzuhelfen – irgendwie rationale *Erkenntnis* sein soll, erhebt sich für sie die Frage, ob überhaupt eine Betrachtung des Erlebens möglich ist, die es nicht sofort und notwendig theoretisch verunstaltet.«[56]

Die Phänomenologie als Wissenschaft vom Leben und als Grundwissenschaft der Philosophie soll hier abhelfen. Die Vorlesung behauptet dann gerade entgegen der bergsonschen Kritik an der Spra-

---

55 Heidegger, Martin: *Phänomenologie der Anschauung und des Ausdrucks. Theorie der philosophischen Begriffsbildung* (GA 59), Frankfurt a.M. 1993, S. 26f.
56 Ebd., S. 25.

che und ihren Strategien der Verräumlichung, dass die Anschauung oder Intuition sehr wohl einen Ausdruck finden kann, der Untertitel der Vorlesung lautet schließlich *Theorie der philosophischen Begriffsbildung*, nur löst sie diese Behauptung methodologisch letztendlich nicht ein.[57] Was bei Bergson in eins fällt – Sprache und Theorie –, wird von Heidegger differenziert. Anlässlich seines eigenen »Kathedererlebnisses« beschreibt er im Kriegsnotsemester 1919 das »Entleben« eines Erlebnisses als stufenweise Vergegenständlichung:

»Dieser Prozeß der fortschreitenden zerstörenden theoretischen Infizierung des Umweltlichen ist phänomenal genau verfolgbar, z.B. eine Reihe: Katheder, Kiste, braunfarbenes Holz, Ding.«[58]

Was sich in der Terminologie der Lebensphilosophie nur als Krankheit beschreiben lässt, kann die Sprache der Phänomenologie nüchtern und formalisierend als Dinghaftigkeit erfassen.

»Realität ist also keine umweltliche Charakterisierung, sondern eine im Wesen der Dinghaftigkeit liegende, eine spezifisch theoretische. Das Bedeutungshafte ist ent-deutet bis auf diesen Rest: Real-sein. Das Umwelterleben ist ent-lebt bis auf den Rest: ein Reales als solches erkennen. Das historische Ich ist ent-geschichtlicht bis auf einen Rest von spezifischer Ich-heit als Korrelat der Dingheit, und es hat nur im Nachgehen des Theoretischen sein Wer.«[59]

Bedeutung, Leben und Geschichtlichkeit entziehen sich der Theorie, unter dem Primat der Theorie ist nur das Ding real, das, was bloß noch da ist, das, was existiert. Die Sphäre des Dings wird aus der Umwelt herausgeschält, das Ding ist ein Destillat der Umwelt und nur dafür gilt überhaupt die Charakterisierung der Realität. Das Ding ist bloß ein Rest, etwas, das vom Leben und seiner Umwelt übrig

---

57 Vgl. Pöggeler, Otto: *Heidegger in seiner Zeit*, München 1999, S. 96, der hier und insbesondere in der formalen Anzeige die prinzipielle Möglichkeit einer Hermeneutik nach Heidegger begründet sieht.
58 Heidegger, Martin: *Zur Bestimmung der Philosophie* (GA 56/57), Frankfurt a.M. 1987, S. 89.
59 Ebd., S. 89.

bleibt und die Phänomenologie wäre eine Wissenschaft von diesen Resten.[60]

Die Methode der phänomenologischen »Destruktion« metaphysisch festgeschriebener Begriffe trägt der Tatsache Rechnung, dass »Philosophie immer ein Element der faktischen Lebenserfahrung ist«. Der Vollzugscharakter des Lebens bestimmt eben auch die Philosophie. Das Problem besteht allerdings darin, dass der faktischen Lebenserfahrung ein eigentümliches Verblassen der Bedeutsamkeit eigen ist:

»Es ist kein Verschwinden, sondern ein Verblassen, d.h. ein Übergang in das Stadium und in den Modus der Nicht-Ursprünglichkeit, wo die Echtheit des Vollzugs, vorab die Vollzugserneuerung fehlen, die Bezüge selbst sich abschleifen, und wo lediglich der selbst nicht mehr ursprünglich gehabte Gehalt ›interessiert‹. *Verblassen* hat nichts zu tun mit ›aus dem Gedächtnis verlieren‹, ›vergessen‹ oder mit ›kein Interesse mehr finden an‹. Der Gehalt der faktischen Lebenserfahrung *fällt ab* aus dem *Existenzbezug* gegen andere Gehalte, der abfallende bleibt in *Verfügbarkeit*; diese selbst kann aber ihrerseits als Sinncharakter des Bezugs verblassen und in den der bloßen *Verwendbarkeit* übergehen.«[61]

Die Philosophie wird ihren eigenen Ursprung nicht los, sie schleppt ihn immer »in irgendeinem Sinne – wenn auch ganz versteckt, unecht und stark theoretisiert – in ihrer Problematik vom Ansatz an mit«, darin besteht der Grund »vieler philosophischer Scheinprobleme oder auch Modethemen wie *Leben* (Bergson, Dilthey) und *Kultur* (Spengler)«.[62]

---

60 Damit wäre Husserl allerdings nicht einverstanden, für den die Phänomenologie theoretisch neutral ist und darum den Dingen keine Gewalt antut. Vor allem aber braucht sie keine Geschichte. Vgl. zu Husserls Phänomenologie Tyradellis, Daniel: *Untiefen. Husserls Begriffsebene zwischen Formalismus und Lebenswelt*, Würzburg 2006, S. 83: »Sie ist in ihrer Methodik so ideal wie die Gegenstände, die sie in Wesensschau sieht.« Bereits innerhalb von Heideggers Auseinandersetzung mit der Lebensphilosophie zeigen sich grundlegende Differenzen zwischen Heidegger und Husserl in Bezug auf Ding, Medium und das transzendentale Bewusstsein.

61 Heidegger: *Phänomenologie der Anschauung und des Ausdrucks. Theorie der philosophischen Begriffsbildung* (GA 59), S. 37.

62 Vgl. ebd., S. 38, Fußnote 8.

Die Aufgabe der Destruktion der Metaphysik wird in den frühen Freiburger Vorlesungen mit einer doppelten Problematik verknüpft: Zum einen richtet sie sich mit dem Argument der historischen Relativität gegen jedwede absolute Geltung philosophischer Begriffe (»das Aprioriproblem«), zum anderen mit dem Argument der faktischen Lebenserfahrung, dem »Erleben des Daseins in seiner Intimität, Fülle und Dunkelheit«, gegen die vermeintliche Irrationalität des Geschichtlich-Zufälligen.[63]

Der Clou der Vorlesung vom Sommersemester 1920 besteht in der Verschränkung dieser beiden Problemfelder und eben nicht in ihrer dialektischen Auflösung.[64] Heidegger stellt der Veröffentlichung der Vorlesung vom Wintersemester 1919, *Grundprobleme der Phänomenologie* ein Zitat aus Bergsons *Matière et mémoire* voran:

»nous sommes en d'ouvrir toujours devant nous l'espace, de refermer toujours derrière nous la durée«[65]

Kleingeschrieben und ohne abschließendes Satzzeichen ruft das Zitat bereits in seiner schriftlichen Gestalt die Problematik der Vorlesung auf, die Frage nach der Differenz zwischen Leben und Ausdruck, zwischen Raum und Dauer.

In Heideggers frühen Freiburger Vorlesungen verschränkt sich das Primat des konkreten Lebens mit dem Primat der Theorie. Das sich selbst genügende, in seine Welt verwiesene und an seine Lokalität gebundene Leben ist kein chaotisches, grenzenloses, alles verschlingendes »Unwesen«, sondern »es ist, was es ist, nur als konkrete sinnhafte Gestalt.«[66]

---

63 Ebd., S. 23.

64 Dass dieses schwergewichtige Programm einer doppelt entsprungenen Philosophie (Philosophie-geschichtlich und jemeinig) nie restlos eingelöst wurde, entspricht wiederum der Forderung der Vorläufigkeit und Unabgeschlossenheit philosophischer Denkbewegungen überhaupt.

65 Bergson, Henri: *Matière et mémoire. Essai sur la relation du corps à l'esprit (1896)*, Paris 1908, S. 161; sowie Heidegger, Martin: *Grundprobleme der Phänomenologie* (GA 58), Frankfurt a.M. 1993, S. 1.

66 Ebd., S. 148.

»Es braucht strukturmäßig aus sich nicht heraus (*sich nicht aus sich selbst herausdrehen*), um seine genuinen Tendenzen zur Erfüllung zu bringen. Es selbst spricht sich immer nur in seiner eigenen ›Sprache‹ an.«[67]

Nicht die Sprache verräumlicht das Leben, sondern das Leben unterliegt immer schon einer »Deformation« in all seine Gestalten. Es drückt sich immer irgendwie aus, weil es in allen Stadien bereits seinen Sinn hat. Ohne diese Beredsamkeit des Lebens, ohne dessen Überproduktion an Sinn, wäre es gar nicht zum »philosophischen Neinsagen« im Sinne einer hegelschen Dialektik gekommen (auch dies ist eine Konsequenz des Primats des faktischen Lebens). Deshalb kann es in der Philosophie letztendlich keine Definitionen geben, »weil es in ihr keine Objekte gibt, sondern nur Ausdruckszusammenhänge, denen man nachgehen muß (verstehen). Wenn ich in die und die Situation echt mich begebe, begegnet mir der Sinnzusammenhang.«[68]

Negentropie oder die Ordnung des Lebens

Ist man wie Heidegger in den Jahren nach dem Ersten Weltkrieg auf der Suche nach einer Hermeneutik der Faktizität, also einer rational-wissenschaftlichen Methode, um die dem Leben selbst innewohnenden Ordnung, die dem Leben eigene Sprache, verstehbar zu machen, liefern die thermodynamischen Systeme und ihr Zeitpfeil abseits von der Klassifikation des Lebendigen durch die Biologie und den Reiz-Reaktionsschemen der Psychophysik nicht nur eine mögliche wissenschaftlich-rationale Sprache, sie sind sogar unumgänglich, will man dem exakten, notwendigen und positivistischen Zugriff aufs Leben eine Philosophie entgegensetzen, die das Erlebnis nicht verfehlt. Die Lebensphilosophie Bergsons und in ihrem Gefilde der frühe Heidegger sind in einem gewissen Sinne ein Symptom der Thermodynamik, sie gehören noch zu diesem epistemischen Feld.

---

67 Ebd., S. 31.
68 Vgl. ebd., S. 148, 150.

»Im Zweiten Grundsatz der Thermodynamik hat das 19. Jahrhundert das Wesentliche seiner mythologischen Ressourcen gefunden.«[69]

Schenkt man Foucaults *epoché* Glauben, d.h. der Verklammerung physikalischer Irreversibilität mit einer allgemeinen Obsession des 19. Jahrhunderts namens Geschichte und ihrer Ablösung im 20. Jahrhundert durch eine neue Obsession namens Raum und »einer Epoche des Simultanen, [...] der Juxtaposition, in der Epoche des Nahen und des Fernen, des Nebeneinander und Auseinander«,[70] dann stellt sich medienarchäologisch die Frage, welches physikalische Wissen bzw. welche Medien diesen Wechsel anzeigen. Der Übergang von einer Ordnung der (historischen) Zeit zu einer (a-historischen) des Raumes müsste sich ja im Diskurs von Physik und Metaphysik als Medienfrage niederschlagen.

Der zweite thermodynamische Hauptsatz besagt, dass die Entropie als das Maß der Unordnung in einem idealerweise geschlossenen System grundsätzlich zunimmt. Anders ausgedrückt heißt das, dass es in der Natur und in Maschinen Prozesse gibt, die nicht reversibel sind und einem Zeitpfeil unterstehen.

Mit der Dampfmaschine und ihren Regulierungstechniken entsteht eine Technologie, die als Verbindung von Zeit und Logik operiert. Die Auseinandersetzung zwischen Bergson und Einstein über das Wesen der Gleichzeitigkeit erschließt sich vor dem Hintergrund der Thermodynamik und ihrem Diktum der Nichtumkehrbarkeit bestimmter Prozesse noch einmal neu, wie ihn etwa Christian Kassung beschreibt:

»Erstmals wird in der Geschichte der Physik die *Geschichte* eines Prozesses erzählt, d.h. eines real verlaufenden Prozesses, für den Vergangenheit und Zukunft nicht beliebig vertauschbar sind.«[71]

Eben diese geschichtliche Zeit ist vom Newton-einsteinschen Standpunkt aus absolut inakzeptabel:

---

69 Foucault, Michel: »Andere Räume«, in: Barck, Karl Heinz (Hg.): *Aisthesis*, Leipzig 1990, S. 34–46, S. 34.
70 Ebd., S. 34.
71 Kassung, Christian: *EntropieGeschichten*, München 2001, S. 143; vgl. *1.1.1 Die Uhren der Mikroben.*

»Für uns gläubige Physiker hat die Scheidung zwischen Vergangenheit, Gegenwart und Zukunft nur die Bedeutung einer wenn auch hartnäckigen Illusion.«[72]

Die Größe der Entropie *S* wird von Boltzmann in die Sprache der Physik eingeführt, um zwischen nützlicher und verschwendeter Energie zu unterscheiden, als theoretischer Ausdruck eines schon lange praktizierten Maschinenwissens. Darüber hinaus führt sie auch eine neue Differenz zwischen dem Möglichen und dem Wirklichen ein. Es gibt das *Perpetuum mobile*, die verlustfrei und reversibel arbeitende Maschine mit einer Entropie von Null nur auf dem Papier, als idealen Prozess. Reale Maschinen erleiden immer irgendwelche Wärmeverluste und Reibung, d.h. sie verschwenden immer einen gewissen Teil ihrer Energie, weil sie irreversiblen Prozessen unterworfen sind.[73]

Auch heutige Epistemologien lehren, dass die Theorie der Wärmekraftmaschine der Praxis der Ingenieure geradezu hinterher gelaufen ist,[74] und wenn sich für dieses Wissen ein theoretisches Apriori ausmachen ließe, dann läge es entweder im Bereich der Differentialrechnung zur mathematischen Beschreibung von Bewegungsprozessen oder im Kalkül unternehmerischen Nutzens, das mehr Arbeit für weniger Geld errechnet.

Bergsons Analogisierung von philosophischer Intuition und Infinitesimalrechnung wurde bereits erwähnt. Nach einem Wort von Michel Serres macht ihn aber erst das Denken der Dampfmaschine zum ersten Epistemologen der Thermodynamik, verarbeitet er ja nicht nur das »ganze neue, aus der Thermodynamik hervorgegangene Organon« als Metaphysik, es findet sich im Zentrum seiner Metaphysik auch eine sich selbst steuernde Maschine.[75]

---

72 Einstein in einem Brief an Michele Besso, zitiert nach Stengers, Isabelle und Prigogine, Ilya: *Dialog mit der Natur*, Zürich 1980, S. 286.
73 Vgl. ebd., S. 125ff.
74 Vgl. Kassung: *EntropieGeschichten*, S. 142f.
75 Vgl. Serres, Michel: »Boltzmann und Bergson«, in: *Hermes IV: Verteilung*, Berlin 1993, S. 131–150, S. 137f; sowie Bergson: *Schöpferische Entwicklung*, S. 200f: »Der Unterschied also muß sehr viel radikaler sein, als die oberflächliche Prüfung erwarten ließ. Es ist jener eines Mechanismus, der die Aufmerksamkeit absorbiert, und eines Mechanismus, von dem man sich freimachen kann. Die primitive Dampfmaschine, wie Newcome sie konstruiert hatte, erforderte die Anwesenheit einer ausschließlich mit Handhabung der Hähne betrauten Person; sei es nun, daß sie

Bergson führt die Dampfmaschine in *Schöpferische Entwicklung* genau an der Stelle ein, in der es um eine mögliche Unterscheidung von Tier und Mensch geht, die es bei Bergson im qualitativen (substantiellen) Sinne überhaupt nicht gibt. Zwischen den Gehirnen von Menschen und Tieren bestehen lediglich unterschiedliche Freiheitsgrade in Bezug auf die sensomotorischen Automatismen, denen ein Organismus unterworfen ist. Die anthropologische Differenz ist im bergsonschen Sinne kein wesentlicher, d.h. metaphysischer Unterschied, sondern lediglich ein gradueller, denn er hängt von der Größe des Zeitintervalls ab, das zwischen Reiz und Reaktion geschaltet ist, und das – bei genügend langer Dauer – schließlich so etwas wie Bewusstsein freisetzt:

>»Kurz also, alles geht vor sich, als hätte die Beschlagnahme der Materie durch den Intellekt den einzigen Hauptzweck, *etwas frei walten zu lassen,* was durch die Materie gehemmt war.«[76]

Der Intellekt, der den durch die Materie gehemmten oder gebundenen Bewusstseinsstoff freisetzt, wirkt z.B. als Sprache (die Bewegungsgewohnheiten und Instinkt in Schach zu halten vermag) oder eben als selbststeuernde Maschine – die in ihrer Arbeit nicht mehr beaufsichtigt werden muss und den Menschen in seiner Aufmerksamkeit wieder frei sein lässt. Indem Bergson Sprache und Maschine

---

den Dampf in die Zylinder leiten, sei es, daß sie den zur Verdichtung bestimmten Kältestrom in ihn hineintreiben mußte. Nun erzählt man sich, daß ein zu dieser Arbeit verwendetes und von seiner Aufgabe aufs Höchste gelangweiltes Kind auf den Gedanken kam, den Handgriff der Hähne durch Bindfaden mit dem Hebel der Maschine zu verbinden. Von da ab öffnete und schloß die Maschine selber ihre Hähne; sie funktionierte von selbst. Ein Beobachter nun, der den Bau dieser zweiten Maschine mit der ersten verglichen hätte, ohne sich um die die Aufsicht führenden Kinder zu kümmern, würde nur einen geringen Kompliziertheitsunterschied zwischen beiden gefunden haben. Und das ist auch alles, was wahrgenommen werden kann, solange man nur die Maschinen ins Auge faßt. Wirft man dagegen einen Blick auf die Kinder, so sieht man das eine absorbiert von seinem Überwachungsdienst, während das andere treiben kann, was es mag, sieht, daß in dieser Hinsicht der Unterschied zwischen beiden Maschinen ein radikaler ist. Die eine hält die Aufmerksamkeit gefesselt, die andere läßt sie frei. Und ein Unterschied gleicher Art ist es, der, unserer Überzeugung nach, zwischen tierischem und menschlichem Gehirn herrscht.«
76 Ebd., S. 200.

analogisiert, erscheinen beide als Mechanismen einer Lebenskraft namens Intellekt zur Hemmung der Materie und Befreiung der Aufmerksamkeit. Indem sich die Maschine durch ihren Rückkopplungsmechanismus selbst zu steuern vermag, kann das Kind bzw. der Mensch die so frei gewordene Aufmerksamkeit anders verwenden.

Es geht im Rekurs auf die Thermodynamik nicht in erster Linie darum, dass die neuen Bewegungsbegriffe der Physik ein neues Bewegungsdenken in der Philosophie evozieren, sondern um eine Wissensproduktion, die zunehmend abhängig ist von Maschinen und Experimentalanordnungen. Die Thermodynamik selbst braucht kein neues Bewegungsdenken, denn ihr Wissen ist zu einem viel geringeren Teil als jede Physik zuvor auf substantielle Begriffe angewiesen; auch dies klingt bereits in der ironischen Pointe Bergsons mit, der in seiner Erzählung aus dem Fliehkraftregler (Maxwells »governor«) den Bindfaden eines »von seiner Aufgabe aufs Höchste gelangweilten Kindes« macht.[77]

Es konkurrieren um 1900 innerhalb der Physik also (mindestens) zwei Auffassungen von Wirklichkeit und Zeit – und Bergsons Standpunkt in der Auseinandersetzung mit Einstein ist der der Thermodynamik. Das macht ihn allerdings noch nicht zum Thermodynamiker, denn auf metaphysische oder kosmologische Dimensionen übertragen führt der Entropiebegriff des 19. Jahrhunderts zu einem gewissen Fatalismus, den Bergsons emphatische Lebensphilosophie nicht teilt. Hermann von Helmholtz prognostiziert im Anschluss an Clausius und Mayer den Wärmetod des Universums durch entropisches Erreichen der absoluten Gleichverteilung:

>»Dann ist jede Möglichkeit einer weiteren Veränderung erschöpft; dann muss völliger Stillstand aller Naturprozesse von jeder nur möglichen Art eintreten. Auch das Leben von Pflanzen, Thieren und Menschen kann nicht weiter bestehen, wenn die Sonne ihre höchste Temperatur und damit ihr Licht verloren hat und wenn sämmtliche Bestandtheile der Erdoberfläche die chemischen Verbindungen geschlossen haben werden, welche ihre Verwandtschaftskräfte fordern. Kurz das Weltall wird von da an zu ewiger Ruhe verurtheilt sein.«[78]

---

77 Vgl. ebd.
78 Helmholtz, Hermann von: »Über die Wechselwirkung der Naturkräfte und die darauf bezüglichen neuesten Ermittlungen der Physik« (1854), in: Ders.: *Vorträge*

Alles Leben hätte damit ein Ende, es sei denn, es gäbe eine Kraft, eine Ordnungskraft, die der Entropie entgegensteht. Eben diese Kraft ist das Konzept von Bergsons *élan vital*: die Umkehrung des Vorzeichens der Entropie, die in der Thermodynamik immer positiv sein soll, zur Negentropie.

Der Zeit der Thermodynamik, nach Helmholtz und Foucault gleichbedeutend mit Degradation und Tod, stellt Bergson die Zeit des Lebens, die *durée* als ordnende und schöpferische Kraft entgegen:

>»Ordnung und Organisation sind die Kennzeichen des Lebens. Dadurch entsteht der Eindruck, daß das Leben in seiner Entwicklung auf der Erde den Absturz in den Schlund des Wärmetodes, den das Entropiegesetz der anorganischen Materie auferlegt, widersteht. Bergson hat das großartige Wort *élan vital* für diese Widerstandskraft geprägt.«[79]

Hermann Weyl zieht in der überarbeiteten Ausgabe seiner *Philosophie der Mathematik und Naturwissenschaften* von 1949 diese Parallele, um den (in der Zwischenzeit von Erwin Schrödinger geprägten) Begriff der Negentropie auf Bergsons *élan vital* zu beziehen. Vielleicht war es auch der *élan vital*, der Schrödinger auf die Idee der Negentropie gebracht hat. Für Schrödinger ist die Quantenphysik mit ihren statistischen Naturgesetzen schließlich auch die Physik des Lebens, die einzige Physik, die das Verhältnis von Ordnung und Unordnung, von lebendem Organismus und Umwelt in präzisen Gesetzen beschreiben kann:

>»Das Leben scheint ein geordnetes und gesetzmäßiges Verhalten der Materie zu sein, das nicht ausschließlich auf ihrer Tendenz, aus Ordnung in Unordnung überzugehen, beruht, sondern zum Teil auf einer bestehenden Ordnung, die aufrechterhalten bleibt.«[80]

---

und Reden, Braunschweig 1903, S. 48–84, hier S. 67.
79 Weyl, Hermann: *Philosophie der Mathematik und Naturwissenschaft*, Oldenburg 1982, S. 268.
80 Schrödinger, Erwin: *Was heißt Leben? Die lebendige Zelle mit den Augen des Physikers betrachtet* (1943). München 1951, S. 97.

Das Aufrechterhalten dieser Ordnung, der ›negativen Entropie‹, geht allerdings auf Kosten der Umwelt, in der der lebende Organismus ›Unordnung‹ produziert:

»Damit läßt sich der unbeholfene Ausdruck ›negative Entropie‹ durch einen besseren ersetzen: die Entropie ist in Verbindung mit dem negativen Vorzeichen selbst ein Ordnungsmaß. Der Kunstgriff, mittels dessen ein Organismus sich stationär auf einer ziemlich hohen Ordnungsstufe (einer ziemlich niedrigen Entropiestufe) hält, besteht in Wirklichkeit aus einem fortwährenden ›Aufsaugen‹ von Ordnung aus seiner Umwelt. Dieser Satz ist gar nicht so paradox, wie er auf den ersten Blick aussieht. Man könnte ihm eher vorwerfen, er sei eine Plattheit. In der Tat, im Falle der höheren Tiere kennen wir die Art Ordnung, von welcher sie sich ernähren, recht gut; es ist der äußerst wohl geordnete Zustand der Materie in den mehr oder minder komplizierten organischen Verbindungen, welche ihnen als Futter dienen. Nach der Benutzung geben sie sie in stark abgebauter Form wieder von sich – jedoch nicht vollständig abgebaut, da Pflanzen noch immer dafür Verwendung haben.«[81]

Essen ist vom statistischen Standpunkt aus betrachtet das »Aufsaugen von Ordnung« oder schlicht die Produktion von Exkrementen. Für den Diskurs des Lebens bedeutet dies, dass er mit dem Wissen der Dampfmaschine um die Kategorie der Entropie, um die Kategorie der Unordnung erweitert wird. Die Entropie verschränkt das, was zuvor innerhalb der Statistik sauber geschieden war: Ordnung und Unordnung sind von nun an komplementär.

Bergson entwickelt seinen *élan vital* in *Schöpferische Entwicklung* als eine neue Kraft, die über alle Kräfte der Physik hinausgeht, eine dem Leben eigene Ausdruckskraft, die zu den anderen mechanischen und elektrodynamischen Kräften nicht nur hinzugezählt werden muss, sondern deren Wissen überhaupt erst gestattet. Er reagiert mit diesem Begriff auf ein sich pluralisierendes Wissen der Wissenschaft und versucht eine Erkenntnistheorie zu schreiben, die sowohl dem jeweiligen Gegenstandsbezirk der Wissenschaft (der Physik oder auch der Biologie) wie den metaphysischen Grunddifferenzen der

---

81 Ebd., S. 104.

Dauer gerecht wird. Das Grundproblem der Erkenntnis, der *episteme*, besteht darin,

»zu erkennen, warum Ordnung in den Dingen herrscht und nicht Unordnung. Sinn jedoch hat diese Frage allein unter der Voraussetzung, eine – als Abwesenheit der Ordnung verstandene – Unordnung sei überhaupt möglich oder vorstellbar oder denkbar. Wirklich aber ist nur die Ordnung. Und nur weil diese Ordnung zweierlei Form annehmen kann, weil – wenn man so will – die Gegenwart der einen in Abwesenheit der anderen besteht, reden wir überall dort von Unordnung, wo diejenige von beiden Ordnungen vor uns steht, die wir nicht suchten. Der Begriff der Unordnung ist also ein durchaus praktischer. Er entspricht einer gewissen Enttäuschung einer gewissen Erwartung. Er drückt nicht eine Abwesenheit jeder Ordnung schlechthin aus, sondern die Gegenwart einer Ordnung, die kein momentanes Interesse für uns hat. Derart, daß wir beim Versuch einer restlosen, einer absoluten Negierung jeder Art Ordnung wahrnehmen könnten, wie wir endlos von der einen zur anderen überspringen und wie die vorgebliche Weglassung beider Ordnungen die Gegenwart beider einschließt.«[82]

Wissensgeschichtlich ließe sich die Tatsache, dass Bergsons Ordnungsbegriff in letzter Instanz der irreversiblen und koexistenten Zeit des Lebens untergeordnet ist (denn jede andere Ordnung ist nicht wirklich) auf das epistemische Feld der Quantentheorie bzw. der Kybernetik beziehen, allerdings bevor diese sich als theoretische Gebäude überhaupt errichtet haben. Innerhalb einer Geschichte des Wissens gäbe es demnach ein Wissen des Lebens, das mittels seiner Dispositive, wie z.B. der Dampfmaschine, mit dem der Simultanität konkurriert oder es auch bedingt.

Lange vor Weyl, Schrödinger und Norbert Wiener greift Heidegger Bergsons Konzept des *élan vital* ebenfalls durchaus emphatisch auf, sieht er in der »Lebensschwungkraft« doch eine grundsätzliche Motivation und vor allem eine Gerichtetheit des Lebens, die es überhaupt erst einer strukturellen Interpretation zugänglich macht. Das »Etwas« des Erlebens lässt sich allerdings nur formal bestimmen, es ist »vorweltlich« und »vortheoretisch«, in ihm zeigt sich lediglich

---

82 Bergson: *Schöpferische Entwicklung*, S. 276f.

»das Moment des ›Auf zu‹, der ›Richtung auf‹, des ›In eine (bestimmte) Welt hinein‹ – und zwar in seiner ungeschwächten ›Lebensschwung-kraft‹. Das ›Etwas‹ als das Vor-weltliche überhaupt darf nicht theoretisch, im Sinne einer physiologisch-genetischen Betrachtung gedacht werden. Es ist ein Grundphänomen, das verstehend erlebt werden kann, z.b. in der Erlebnissituation des Gleitens von einer Erlebniswelt in eine genuin andere, oder in Momenten besonders intensiven Lebens; gerade nicht oder selten in solchen Typen des Erlebens, die in einer Welt festgebannt sind, ohne gerade innerhalb dieser eine höchst gesteigerte Lebensintensi-tät zu erreichen.«[83]

In Anbetracht der Polemik, die Heidegger etwa zeitgleich gegen den »Ladenhüter« Bergson führt,[84] erscheint die Behauptung, Hei-degger würde in seinen frühen Vorlesungen Bergsons *élan vital* geradezu »beschwören«, allerdings etwas übertrieben. Der Diagnose Ina Schmidts, dass sich Lebensphilosophie und Phänomenologie in ihrer Opposition gegenüber inhaltsleeren Strukturen und einer rein theoretischen Philosophie treffen, da beide ein am Leben orientier-tes Denken fordern, das über das bloß Lebende hinausgeht, ist aber zuzustimmen.[85]

Heidegger begründet mit der Faktizität des *élan vital*, der sich in besonders intensiven Momenten des Erlebens offenbart, die Theorie der »formalen Selbstanzeige«. Als »Noch-nicht« und »Auf zu« zeigt der *élan vital* die prinzipielle Richtung, die Stoßrichtung des Lebens in eine »bestimmte Welt hinein« an.

Er erfüllt damit bei Heidegger eine doppelte Funktion: zum einen die der Ursprünglichkeit, die nur »Erlebbares« haben kann, zum anderen die des Bezugs auf das »Etwas« des Erlebbaren als Rück-gang auf eine formal-logische Struktur, die im Erkennen immer schon vorausgesetzt ist. Statt bloß zu theoretisieren, zu »entleben«, soll der Philosoph »formalisieren«, ohne die eigene Verfasstheit zu verlieren. Er soll auf die eigene logische und zeitliche Struktur zurückgehen und so immer auch fragen, was überhaupt erlebbar ist.

---

83 Heidegger: *Zur Bestimmung der Philosophie* (GA 56/57), S. 115.
84 Vgl. Heidegger, Martin: »Anmerkungen zu Karl Jaspers«, in: *Wegmarken* (GA 9), Frankfurt a. Main 1976, S. 1–44, hier S. 18f.
85 Vgl. Schmidt, Ina: *Vom Leben zum Sein. Der frühe Martin Heidegger und die Lebensphilosophie*, Würzburg 2005, S. 64f.

In der Auseinandersetzung Heideggers mit der Lebensphilosophie (nicht nur mit Bergson, sondern auch mit Karl Jaspers) hat die Heidegger-Forschung die Grundlage für die formal anzeigende Hermeneutik entdeckt.[86] Allerdings wird die Frage nach dem Wie der Auslegung des Lebens, nach der Ordnung des Lebens und nach den Möglichkeiten, es gemäß seiner Selbstanzeige zu interpretieren, in der Lebensphilosophie und ihrer »totalen Intuition« selbst nicht beantwortet.[87] Insbesondere die bergsonsche »Rede des Nichtausdrückenkönnens«, so Heidegger, leide an einer »doppelten Lähmung«, da sie den Begriff als »dinglichen Apparat« hinstellt, der das angeblich »Ungebrochene« des Lebens notwendig zerstören müsse.

Wissensgeschichtlich lässt sich diese Diskurskreuzung als Verwindung der Entropie lesen. Heideggers Suche nach einem Verstehensmodell für die Ordnung des Lebens und einer Sprache, die die zeitlogischen Strukturen, die Bedingtheit des »erlebten Gehalts« durch die Struktur des Erlebens »formalisieren«, d.h. ausdrücken kann, führt notwendigerweise durch das epistemische Feld der Thermodynamik. Die Thermodynamik ist eine Formalisierung des Lebens, und Heideggers Rede von der »Lebensschwungkraft«, die die Richtung des »Noch-nicht« und »Auf zu« des Lebens anzuzeigen vermag, also im direkten Vorfeld des späteren Weltbegriffs zu verorten ist, ist nichts anderes als die Auslotung dessen, was mit dem Zeitpfeil der Irreversibilität für die Fundamentalontologie des Daseins gewonnen werden kann.[88]

Anders gewendet und auf das Projekt des Zur-Sprache-Bringens des Lebens beim frühen Heidegger bezogen: Kann die eigene Sprache, in der das Leben sich selbst anspricht, überhaupt anders als von dieser Nichtumkehrbarkeit her gedacht werden, die ein geschichtliches und faktisches Dasein erst ermöglicht? Lässt sich die prinzipielle Auslegbarkeit des Lebens überhaupt ohne den Zeitpfeil der Thermo-

---

86 Vgl. Pöggeler: *Heidegger in seiner Zeit*, S. 28.

87 Vgl. Schmidt: *Vom Leben zum Sein. Der frühe Martin Heidegger und die Lebensphilosophie*, S. 64f.

88 Nach Wolf Kittler gehört die Thermodynamik sogar in einem ausgezeichneten Sinne zur Wissensordnung des Lebens: Sie ist nicht nur eine Steuerungstechnik für (Teilchen-)Massen, sondern ermöglicht auch die Historiographie von Mannigfaltigkeiten, Archäologien und Poetologien des Wissens. Vgl. Kittler, Wolf: »Thermodynamik und Guerilla. Zur Methode von Michel Foucaults Archäologie des Wissens«, in: *Trajekte* 4 (2002), S. 16–21.

dynamik wissenschaftlich-rational argumentieren? Und gehört dann die Dampfmaschine nicht zu den Dispositiven der radikalen Verzeitlichung von *Sein und Zeit*?

Schrödinger unterstellt auch das Wesen der Uhr dem statistischen Begriff der Entropie. Erklärt wird die statistische Begründung der Uhr, deren Bewegung nur auf den ersten Blick den dynamischen, also mechanischen Gesetzen folgt, mit den nun messbaren (wenn auch sehr kleinen), durch Wärmebewegung und Reibungswiderstände hervorgerufenen Störungen. Die scheinbar zeitlose Pendelbewegung wird damit endlich.

Für den Quantenphysiker ist es eine Frage der »Einstellung« bzw. des Beobachtungszeitraums, ob eine Bewegung dynamisch-periodisch oder statistisch-aperiodisch erscheint. Es ist demnach eine Frage der Uhr, welche Physik der Auffassung von Realität am ehesten entspricht. So wie für Einstein die Unterteilung der Zeit in Vergangenheit, Gegenwart und Zukunft eine Illusion ist, so ist die mechanische Uhr für den Quantenphysiker ein Hirngespinst, eine theoretische Erfindung, eine Idee, und als solche funktioniert auch das *Perpetuum mobile* im Rahmen der physikalischen Theoriereflexion. Es kann aber niemals gebaut werden:

> »Ein Uhrwerk aus realer stofflicher Materie ist im Gegensatz zu einem nur in der Einbildungskraft bestehenden kein echtes ›Uhr-Werk‹. Das Zufallsmoment mag mehr oder weniger zurückgedrängt, die Wahrscheinlichkeit, daß die Uhr plötzlich ganz falsch geht, unendlich klein sein, im Hintergrund ist sie aber immer da.«[89]

Jede Uhr, Sinnbild der messbaren, diskreten und reversiblen Zeit *t* untersteht nach Schrödinger dem Gesetz der Entropie, von dem sich die Ordnung des Lebens, die Negentropie, ableitet.

Relativität

Angesichts der laufenden Debatte um die Relativitätstheorie stellt Heidegger 1924 fest, dass die antike Frage nach dem Sein der Zeit

---

89 Schrödinger: *Was heißt Leben?*, S. 118.

neuerdings wieder Konjunktur habe. Ganz explizit ist sein Nachdenken über Uhren im Vorfeld von *Sein und Zeit* dem allgemeinen Interesse an der Physik geschuldet, und ganz im Sinne Bergsons, dessen *Durée et simultaneité* Heidegger in Vorbereitung seiner eigenen Abhandlung zum *Begriff der Zeit* studiert,[90] kritisiert er nicht die Relativitätstheorie als eine physikalische Theorie unter anderen, sondern interpretiert sie als *state of the art* physikalischer Theorie in der Tradition abendländischer Rationalisierung und Objektivierung und als weiteres Verfahren und ontischen Ausgangspunkt der eigenen, selbst noch vorwissenschaftlich gemeinten Untersuchung zur Zeit.

Die lange Geschichte der alltäglichen und naturwissenschaftlichen Zeitmessung ist, so Heidegger, letztendlich ein Symptom der zeitlichen Verfasstheit des Daseins, das auf der Flucht vor seinem eigenen »Vorbei«, seiner Zukünftigkeit und dem eigenen Tod diese Zeitrechnung betreibt. Die eigentliche Zeit des Daseins ist von absoluter Gewissheit über den eigenen Tod, der aber in seinem Wann und Wo für dieses Dasein völlig unbestimmt ist und bleibt.

Die eigentliche Zeit des Daseins kann daher – im Gegensatz zur Lebenszeit – nicht in Begriffen der Thermodynamik beschrieben werden, denn sie lässt sich nicht quantifizieren. Das eigentliche Existieren hat weder Länge noch Reibungsverlust:

> »Der ursprüngliche Umgang mit der Zeit ist kein Messen. Das Zurückkommen im Vorlaufen ist ja selbst das Wie des Besorgens, in dem ich gerade verweile. Dieses Zurückkommen kann nie das werden, was man langweilig nennt, was sich verbraucht, was abgenutzt wird. [...] Die Zeit wird nie lang, weil sie ursprünglich keine Länge hat.«[91]

Dasein wird ontologisch als Sein-zum-Tode bestimmt und dieser eigentliche Modus zeichnet sich gerade nicht durch Betriebsamkeit und Geschäftigkeit aus, da es in Bezug auf den eigenen Tod nichts zu erledigen gibt. Aber das Dasein ist immer auch in einer Welt, ist

---

90 Vgl. Heidegger: *Der Begriff der Zeit* (GA 64), S. 70, Randbemerkung Nr. 100, sowie Heideggers Selbsthistorisierung in Heidegger, Martin: *Metaphysische Anfangsgründe der Logik im Ausgang von Leibniz* (GA 26), Frankfurt a.M. 1978, S. 177f. und S. 214, wo er als Einfluss seines frühen Denkens u.a. Einstein und Bergson listet.

91 Heidegger: *Der Begriff der Zeit* (GA 64), S. 118.

immer auch mit anderen, wird auch vom »Man« gelebt. Und hier im Mit-sein, in der Gemeinschaft, beginnt auch die Geschichte der Uhr:

> »Die Uhr gibt es, weil für das Jetzt sagende Insein ›die Zeit‹ weltlich begegnet. ›Die Zeit *ist*, weil das Dasein in seiner Faktizität als gegenwärtigendes Aufgehen in der Welt, d.h. Sorgen konstituiert ist.«[92]

Das »In-einer-Welt-sein« ist eine Uhrengemeinschaft. Uhren garantieren die Datierbarkeit von Ereignissen, und – insofern sie sich synchronisieren lassen – die »Veröffentlichung« zur »Weltzeit«. Uhren schaffen »vulgäre«, d.h. konventionelle Zeit in Form von »ausgesprochenen« Jetzt-Punkten.[93]

Die Zeit, auf die man sich am Ort, im Lokalen geeinigt hat (»im ›nächsten‹ Miteinandersein können mehrere ›zusammen‹ ›jetzt‹ sagen, wobei jeder das gesagte ›jetzt‹ verschieden datiert«), ist Konvention.[94] Das gemeinsame »Jetzt« ist eine Art erster Regel, ein erster Akt zur Konstitution der Gemeinschaft. Diese Zeit ist identisch mit Bergsons »konventioneller Zeit« und bezeichnet die Gleichzeitigkeit von Zeitpunkten. Die Uhr ist das Zeug zur Zeitmessung, und ihre Synchronisation ist das Verfahren zur Herstellung öffentlicher, uneigentlicher »Weltzeit«. Sie stellt Simultanität her im Sinne von Gemeinsamkeit und Gleichzeitigkeit, im Kleinen wie im Globalen. Selbst innerhalb der neuen Physik ist ›Simultanität‹ ein relativer und relationaler Begriff. Heidegger übersetzt aus Einsteins Relativitätstheorie:

> »Der Raum ist an sich nichts; es gibt keinen absoluten Raum. Er existiert nur durch die in ihm enthaltenen Körper und Energien. (Ein alter aristotelischer Satz). Auch die Zeit ist nichts. Sie besteht nur infolge der sich in ihr abspielenden Ereignisse. Es gibt keine absolute Zeit, auch keine absolute Gleichzeitigkeit.«[95]

Mit der Relativitätstheorie bzw. dem formalisierten Wissen um die Dimensionalität der Zeit, ihrer Lokalität und der prinzipiellen

---

92 Ebd., S. 73.
93 Vgl. Heidegger, Martin: *Sein und Zeit* (1927), Tübingen 1993, S. 413ff.
94 Ebd., S. 411.
95 Heidegger: *Der Begriff der Zeit* (GA 64), S. 109.

Unmöglichkeit absoluter Gleichzeitigkeit, tritt neben die Zeitordnung der Thermodynamik, zu der sowohl das quantifizierte Leben als auch die Lebensphilosophie gehört, die Eigenzeit auf den Plan der heideggerschen Vorwissenschaft:

>>Daß die Zeit immer Ortszeit ist, wird ontologisch verständlich, wenn der ursprüngliche Seinscharakter des Gegenwärtigens mit Hilfe der Uhr, d.h. des Inseins in einer Umwelt, an einem Ort zu hause sein, als primärer phänomenologischer Befund gesehen ist.<<[96]

Der von Lorentz mathematisch definierte und von Bergson ausführlich besprochene Begriff der *Ortszeit* oder auch *Eigenzeit*, also die innere Zeit eines Bezugssystems, wird von Heidegger ontologisch >>gegründet<<. Die Entdeckung der relativistischen Physik ist danach eine aus den lokalen Strukturen des Daseins selbst hervorgehende.

Das Insein in einer Umwelt, eine Konsequenz der heideggerschen Korrespondenz mit Jakob von Uexküll und dessen theoretischer Biologie, meint einen Ort relativer Simultanität. Die Umwelt enthält das Dasein nicht, sondern entsteht erst durch die Bezüglichkeiten und Interaktionen des Daseins. >>Ortszeit<< heißt die gleichzeitige Anwesenheit von Seiendem.[97]

Lorentz' Transformations-Gleichungen, die auf der mathematischen Operationalität konstant gesetzter Größen wie der Lichtgeschwindigkeit und eben nicht mehr auf einem fixen Raum der reinen Anschauung basieren, gehören zur Strategie daseinsmäßiger Zeitrechnung. Sie bilden ein neues, aber kein wesentlich anderes Verfahren der >>Veröffentlichung<< von Weltzeit.[98]

Die relativistische Physik besinnt sich selbst auf die >>Fundamente der Zeitrechnung<< und lässt die Zeit dadurch schärfer sichtbar werden.[99] Sie ist Anlass und Ausgangspunkt der philosophischen Arbeit, der heideggerschen Fundamentalontologie. Diese >>Vorwissenschaft<<

---

96 Ebd., S. 80.
97 Vgl. *1.3.3 Umwelt.*
98 >>Man übersieht leicht über dem Destruktiven dieser Theorie [der Relativitätstheorie, Anm. CV] das Positive, daß sie gerade die Invarianz der Gleichungen, die die Naturvorgänge beschreiben, gegenüber beliebigen Transformationen nachweist.<< (Heidegger: *Der Begriff der Zeit* (GA 64), S. 109.)
99 Vgl. ebd., S. 109.

zielt nicht auf den von der Physik hergestellten Gegenstandsbezirk ab, sie selbst trifft keine physikalischen Aussagen. Vielmehr versucht sie, die Objekte und Faktizitäten der Physik selbst wieder als »gewordene«, daseinsmäßige Strategien und Strukturen zu lesen, deren Ontologie sich nur aus der Ontologie des Daseins ableiten, d.h. verstehen lässt. Das Medium Uhr dient innerhalb von *Sein und Zeit* und *Der Begriff der Zeit* als ein Zwischending, an dem sich diese – eigentlich vergessenen – ontologischen Bezüge aufzeigen lassen. Die Uhr wird erst im relativitätstheoretischen Kontext zum medialen Akteur der heideggerschen Epistemologie:

> »Wenn wir uns darüber ins Klare setzen, was eine Uhr ist, wird damit die in der Physik lebende Erfassungsart lebendig, und damit die Weise, in der die Zeit Gelegenheit bekommt, sich zu zeigen.«[100]

Die Geschichte abendländischer Subjektivität und Rationalität, das descartessche Diktum des »Ich bin« und schließlich die Relativitätstheorie, das alles zeigt sich an und mit der Uhr bzw. an ihrem Gebrauch, der »ontologisch selbst geschichtlich ist«. Die Zeitrechnung ist in der Zeitlichkeit des Daseins selbst fundiert (als ursprüngliche Flucht vor dem eigenen Vorbei), unterliegt aber dem Lauf der Geschichte und transformiert somit auch das auslegende und verstehende Dasein.[101]

Heidegger führt die Uhr selbst wiederum auf das Insein, auf die Herstellung von Simultanität in einer Welt zurück (es gibt Uhren weil…). Die Uhr wandelt die eigentliche Zeit des Daseins also schon immer in »öffentliche« Zeit des »Man«. Simultanität im Sinne von »vulgärer«, konventioneller oder auch gemeinsamer Zeit gehört damit zu den jüngsten wie den ältesten Gemeinschaftstechniken, die zugleich Verfallenheits-, Selbstvergessenheits- und Fluchttechniken des Daseins vor dem eigenen »Vorbei« sind. Zwischen dem Selbst und den anderen, zwischen dem Jeweiligen und dem Man, zwischen dem Jemand und dem Niemand, dem eigentlichen und uneigentlichen Sein des Daseins schalten und walten die Uhren des Man.

---

100 Ebd., S. 108.
101 Vgl. Heidegger: *Sein und Zeit* (1927), S. 417.

Bereits auf der Wortebene verweist Dasein ausdrücklich (»Da-sein«) auf seine zeitliche Verfasstheit und die Rolle der Uhr für das Anwesend-sein-lassen von Seiendem. Das Wort »Da-sein« zeigt selbst an, worum es in seiner Untersuchung zu gehen hat. Als Dasein bringt sich das Leben also selbst zur Sprache. Von einer Radikalisierung des Lebensbegriffs[102] lässt sich aber nur bedingt sprechen, da Heidegger ihn konsequent durch den Begriff des Daseins ersetzt, nicht zuletzt, um damit die eigene Forderung der formalen Selbstanzeige zu erfüllen. Vom Leben ist dann einfach keine Rede mehr – wohingegen das Dasein genauso wesentlich Rede ist, ebenso wie es sein »Vorbei« ist.

In seinem polemischem Gedankenexperiment der Uhr-lesenden Mikroben referenziert Bergson 1922 mit dem Begriff des Lebens noch eine reelle Bewusstseinszeit, die alle anderen Zeiten erst ermöglicht, auch wenn diese Zeit bereits synthetisiert ist. Die erste Simultanität liegt demzufolge in den für ein Lebewesen spezifischen synchronisierenden Prozessen der Wahrnehmung (also in der »Dauer«) und des Gedächtnisses, und nicht in irgendeinem Messen. Heidegger zufolge ist dieses erste Gegenwärtigen selbst schon durchsetzt von der diskreten Struktur des Daseins (uneigentlich/eigentlich), und damit ist alles Gegenwärtigen bereits uneigentlich und »verfallen«. Es gibt in daseinsanalytischen Kategorien keinen direkten, unmittelbaren Zugang mehr zur wirklichen Zeit. Das Dasein, das gegenwärtigt, hat seine Zeit immer schon mit dem »Man« geteilt und ist Teil eines regulativen Zeitregimes:

»Jeder hat ›die Zeit‹, die er ›hat‹ [weil er sie selbst ist, Anm. MH], von vornherein schon weggegeben, um sie von der im Miteinandersein geregelten her erst wieder zu empfangen.«[103]

Obwohl die Zeit ursprünglich kein Messen ist, ist das Dasein immer schon ein zeitmessendes. Im Vorfeld von *Sein und Zeit*, also Jahre vor Heideggers Kehre, ist mit der Funktion der Uhr für das gegenwärtigende Dasein bereits die seinsgeschichtliche Argumentation der

---

102 Vgl. Thönnes, Volker: *Das Leben zur Sprache bringen. Bergson und Heidegger im Lichte eines buchstäblich zeitlosen Problems*, Diss. Albert-Ludwigs-Universität Freiburg i.B., 2004, S. 123ff.
103 Heidegger: *Der Begriff der Zeit* (GA 64), S. 76.

späteren Jahre in ihren Grundzügen angelegt. Da das Dasein mittels Uhren das In-der-Welt-sein (die eigene Zeitlichkeit und die Zeit der anderen) reguliert, die Uhren und Verfahren zur Herstellung von Anwesenheit (Simultanität) sich als Seiendes aber selbst auch wandeln, mit ihnen das Dasein in seinem In-der-Welt-sein aber überhaupt erst beschreibbar und auslegbar wird, schließt sich im Medium der Uhr der seinsgeschichtliche Zirkel. Das Medium Uhr ist in sich selbst eine kleine Seinsgeschichte.

Uhren garantieren innerhalb der heideggerschen Argumentation die prinzipielle Auslegbarkeit des Daseins, denn ohne sie und die an ihr beschreibbaren Verfahren zur Herstellung von Anwesenheit gäbe es keinen rational-ontologischen Konnex zwischen Dasein und Sprache, nicht zuletzt soll das die Daseinsanalyse vor dem Vorwurf der Irrationalität bewahren.

Mittels Uhren lässt sich für das Dasein selbst noch auf dem Höhepunkt seiner Vergessenheit, in Gestalt der mathematischen Physik, ein Hinweis auf den eigenen Ursprung, das Gegründetsein im Zukünftigsein menschlichen Lebens finden. Die Praxis und Materialität der Uhr, das »Uhr-Werk« (Schrödinger), verweist ebenso wie der Diskurs der Irreversibilität auf die Zukünftigkeit des Daseins, eine hermeneutische Garantie für die Daseinsanalyse, wenn auch nur in Form von »letzten Resten« in einer fast totalen »theoretischen Ent-lebung« des Lebens.

»[Die ›Nichtumkehrbarkeit‹, die der Zeit als auszeichnendes Prädikat gelassen wird, ist in einem solchen Hinsehen auf ›die Zeit‹ ausgesprochen, das sie eigentlich umkehren möchte, d.h. wiederholen (iterieren) und ganz in der Gegenwart eines Vorhandenseins verfügbar haben möchte.]«[104]

Selbst die statistische Physik »weiß« in ihrem Sprechen noch etwas vom Vorlaufen und der Zukünftigkeit als fundamentaler Zeitstruktur des Daseins, obwohl ihr Begriff von Zeit doch ein ganz anderer, »vulgärer«, durch und durch mathematisierter ist, weil auch dieses

---

104 Ebd., S. 80. Die eckigen Klammern zeigen an, dass diese Passage nachträglich von Heidegger eingefügt wurde, sie markieren geschichtliche Schichten im heideggerschen Text.

Wissen ein geschichtlich-gewordenes ist, das den ontologischen Zeitigungsprozessen selbst unterstellt ist:

>Die *Nicht-Umkehrbarkeit* begreift in sich, was diese Explikation [die physikalische Explikation des Zeitphänomens; Anm. CV] noch von der eigentlichen Zeit erhaschen kann. Das bleibt übrig von der Zukünftigkeit als Grundphänomen der Zeit als Dasein. Diese Betrachtung sieht von der Zukunft weg in die Gegenwart, und aus dieser läuft die Betrachtung der fliehenden Zeit in die Vergangenheit nach. Die Bestimmung der Zeit in ihrer Nicht-Umkehrbarkeit gründet darin, daß die Zeit vorher umgekehrt wurde.«[105]

Die Irreversibilität ist also nicht zu verwechseln mit der Zukünftigkeit des Daseins. Sie maskiert in ihrer Auffassung von Zeit die eigentliche Zeit des Seins-zum-Tode und lässt sie so als maskierte erscheinen. Dass Zeit und mit ihr die Ontologie von Seiendem überhaupt als etwas Quantifizierbares, Feststellbares und in Kategorien der »Umkehrbarkeit« bzw. »Nichtumkehrbarkeit« behandelt werden können, ist ein Symptom des Daseins und der Geschichte seiner »Verfallenheit«, die wiederum im Vergessen der Sprache ruht. Das alltägliche Vergessen im »Man« und das seinsgeschichtliche Vergessen der Subjektwerdung zeigt sich im und als Gebrauch der Uhr, der selbst wiederum nur als Diskurs verhandelbar ist. Zeit und Sprache, Geschichte und Sein bringen sich wechselseitig zum Verschwinden bzw. zum Erscheinen.

Die Physik weiß um ihren »vulgären« Zeitbegriff, seit sie den Gebrauch, die Praxis und Handhabe der Uhr für ihr eigenes Wissen über Zeit reflektiert; die Physik weiß, dass es sich bei der Uhrzeit um »Man«-Zeit handelt.

>Die Physik mußte durch Ehrlichkeit gegenüber ihren Voraussetzungen auf Umwegen – aber in ihrer Selbstklärung in die Nähe des eigentlichen Sinnes der Zeit als Sein des man – kommen.«[106]

---

105 Ebd., S. 121.
106 Heidegger: *Der Begriff der Zeit* (GA 64), S. Randbemerkung 139, S. 80.

Heidegger wechselt, indem er die Uhr als Medium der Physik und der Daseinsanalyse denkt, von der Epoche der Thermodynamik und des historischen Wissens in die von Foucault so bezeichnete Epoche des Simultanen, des Nahen und des Fernen, des Nebeneinander.[107] Er geht mit seiner Auffassung von Wissen über Bergsons Sprachkritik in Form der »Nachträglichkeit der Erkenntnis« und auch über Bachelards »epistemologisches Hindernis« hinaus und öffnet mit der das Leben überschreitenden Daseinsanalyse den Raum für jene Methodologie, die Foucault später als Diskursanalyse ausformuliert. Der Status empirischen Wissens im Verhältnis zur Wahrheit der jeweiligen Wissenschaft und ihrer Gegenstände, die »Trägheiten und Trübungen«,[108] die den Naturwissenschaften immanent sind und eine ständige Revision ihrer Theorien erfordern, ist für Heidegger und Foucault letztendlich nur der »vorwissenschaftliche« Ausgangspunkt einer anderen, »fundamentaleren« Archäologie. Was ist, wird mit Heidegger zu einer Frage des Zeitregimes, das die Aussagen bedingt, und mit dieser Verschiebung der Ontologie in die Frage der Zeit und der Aussage bzw. in Richtung einer Archäologie des Wissens, die die eigene zeitliche Verfassheit (die eine doppelte ist, ontologisch und geschichtlich) zum Ausgang nimmt, ist es von der heideggerschen Daseinsanalyse zur foucaultschen Diskursanalyse nur noch ein methodologischer Katzensprung (wenn auch mehr als ein Schritt).[109]

Wenn ein Diskurs Ausgangspunkt, Ort und Gegenstand einer Geschichte sein soll, dann ist der erste Akt der Untersuchung, der erste gemeinschaftsstiftende Akt von Daseins- und Diskursanalyse, die Radikalisierung historischer Zeit zur relativen Zeit. Relative Zeit bedeutet nicht beliebige Zeit, sondern bestimmt Aussagen als lokalisierbar und ortsgebunden, die nur in Bezug auf einen bestimmten Zeitraum ihre Gültigkeit bewahren.

---

107 Vgl. Foucault: »Andere Räume«, S. 34.
108 Vgl. Rheinberger: *Epistemologie des Konkreten. Studien zur Geschichte der modernen Biologie*, S. 47.
109 Vgl. Brandner, Rudolf: *Heideggers Begriff der Geschichte und das neuzeitliche Geschichtsdenken*, Wien 1994, S. 300, demzufolge Foucaults Geschichtsbegriff und sein Entwurf einer Archäologie des Wissens Heideggers Konzeption am nächsten kommt.

Dass sich in diesem »relativistischen« Akt auch eine wissenspolitische Geste verbirgt, liegt auf der Hand: Die Aussagen der Physik, der Naturwissenschaften generell, bleiben philosophisch auslegbar, obwohl der immanente Sinn ihrer Diskurse und ihre Formalisierungen für den Philosophen kaum mehr verständlich sind. Die Ebene der Daseins- und Diskursanalyse stellt ein gemeinsames Sprechen über verschiedenste Aussagen und Aufschreibesysteme aus den diversen geistes- und naturwissenschaftlichen Diskursen her, indem sie alles Sprechen zu einer raumzeitlichen Bezüglichkeit erklärt und die verschiedenen Diskurse interferieren bzw. sich reflektieren lässt; eine solche Philosophie ist zwar keine Metaphysik mehr, aber sie versteht sich immer noch als gewaltiger Resonanzraum für die unendlichen Spiegelungen des Wissens. In einem solchen Raum haust vielleicht zu einem gewissen Grade immer noch das Phantasma des Äthers, eines einheitlichen Erfahrungraums des Wissens.

1.2 Das Vergessen der Schreibmaschine

Mit der Uhr argumentiert Heidegger sowohl die Veröffentlichung von Zeit als auch die Möglichkeit von Öffentlichkeit überhaupt durch raumzeitlich fixierte »Jetzt«-Punkte. Das Dasein klammert sich in seiner alltäglichen Verfallenheit und Selbstvergessenheit an die Uhr und ihr Jetzt. Die Eigenzeit des Daseins lässt sich ontologisch nur durch Differenzierung vom uneigentlichen, alltäglichen und durch die Flucht vor dem Vorlaufen zum Tode gekennzeichneten faktischen Existieren fassen.

Mit der Schreibmaschine kommt dann ein Medium ins Spiel, das primär nicht die Relation von Dasein, Zeit und Endlichkeit, sondern von Sein, Sprache und Geschichte herstellt. In expliziter Abgrenzung zur mündlichen Rede und ihrem *logos* wird die Schreibmaschine zum Akteur einer nicht mehr daseinsbasierten Seinsgeschichte.

Die mediale Ausdifferenzierung der Sprache und der Zusammenhang von Schrift und Erinnerung indizieren eine medienarchäologische Ebene der heideggerschen »Kehre«, und mit dem seinsgeschichtlichen Perspektivwechsel der 1930er und 1940er Jahre kommt auch die Frage nach dem Zusammenhang von Technik und Geschichte auf. Wie der Uhr werden auch der Schreibmaschine im Programm der Seinsgeschichte sozietäre, gesellschaftsbildende Funktionen übertragen, die der Mensch nicht unmittelbar erfüllt.

Als Mechanismus operiert die Schreibmaschine noch innerhalb der Wissensordnung der Simultanität, insofern sie bei Heidegger die *epoché* der Subjektherrschaft rahmt.

1.2.1 Durchschnittliche Mitteilung

An dem, was alltäglich so geredet wird, fällt Heidegger vor allem die Durchschnittlichkeit und Belanglosigkeit auf. Streng nach dem Programm von *Sein und Zeit* muss sich eine ontologische Untersuchung aber aus diesem vortheoretischen, ontischen Gebrauch ableiten lassen, will sie die Sache selbst nicht verfehlen. Was einem zunächst und zumeist, also durchschnittlich oft in der Welt begegnet, die scheinbar geglückte Kommunikation, das durchschnittlich Gesagte ist vielleicht bloßes Gerede, bildet jedoch für das Insein die eigentliche Rede und für alle Ontologie den konstitutiven Rahmen.

Eigentliche Rede und bloßes Geplapper sind für Heidegger unterschiedliche Mitteilungsmodi, an denen verschiedenartige, aber gleichermaßen existenziale Modalitäten des Daseins aufzeigbar sind. Unter den Bedingungen einer relativistischen, signaltheoretisch beschreibbaren Welt ist auch Sprache nichts Absolutes, Transzendentes und Unmittelbares mehr, sondern weltlich, raumzeitlich und zuhanden:

>»Die Hinausgesprochenheit der Rede ist Sprache. Diese Wortganzheit, als welcher die Rede ein eigenes ›weltliches‹ Sein hat, wird so als innerweltliches Seiendes wie ein zuhandenes vorfindlich.«[110]

Sprache beruht nach Heidegger auf der grundsätzlichen Auslegbarkeit und Erschlossenheit – der Struktur – von Welt. Die Durchschnittlichkeit menschlicher Kommunikation ist keine Frage von Kultur oder Gesellschaft, sondern liegt im Wesen der Sprache als innerweltliche begründet. Gegenüber dem besorgenden Verstehen, der ursprünglichen Ganzheit des Zeug- und Bewandtniszusammenhangs, der Komplexität einer Situation bedeutet etwa eine theoretische Aussage immer eine Privation.

Als Mitteilung (»Heraussage«) löst die Aussage das Zeug aus seiner Zuhandenheit und macht es zum Gegenstand der Rede. Über Zeug theoretisch zu sprechen hat ontologische Konsequenzen. Die Referenzialität des Hammers wird in dem Moment eine andere, wenn über ihn gesprochen wird, statt mit ihm zu arbeiten.

Erst als Gegenstand der Rede bekommt er »so etwas wie *Eigenschaften*. Das Was, *als* welches die Aussage das Vorhandene bestimmt, wird *aus* dem Vorhandenen als solchem geschöpft. Die Als-Struktur der Auslegung hat eine Modifikation erfahren. Das ›Als‹ greift in seiner Funktion der Zueignung des Verstandenen nicht mehr aus in eine Bewandtnisganzheit. Es ist bezüglich seiner Möglichkeiten der Artikulation von Verweisungsbezügen der Bedeutsamkeit, als welche die Umweltlichkeit konstituiert, abgeschnitten.«[111]

---

110 Heidegger: *Sein und Zeit* (1927), S. 161.
111 Ebd., S. 158.

Als Gegenstand einer Aussage hören die Dinge auf, Zeug zu sein. Wenn sie aus ihrer unmittelbaren Gebrauchsstruktur herausgelöst werden, zeigen sie nicht mehr die Strukturen des Inseins des Daseins an. Als vorhandene Gegenstände können ihnen dafür physikalische Eigenschaften wie Gewicht, Dichte, Temperatur etc. zugewiesen werden und sie werden in logische und theoretische Beziehungen überführbar. Aussagen nivellieren das existenzial-hermeneutische Als, das auf der Zuhandenheit von Zeug beruht, auf die Ebene der Vorhandenheit und die wissenschaftliche Rede von Tatbeständen und Sachlagen.[112]

Als Folge dieser hermeneutischen Verschiebung geschieht zwischenmenschliche Kommunikation *en gros* unter Ausschluss eigentlicher Rede und sie funktioniert auch dann, wenn keiner zuhört.

>»Gemäß der durchschnittlichen Verständlichkeit, die in der beim Sichaussprechen gesprochenen Sprache schon liegt, kann die mitgeteilte Rede weitgehend verstanden werden, ohne daß sich der Hörende in ein ursprünglich verstehendes Sein zum Worüber der Rede bringt. Man versteht nicht so sehr das beredete Seiende, sondern man hört schon nur auf das Geredete als solches. Dieses wird verstanden, das Worüber nur ungefähr, obenhin; man meint *dasselbe*, weil man das Gesagte gemeinsam in *derselben* Durchschnittlichkeit versteht.«[113]

Diese statistische Auffassung von Kommunikation, das »durchschnittliche Verstehen«, impliziert, dass Mitteilungen keinen primären Seinsbezug zum beredeten Seienden haben. Die mitgeteilten Aussagen verweisen lediglich aufeinander und nicht auf vermeintliche Signifikate. Aus dem Was der Aussage wird ein Dass der Rede und der Sinn des Geredes ist das Gerede selbst. Wenn sich die Rede in solcher Weise automatisiert, übernimmt sie »autoritativen« Charakter und wird »apophantisch«: »Die Sache ist so, weil man es sagt.«[114]

Nun könnte man meinen, dass die Kritik an der Durchschnittlichkeit und dem statistischen Umgang mit Sprache eine Theorie menschlicher Kommunikation ausschließt. Aber all die Kritik, die Heidegger nicht nur am Gerede, sondern an Massengesellschaft und -kultur im

---

112 Vgl. ebd., S. 158.
113 Vgl. ebd., S. 168.
114 Ebd., S. 168.

Allgemeinen übt, dient letztendlich der Feststellung, dass es kein einzelnes, allein dem eigenen Tode überantwortetes Dasein geben kann. Das Man ist wie die Rede ein Existenzial des Daseins, und wann immer es um das durchschnittliche Verstehen von Mitteilungen geht, geht es primär nicht um Erkenntnis, sondern um die Nivellierung der Unterschiedlichkeit und Ausdrücklichkeit des jemeinigen und jeweiligen Daseins zugunsten einer »Seinsart der Anderen«, der zufolge »jeder Andere wie der Andere« ist. Die Durchschnittlichkeit konstituiert eine Öffentlichkeit, an der Heidegger unverhohlen Kritik übt, und doch ist gerade die Durchschnittlichkeit »ein existenzialer Charakter des Man«.[115] In Bezug auf die Rede birgt die durchschnittliche Mitteilung die Struktur des »Mitseins«:

> »Mitteilung ist nie so etwas wie ein Transport von Erlebnissen, zum Beispiel Meinungen und Wünschen aus dem Inneren des einen Subjekts in das Innere des anderen. Mitdasein ist wesenhaft schon offenbar in der Mitbefindlichkeit und im Mitverstehen. Das Mitsein wird in der Rede ›ausdrücklich‹ *geteilt*, das heißt es *ist* schon, nur ungeteilt als nicht ergriffenes und zugeeignetes.«[116]

Die wesentliche Sozialität des Daseins – das Mitsein – artikuliert sich durch Teilung. Das Mitsein teilt sich nur als Differenz zum anderen mit. Fundamentalontologisch bleibt damit jede Aussage als Mitteilung auf das besorgende Verstehen und das Mit-Dasein der anderen bezogen, selbst wenn es sich nur um Gerede handelt.

Der Begriff der Mitteilung verhandelt bei Heidegger ein ganzes Spektrum von Aussagen zwischen Rede und Gerede, zwischen der selbstanzeigenden Funktion des Sprechens, in der sich die Strukturen und Möglichkeiten des Daseins offenbaren (»Rede öffnet«), und dem Sprechen im Sinne von technisch-sozialer Organisation und Kontrolle von Wissen durch »verschließendes Gerede«, welches das Dasein des Einzelnen mit der Öffentlichkeit verschränkt.[117]

Wenn geredet wird, spricht das Man immer schon mit. Das Dasein verfügt über eine existenziale Möglichkeit, auf das Gerede der anderen in eigentlicher, nicht an das Man und seine Durchschnittlichkeit

---

115 Ebd., S. 127.
116 Ebd., S. 162.
117 Vgl. ebd., §34 und §35.

verfallene Weise zu antworten – indem es schweigt. Das Schweigen ist eine Ausdrucksmöglichkeit ungeteilten Mitseins im Bereich der Rede. Weil Rede auch Schweigen umfasst, birgt sie im Sinne eigentlichen Verstehens und »echten Hörenkönnens« immer die Möglichkeit, das Gerede »niederzuschlagen«.[118] Als Sprache, im Wesensbereich der Rede, kann eigentliche, existenziale Gemeinschaft nur *ad negativum* erscheinen.

1.2.2 Schreibmaschine

Während die Verfallenheit des Daseins in *Sein und Zeit* noch als Selbstvergessenheit und belangloses Gerede eine alltägliche Erscheinung und letztendlich die Konsequenz daseinsmäßiger Zeitlichkeit (Endlichkeit) ist, werden Kommunikation und Sprache im Laufe der 1930er Jahre von Heidegger einer medialen Differenz unterstellt. Als Folge verfügt das Dasein im *Parmenides* von 1942 gegenüber einer schriftlichen Öffentlichkeit nicht über dieselben existenzialen Möglichkeiten wie gegenüber der mündlichen Rede des Man.

> »Und zwar bleibt dieses [Nachreden, Anm. CV] nicht eingeschränkt auf das lautliche Nachreden, sondern breitet sich aus im Geschriebenen als das ›Geschreibe‹. Das Nachreden gründet hier nicht so sehr in einem Hörensagen. Es speist sich aus dem Angelesenen. Das durchschnittliche Verständnis des Lesers wird *nie* entscheiden können, was ursprünglich geschöpft und errungen und was nachgeredet ist. Noch mehr, durchschnittliches Verständnis wird ein solches Unterscheiden gar nicht wollen, seiner nicht bedürfen, weil es ja alles versteht.«[119]

Aus dem Herrschaftsbereich des gedruckten Wortes kommt das Dasein nicht so selbstverständlich und akzidentiell heraus, wie es alltäglich aus dem Uhren-Modus heraus- oder ins Schweigen verfällt. Während die Durchschnittlichkeit des Geredes als Existenzial letztendlich auf die wesentlichen Strukturen des Daseins bezogen bleibt, machen sich Texte seit der Erfindung des Buchdrucks zuneh-

---

118 Vgl. ebd., S. 164f.
119 Ebd., S. 168f.

mend unabhängig von der Existenz des Daseins. Die Möglichkeiten der Standardisierung und Reproduktion bringen eine textuelle Öffentlichkeit hervor, der gegenüber das Dasein keine unmittelbaren, existenziellen Möglichkeiten hat eigentlich zu antworten – etwa indem es schweigt. Wie aber bringt sich dann das Dasein im Bereich der Schrift überhaupt noch zur Selbstanzeige?

Die Theorie der faktischen Selbstanzeige des Daseins[120] funktioniert offenbar nur im Rahmen einer unmittelbaren Bezüglichkeit und Referenzialität zwischen Dasein und Zeichen. Zeichen erfüllen als »Meta-Zeug« eine Verweisungsfunktion: Im Gegensatz zum unauffälligen Zeug sind Zeichen ihrem Wesen nach auffällig und können die Verweisungsganzheit der Welt positiv aufweisen (während Zeuge dies nur *ad negativum* können, indem sie störend auffallen).[121] Mit der Einsicht in die mediale Verfasstheit der Sprache erscheinen die Zeichen allerdings nicht mehr nur unabhängig von ihren Signifikaten, sondern auch von der »Bewandtnisganzheit« des Daseins, auf der in *Sein und Zeit* schließlich das »Weltphänomen« beruht.[122] Der durchschnittliche Leser will gar nicht zwischen eigentlicher und uneigentlicher Rede unterscheiden. Damit stößt das Projekt der Daseinsanalyse an eine kritische Grenze und die fundamentalontologische Auslegung des Daseins kann nicht länger der Ausgangspunkt der Analyse sein. Der geschichtliche Wandel der Schreibweisen und -medien impliziert eine geschichtliche Dimension der ontisch-ontologischen Differenz selbst.

Entsprechend groß sind die Konsequenzen der medialen Differenz für das Projekt der Destruktion der Metaphysikgeschichte. Wenn die zunehmende Verstellung des Seins nicht mehr nur durch die metaphysischen Wahrheitsregime seit Platon, sondern verstärkt durch technische Medien vorangetrieben wird, genügt es nicht, sich an der Geschichte der Philosophie abzuarbeiten. Diese ist vielmehr selbst durch den Wechsel von Aufschreibesystemen seinsgeschichtlichen Zäsuren unterworfen.

Buchdruck und Schreibmaschinen bergen allerdings auch eine Möglichkeit: Nur wenn sich das Sein als geschichtliches, d.h. wandel-

---

120 Vgl. *1.1.2.*

121 Vgl. Heidegger: *Sein und Zeit* (1927), §17 sowie Luckner, Andreas: *Heidegger und das Denken der Technik*, Stuttgart 2008, S. 52.

122 Vgl. Heidegger: *Sein und Zeit* (1927), S. 86.

bares zu melden vermag, besteht auch die Möglichkeit, eine andere Geschichte des Seins zu schreiben, die nicht im Rahmen metaphysischer Wahrheitsregime verfährt. Dieses Melden geschieht auf der Ebene der Zeichenproduktion, in Gestalt technischer Medienrevolutionen. Darum gehört die Schreibmaschine bei Heidegger in eine Vorlesung über die Geschichte der Wahrheit, denn »daß die Erfindung der Druckerpresse mit dem Beginn der Neuzeit zusammenfällt, ist kein Zufall.«[123]

Auf diese medienarchäologischen Zäsuren der Metaphysikgeschichte muss auch Heideggers eigene »Kehre« bezogen werden. Der Perspektivwechsel vom existenzialen, endlichen Dasein zum geschichtlich wandelbaren und überindividuellen Programm einer Seinsgeschichte, innerhalb derer sich die ontisch-ontologische Differenz wandelt, erscheint als Konsequenz der zunehmend »technischen« Bedingungen existenzieller Möglichkeiten. Die Schreibmaschine und mit ihr das Medienapriori der Seinsgeschichte taucht schließlich unter kriegerischen Vorzeichen, auf dem Höhe- und Wendepunkt des Zweiten Weltkrieges, in der Parmenides-Vorlesung vom Wintersemester 1942/43 auf:

>»Der moderne Mensch schreibt nicht zufällig ›mit‹ der Schreibmaschine und ›diktiert‹ (dasselbe Wort wie ›Dichten‹) ›in‹ die Maschine. Diese ›Geschichte‹ der Art des Schreibens ist mit ein Hauptgrund für die zunehmende Zerstörung des Wortes. Dieses kommt und geht nicht mehr durch die schreibende und eigentlich handelnde Hand, sondern durch deren mechanischen Druck. Die Schreibmaschine entreißt die Schrift dem Wesensbereich der Hand, und d.h. des Wortes. Dieses selbst wird zu etwas ›Getipptem‹.«[124]

Die Mechanisierung des Schreibens wirkt sich auf die Kommunikation und damit das Mitsein aus. Mit dem gedruckten Wort entsteht eine Form von literarisierter Öffentlichkeit, die sich nicht mehr auf das Wort als personalisierter, eigentlicher Mitteilung gründet. Das kleinste Bezugssystem des Diskurses ist nicht mehr das Wort als Ort des Erscheinens des Daseins, sondern das Zeichen. Das Wissen und

---

123 Heidegger, Martin: *Parmenides* (1942/43, GA 54), Frankfurt a.M. 1982, S. 125f.
124 Ebd.: S. 119

seine Evidenz, die mit dieser Schreibweise hervorgebracht werden, zeugen weniger vom Dasein und seiner Endlichkeit als vielmehr von der eigenen technischen Verfasstheit und ihrer geschichtlichen Wandelbarkeit. Die zunehmende Automatisierung des Schreibens durch Buchdruck und dann Schreibmaschine »zerstört« den geschichtlichen Zusammenhang von Hand und Wort. Schreiben bezieht sich nicht mehr wesentlich auf die Hand und das Dasein, wenn dazwischen eine Maschine operiert.

Das Schreibzeug arbeitet nicht nur mit an unseren Gedanken, sondern auch an der Metaphysikgeschichte der Wahrheit. Die Schreibmaschine ist dem Wort (der Aussage) so nahe, dass sie über dessen Erscheinen entscheidet, unabhängig davon, ob der einzelne Schreiber sie nun benutzt oder nicht.[125] Sie legt die Regeln für das Erscheinen der Aussage fest und begründet so im Verbund mit den Wissenschaften ein der Neuzeit eigenes Wahrheitsregime, das nicht nur die Philosophie im Allgemeinen, sondern auch das Dasein wandelt.[126]

Vergessung

Mit der Hand zu schreiben ist ein Verzicht auf die Schreibmaschine, bleibt aber gleichermaßen auf das »Man tippt« bezogen und kann dieses vor allem nicht überschreiten. Was veröffentlicht werden soll, muss zwangsläufig abgetippt und gedruckt werden. Gerade wer selbst nicht tippen kann, muss die eigene Handschrift ins Ohr eines anderen diktieren und verliert viel Zeit mit Korrekturen.

> »Diese in der nächsten Nachbarschaft zum Wort umgehende ›Maschine‹ ist im Gebrauch; sie drängt sich diesem auf. Selbst dort, wo diese Maschine nicht benützt wird, fordert sie die Rücksichtnahme auf ›sich‹ heraus in der Gestalt, daß wir auf sie verzichten und sie umgehen. Dieses Verhält-

---

125 Vgl. Kittler, Friedrich: *Grammophon Film Typewriter,* Berlin 1986, S. 293.
126 Nach Foucault ist eine Aussage eine Funktion, die konkrete Inhalte und Bedeutungen hervorbringt. Sie ist kein Gegenstand der Wahrnehmung, obwohl sie immer eine materielle Erscheinung hat. Eine Aussage ist immer konkret, sie hat einen Ort. Hier drängt sich eine Analogie zwischen Foucaults Beschreibung der Aussage als Funktion und Heideggers »Wort« in Bezug auf die Wahrheit des Diskurses auf. (Vgl. Foucault, Michel: *Archäologie des Wissens,* Frankfurt a.M. 1975, S. 123ff.)

nis wiederholt sich überall und ständig, in allen Bezügen des neuzeitlichen Menschen zur Technik. Die Technik *ist* in unserer Geschichte.«[127]

Anhand der Schreibmaschine exemplifiziert Heidegger nicht nur, wie die Verengung existenzieller Möglichkeiten durch die Technik auch die Geschichte des Schreibens, des Denkens, der Wahrheit (des Seins) mitbedingt. Im Seinsbereich der Schrift wird auch die Doppelgesichtigkeit eines ontologisch operierenden Mediums deutlich: Einerseits regelt die Schreibmaschine den Gebrauch, der eben nicht einfach in der Verwendung der Maschine, sondern in der Konstitution der Regeln des Erscheinens der Aussagen besteht, d.h. sie bestimmt den ontologischen Rahmen, der das Erscheinen einzelner Aussagen bedingt. Wer schreibt, kommt aus dem Herrschaftsbereich der Schreibmaschine nicht heraus.

Andererseits dient sie der Exemplifizierung der geschichtlichen Verfasstheit ontisch-ontologischer Differenz, das heißt sie operiert auch im Seinsbereich des *logos*, des Verstehens. Von der Handschrift lässt sich im Zeitalter der Maschine ontologisch nichts mehr ableiten, während Schreibmaschinen die ontisch-ontologische Differenz zwischen Sein und Seiendem innerhalb der Schrift gleich selbst ziehen.

Das phänomenologische Phänomen aus *Sein und Zeit* zeichnet sich gegenüber dem »vulgären« Phänomenbegriff dadurch aus, dass es sich zunächst und zumeist gerade nicht zeigt.[128] Es liegt im Wesen der Phänomene, dass sie sich auf mannigfaltige Weise verbergen, verstellt oder gar vergessen werden, und die Methode der Fundamentalontologie beruht auf einer formalen Trennung von Phänomen und Erscheinung. Phänomene sind nie Erscheinungen, sie zeigen sich nicht, sondern melden sich durch Erscheinungen.[129] Die Phänomenologie besteht dementsprechend im Freilegen und Entbergen des verborgenen, verstellten und vergessenen Seins, steht aber vor dem Problem, das erscheinende Seiende nicht einfach wie ein Arzt abhören oder wie ein Archäologe ausgraben zu können.[130] Es gibt

---

127 Heidegger: *Parmenides* (1942/43, GA 54), S. 127.
128 Heidegger: *Sein und Zeit* (1927), S. 35.
129 Ebd., S. 29f.
130 Heidegger spielt in §7 sowohl auf das Symptom als Meldung einer sich-nicht-zeigenden Krankheit an, wie auf die Verschüttung von etwas, was einst entdeckt und dann wieder verloren wurde. (Vgl. ebd. S. 29, 36.)

keinen unmittelbaren Zugang zum Phänomen, da es sich zunächst und zumeist nie zeigt, noch nicht entdeckt, verschüttet oder bereits vergessen wurde. Das Phänomen muss entborgen werden, und das geschieht – fundamentalontologisch – im Seinsbereich der Sprache, gegen die Verstellungen des *logos* und der metaphysischen Wahrheitsvorstellungen. Die Schreibmaschine verstößt gegen die Definition des phänomenologischen Phänomens aus *Sein und Zeit.* Sie ist Phänomen und Erscheinung zugleich.

> »Die Schreibmaschine ist eine zeichenlose Wolke, d.h. eine bei aller Aufdringlichkeit sich entziehende Verbergung, durch die der Bezug des Seins zum Menschen sich wandelt.«[131]

Als Zeichenloses gehört sie nicht zur alltäglichen Verfallenheit des Daseins, sondern verbirgt dieses. Durch die Schreibmaschine meldet sich die Geschichtlichkeit des Seins, und wie im Falle der eigentlichen Mitteilung des Daseins oder sonstiger phänomenologischer Phänomene aus *Sein und Zeit* geschieht dies zunächst *ad negativum.* Am Wendepunkt der Schreibmaschine klappt die medienarchäologische Argumentation der Schreibmaschine im *Parmenides* eine seinsgeschichtliche Dimension von Medien überhaupt auf: Der Mensch vor der Schreibmaschine ist ein anderer als nach der Schreibmaschine.

Heideggers Auslegung impliziert eine doppelte Verschiebung durch ein Medium, das sowohl im ontischen wie im ontologischen operiert (etwas, das bisher nur auf das Dasein und die Uhr zutraf). Wie eine Wolke ist die Schreibmaschine zeichenlos, d.h. sie selbst zeigt sich nicht und lässt den durch sie gewandelten ontologischen Bezugsrahmen vergessen.

Mit dem Schreiben wird auch das Vergessen den Maschinen übertragen. Es geht jetzt über die alltägliche Seinsvergessenheit des Daseins im Man, des Geredes und des »Jetzt«-sagenden Daseins hinaus. Das Vergessen der Schreibmaschine geschieht nicht innerhalb einer individuellen, daseinsmäßigen Dimension, das Vergessen des Vergessens »befällt« das Dasein. Die Vergessung als überindividuelles, Geschichte zeitigendes Ereignis stößt dem Dasein zu:

---

131 Heidegger: *Parmenides* (1942/43, GA 54), S. 126f.

»Wenn es uns geschieht, daß wir Wesentliches vergessen und dies außer der Acht lassen und aus den Sinnen verlieren und sogar schlagen, dann reden wir nicht mehr von ›Vergeßlichkeit‹, sondern von ›Vergessenheit‹. Sie ist das, worein [sic] etwas gerät und kommt und fällt, aber auch das, was uns befällt und was wir selbst in gewisser Weise mit zulassen. Gemäßer benennen wir das Ereignis der Vergessenheit mit dem früher gebräuchlichen Wort *Vergessung*: Etwas gerät in Vergessenheit.«[132]

Mit dem frühneuzeitlichen »Vergessung« gebraucht Heidegger ein Wort, das mit dem Buchdruck selbst in Vergessenheit geraten ist und durch »Vergessenheit« verdrängt wurde. Die Vergessung bezeichnet sowohl eine Handlung (das Vergessen) als auch den Zustand des Vergessenseins.[133]

Die Vergessung betrifft nicht das Vergangene oder die Erinnerung, sondern das Sein selbst, den Bezugsrahmen oder die »Bewandtnisganzheit«, auf die sich Aussagen und Handlungen beziehen:

»Das Vergessen ist als eine Art Verbergung ein Ereignis, das über das Seiende und den Menschen in seinem Verhältnis zu diesem kommt. Die Vergessung ereignet sich im Wesensbereich der Handlung. […] Das Vergessen ist ein Nicht-mehr-dabei-sein und keineswegs nur ein vorstellungsmäßiges Sich-nicht-mehr-erinnern. Wir sind versucht, zu sagen, die Griechen faßten das Vergessen nicht nur in bezug auf das erkennende und wissende Verhalten, sondern auch im Hinblick auf das ›praktische‹.«[134]

Die Schreibmaschine steht damit, wie zuvor die Uhr, für die grundsätzliche Wandelbarkeit ontologischer Strukturen. Im Gegensatz zu dieser greift sie nicht nur in die Zeitigungsprozesse der Gegenwärtigkeit bzw. Vorhandenheit ein, sie operiert im Erscheinungsraum der Zeichen und der Erinnerung und schreibt auf diese Weise Seinsgeschichte.

---

132 Heidegger: *Parmenides* (1942/43, GA 54), S. 122f.
133 Vgl. den Eintrag »Vergessung« in Grimm, Jakob und Grimm, Wilhelm: *Deutsches Wörterbuch*, Leipzig, 1854.
134 Heidegger: *Parmenides* (1942/43, GA 54), S. 122f.

1.2.3 Blinde Geschichte

Schreiben und Vergessen wird in der Neuzeit den Rotationspressen und Schreibmaschinen übertragen. Analog zu diesem Medienwechsel im Seinsbereich der Schrift setzt Heidegger Beginn und Vollendung der neuzeitlichen Metaphysik an – die epochale Klammer abendländisch-rationaler Wahrheitsproduktion reicht von Descartes bis Nietzsche.[135]

Wenn Heidegger sich im Rahmen einer zweiten Einklammerung bei den Vorsokratikern Pindar und Parmenides bedient, um die Schreibmaschine als »zeichenlose Wolke« zu deuten, wird darin der Versuch erkennbar, die eigene Philosophie vorsokratisch zu gründen und gegen den herrschenden Verbund aus neuzeitlicher Technik und Wissenschaft zu »verwahren«. Die Epoche der Subjektherrschaft wird innerhalb einer wesentlich größeren *epoché* der Seinsvergessenheit verortet, die Heidegger mit Platons Ideenlehre bzw. der Philosophie als Verschriftlichung des Denkens beginnen lässt.

In *Platons Lehre von der Wahrheit* liefert Heidegger eine eigene Übersetzung des Höhlengleichnisses aus der *Politeia* und diagnostiziert bereits den griechischen Anfängen der Philosophie eine wesentliche Verkennung des Seins, die den Weg der neuzeitlichen Metaphysik vorbereitet:

> »Die platonisch begriffene Unverborgenheit [hier die Übersetzung für *aletheia*; Anm. CV] bleibt eingespannt in den Bezug zum Erblicken, Vernehmen, Denken und Aussagen. Diesem Bezug folgen heißt das Wesen der Unverborgenheit preisgeben.«[136]

Der Rückzug des Seins in die Vergessenheit ist also keine Erfindung der Neuzeit oder der Maschinentechnik, sondern gehört immanent zum Wesen der Philosophie. Sie ist ihrem Verhältnis und Zugang zum Sein geschuldet. Das geschichtliche Vermächtnis der *philosophia*, der »Liebe zum Sichauskennen«, wird mit Platons Ideenlehre zum »im nichtsinnlichen Blicken erblickten Übersinnlichen« und zur Herrschaft der »überirdischen« *sophia* über das »Sichauskennen in

---

135 Vgl. Heidegger, Martin: *Nietzsche II*, Stuttgart 2008, S. 124–171.
136 Heidegger, Martin: »Platons Lehre von der Wahrheit« (1931/40), in: *Wegmarken* (GA 9),Frankfurt a.M. 2004, S. 203–238, S. 238.

dem, was als das Unverborgene anwest und als das Anwesende das Beständige ist«.[137] In den Worten des Geschichtsphilosophen Jeffrey Barash ist Seinsgeschichte von da an eine »immer konsequentere Ausschließung all dessen, was nicht dem normativen Urteil der Idee, der intelligiblen Sicht entspricht.«[138]

Heidegger scheint in der Tat in den Jahren der »Kehre« das metahistorische Leitmotiv zu wechseln, denn von der »Destruktion« der abendländischen Metaphysikgeschichte ist keine Rede mehr. Am Grund abendländischer Philosophie entdeckt er einen Anthropozentrismus, dem er selbst als Daseinsanalytiker aufgesessen ist. Die Ideenlehre Platons ist das erste Gerüst für die umfassende Anthropomorphisierung des Seins. Wie aber soll dieser Anthropozentrismus mit all seinen »Humanismen« noch im Rahmen einer Philosophie entlarvt, geschweige denn überwunden werden? Schließlich beruht nicht nur die ganze Metaphysik auf einem zunehmenden Vergessen der Tatsache, dass die Unterscheidung zwischen Sein und Seiendem, die ontisch-ontologische Differenz selbst kein Vermögen des Menschen, »selbst nichts Menschliches« ist.[139]

Heidegger formuliert diesen Gedanken im Rahmen seiner Nietzsche-Studien der späten 1930er Jahre.[140] Es ist Nietzsche, bei dem »die Liebe zum Sichauskennen« als »Wille zur Macht« begriffen und die Metaphysik »vollendet« wird. Gleichzeitig erscheint Heidegger ein »Schreibzeug«, das an unseren Gedanken mitarbeitet und die Tradition der Ideenlehre unterläuft. Wäre es also denkbar, dass zeichenlose Wolken wie die Schreibmaschine das platonische Modell der Idee durchkreuzen?

Gegenüber der Hand, »die zeigt und zeigend zeichnet und zeichnend die zeigenden Zeichen zu Gebilden bildet« und so eine bestehende Relation von Mensch und Seiendem in ihrer Formwerdung und Gestalt aufrechterhält, bedeuten Schreibmaschine und Buchdruck einen seinsgeschichtlichen Bruch, der die Ontologie, den Bezug zwischen Mensch und Seiendem aus dem Schriftbild seiner Weise, Seiendes in die Anwesenheit zu bringen, herauslöst. Die raumzeit-

---

137 Ebd., S. 112f.
138 Vgl. Barash, Jeffrey Andrew: *Heidegger und der Historismus. Sinn der Geschichte und Geschichtlichkeit des Sinns*, Würzburg 1999, S. 226.
139 Heidegger: *Nietzsche II*, S. 219.
140 Vgl. ebd.

lichen Bedingungen der Mitteilung wandeln sich radikal mit diesen Medien, so dass das Sein des Seienden nicht mehr dasselbe ist wie unter den Bedingungen der Handschrift. Während Zeichen immer »zeugen« im Sinne von Zeugenschaft, aber auch im Sinne von Zeugung, also Teil einer Genealogie sind, liegt die Produktivität der »zeichenlosen Wolke« in der doppelten Bewegung der Entgrenzung und der Entzeitlichung des Wissens: Sie anonymisiert den Schreiber und macht den Briefwechsel zum »Verkehr«.

Heideggers Sorge gilt also nach Derrida durchaus der Opposition von Integrität und Desintegrität des Wortes. Aber es scheint zumindest im *Parmenides* weniger um eine »Abwertung der Schrift im Allgemeinen [...] als einer wachsenden Zerstörung des Wortes oder des Sprechens« zu gehen.[141] Vielmehr erhält die Schrift durch die Entdeckung ihrer Materialität überhaupt erst einen Platz innerhalb der schrift- und medienvergessenen Metaphysikgeschichte. Was mit dem Zusammenhang von Wort und Hand für Heidegger auf dem Spiel steht, ist nicht weniger als das eigene philosophische Werk. Denn die Handschrift erscheint noch als eine vom Dasein garantierte raumzeitliche Einheit, während die Mechanisierung und Automatisierung des Schreibens Zeit- und Veröffentlichungsprozesse aus dieser Struktur löst. Da aber die Fundamentalontologie von *Sein und Zeit* auf diese Einheit, man könnte sagen: auf eine Genealogie der Zeichen angewiesen ist, damit sich die Dinge melden können, um an diesem Melden die Zeit und das Sein des Daseins selbst sichtbar werden zu lassen, stellen Maschinen, die nicht nur die Raumzeit der Mitteilung wandeln können, sondern auch bestimmte Bezüge zu löschen vermögen, ein methodologisches Problem – einen Anlass zur Kehre dar. Lässt man sich auf die Fragestellung der Vergessung und der seinsgeschichtlichen Intervention der Technik ein, dann ist auch nicht die Hand als anthropomorpher Topos zentral für die Vorlesung, sondern die handelnden Dinge, die *pragmata*, denen der Mensch lediglich »beigestellt« ist.[142]

---

141 Vgl. Derrida, Jacques: »Heideggers Hand (Geschlecht II)«, in: Ders., *Geschlecht*, Wien 1988, S. 45–99, S. 75ff.

142 »Unter ›Handlung‹ (pragma) verstehen wir den einheitlichen Wesensbereich der ›vorhandenen‹ Dinge und des beistellend ›handelnden‹ Menschen.«(Heidegger: *Parmenides* (1942/43, GA 54), S. 119.)

Die Schreibmaschine durchkreuzt Heideggers daseinsanalytisches Projekt, wie es sich aus dem Sprach- und Erlebnisproblem der Lebensphilosophie ergeben hat, weil sie die formale Anzeige, den Zusammenhang von Dasein und Sprache, technisch unterläuft. Gleichzeitig entdeckt er im Zusammenhang von Technik und Geschichte einen Zugang zum Sein jenseits metaphysischer Gedankengänge: Wolken und Schreibmaschinen verdunkeln den Blick, die Blickrichtung, die intelligible Sicht. Sie markieren die Grenze der Idee und damit des Subjekts als Grundlage der Wahrheit. Die ontisch-ontologische Differenz ist selbst nichts »Menschliches«, sie vollzieht sich unabhängig vom Wissen des Subjekts.

Offensichtlich verändern Medien die Weisen der Mitteilung, der Anwesenheit und damit von Welt in einer für Heidegger 1942 noch nicht zu überschauenden Weise:

> »Freilich ist das Gesagte kein Vortrag über die Schreibmaschine, bei dem man hier mit Recht fragen könnte, was die Schreibmaschine in aller Welt denn mit Parmenides zu tun habe. Genannt werden sollte der mit der Schreibmaschine gewandelte neuzeitliche Bezug der Hand zu Schrift, d.h. zum Wort, d.h. zur Unverborgenheit des Seins. Die Besinnung auf die Unverborgenheit und das Sein hat freilich alles, nicht nur einiges, mit dem Lehrgedicht des Parmenides zu tun. In der ›Schreibmaschine‹ erscheint die Maschine, d.h. die Technik, in einem fast alltäglichen und daher unbemerkten und daher zeichenlosen Bezug zur Schrift, d.h. zum Wort, d.h. zur Wesensauszeichnung des Menschen. Hier hätte eine eindringliche Besinnung zu beachten, daß die Schreibmaschine noch nicht einmal eine Maschine im strengen Sinne der Maschinentechnik ist, sondern ein ›Zwischending‹ zwischen einem Werkzeug und der Maschine, ein Mechanismus.«[143]

Statt der durch Wissenschaft und Maschine okkupierten Wahrheitsproduktion eine andere, zeit- und techniklose Wahrheit entgegen zu setzen, kürt Heidegger die Schreibmaschine zum Exempel seiner Seinsgeschichte und späteren Technikphilosophie *avant la lettre*: Die vorsokratische Rede des *Parmenides* über die Vergessenheit offenbart sich überhaupt erst unter den Bedingungen der Wissensproduktion

---

143 Heidegger: *Parmenides* (1942/43, GA 54), S. 126f.

von Druckerpresse und Schreibmaschine *als* Wahrheit, d.h. sie zeigt den geschichtlichen Wandel des Seins durch Medien an, die das Verhältnis von Menschen und Dingen regeln.

Damit steht das Medium Schreibmaschine am Anfang einer wohl am ehesten als medienarchäologisch zu bezeichnenden Auffassung von Geschichte bei Heidegger, welche die genealogischen Zeitenfolgen der Wort- und Begriffsgeschichte unterläuft.[144] Diese ›blinde‹ Geschichte weiß nichts von Ideen und Sittlichkeit, von Biologismen und Gemeinschaftssinn. Sie handelt von Verfahren, Maschinen, Substanzen und Bildgebern, die im Ontologischen, also immer schon vor dem Anthropologischen operieren. Heideggers Pindar-Parmenides-Exegese liefert hierfür den vorsokratischen Grund: Sie gründet das Wissen der Medien in ihrer Weise, das Vergessen vergessen zu lassen.

> »Die Wolke, die vor der Sonne vorbeizieht oder steht, verbirgt das Heitere des Himmels, das Licht und entzieht die Helle. Sie bringt die Verdüsterung und Verfinsterung sowohl über die Dinge als auch über den Menschen, d.h. über den Bezug beider zueinander, über das, worin dieser Bezug west. Die Dinge selbst, der Anblick, den sie darbieten, und der Blick des Menschen, der in diesen Anblick blickt, Ding und Mensch stehen und gehen zufolge der Verdüsterung nicht mehr im angestammten aufgegangenen Licht.«[145]

Wenn also nicht mehr sicher ist, ob die Zeit, die sich im Wort und als Mitteilung meldet, die des Daseins oder der Maschine ist, wird die ontisch-ontologische Differenz selbst zu einem Symptom für die seinsgeschichtliche und archäologische Dimension von Medien. Das Projekt der Daseins- oder Diskursanalyse verlöre sein methodologisches Fundament, wenn die Frage der Geschichtlichkeit des Seins nicht hinreichend beantwortet wird.

---

144 Walter Seitter schlägt diese methodologische Unterscheidung im Anschluss an Foucaults Archäologie vor. (Vgl. Seitter, Walter: *Physik der Medien. Materialien, Apparate und Präsentierungen*, Weimar 2002, S. 19.)
145 Heidegger: *Parmenides* (1942/43, GA 54), S. 117.

1.3 Diagramm

diagramma (griech.) – Umriss, geometrische Figur, Zeichnung und dazugehörige Aufgabe; geschriebenes Verzeichnis, Katalog, Tonart; Beschluß, Edikt, Erlass.

Uhren und Schreibmaschinen sind Medien der Gleichzeitigkeit und der Gemeinschaft. Indem sie die Gegenstände des Wissens bedingen oder gar verfertigen, erfüllen sie eine ontologische Funktion. Ihre seinsgeschichtliche Funktion besteht darin, dass sie ihre eigene ontologische Struktur zum Verschwinden bringen. Fester Bestandteil der wissenschaftlichen Wahrheitsstruktur sind in diesem doppelten Sinne (ontologisch und seinsgeschichtlich) neben Uhren und Schreibmaschinen auch Bilder.

Simultanität bedeutet die »Darstellung von zeitlich und räumlich auseinander liegenden Ereignissen in einem Bild.«[146] Diagrammatische Medien der Simultanität münden bei Heidegger in einem Weltbegriff, der sich von klassischen Raum- und Bildkonzeptionen deutlich unterscheidet. Der mathematisch-physikalische Standpunkt der Topologie, wie er von Hermann Minkowski und Hermann Weyl vertreten wird, beeinflusst Heideggers Weltbegriff dabei ebenso wie der Umweltbegriff des Biologen Jakob von Uexkülls. Mit Diagrammen und wissenschaftlichen Fotografien entsteht ein operationaler Bildbegriff innerhalb der Naturwissenschaften, der im Zusammenhang von rechnerischen und graphischen Verfahren auch diskutiert wird.

Somit gehört die Herstellung »weltbildender Bilder« sowohl zu einer begriffsgeschichtlich orientierten Genealogie wie zu einer möglichen Archäologie der heideggerschen Technikphilosophie. Der Begriff des »Gestells« wird in dieser doppelten Methodik auf Weisen der Evidenzproduktion bezogen, die zwar visuell gestalthaft, aber nicht mehr repräsentativ im Sinne einer unvermittelten Anschauung sind. Die »Bildwerdung der Welt«, die Heidegger als beherrschendes Charakteristikum der Neuzeit diagnostiziert, bezieht sich gleichermaßen auf Strategien der Vorstellbarkeit wie der Berechenbarkeit in Zeiten eines gewandelten, topologischen Raumdenkens der Moderne.

---

146 Vgl. die lexikalische Definition unter Punkt *1. Simultanität.*

1.3.1 Kosmograph

»Die Zeit wird nicht erst mit dem Raum verkoppelt, sondern der vermeintlich zu verkoppelnde ›Raum‹ begegnet nur auf dem Grunde der zeitbesor-
genden Zeitlichkeit. Gemäß der Fundierung der Uhr und der Zeitrechnung
in der *Zeitlichkeit* des Daseins, die dieses Seiendes als geschichtliches
konstituiert, läßt sich zeigen, inwiefern der Uhrgebrauch ontologisch
selbst geschichtlich ist und jede Uhr als solche eine ›Geschichte
hat‹.«[147]

Die Uhr, die immer schon *da* und doch geschichtlich ist, fungiert
als Medium einer möglichen Geschichte des Seins, insofern sie das
Insein des Daseins, das In-der-Welt-sein, als Miteinandersein bedingt
und prägt, und in diesem Zeitigen die Zeit selbst vergessen lässt. Mit
der Uhr beginnt das Messen von und Rechnen mit Zeit, sie ist der
Anfang aller Zeitrechnung und Datierung und damit von Welt. Welt
und Uhr sind bei Heidegger gleichursprünglich:

»Mit der Zeitlichkeit des geworfenen, der ›Welt‹ überlassenen, sich zeit-
gebenden Daseins ist auch schon so etwas wie ›Uhr‹ entdeckt, das heißt
ein Zuhandenes, das in seiner regelmäßigen Wiederkehr im gegenwärtig-
enden Gegenwärtigen zugänglich geworden ist. Das geworfene Sein bei
Zuhandenem gründet in der Zeitlichkeit. Sie ist der Grund der Uhr.«[148]

Die Geschichte der Uhr lässt Heidegger mit der Sonnenuhr der
Antike, dem Gnomon beginnen, das aus einem vertikal aufgerich-
teten Stab und einer sechsfach gekerbten runden Scheibe als Pro-
jektionsfläche des Sonnenstands besteht. Es handelt sich um ein
schattenwerfendes Ding, das in nächster Nachbarschaft zur Zeit des
Daseins operiert. »Diese Uhr braucht das Dasein nicht einmal bei sich
zu tragen, es ist sie in gewisser Weise selbst.«[149]

Der Mensch rechnet also mit der Zeit, weil er selbst immer schon
Uhr ist, *als* schattenwerfendes Ding, das zwischen Erde und Himmel
steht.

---

147 Heidegger: *Sein und Zeit* (1927), S. 417.
148 Ebd., S. 413.
149 Ebd., S. 416.

»Im Schatten, der jeden ständig begleitet, begegnet die Sonne hinsichtlich ihrer wechselnden Anwesenheit an verschiedenen Plätzen. Die untertags verschiedenen Schattenlängen sind als bestimmbar zur Verfügung; sie können abgeschritten werden. Ob auch die Körperlänge und die Fußlänge der Einzelnen verschieden sind, so bleibt doch das *Verhältnis* beider in gewissen Grenzen der Genauigkeit dasselbe.«[150]

Das Gnomon ist weltbildend, insofern es – in Form eines zwei-dimensionalen Schattens – das Verhältnis von Erde und Sonne zeichnet. Folgt man Michel Serres' Wissenschaftsgeschichte der Geometrie, dann gibt es im Zentrum des vom Gnomon abgeleiteten Sonnendiagramms keinen Platz für das Auge des Subjektes, sondern nur ein Ding, »das sich in die Welt einschaltet, damit diese auf sich selbst die Schrift lesen kann, die sie hinterläßt. Die Erkenntnis: eine Tasche oder Falte.«[151] Sowohl bei Heidegger wie bei Serres findet sich eine Kosmographie, die von einem Ding gezeichnet wird, das zwischen Himmel und Erde steht:

»Ein Gnomon oder die Sonnenuhr dient weniger dazu, die Uhrzeit anzu-geben, um die sich vom Altertum bis zu unseren Großeltern niemand kümmerte, als vielmehr dazu, ein geometrisches Modell des Universums zu konstruieren: Observatorium und kosmographisches Schema der Welt.«[152]

Heidegger und Serres erinnern daran, dass es schon lange bevor in Greenwich der Nullmeridian gezogen wurde oder Einstein über das Problem der Uhrensynchronisierung nachdachte, Weltmodelle in Gestalt von *Raum-Zeit-Diagrammen* gab, die mittels einer selbst-aufschreibenden Maschine (dem Gnomon) und einem schriftlichen Gedächtnis (Winkeltabellen, die aus dem Sonnenstand die geographische Position oder den Umfang der Erde errechnen lassen) ein kosmographisches Schema der Welt generierten und die Zusammen-gehörigkeit von Raum und Zeit begriffen.

---

150 Heidegger: *Der Begriff der Zeit* (GA 64), S. 70.
151 Serres, Michel: *Elemente einer Geschichte der Wissenschaften,* Frankfurt a.M. 1995, S. 125.
152 Ebd., S. 120.

Das Gnomon und in seinem Gefolge die Algorithmen antiker Geometrie stiften Serres zufolge Gemeinschaft im Sinne des Miteinander und der wissenschaftlichen Abstraktion. Das Medium Gnomon geht in dieser Auffassung dem Subjekt voraus.[153]

Die automatische Erkenntnis dieser »Maschine« wird von Serres und Heidegger allerdings unterschiedlich aufgefasst. Dient sie dem einen als Kritik an einer subjektorientierten Wissenschaft, so ist sie für den anderen die seinsgeschichtliche Bedingung für ein solches Subjekt und seine Wissenschaft – sowie Gelegenheit, auf das in ihr operierende Vergessen zurückzugehen.

Das Gnomon als seinsgeschichtliches Medium ist eine Zeitmaschine im doppelten Sinne: Es stellt Gegenwart her, indem es die Eigenzeit als selbstbezügliche und unteilbare vergessen lässt. Erst wenn es als Medium der Gleichzeitigkeit Gemeinschaft bedingt, handelt es sich um eine Uhr. Heidegger unterscheidet zwischen dem bloßen »Dann« des Gnomons und einem »Jetzt«-sagenden und die Zeit mit Uhren verfügbar machenden Dasein.

Es ermöglicht gleichzeitig eine Besinnung auf die Geschichtlichkeit dieser Zeittechnik und damit einen Rückgang auf einen möglichen *anderen* Anfang, der nicht der Wahrheits-Geschichte abendländischer Metaphysik unterworfen ist. Das Projekt der Seinsgeschichte wäre ohne (Zeit)Maschinen gar nicht denkbar.

Da Heidegger die Zeitmessung mit der Bestimmung von Längenverhältnissen beginnen lässt, kann er den raumzeitlichen Zusammenhang, das relativistische Diktum der Orts- oder Eigenzeit eines Bezugssystems, als ein Wiederentdecken des in Vergessenheit geratenen Wissens um das Wesen konventioneller, gemeinschaftlicher Zeit, die am selben Ort herrscht, darstellen. Das Wissen der Relativitätstheorie wird als »Entbergung« daseinsmäßiger Zeitlichkeit rückdatiert auf die Zeit der »antiken Bauernuhr«.

»Dabei ist im Miteinandersein in den engeren Grenzen einer nächsten Umwelt unausdrücklich die Gleichheit der Polhöhe des ›Ortes‹, an dem das Abschreiten des Schattens sich vollzieht, vorausgesetzt.«[154]

---

153 Vgl. Serres' Überlegungen zur Funktion der Euklidischen Axiome als für die Gemeinschaft »unentbehrliche gemeinsamer Vorstellungen«. (ebd., S. 164.)
154 Heidegger: *Sein und Zeit* (1927), S. 416.

So betrachtet Heidegger nicht nur die relativistische Zeit als Teil einer langen wissenschaftlichen Tradition und Konvention der »vulgären Zeit«, die sich durch Berechenbarkeit und Objektivierbarkeit auszeichnet, und den eigenen Grund, die Fundierung in den Strukturen des Daseins, verbirgt. Insofern handelt es sich bei der ›neuen‹ relativistischen Raumzeit ontologisch um nichts Neues, insofern sie die Eigenzeit des Daseins verhüllt. Auch die neue Zeit ist nur ein Zählen von Jetzt-Punkten.[155]

Die Bedeutung der Relativitätstheorie ist daher für Heidegger zunächst keine erkenntnistheoretische, als vielmehr eine geschichtliche: Sie »besinnt sich« auf die Fundamente der Zeitbestimmung und läßt daher die Zeit selbst schärfer sichtbar werden, schreibt Heidegger mit einem Verweis auf Hermann Weyls philosophisch erläuterte Relativitätstheorie.[156] Fundamente sind die zeitlichen Strukturen des Daseins, die weder von einem Bewusstsein noch transzendental von reinen Anschauungen wie Raum und Zeit abgeleitet werden können. Sie artikulieren sich vielmehr in raumzeitlichen Prozessen, den Verweisungsspielen zwischen Dasein und Welt.

Was die neue Physik von Einstein, Lorentz u.a. als Orts- oder Eigenzeit entdeckt und auf das Raumkonzept überträgt, wäre demnach lediglich eine Wiederholung des alten Zusammenhangs des Gnomons, die Welt als messbares Verhältnis von Erde und Himmel. Und wie das von der Sonnenuhr in den Sand gezeichnete kosmographische Schema löst auch die Relativitätstheorie das Darstellungsproblem der Welt auf diagrammatische Weise, in Form des Minkowski-Diagramms.

Absolute Welt

»Von Stund an sollen Raum für sich und Zeit für sich völlig zu Schatten herabsinken, und nur noch eine Art Union der beiden soll Selbstständigkeit bewahren.«[157]

---

155 Vgl. Heidegger: *Der Begriff der Zeit* (GA 64), S. 78f.
156 Vgl. ebd., S. 79.
157 Minkowski, Hermann: »Raum und Zeit«, in: Ders., *Gesammelte Abhandlungen*, Bd. 2, hrsg. von David Hilbert, Berlin 1911, S. 431–444, hier S. 431.

Mit diesen Worten beginnt Hermann Minkowski, Einsteins ehemaliger Mathematik-Dozent, 1908 einen Vortrag vor der Naturforscher-Versammlung in Köln. Seine darin aufgestellte und geometrisch bewiesene »Theorie der absoluten Welt« löst eine regelrechte Welle von Publikationen zum Thema raumzeitlicher Geometrie und der vierten Dimension aus.[158] Von Einstein zunächst ignoriert, wird dieser erst nach Minkowskis Tod erkennen, dass er mit Hilfe der Minkowski-Welt den Übergang von der speziellen Relativität zu einer allgemeineren, Raum und Masse beinhaltenden Relativitätstheorie glaubhaft bestreiten kann. Nach 1915 wird das Minkowski-Diagramm zum Standardverfahren für die Veranschaulichung relativistischer Verhältnisse und darf bis heute in keinem streng- oder populärwissenschaftlichen Physiklehrbuch fehlen.[159]

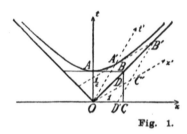

Fig. 1.

Das Diagramm konstruiert auf rein geometrische Weise den Maßstab eines zum Ausgangssystem (*xt*-Achsen) relativ bewegten Systems (*x't'*).[160] Für den Fall, dass *c* der Lichtgeschwindigkeit entspricht, also eine Konstante ist und somit einen endlichen Wert besitzt, kann ein solches Diagramm alle möglichen physikalischen Bezugssysteme konstanter Geschwindigkeit darstellen – eins für jede Geschwindigkeit, mit der es sich im Verhältnis zum Ausgangssystem bewegt. Die Konstruktion einer neuen Zeitachse (*t'*) für das relativ zum ruhenden System bewegte System gehorcht den beiden Postulaten der speziellen Relativitätstheorie Einsteins (dem Relativi-

158 Vgl. Walter, Scott: »The non-Euclidean style of Minkowskian Relativity«, in: Gray, Jeremy: *The Symbolic Universe. Geometry and Physics 1890–1930*, Oxford 1999, S. 91–127.
159 Vgl. Galison: *Einsteins Uhren*, S. 278f.
160 Vgl. Minkowski: »Raum und Zeit«, S. 436.

tätsprinzip und der Konstanz der Lichtgeschwindigkeit) und somit den 1908 noch neuen Naturgesetzen.[161] Darüber hinaus hat es den mathematischen Vorteil, dass die Kovarianz dieser Naturgesetze in allen möglichen, so konstruierten Systemen allein aus den Lorentz-Transformationen folgt, das Relativitätsprinzip also aus der Konstanz der Lichtgeschwindigkeit abgeleitet werden kann.

Je weniger Postulate behauptet werden müssen, desto glaubwürdiger ist eine mathematisch-physikalische Theorie. Das allein erklärt aber nicht die Rolle, die das diagrammatische Verfahren zur Konstruktion der vierdimensionalen Raumzeit bei der Durchsetzung der Relativitätstheorie gegenüber dem physikalischen Weltbild des 19. Jahrhunderts spielte.

Peter Galison entdeckt zu Beginn seiner physikhistorischen Forschungen in den späten 1970er Jahren im handschriftlichen Nachlass von Minkowski Skizzen und Notizen, die ihn auf die Rolle von

---

161 Peter Galison hat den Beweis in moderne Terminologie übersetzt, so dass ihn jeder mithilfe des Diagramms selbst nachvollziehen kann: »Minkowski intends to show that Galilean space-time can be understood as a special case of a more general geometric structure. To this end he considers the invariant form $c^2t^2 - x^2 = 1$, which in the $x - t$-plane appears as an equiliteral hyperbola. For the moment Minkowski attaches no physical meaning to x, t, and c, viewing the transformations purely from a formal standpoint. In Figure 1 Minkowski constructs a linearly transformed coordinate system in which the form $c^2t^2 - x^2 = 1$ is preserved. This may be seen from the construction: in Figure 1 let t', x' be arbitrarily, symmetrically inclined with respect to the ›light-line‹ $ct - x = 0$. Call the t' intersection with the hyperbola, A'. Construct the tangent to the hyperbola at A', and call its intersection with the light-line B'. Then complete the parallelogram and label as shown in Figure 1. Now A' is on the hyperbola, so we demand $c^2t'(A')^2 - x'(A')^2 = 1$, where $t'(A')$ is the t' coordinate of A'. But since A' is on the the t'-axis, $x'(A') = 0$, so $c^2t'(A')^2 = 1$, whence $t'(A') = \frac{1}{c}$. $\overline{A'B'}$ is parallel to x' so $t'(B') = t'(A') = \frac{1}{c}$ and by definition we know $x' = ct'$ along the light-line for all x, t systems. Therefore $ct'(B') = x'(B') = 1$. It follows, since $\overline{B'C'}$ is parallel to the t'-axis, that $x'(C') = 1$. In sum t' and x' are uniquely scaled by the demand that the quadratic form $c^2t^2 - x^2 = 1$ in all frames. We thus have a well-defind transformation group with parameter c. But all that is not mathematical artifice. Minkowski tells us that c is the velocity of light, with the same value in all frames of reference, i.e., $ct' - x' = ct - x = 0$ along the light-line. Finally Minkowski notes that an easy calculation shows that the distance $\overline{OC/OC'} = \sqrt{(v^2/c^2)}$. Thus given a reference system S' and a scale in S we have a graphical method of determining S''s scale.« (Peter Louis Galison. »Minkowski's Space-Time: From Visual Thinking to the Absolute World«. In: *Historical Studies in the Physical Sciences*, hrsg. von Russel McCormmach, Lewis Pyension und Roy Steven Turner, Bd. 10. 1979, S. 85–121, S. 106ff.)

»räumlicher Anschauung« und »geometrischer Intuition« für das Denken Minkowskis und die Mathematikgeschichte überhaupt aufmerksam machen.

Für Minkowski sind die Lorentz-Transformationen von Anfang an eine diagrammatische Operation, eine Rotation innerhalb einer vierdimensionalen Raumzeit, die er als streng geometrischen Beweis durchführt.[162] Wer wie Minkowski an eine »prästabilisierte Harmonie« zwischen Mathematik und Natur glaubt, konstruiert sein »Weltpostulat«, das Diagramm einer vierdimensionalen Raumzeit, nach ästhetischen Kriterien.[163] Nicht mehr die sinnliche Erfahrungswelt gilt als Maßstab der Realität, sondern der Grad mathematischer Mächtigkeit und Schönheit. Symmetrie, Allgemeingültigkeit und geometrische Invarianz entscheiden über die Wahrheit einer physikalischen Theorie.

Dagegen ist Wahrnehmung nach Minkowski überhaupt keine wissenschaftliche Instanz mehr, denn die 4D-Mathematik seines Diagramms zeigt eine höhere Realität als der 3D-Raum menschlicher Wahrnehmungen. Für Minkowski ist die Welt als Kosmos eine 4D-Mannigfaltigkeit und die Mathematik ist selbst Realität, keine Abstraktion der Realität. Geübt durch Zahlentheorie und nicht-euklidische Geometrien sei es für den Mathematiker schlicht leichter, sich von den alten Anschauungen Raum und Zeit zu verabschieden und die neuen Vorstellungen aufzunehmen, »während die Physiker jetzt diese Begriffe zum Teil neu erfinden und sich durch einen Urwald von Unklarheiten mühevoll einen Pfad durchholzen müssen, indessen ganz in der Nähe die längst vortrefflich angelegte Straße der Mathematiker bequem vorwärts führt.«[164]

Das für den Übergang von der speziellen zur allgemeinen Relativitätstheorie entscheidende Denken eines topologischen Raumes erhält mit dem Minkowski-Diagramm seine erste mathematisch-graphische Gestalt. Der bisher als dreidimensional und euklidisch angesehene physikalische Raum wird im Minkowski-Diagramm zu einem mathematisch weniger »verständlichen« Spezialfall degradiert:

---

162 Ebd.
163 Vgl. ebd., S. 113ff.
164 Minkowski, Hermann: »Das Relativitätsprinzip«, in: *Annalen der Physik*, 47 (1915), S. 927–938, hier S. 927.

»Hiernach würden wir dann in der Welt nicht mehr den Raum, sondern unendlich viele Räume haben, analog wie es im dreidimensionalen Raume unendlich viele Ebenen gibt. Die dreidimensionale Geometrie wird ein Kapitel der vierdimensionalen Physik. Sie erkennen, weshalb ich am Eingange sagte, Raum und Zeit sollen zu Schatten herabsinken und nur eine Welt an sich bestehen.«[165]

In Analogie zu Platons Höhlengleichnis und dessen Schattenmetaphorik ist die phänomenale Welt lediglich um eine Dimension zu erweitern, statt um drei räumliche Dimensionen handelt es sich um vier Dimensionen einer Raumzeit.[166] Dagegen setzt er die »absolute Welt« (das »Weltpostulat«), um zum Ausdruck zu bringen, dass »durch die Erscheinungen nur die in Raum und Zeit vierdimensionale Welt gegeben ist, aber die Projektion in Raum und in Zeit noch mit einer gewissen Freiheit vorgenommen werden kann.«[167]

So kommt es zur Doppelfunktion des Diagramms: Es dient einerseits als graphische Repräsentation der Idee einer vierdimensionalen Raumzeit, andererseits fungiert es als geometrischer Beweis der Symmetrie, der Allgemeingültigkeit und der Invarianz der Lorentz-Transformationen innerhalb eines solchen Raumes, seine Wahrheit wird mathematisch bewiesen. Es liefert einen mathematischen Rahmen für die spezielle Relativität und zeigt gleichzeitig die geometrische Gültigkeit ihrer Postulate und der daraus abgeleiteten Sätze: das Relativitätsprinzip und die absolute Lichtgeschwindigkeit, und daraus abgeleitet die Zeitdilatation und die Längenkontraktion.

Max Borns populärer Darstellung der Relativitätstheorie zufolge ist die Theorie der absoluten Welt ›lediglich‹ ein Verfahren, das die Sonderstellung der Zeit aus allen Formeln zum Verschwinden bringt und damit vor allem die Rechnungen sehr vereinfacht. Die formale Äquivalenz von euklidischer und nicht-euklidischer Geometrie mit imaginärem Zahlenanteil ist ein mathematischer Kniff, eine rein symbolische Operation, die die algebraische Freiheit, reelle und imaginäre Zahlen zu verrechnen, nutzt. Allerdings liefert dieser »Kunstgriff« neue Erkenntnisse über die ›reale‹ physikalische Welt. Minkowskis

---

165 Minkowski: »Raum und Zeit«, S. 434.
166 Vgl. ebd., S.103. Der einsteinsche Terminus »Relativitätspostulat« erscheint Minkowski gar zu »matt«. (Vgl. Galison: *Einsteins Uhren*, S. 276f.)
167 Minkowski: »Raum und Zeit«, S. 437.

Analogie von Koordinaten und Zeit ist ein »mathematisches Hilfs-mittel«, ohne das Einsteins allgemeine Relativitätstheorie heute nicht denkbar wäre.[168]

Als Diagramm ohne Raster besteht seine Operationalität darin, Maßstab und Koordinaten eines bewegten Systems überhaupt erst geometrisch zu generieren bzw. das Verhältnis zweier zueinander bewegter Systeme abzubilden. Auch die nicht-euklidische, topolo-gische Räumlichkeit der allgemeinen Relativitätstheorie, in der sich der jeweilige Raum erst aufgrund der Schwerefelder, der Relationen von Massen und Energien ergibt, lässt sich im Minkowski-Diagramm mathematisch korrekt anschreiben und darstellen.

Wie ein Kosmograph zeichnet das Diagramm ein Schema der absoluten, beobachterunabhängigen vierdimensionalen Welt. Aber der Schatten des Sonnenstrahls als möglicher Anfang aller Kosmo-graphien ist hier apodiktisch als unbedingt und unberechenbar, als Konstante absoluter Lichtgeschwindigkeit oder auch Lichtlinie ($ct-x=0$) in das graphische Verfahren selbst eingebaut. So schließt das Minkowski-Diagramm einerseits an eine lange kulturtechnische Tradition geometrischer Bildkonstruktion durch Rasterung und gra-phische Kodierung an, andererseits artikuliert sich in ihm auch ein neues topologisches Denken mit einer mathematischen Konzeption von Räumlichkeit, die ohne Subjekt und ohne ontologischen Raum auskommt.[169]

Die Sicht des Mathematikers ist kein subjektiver Blick auf die Welt, sondern ein Modell aller möglichen Welten. Was Galison im Göttin-ger Archiv ausgegraben hat, zeugt ebenso von Minkowskis selbst-bewusster Haltung gegenüber der Physik wie von dem Problem, im Vorfeld des *Raum und Zeit*-Vortrags einen passenden Namen für die vierdimensionale Mannigfaltigkeit zu finden: »Absolute Welt« geht aus einer Reihe von Überlegungen hervor, die alle den universel-

---

168 Vgl. Born: *Die Relativitätstheorie Einsteins*, S. 201.
169 Zur mathematikhistorischen Vorgeschichte des vierdimensionalen Raums, vgl. Mehrtens, Herbert: *Moderne Sprache Mathematik. Eine Geschichte des Streits um die Grundlagen der Disziplin und des Subjekts formaler Systeme*, Frankfurt a.M. 1990, S. 65. Zum Raster als Kulturtechnik vgl. Siegert, Bernhard: »(Nicht) am Ort«, in: *Thesis. Wissenschaftliche Zeitschrift der Bauhaus-Universität Weimar*, Bd. 3, 2003, S. 93–104. Sowie zur leibnizschen Kosmographie mit Polarkoordinate vgl. Siegert, Bernhard: *Passage des Digitalen. Zeichenpraktiken der neuzeitlichen Wissenschaf-ten 1500–1900*, Berlin 2003, S. 207ff.

len und visuellen Charakter der Theorie betonen: Weltfläche, Weltspiegel oder Kosmograph.[170] Für Minkowski ist das Diagramm die Welt, es weiß das Wesen der Welt ontologisch eher zu fassen als die menschliche Wahrnehmung.

Das Gestalthafte automatischer Erkenntnis schlägt eine Brücke von der antiken Sonnenuhr über das Minkowski-Diagramm bis zur aktuellen wissenschaftshistorischen Erforschung visueller Evidenzverfahren in naturwissenschaftlicher Grundlagenforschung.[171] Der Bildanteil automatischer Erkenntnis erscheint als unverzichtbarer Bestandteil des wissenschaftlichen Diskurses rund um die Relativitätstheorie. Diese neue Bedeutung der Geometrie und ihrer Diagramme wird Heidegger – wenn auch zunächst erfolglos – von Hermann Weyl und Oskar Becker vermittelt, die angesichts der allgemeinen Relativitätstheorie mit Darstellungsproblemen zu kämpfen haben.

1.3.2 Bildraum. Vom Äther- zum Feldproblem

Mit Minkowskis Diagramm beginnt die Darstellungsgeschichte des allgemeinen physikalischen Feldes und die mathematische Topologie wird zu einem Verfahren relativistischer Physik. Der Ätherraum, Kants Bedingung für Anschauung und systematische Physik, wird mithilfe graphischer Verfahren in abstrakte und zugleich anschauliche Größen raumzeitlicher Kraftfelder überführt.

Dieser wissensgeschichtliche Zusammenhang zwischen mathematischem und physikalischem Grundlagenstreit spielt für Heidegger zunächst keine Rolle. Erst in *Die Zeit des Weltbildes*, nach der Begegnung mit der Quantenphysik, zieht Heidegger ontologische Konsequenzen aus der physikalischen Bildwerdung der Welt.

Hermann Weyl, der mit seinen Schriften sowohl zum mathematischen Grundlagenstreit als auch zur allgemeinen Relativitätstheorie und Quantenmechanik beiträgt, wird von Heidegger zunächst als Phänomenologe der Zeit im Sinne Husserls zur Kenntnis genommen. Erst später zeigt sich, dass Weyl ihm die entscheidende Differenzierung liefert, um innerhalb der naturwissenschaftlichen Bildproduktion

170 Galison: *Einsteins Uhren*, S. 115.
171 Vgl. Galisons Einleitung in: Galison, Peter: *Image and Logic. A Material Culture of Physics*, Chicago 1997.

das Subjekt zu identifizieren. Weyls Überlegungen zum Diagramm als Medium der Anschauung spielen für die Genese von Heideggers Weltbildbegriff und seine Auffassung vom Mathematischen der Physik eine nicht zu unterschätzende Rolle.

Feldtheorie

Am 19. September 1923 schreibt Oskar Becker an Heidegger in Freiburg im Breisgau:

>»Ich habe übrigens nun doch wieder ziemliches Interesse an der Psychoanalyse gewonnen; es ist merkwürdig, dass mich dieses Thema doch immer wieder fasziniert. Erst habe ich mich einige Wochen mit – Mathematik abgegeben, ich war, bei der Vorbereitung meines ›Weltgeometrie‹-Kollegs auf ein rein mathematisches Problem gekommen; zunächst eigentlich nur aus didaktischen Gründen, weil die vorliegende Theorie von Weyl so schwierig darzustellen ist in mathematischer Hinsicht; – und dann liess mich das Problem nicht los.«[172]

Becker, der Mathematiker am philosophischen Lehrstuhl von Husserl, befindet sich offensichtlich im phänomenologischen Limbus zwischen Psychoanalyse und allgemeiner Relativitätstheorie. Sein Interesse an Hermann Weyls Mathematik der Differentialgeometrie und der Physik des Gravitationsfeldes hinterlassen nicht nur Spuren in den Briefen an Heidegger, sondern führen auch zu einem Briefwechsel zwischen Becker und Weyl. Weyl zeigt seinerseits Interesse und schickt 1924 deutsche Übersetzungen seiner neueren physikalischen Abhandlungen nach Freiburg.[173]

---

172 Becker hielt dieses Kolleg im WS 1923/24 einstündig unter dem Titel »Die phänomenologischen Grundlagen der Weltgeometrie«. (Vgl. Becker, Oskar: »Vier Briefe an Martin Heidegger«. In: Gethmann-Siefert, Annemarie und Mittelstraß, Jürgen (Hg.): *Die Philosophie und die Wissenschaften: zum Werk Oskar Beckers*, München 2002, S. 249–256, hier S. 251.)
173 Darunter Weyl, Hermann: *Was ist Materie? Zwei Aufsätze zur Naturphilosophie*, Berlin 1924. (Vgl. Mancosu, Paolo und Ryckman, T. A.: »Geometry, Physics and Phenomenology: Four Letters of O. Becker to H. Weyl«, in: Peckhaus, Volker (Hg.): *Oskar Becker und die Philosophie der Mathematik*, München 2005, S. 153–227, S. 170.) *Raum Zeit Materie* war Becker wohl bekannt, da es bereits 1918

Heidegger befindet sich zwar 1924 schon in Marburg (Becker über-nimmt seine Assistentenstelle bei Husserl), ist aber dank Becker über Weyls Forschungen informiert, als er im selben Jahr den Vortrag *Der Begriff der Zeit* hält. Wie weit diese Informiertheit reicht, ist unklar. Heidegger verzichtet auf eigene Anmerkungen zu den weylschen Arbeiten mit der Begründung, Becker habe das bereits getan:

»Weil die Relativitätstheorie sich auf die Fundamente der Zeitbestim-mung bestimmt, muß in ihrer Arbeit ›die Zeit‹ selbst schärfer sichtbar werden. Insbesondere zeigen die Arbeiten von H. Weyl, der bei seinen grundsätzlichen Überlegungen durch die Phänomenologie geschult ist, eine Tendenz, die Mathematik immer ursprünglicher nach dem Zeitphä-nomen zu richten. Wertvolle Belehrungen darüber verdankt der Vf. sei-nem ›Mitschüler‹ aus der Freiburger Zeit Privatdoz. Dr. O. Becker. Mit seiner Erlaubnis sei hier einiges mitgeteilt (überflüssig, da Becker selbst über mathematische Existenz).«[174]

Allerdings hätte sich Heidegger, selbst wenn er sich zu Weyl geäu-ßert hätte, wohl auf den Zeitbegriff beschränkt. Beckers Bemühen um die weylsche »Weltgeometrie« und dessen Arbeiten zur allgemei-nen Relativitätstheorie nimmt Heidegger 1924 offenbar überhaupt nicht zur Kenntnis. Erst sehr viel später wird Weyls topologischer Standpunkt ihm zwei entscheidende Argumente für den eigenen Weltbegriff liefern.[175]

Dass Weyl als Mathematiker und Physiker auch einen philosophi-schen Standpunkt verfolgt, ist kaum zu übersehen, denn seine drei großen mathematisch-physikalischen Abhandlungen verweisen auf den transzendentalen Idealismus bzw. die husserlsche Phänomeno-logie.[176] Für Weyl ist die allgemeine Relativitätstheorie der erkennt-nistheoretische Wendepunkt der Physik, mit ihr kommt Kant endlich in der Physik an:

———

erschienen war. Jedenfalls erwähnt er in einem der Briefe Weyls »Führungsfeld«, er bezieht sich also wahrscheinlich auf die überarbeitete 5. Auflage. (Vgl. Weyls Vor-wort in: Weyl, Hermann: *Raum Zeit Materie. Vorlesungen über Allgemeine Relativi-tätstheorie.* 5. Auflage, Berlin 1923.)

174 Vgl. Heidegger: *Der Begriff der Zeit* (GA 64), S. 79.

175 Vgl. *1.3.2 Weltbild* sowie *1.3.3 Umwelt.*

176 Vgl. Mancosu und Ryckman: »Geometry, Physics and Phenomenology«, S. 172f.

»Erst Kant vollzog innerhalb der Philosophie mit völliger Klarheit den weiteren Schritt zu der Einsicht, daß nicht nur die sinnlichen Qualitäten, sondern auch der Raum und die räumlichen Merkmale keine objektive Bedeutung im absoluten Sinne besitzen, daß auch *der Raum nur eine Form unserer Anschauung* ist. Innerhalb der Physik ist es vielleicht erst durch die Relativitätstheorie ganz deutlich geworden, daß von dem uns in der Anschauung gegebenen Wesen von Raum und Zeit in die mathematisch konstruierte physikalische Welt nichts eingeht. Die Farben sind also ›in Wirklichkeit‹ nicht einmal Ätherschwingungen, sondern mathematische Funktionsbegriffe.«[177]

Weyls *Raum Zeit Materie* von 1918 gilt als erste komplette Darstellung der allgemeinen Relativitätstheorie. Noch im selben Jahr verfasst er den ersten Versuch einer geometrischen Vereinheitlichung von Gravitation und Elektrizität sowie ein Werk zur »reinen Infinitesimalgeometrie«. In seinem *annus mirabilis* initiiert er das Programm einer einheitlichen Feldtheorie und schickt die Physik auf die bis heute während Suche nach einer dynamischen Raumzeit-Geometrie, die allen bekannten fundamentalen Kräften (1918 waren das Elektromagnetismus und Gravitation) gerecht werden soll. Dieses ungelöste Grundlagen-Problem steht bis heute einer im kantschen Sinne »einheitlichen« Physik im Weg.[178]

Ein physikalisches Feld ist durch ein Set von mathematischen Gleichungen beschreibbar. Mitte des 19. Jahrhunderts dient es James Clerk Maxwell zur Verrechnung elektrischer und magnetischer Effekte, also der mathematischen Beschreibung von experimentell festgestellten Wechselwirkungen zwischen verschiedenen physikalischen Kräften. Mit Einsteins Gravitationstheorie und der Annahme, dass sich die Geometrie des Raumes den physikalischen Kräften anpasst (und nicht umgekehrt) entsteht in eben diesem Feldbegriff ein für Einstein unerträglicher Riss:

»Die Gravitation ist zwar auf die Raumstruktur zurückgeführt, aber es gibt doch außer dem Gravitationsfeld noch das elektromagnetische Feld.

---

177 Weyl, Hermann: *Raum Zeit Materie. Vorlesungen über Allgemeine Relativitätstheorie*, Berlin 1918, S. 3.
178 Vgl. Mancosu und Ryckman: »Geometry, Physics and Phenomenology«, S. 175.

Dieses mußte zunächst als ein von der Gravitation unabhängiges Gebilde in die Theorie eingeführt werden. In die Bedingungsgleichungen für das Feld mußten additiv Glieder aufgenommen werden, die der Existenz des elektromagnetischen Feldes gerecht wurden. Es war aber für den theoretischen Geist der Gedanke unerträglich, daß es zwei voneinander unabhängige Strukturen des Raumes gäbe, nämlich die metrisch-gravitationelle und die elektromagnetische. Es drängte sich die Überzeugung auf, daß beide Feldarten einer einheitlichen Struktur des Raumes entsprechen müßten.«[179]

Das »unabhängige Gebilde« ist für Einstein eine unschöne, weil physikalisch nicht eingebundene mathematische Konstruktion. Einstein und Leopold Infeld werden dem Feldbegriff in *Die Evolution der Physik* 1937 ein ganzes Kapitel widmen, um auch dem Laien den problematischen, aber durchaus schöpferischen Werdegang dieser »physikalischen Realität« nahe zu bringen.

»Das Feld, das wir zunächst nur als Modell, als eine Hilfe aufgefaßt haben, ist nach und nach zu etwas immer Realerem geworden. [...] Wenn wir dem Feld nun gar einen Energiegehalt zuschreiben, so gehen wir damit noch einen Schritt weiter in unserem Bemühen, den Feldbegriff immer mehr und mehr in den Vordergrund zu stellen, während die Substanzbegriffe, die für die mechanistische Denkweise so unerläßlich waren, sukzessive in der Versenkung verschwinden.«[180]

Der Feldbegriff verdrängt vor allem einen Substanzbegriff, den Äther. Mit dem Gravitationsfeld gibt es wieder eine physikalische Nahwirkungstheorie des Raumes, der in seiner Geometrie und Metrik von der Gravitation abhängig ist. Allerdings klafft zum wiederholten Male ein Riss im raumzeitlichen Kontinuum und eben hier kommt Weyl als ontologischer Medientheoretiker ins Spiel und wird für die Fundamentalphänomenologen Becker und Heidegger interessant.

---

179 Einstein, Albert: *Mein Weltbild* (1953), hrsg. von Carl Seelig, Frankfurt a.M. 1991, S. 147.
180 Einstein, Albert und Infeld, Leopold: *Die Evolution der Physik*, Hamburg 2004, S. 146f.

Weyls Einleitung in *Raum Zeit Materie* liest sich wie eine kurze und präzise Einführung in die Konzepte des transzendentalen Bewusstseins. Die philosophischen Bezüge, die Weyl für einen Mathematiker und Physiker ungemein wichtig scheinen, erklären vielleicht auch die Rolle, die er innerhalb der philosophischen Rezeption der Relativitätstheorie insgesamt spielt, zumindest aber die Tatsache, dass Heidegger ihn liest.

»Das ›reine Bewußtsein‹ ist der Sitz des philosophischen a priori. Hingegen muß und wird die philosophische Klärung der Wirklichkeitsthesis ergeben, daß keiner jener erfahrenden Akte der Wahrnehmung, Erinnerung usw., in denen ich Wirklichkeit erfasse, ein letztes Recht dazu gibt, dem wahrgenommenen Gegenstande Existenz und die wahrgenommene Beschaffenheit zuzuschreiben; dieses Recht kann von einem auf andere Wahrnehmungen usw. sich stützenden immer wieder überwogen werden. Es liegt im Wesen eines wirklichen Dinges, ein Unerschöpfliches zu sein an Inhalt, dem wir uns nur durch immer neue, zum Teil widersprechende Erfahrungen und deren Abgleich unbegrenzt nähern können. In diesem Sinne ist das wirkliche Ding eine Grenzidee.«[181]

In der *Philosophie der Mathematik und Naturwissenschaft* hebt Weyl das alte (platonische) Versprechen der Geometer einer »prästabilierten Harmonie« von Welt und Mathematik auf transzendental-phänomenologisches Niveau.[182] Deutlich artikuliert sich beim jungen Weyl der Glaube an die Möglichkeit einer einheitlichen, weil systematischen Physik, die keine wissenschaftliche Kunst, sondern eigentliche Wissenschaft im Sinne Kants ist.[183]

Allerdings gelingt das nicht, ohne einen fundamentalen Riss bzw. die Notwendigkeit eines vernünftigen Sprunges anzuerkennen: Das Verstehen von Welt besteht ihm zufolge darin, das »anschauliche« und das »mathematische Kontinuum« (immer wieder) zu korrelieren,

---

181 Vgl. Weyl: *Raum Zeit Materie*, S. 4.
182 Vgl. Weyl, Hermann: »Philosophie der Mathematik und Naturwissenschaft«, in: Bäumler, Alfred und Schröter, Manfred (Hg.): *Handbuch der Philosophie*, Abt. 2, Bd. A. Oldenburg 1927, S. 104.
183 Vgl. *1.1.1 Im Äther.*

zwei »unversöhnliche Kontinua«, zwischen denen eine »tiefe Kluft« befestigt ist. Es ist unsere Vernunft, die uns immer wieder »aus dem einen zum anderen hinübertreibt«.[184] In dieser Grenze des Empirischen liegt eine entscheidende Differenz zu Husserls Phänomenologie. Eine vollständige Rücknahme des Ichs durch Retention ist nach Weyl nicht möglich.[185]

Beckers Interesse an Weyl gilt den physikalischen Implikationen des mathematischen Grundlagenstreites, aus dem er in *Mathematische Existenz*, dem Buch, das sich 1927 mit *Sein und Zeit* Einband und Seitenzählung teilen muss, Konsequenzen für die eigene Phänomenologie ziehen wird und der eigenen Habilitation, die Weyl unterstützen wird.[186]

Weyls Auffassung der Geometrie als mathematisch-physikalische »Doppelgesichtigkeit« ist eine fruchtbare Konsequenz der mathematischen Anschauungskrise für die Physik.[187] Die Geometrie ist nach Weyl weder der Mathematik noch der Physik eindeutig zuzuordnen.[188] Seine Interpretation der Relativitätstheorie steht in der Tradition einer topologischen Mathematik, die sich auf die gaußsche Flächengeometrie und ihre Verallgemeinerung zur Topologie durch Bernhard Riemann bezieht.[189] Mathematische Grundlagenkrise und

———

184 Weyl, Hermann: *Das Kontinuum. Kritische Untersuchungen über die Grundlagen der Analysis*, Leipzig 1918, S. 71.

185 So sieht es jedenfalls Weyl selbst in einem Rückblick in den 1950er Jahren. (Vgl. Weyl, Hermann: »Erkenntnis und Besinnung«. In: Ders.: *Gesammelte Abhandlungen, Bd. IV*, Berlin 1968, S. 631–649, hier S. 639ff.)

186 Vgl. Becker, Oskar: »Mathematische Existenz. Untersuchungen zur Logik und Ontologie mathematischer Phänomene«, in: Husserl, Edmund (Hg.): *Jahrbuch für Philosophie und phänomenologische Forschung*, Halle 1927, S. 439–809; Weyl verweist auf: Becker, Oskar: »Beiträge zur phänomenologischen Begründung«, in: Husserl, Edmund (Hg.): *Jahrbuch für Philosophie und phänomenologische Forschung*, Bd. 6, Halle 1923; vgl. Weyl: *Philosophie der Mathematik und Naturwissenschaft*, S. 44.

187 Vgl. zur Anschauungskrise als Konsequenz mathematischer Funktionen Siegert, Bernhard: *Passage des Digitalen. Zeichenpraktiken der neuzeitlichen Wissenschaften 1500–1900*, besonders Teil 2 zum ›Riss‹.

188 Vgl. Röller, Nils: *Medientheorie im epistemischen Übergang. Hermann Weyls Philosophie der Mathematik und Naturwissenschaft und Ernst Cassirers Philosophie der symbolischen Formen im Wechselverhältnis*. Diss. Bauhaus-Universität Weimar 2000, S. 107ff.

189 Vgl. Vagt: »Zeitkritische Bilder. Bergsons Zeitphilosophie zwischen Topologie und Fernsehen«, S. 109f.

physikalischer Feldbegriff gehören zusammen, und Weyls »Nahe-wirkungsgeometrie« ist ein Versuch, die Welt phänomenologisch und relativistisch vom unendlich Kleinen her zu beschreiben.

Max Born wird in seiner Darstellung der Relativitätstheorie eine ähnliche Auffassung vertreten, dass physikalische Raumanschauung und Geometrie demselben Wandel unterliegen, also als *historische Einheit* aufzufassen sind.

> »Die Gaußsche Flächentheorie ist eine Art, Geometrie zu treiben, die man mit einer der Physik entlehnten Ausdrucksweise als Nahewirkungstheorie bezeichnen kann. Nicht die Gesetze der Fläche im Großen werden primär gegeben, sondern ihre differentiellen Eigenschaften, die Koeffizienten der Maßbestimmung und die daraus gebildeten Invarianten, vor allem das Krümmungsmaß; die Gestalt der Fläche und ihre geometrischen Eigenschaften im Ganzen können dann nachträglich ermittelt werden, durch rechnerische Prozesse, der der Lösung der Differentialgleichungen der Physik sehr ähnlich sind. Die Geometrie Euklids ist im Gegensatz dazu eine typische Fernwirkungstheorie. Daran liegt es, daß die neuere Physik, die ganz auf den Begriffen der Nahwirkung, des Feldes, aufgebaut ist, mit dem euklidischen Schema nicht auskommt, sondern nach dem Vorbilde von Gauß neue Wege gehen muß.«[190]

Mit dem Feldbegriff und der nicht-euklidischen Raumgeometrie der allgemeinen Relativitätstheorie ließe sich historiographisch eine neue Wissensordnung beginnen. Dass die Physik mit dem Feldbegriff epistemologisch beginnt neue Wege zu gehen, bleibt Heidegger jedoch verborgen und er beharrt auf dem alten (bergsonschen) Argument, dass sich die Zeit nicht verräumlichen lasse:

> »Dieses Rechnen mit der Zeit macht sie aber nie zum »Raum«. Zeit läßt sich nicht verräumlichen.«[191]

Für Heidegger ist Relativitätstheorie 1924 eine Frage der Zeitmessung und der Herstellung von Gleichzeitigkeit, ontologische Konsequenzen hat allein die Uhr. Für Becker steckt dagegen im Feldtheorem

---

190 Born: *Die Relativitätstheorie Einsteins*, S. 217.
191 Heidegger: *Der Begriff der Zeit* (GA 64), S. 79.

nicht weniger als das Versprechen einer apriorisch begründbaren einheitlichen Physik und damit auch einer entsprechenden Phänomenologie; eine im Gegensatz zur euklidisch-newtonschen Raumanschauung säkularisierte und historisierte Metaphysik, wie er in einem Brief an Weyl schreibt:

»So ist es doch z.B. sehr fraglich, ob etwa der Einstein-Riemann'sche Raumbegriff in demselben Sinn als ›sensorium Die‹ aufgefasst werden könnte als der Raum Newtons. In diesem Sinne halte ich die auch von Ihnen erwähnte Analogie des Elektrons mit dem Ich (als ›Monade‹) für sehr wichtig; in der Tat liegt m. E. die Kleinheit der 3 Raumdimensionen und die unbegrenzte Ausdehnung der Zeitdimension, – also der Welt*linie* als Weltelement – schon in der apriori (wissensmäßig) bestimmten Struktur d(es) Ich bzw. der *Phänomene Zeit* und Raum, die letztlich ›historisch‹ zu interpretieren sind. (›Ich‹ habe eben qua ich ›meine‹ Geschichte; ›ich‹ und ›du‹ und ›er‹ u.s.w. sind in gewissem Sinn ›gleichzeitig‹; ›ich‹ und ›meine Umwelt‹ (u. Mitwelt) bedingen eine ›one-many relation‹ (in Russels Terminologie), d.h. die Beziehung eines Zentrums zu einer Peripherie; diese ist nur möglich, wenn das Ich räumlich infinitesimal ist im Verhältnis zur Welt.«[192]

Das Verhältnis von Ich und Welt in ein infinitesimales Verhältnis bringen bedeutet einen kontinuierlichen Übergang vom Ich zum Raum zu denken: die Welt (ehemals Äther). Diese ergäbe sich aus den Kräfte- und Masseverhältnissen im unendlich Kleinen. Leibniz' Monadologie wird ebenso herbeizitiert wie der riemannsche Raum, wenn es darum geht, die ehemals reinen Anschauungen Zeit und Raum einem mathematischen Intuitionismus zu unterwerfen und die Gestalt des Raumes als von der Geometrie im infinitesimal Kleinen abhängig, als »lokale Ontologie« zu realisieren.[193] Beckers zeitaufwendiges Kolleg zu Weyls »Weltgeometrie« sollte die Phänomenolo-

---

192 Becker zitiert nach Mancosu und Ryckman, »Geometry, Physics and Phenomenology«, S. 218.
193 »The task of comprehending ›the sense and justification‹ of the mathematical structures of classical field theory is accordingly to be addressed through a construction of constitution of the latter within a ›world geometry‹ (a ›regional ontology‹ in the sense of Husserl) generated from these basic geometrical relations immediately evident within the infinitesimal space of pure intuition. This wholly epistemological project coincides with the explicitly metaphysical aspirations of

gie endlich in einer Tradition des Unendlichkleinen, der »reinen Intuition« gründen. »Umwelt« und »Mitwelt« des Ichs wären so einerseits metaphysisch-differentiell gegründet, andererseits historisierbar.

Für Weyl lässt sich die Position des mathematisch-philosophischen Intuitionismus aber nur dann als Physik (»Nahwirkungsgeometrie«) realisieren, wenn eine Lücke für das Subjekt bzw. ein Ort für das transzendentale Bewusstsein gelassen wird:

»Diese Objektivierung durch Ausschaltung des Ich und seines unmittelbaren Lebens der Anschauung gelingt nicht restlos, das nur durch eine individuelle Handlung (und nur approximativ) aufzuweisende Koordinatensystem bleibt als das notwendige Residuum dieser Ich-Vernichtung. Durch diese prinzipielle Formulierung des Messens, meine ich, wird es begreiflich, wie die Mathematik zu ihrer Rolle in den exakten Naturwissenschaften kommt. *Für das Messen wesentlich ist der Unterschied zwischen dem ›Geben‹ eines Gegenstandes durch individuelle Aufweisung einerseits, auf begrifflichem Wege andererseits.* Das letzte ist immer nur relativ zu Gegenständen möglich, die unmittelbar aufgewiesen werden müssen. Deshalb ist mit dem Messen immer eine *Relativitätstheorie* verknüpft.«[194]

Weyl ist im Unterschied zu Becker nicht nur Mathematiker, sondern auch Physiker: Das Ich lässt sich bei der Beschreibung der Welt nicht restlos ausschalten, so wie sich ohne Koordinatensystem keine Fläche und kein Feld differenzieren lässt. Ich und Koordinatensystem bleiben nach Weyl für das philosophisch-mathematische Verstehen von Welt unverzichtbar. Unter relativistischen Bedingungen verliert das Koordinatensystem (oder das »Rest-Ich«) lediglich seine feste Gestalt, seine Dimensionalität und Metrik sind nicht mehr notwendigerweise euklidisch. Es selbst dient ja dem Erhalt naturgesetzlicher Konstanten durch alle Räume und Körper hindurch, also einem Transformationsverfahren. Absolut ist nicht mehr der Raum oder die Zeit, sondern die raumzeitliche Funktion, die sich hinter den physikalischen Konstanten wie etwa der absoluten Lichtgeschwindig-

Leibniz and Riemann to ›understand the world from its behavior in the infinitesimally small‹.« (Ebd., S. 176.)
194 Weyl: *Raum Zeit Materie*, S. 8.

keit *c* verbirgt. Der physikalische Standpunkt Weyls bereitet Becker Schwierigkeiten.

Für Heidegger ändern sich unter relativistischen Vorzeichen lediglich die Verfahren der Verobjektivierung oder theoretischen »Entlebung.«[195] Das descartessche Subjekt aber wird von der neuen Physik nicht angetastet, sondern auf einer neuen Ebene wieder eingeführt. Mit Weyl weiß die Physik auf transzendentalem Niveau um die Erkenntnisgrenze, die in jeder theoretischen Begriffsbildung steckt. Damit wird die Relativitätstheorie für Heidegger geradezu zum Paradigma mathematisierter, cartesischer Naturwissenschaft, die über das Geben der Gegenstände ebenso wie über Ich-Reste nachdenkt, ohne den Status des eigenen Wissens letztendlich in Frage zu stellen.

Das plancksche Diktum der Messung, unter anderem in Gestalt der Uhr, wird fortan für Heidegger die naturwissenschaftliche Art sein, einen Gegenstand herzustellen. Die relativistische Physik bleibt, so Heidegger, in ihrer Art, Gegenstände zu »geben«, eine Messtechnik.

Die mathematische Moderne, so hat die Mathematikhistoriographie gezeigt, hat den Begriff des Raumes »um seine Bedeutungen gebracht. In ihr ist er zu einer (fast) leeren Metapher geworden.«[196] Umso wichtiger werden die graphischen Verfahren bei der Vermittlung objektiver, aber im klassischen Sinne nicht mehr anschaulicher Theorien.[197]

Schichten und Fasern

Die Lektürespuren, die Hermann Weyl in Heideggers *Der Begriff der Zeit* hinterlassen hat, sind deutlich. Heidegger übernimmt die phy-

---

195 Vgl. *1.1.2 Leben und Sprache.*
196 Mehrtens: *Moderne Sprache Mathematik*, S. 44.
197 In diesem Sinne auch Mancosu und Ryckman: »Imposition of a local coordinate system is regarded as the original constitutive act of ›a pure, sense-giving ego‹. Required by the operations of differential calculus on a manifold, a coordinate system always bears an undeniable mark of transcendental subjectivity, it is ›the unavoidable residue‹ of the ego's annihilation in that geometrico-physical world which reason sifts from the given under the norm of ›objectivity‹.« (Mancosu und Ryckman: »Geometry, Physics and Phenomenology «, S. 176f; sowie Weyl: *Das Kontinuum*, S. 72.)

sikalische Definition der Uhr als geschlossenes System der Zeitmessung aus Weyls *Raum Zeit Materie*:

»Eine Uhr ist ein physikalisches System, auf dem sich die gleiche zeitliche Zustandsfolge ständig wiederholt unter der Voraussetzung, daß dieses physikalische System nicht der Veränderung durch äußere Einwirkung unterliegt. Die Wiederholung ist zyklisch. Jede Periode hat die gleiche Zeitdauer. Die Uhr gibt eine sich ständig wiederholende gleiche Dauer, auf die man immer zurückgreifen kann. Die Aufteilung dieser Dauerstrecke ist beliebig. Die Uhr mißt die Zeit, sofern die Erstreckung der Dauer eines Geschehens auf gleiche Zustandsfolgen der Uhr verglichen und von da in ihrem Soviel zahlenmäßig bestimmt wird. [...] Diese Zeit ist durchgängig gleichartig, homogen. Nur sofern die Zeit als homogene konstituiert ist, ist sie meßbar. Die Zeit ist so ein Abrollen, dessen Stadien in der Beziehung des Früher und Später zueinander stehen.«[198]

Die entsprechende Passage bei Weyl lautet:

»Kehrt ein vollständig isoliertes (keine Einwirkung von außen erfahrendes) physikalisches System einmal genau zu demselben Zustand zurück, in dem es sich bereits in einem früheren Moment befand, so wiederholt sich von da ab die gleiche zeitliche Zustandsfolge, und der Vorgang ist ein zyklischer. Ein solches System nennen wir allgemein eine *Uhr*. Jede Periode hat die *gleiche* Zeitdauer. Auf diese beiden Relationen, früherspäter und gleich, stützt sich die mathematische Erfassung der Zeit durch das *Messen*.«[199]

Nur mit der Idee der Uhr bzw. der absoluten Gleichzeitigkeit ist relativistische Raumzeit möglich, sie ist sowohl philosophisch als auch geometrisch-konstruktiv die Bedingung für das neue relativistische Weltbild. Heidegger übernimmt nicht nur die Rolle der Uhr als ontologisches Medium aus dem Diskurs der Physik, auch die »Welt« wird in den Schriften der Relativitätstheoretiker zu einem graphisch verfertigten Bildraum, dessen Koordinatensystem nur solche Ereig-

---

198 Heidegger: *Der Begriff der Zeit* (GA 64), S. 110.
199 Weyl: *Raum Zeit Materie*, S. 7.

nisse zulässt, die in einem bestimmten Raum-Zeitpunkt, einem »Weltpunkt« *hier-jetzt* geschehen:

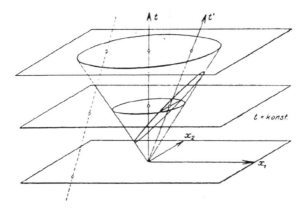

Das weylsche Weltdiagramm erweitert das Minkowski-Diagramm um »Schichten gleichzeitiger Weltpunkte«, die von »Fasern gleichortiger Weltpunkte« geschnitten werden.[200]

Die punktierte Linie stellt die Faser eines sich gleichmäßig fortbewegenden Beobachters dar. Die Schichten repräsentieren die räumliche Ausdehnung von Punkten der Gleichzeitigkeit, während die Fasern die Früher-Später-Relation eines festen Ortes, eines Beobachters oder auch der absoluten Lichtgeschwindigkeit darstellen.

Die ontologische Rolle der »graphischen Bilder« ist aus Sicht des Relativitätstheoretikers ebenso evident wie die der Uhr. Weyl führt ein zweites Diagramm ein, um den Bildraum des Subjektes zu veranschaulichen:

---

200 Vgl. Weyl: *Philosophie der Mathematik und Naturwissenschaft,* S. 71f. Zu Weyls früher Begeisterung für Minkowskis Theorie der »Absoluten Welt« und seine spätere Resignation in Bezug auf die Unifizierung von Geometrie und Physik vgl. Sigurdsson, Skuli: »Unification, Geometry and Ambivalence: Hilbert, Weyl, and the Göttingen Community«, in: *Trends in the Historiography of Science,* Dordrecht, Boston, London 1994, S. 355–367, hier S. 364f; sowie Sigurdsson, Skuli: »Physics, Life, and Contingency. Born, Schrödinger, and Weyl in Exile«. In: Ash, Mitchell G. und Söllner, Alfons (Hg.): *Forced Migration and Scientific Change. Emigre German-Speaking Scientists and Scholars after 1933,* Cambridge, 1996, S. 48–70.

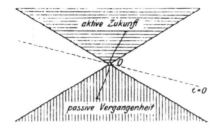

Beide Gebiete, das der aktiven Zukunft und der passiven Vergangenheit, grenzen nicht zwischenraumlos aneinander, wie es nach der alten Auffassung der Fall war.[201]

Weyls Unterscheidung von passiver Vergangenheit und aktiver Zukunft entspricht präzise der bergsonschen Differenz zwischen aktueller Wahrnehmung und virtueller Vergangenheit, wobei die bewusste Gegenwart immer schon eine Mischung aus beiden ist.[202] Bei Weyl bekommt dieser »Zwischenraum« eine neue, medialisierte Bedeutung. Da der »Raum der Anschauung«, wie Weyl den Zwischenraum unserer erlebten (d.h. auch einer absoluten Gleichzeitigkeit, nämlich der unserer Wahrnehmung) Ereignisse nennt, das amorphe Kontinuum der Außenwelt intuitiv erfasst, die Relativitätstheorie die Außenwelt aber symbolisch-abstrakt in einem vierdimensionalen Kontinuum raumzeitlicher Weltpunkte konstruiert, impliziert das nach Nils Röller, »dass die Aussenwelt, genauer die raum-zeitliche Form der Aussenwelt, durch Zeichenprozesse operationalisierbar und veränderbar ist.«[203]
Weyls Weltdiagramme aus Schichten und Fasern sind der Versuch, zwischen den beiden Kontinua der Anschauung und der Mathematik zu vermitteln. Auf der Darstellungsebene des Diagramms verschwindet der Riss und die beiden Kontinua fallen zusammen. Das physika-

201 Weyl: *Philosophie der Mathematik und Naturwissenschaft*, S. 72.
202 Vgl. Bergson: *Materie und Gedächtnis. Eine Abhandlung über die Beziehung zwischen Körper und Geist (1896)*, S. 143ff. Bergson verwendet zur Veranschaulichung ebenfalls Kegeldiagramme.
203 Röller: *Medientheorie im epistemischen Übergang*, S. 113.

lische Bild schließt also die Lücke oder den Riss zwischen Anschauung und Mathematik.

Analog zur »Doppelgesichtigkeit« der Geometrie, die sowohl zum symbolisch-abstrakten Wissen der Mathematik wie zum anschaulich-realen Phänomen der Physik gehört, denkt Weyl auch das Ich als Januskopf: Es befindet sich nicht an einem unausgedehnten »Hier-Jetzt«- Punkt, sondern setzt sich zusammen aus Wissen, Bild und sinngebendem Bewusstsein.

> »Das eigentliche Rätsel liegt, wenn ich recht sehe [...] in der Doppelstellung des Ich: es ist nicht bloß das eine, reale psychische Akte vollziehende Individuum, sondern zugleich ›Gesicht‹, sich durchdringendes Licht (sinngebendes Bewußtsein, Wissen, Bild, oder wie man es nennen will); als Individuum fähig, zur Wirklichkeitssetzung, sein Gesicht offen gegen die Vernunft.«[204]

Weltbild

Die Konsequenzen dieser graphischen Bildwerdung der physikalischen Welt zieht Heidegger 1938 in *Die Zeit des Weltbildes*.[205] Als Charakteristikum der Neuzeit markiert das Weltbild bereits eine seinsgeschichtliche Zäsur, weil es zu den Evidenzverfahren der Neuzeit gehört und die neue Wissens- und Wahrheitsordnung gleichermaßen bedingt.[206] Das Weltbild operiert im Zentrum der Repräsentations- und Subjektvorstellungen. Was nicht ins Weltbild passt gibt es auch nicht:

> »Das Seiende im Ganzen wird jetzt so genommen, daß es erst und nur seiend ist, sofern es durch den vorstellend-herstellenden Menschen gestellt ist. Wo es zum Weltbild kommt, vollzieht sich eine wesentliche

---

204 Weyl: *Philosophie der Mathematik und Naturwissenschaft*, S. 160.
205 Vgl. Heidegger, Martin: »Die Zeit des Weltbildes« (1938), in: Ders., *Holzwege* (GA 5), Frankfurt a.M. 2003, S. 75–114.
206 »Die Redewendungen ›Weltbild der Neuzeit‹ und ›neuzeitliches Weltbild‹ sagen zweimal dasselbe und unterstellen etwas, was es nie zuvor geben konnte, nämlich ein mittelalterliches und ein antikes Weltbild.« (ebd., S. 90.)

Entscheidung über das Seiende im Ganzen. Das Sein des Seienden wird in der Vorgestelltheit des Seienden gesucht und gefunden.«[207]

In der Neuzeit herrscht eine repräsentative Ordnung des Wissens über das Sein des Seienden. Mit der seinsgeschichtlichen Perspektive stellt sich dann allerdings auch die Frage, ob das *In-der-Welt-Sein* des Daseins aus *Sein und Zeit* noch Garant der ursprünglichen Erschlossenheit von Welt und der entsprechenden Auslegbarkeit des Daseins sein kann oder ob die Welt durch die »neuen« physikalischen Räume ganz anders »eingeräumt« wird. Heidegger sichert den eigenen Werkzusammenhang vorsorglich gegen mögliche systematische Einwände:

> »Der Weltbegriff, wie er in *Sein und Zeit* entwickelt wird, ist nur aus dem Gesichtskreis der Frage nach dem ›Da-sein‹ zu verstehen, welche Frage ihrerseits in die Grundfrage nach dem Sinn des Seins (nicht des Seienden) eingefügt bleibt.«[208]

In *Sein und Zeit* läuft die Argumentation der Erschlossenheit der Welt über die Sorgestruktur des Daseins, genauer gesagt über das apophantische und hermeneutische Als der Rede. Durch die Rede ist auch solches Seiende »zuhanden«, das vom jeweiligen Dasein nicht selbst »erfahren« wurde. Das Verstehen des Daseins ist prinzipiell über das In-der-Welt-sein garantiert, weil die Aussage von Heidegger als »zuhandene« verstanden wird und damit Zeugcharakter besitzt.[209] Dasein spricht sich aus, weil es verstehend ist.

Wie bereits gezeigt wurde, wird die Aussage unter statistischen, durchschnittlichen Bedingungen von ihrer existenzial-hermeneutischen Funktion auf die Ebene der Vorhandenheit und wissenschaftlichen Tatbestände nivelliert.[210] Zwischen der auf Welt und Zeug basierenden Aussage und der seinsvergessenen Aussage des wissenschaftlichen Tatbestandes operiert das wissenschaftliche Verfahren, die wissenschaftliche Methode, zu der auch die Bildwerdung der Welt gehört.

---

207 Ebd., S. 89f.
208 Ebd., S.100.
209 Vgl. Heidegger: *Sein und Zeit* (1927), S. 224.
210 Vgl. *1.2.1 Durchschnittliche Mitteilung.*

Diese initiiert die Umwandlung daseinsmäßiger Umwelt-Relationen in ein »Wertesystem«, was einerseits die rationale Wissenschaft befördert, andererseits den Zusammenhang des besorgenden (und verstehenden) In-der-Welt-Seins gefährdet.

Prozessor dieses radikalen Wandels, dieser Umwandlung von Welt zum Gegenstand des Stellens ist das strenge Verfahren, das den jeweiligen Gegenstandsbezirk der Wissenschaft garantiert und reguliert, z.B. als Experiment (Naturwissenschaften) oder als Quellenkritik (historische Wissenschaften): Immer gibt es ein Sicherstellen, ein Vor-sichstellen, ein Eingrenzen dessen, was überhaupt untersucht und betrachtet werden darf. Durch das Verfahren wird der Gegenstand einer Wissenschaft überhaupt erst als solcher konstituiert. Seine Existenz wird also durch die Strenge und die Axiome des Verfahrens garantiert. Jedes Experiment beginnt daher, so Heidegger, mit der Zugrundelegung eines Gesetzes.[211] Der Atomphysiker unterscheidet sich vom Historiker lediglich durch die Methoden der Ein- und Ausgrenzung:

> »Das Verfahren, durch das die einzelnen Gegenstandsbezirke erobert werden, häuft nicht einfach Ergebnisse an. Es richtet sich vielmehr selbst mit Hilfe seiner Ergebnisse jeweils zu einem neuen Vorgehen ein. In der Maschinenanlage, die für die Physik zur Durchführung der Atomzertrümmerung nötig ist, steckt die ganze bisherige Physik. Entsprechend werden in der historischen Forschung die Quellenbestände für die Erklärung erst verwendbar, wenn die Quellen selbst auf Grund historischer Erklärungen gesichert sind.«[212]

Die Maschinen-Technik zeigt die Selbstreferentialität der Wissenschaft.[213] Das Moment automatischer Erkenntnis steckt nach Heidegger bereits im Entwurf rationaler Wissenschaft als Verfahren, die Kernspaltung wird innerhalb der Seinsgeschichte also bis auf Descartes zurückdatiert. Die moderne Physik hat ihren Naturentwurf als mathematischen neu definiert. Grundriss der Wissenschaft und

---

211 Heidegger: »Die Zeit des Weltbildes« (1938), S. 81.
212 Ebd., S. 84.
213 Der Vortrag *Die Zeit des Weltbildes* entsteht im selben Jahr wie die Entdeckung der Kernspaltung durch Otto Hahn und Lise Meitner.

Umriss der Natur entscheiden, was für das wissenschaftliche Erkennen künftig Natur ist.[214]

Das technische *Als* erfordert eine Erweiterung der Aussage um die Ebene des Visuell-Gestalthaften als Weise des Verstehens. Die beiden Operatoren *Bild* und *Wert* bilden im Zuge der institutionalisierten Wissenschaften und Spezialdisziplinen eine für das prinzipielle Verstehen von Welt bedrohliche Allianz des Vorstellens und Feststellens. Der Gelehrte wird zum Forscher, das heißt zum *Techniker* rationaler Verfahren.

>Wo die Welt zum Bild wird, kommt das System, und zwar nicht nur im Denken, zur Herrschaft.<[215]

Gestalt und Messbarkeit bedingen alles neuzeitliche Forschen und Wissen im Sinne seiner Systematisierung und Institutionalisierung. Für Heidegger besteht daher zwischen Physiker und Historiker ein viel geringerer Unterschied als zwischen den (in Bibliotheken) umfassend gebildeten Gelehrten vergangener Zeiten und den forschenden, reisenden und geschäftigen Wissenschaftlern seiner Gegenwart, die es allesamt nicht mehr mit dem Sein, sondern lediglich mit Gebilden zu tun haben.

>Der Grundvorgang der Neuzeit ist die Eroberung der Welt als Bild. Das Wort Bild bedeutet jetzt: das Gebild des vorstellenden Herstellens. In diesem kämpft der Mensch um die Stellung, in der er dasjenige Seiende sein kann, das allem Seienden das Maß gibt und die Richtschnur zieht.<[216]

Das >Gebild< lässt sich sowohl mit Diagramm als auch mit Modell in die wissenschaftliche Terminologie rückübersetzen, denn es bezieht sich auf eine Welt, die erst als hergestellte, repräsentierte, gebildete zum Objekt der Wissenschaften werden kann.

Heideggers Rede vom System und vom Streit der Weltanschauungen hat explizit eine politische Dimension, weigert sich aber, die >uneingeschränkte Gewalt der Berechnung, der Planung und der Züchtung aller Dinge< *einer* politischen Weltanschauung zuzuschrei-

---

214 Vgl. Heidegger: >Die Zeit des Weltbildes< (1938), S. 81.
215 Ebd., S. 101.
216 Ebd., S. 94.

ben.[217] Stattdessen erscheint das Politische selbst bei Heidegger nur als eine Folge abendländischer Rationalisierung und Subjektivierung. Politik und Gesellschaft sind selbst medien- und verfahrenstechnischer Output. Innerhalb der zunehmenden seinsgeschichtlichen Vergessenheit seit Descartes' *cogito* erscheinen Heidegger die ideologischen Kämpfe am Vorabend des Zweiten Weltkrieges lediglich als ein weiteres ungeheures metaphysisches Symptom, so wie die unendlich kleinen Zahlen der Atomphysik:

>»Dabei meldet sich das Riesige zugleich in der Richtung des immer Kleineren. Denken wir an die Zahlen der Atomphysik. Das Riesige drängt sich in einer Form vor, die es scheinbar gerade verschwinden läßt: in der Vernichtung der großen Entfernungen durch das Flugzeug, im beliebigen, durch einen Handgriff herzustellenden Vor-stellen fremder und abgelegener Welten in ihrer Alltäglichkeit durch den Rundfunk.«[218]

Nicht nur die von Leibniz, Bergson, Becker und Weyl gefeierte Infinitesimalrechnung wächst sich für Heidegger zu einem qualitativen und das heißt ontologischen Sprung aus. Aus den Techniken der Berechenbarkeit entsteht Unberechenbares, in der Physik ebenso wie in der Politik.

>»Sobald aber das Riesenhafte der Planung und Berechnung und Einrichtung und Sicherung aus dem Quantitativen in eine eigene Qualität umspringt, wird das Riesige und das scheinbar durchaus und jederzeit zu Berechnende gerade dadurch zum Unberechenbaren.«[219]

Ob Heidegger mit diesen Sätzen die Atombombe oder den Faschismus antizipiert oder ›nur‹ auf den Grundlagenstreit der Mathematiker und die entscheidenden Beweise zur Berechenbarkeit in den 1930er Jahren von Kurt Gödel und Alan Turing rekurriert, ist unklar. Das epistemische Feld, in dem er sich bewegt, ermöglicht ihm jedenfalls, den qualitativen Sprung maschinellen Wissens in Form von Weltbildern und die Anfänge der mathematischen Modellbildung nachzuvollziehen. Auch wenn ihm das lediglich als Hintergrund für eine

---

217 Vgl. ebd., S. 94.
218 Ebd., S. 95.
219 Ebd., S. 95.

grundsätzliche Polemik gegen die Wahrheitsansprüche institutionalisierten Wissens dient, bleibt die Diagnose doch zeitnah und treffend. Heideggers Kritik an der Repräsentation, am Denken des Seins in Kategorien der Vorstellung, an der Herrschaft von Wissenschaftlern, deren Entdecken nur innerhalb eines vorab axiomatisch gezirkelten Rahmens verfährt, zielt insgesamt auf die Wahrheitstechniken der Moderne ab und argumentiert mit dem Gebilde jenseits der tradierten Grenze zwischen begrifflicher Logik und bildlicher Darstellung.

1.3.3 Umwelt

»Das Dasein im Menschen *bildet* die Welt: 1. es stellt sie her;
2. es gibt ein Bild, einen Anblick von ihr, es stellt sie dar;
3. es macht sie aus, ist das Einfassende, Umfangende.«[220]

Weltbildendes Zeug

Heideggers Theorie der Weltbildung geht eine Auseinandersetzung mit der theoretischen Biologie Jakob von Uexkülls voraus. In *Sein und Zeit* wird der von Uexküll geprägte Umweltbegriff und seine spezifische Räumlichkeit für die Fundamentalanalyse des Daseins annektiert:

»Die nächste Welt des alltäglichen Daseins ist die Umwelt [...]. Der Ausdruck Umwelt enthält in dem ›Um‹ einen Hinweis auf Räumlichkeit. Das ›Umherum‹, das für die Umwelt konstitutiv ist, hat jedoch keinen primär ›räumlichen‹ Sinn.«[221]

Umwelt ist bei Uexküll ein durch Merkmal- und Bedeutungselemente konstituierter Raum, der nur für den jeweiligen Organismus existiert. Zwischen Wahrnehmungs- und Reaktionsapparat des Lebewesens und seiner physikalischen Umgebung spannt sich ein infor-

---

220 Heidegger, Martin: *Grundbegriffe der Metaphysik* (GA 29/30), Frankfurt a.M. 1983, S. 414.
221 Heidegger: *Sein und Zeit* (1927), S. 66.

mierter Raum auf, Organismus und Umwelt bilden bei Uexküll ein System.

Heidegger greift dieses neue, topologische Raumkonzept der Biologie zunächst auf, ohne Uexküll zu nennen. Die Unterscheidung zwischen der relationalen Umwelt und der ›objektiven‹ Umgebung eines Organismus scheint sich in Heideggers Phänomenologie des Daseins zu fügen.

»Welt« ist ein von Heidegger sowohl ontisch wie ontologisch verwendeter Begriff. Das In-der-Welt-sein bezeichnet eine konkrete, sinnlich-wahrnehmbare, also ontische Situation des Daseins, steht aber auch für den fundamentalontologischen Zusammenhang der Sorge. Beide Welt-Dimensionen sind auf die Funktionsweise des Zeugs angewiesen, eine heideggersche Übersetzung der griechischen Dinge, der *pragmata*, die er streng von den vorhandenen, aus einem Handlungszusammenhang herausgelösten Gegenständen abgrenzt. Die *pragmata* sind immer Teil einer besorgenden Handlung, das Zeug steht quasi für die Versammlung dinglicher Akteure innerhalb eines Verweisungszusammenhangs.[222]

§15 in *Sein und Zeit* klärt nicht nur über diese spezifische Verweisstruktur des In-der-Welt-seins und die Seinsweisen der an Handlung teilhabenden und durch ihre Handlichkeit verwiesenen Zeuge auf. Die Umwelt des Daseins wird als Raum gefasst, der sich erst durch die Bezüge zwischen Dasein und Zeug konstituiert:

> »Ein Zeug ›ist‹ strenggenommen nie. Zum Sein von Zeug gehört je immer ein Zeugganzes, darin es dieses Zeug sein kann, das es ist. Zeug ist wesenhaft ›etwas, um zu ... ‹. Die verschiedenen Weisen des ›Um-zu‹ wie Dienlichkeit, Beiträglichkeit, Verwendbarkeit, Handlichkeit konstituieren eine Zeugganzheit. In der Struktur ›Um-zu‹ liegt eine Verweisung von etwas auf etwas. [...] Zeug ist seiner Zeughaftigkeit entsprechend immer aus der Zugehörigkeit zu anderem Zeug: Schreibzeug, Feder, Tinte, Papier,

---

222 Vgl. ebd., S. 68; sowie *1.2.1 Durchschnittliche Mittteilung*. Zum Begriff des dinglichen Akteurs vgl. Bruno Latour, der sich in seiner Akteur-Netzwerk-Theorie einerseits auf Heideggers Dingbegriff bezieht, um die Interaktion von Menschen und Dingen als Bestandteil des Sozialen beschreiben zu können, andererseits das Konzept der ontisch-ontologischen Differenz zurückweist; z.B. in Latour, Bruno: *Eine neue Soziologie für eine neue Gesellschaft*, Frankfurt a.M. 2007, S. 129f. u. S. 209, sowie ders., *Wir sind nie modern gewesen*, Frankfurt a.M. 2002, S.89ff.

Unterlage, Tisch, Lampe, Möbel, Fenster, Türen, Zimmer. Diese ›Dinge‹ zeigen sich nie zunächst für sich, um dann als Summe von Realem ein Zimmer auszufüllen. Das Nächstbegegnende, obzwar nicht thematisch Erfaßte, ist das Zimmer, und dieses wiederum nicht als das ›Zwischen den vier Wänden‹ in einem geometrischen räumlichen Sinne – sondern als Wohnzeug.«[223]

Die detaillierte Beschreibung von Wohn-, Schreib- und Werkzeugen in *Sein und Zeit* wird 1929 in der Vorlesung *Die Grundbegriffe der Metaphysik* als bekannt vorausgesetzt, wenn die Auseinandersetzung mit Uexküll explizit wird, seine Charakterisierungen verschiedener Organismen nachvollzogen und ontologisch ausgelegt werden. Offensichtlich transzendiert Uexkülls Biologie mittels des Umweltbegriffs sowohl die vitalistischen wie die mechanistischen Auffassungen des Lebens, und es ist eben diese Bestimmung des Organismus durch das System Umwelt, die Heidegger für das Konzept des innerweltlich begegnenden Seienden aufgreift. Das *Um-zu*, das sich auf die Sorgestruktur des Daseins gründet, zeigt sich am alltäglichen Hantieren und im Umgang mit zuhandenen, gebrauchten und hergestellten Sachen. Nur von diesen Merkmal- und Bedeutungsträger aus, vom Platz, den das Zeug innerhalb der nächsten Umgebung des Daseins einnimmt, lässt sich das Weltphänomen erschließen.

Heidegger ist wie Uexküll darum bemüht, die Akteure der Umwelt von mechanistischen Zuschreibungen zu befreien: bei Uexküll geht es um die Abgrenzung von Organismus und Maschine ...

»Man wird, ohne beiden Begriffen Gewalt anzutun, die Maschinen als unvollkommene Organismen ansprechen können, weil alle prinzipiellen Eigenschaften der Maschine sich bei den Organismen wiederfinden. Dagegen ist es unmöglich, die Organismen ohne weiteres als Maschinen zu bezeichnen.«[224]

... bei Heidegger um die Differenzierung von Zeug und Maschine ...

223 Heidegger: *Sein und Zeit*, S. 68.
224 Uexküll, Jakob von: *Umwelt und Innenwelt der Tiere*, Leipzig 1909, S. 11.

»Jede Maschine ist ein Zeug, aber nicht umgekehrt, nicht jedes Zeug ist eine Maschine.«[225]

Beide Unterscheidungen verweisen auf automatisierte innerweltliche Prozesse, allerdings läuft die Argumentation bei Heidegger auf einen nicht-regulierbaren Rest hinaus, während Uexküll die Frage der Regulation des Lebendigen affirmiert. Für Heidegger sind Maschinen 1929 noch ontische Konkretionen von Zeug; auch wenn sie die Existenz automatischer Umwandlungs- und Verweisungsprozesse anzeigen, die innerhalb einer Umweltrelation ablaufen, können sie diese nicht wesentlich bestimmen.

Angesichts der Phänomene des Protoplasmas und seiner Umbildung zu verschiedenen Augenblicksorganen bei bestimmten einzelligen Lebewesen lässt sich die Frage nach Struktur und Anpassung des Organismus an seine Umwelt aus bestimmten organisch verstandenen Zeitstrukturen beantworten. Uexküll greift den Begriff der Regulation auf und beschreibt die gegenseitige Manipulation von Organismus und Umwelt als Rückkopplung:

»Es läuft die Lebenstätigkeit der Tiere auf äußere Reize nicht einfach ab, wie in irgendeiner Maschine, deren Bauplan sich gar nicht verändern kann. Im Gegenteil ändert sich der Bauplan der Tiere dauernd unter dem Einflusse der Umgebung, so daß man mit Übertreibung sagen kann, niemals trifft ein Reiz zum zweiten Male das gleiche Tier. Diese dauernde Änderung des Bauplanes, die dem Leben den fließenden Charakter einer steten Umbildung gibt und dem Tiere eine stete Anpassungsmöglichkeit in weiten Grenzen gewährt, nennt Jennings Regulation.«[226]

Heidegger nimmt analog zu dieser Selbststeuerung der Mikroorganismus-Welten eine Ausdifferenzierung von Zeug und Organ vor, derzufolge nur das Organ selbstregulierend ist. Seine Fähigkeiten sind nur in Bezug auf ein Ganzes da, durch und für den Organismus. Zeug (und Maschinen) verfügen dagegen über Fertigkeiten und Geschicklichkeiten, so z.B. der Federhalter, dessen »Geschicklichkeit« im Sinne von »Handfertigkeit« zu verstehen und auf verschiedene Hände

---

225 Heidegger: *Grundbegriffe der Metaphysik* (GA 29/30), S. 314.
226 Uexküll: *Umwelt und Innenwelt der Tiere*, S. 25.

übertragbar ist: je handlicher das Ding, desto zuhandener und dien-
licher auch das Zeug. Im Gegensatz zum Organ lässt sich das Zeug
aber auch aus seinem Um-zu, seinem »Organismus« herauslösen,
etwa indem es anders verwendet wird. Zwischen Dasein und Zeug
herrscht lediglich eine lose Kopplung.[227]

Bei Uexküll nimmt die »Bildungsfähigkeit« der Organismen mit
zunehmender Komplexität ab. Die dritte Stufe der Regulation, die
nach dem Prinzip »Versuch und Irrtum« den Bauplan eines Organismus ständig überprüft und anpasst, die so genannte »übermaschinelle
Regulation«, geht in festen, formgebundenen Strukturen, wie sie für
die höheren Lebewesen charakteristisch sind, verloren. Daher hat die
Amöbe, so Uexküll, weniger von einer Maschine als das Pferd.[228]

Bei Heidegger steckt das Prinzip der Selbstregulation als Fähigkeit
des Organs dagegen im »Trieb«, während das »fertige« Zeug getreu
einem vorher festgelegten Plan zu funktionieren hat. Der bildende,
vorantreibende Trieb konstituiert einen spezifischen Umweltraum
und gestattet die Raum-Dimension des Tiers.

> »Fähigkeit ist immer nur da, wo Trieb ist. Und nur wo Trieb, da ist auch
> schon irgendwie, wenn auch noch so regellos und versuchend, Fähigkeit,
> und da wiederum besteht die Möglichkeit der Dressur. Das triebhafte
> Sichvorgetriebenhalten in das Wozu gibt dem Fähigsein diesen Charakter
> einer Durchmessung, einer Dimension im formalen Sinne, während es
> mit der Fertigkeit eben fertig ist.«[229]

---

227 Vgl. Seitter: *Physik der Medien. Materialien, Apparate und Präsentierungen*,
S. 40, Fußnote 1–4, der das Konzept der »losen Koppelung« von Niklas Luhmanns
Medien-Form-Unterscheidung über Fritz Heiders Medien-Ding-Differenz bis hin zu
Hegels lose gekoppelten Wasserwellen und Buchstaben zurückverfolgt.
228 »Naturgemäß tritt bei Tieren, deren Haupttätigkeit darin besteht, Augenblicks-
organe zu schaffen und wieder zu vernichten, wobei sich dauernd der Bauplan
ändert, die übermaschinelle Regulation sehr stark in den Vordergrund, während
bei den höheren Tieren mit dauernden Organen, die nach einem dauernden Plane
geordnet sind und in der Regel innerhalb dieses Bauplanes ihren Funktionen oblie-
gen, die maschinelle Regulation mehr ins Auge springt. Und wenn wir mit Recht die
übermaschinelle Regulation als spezifische Lebenseigenschaft betrachten, so muß
man sagen: Die Amöbe ist weniger Maschine als das Pferd.« (Uexküll: *Umwelt und
Innenwelt der Tiere*, S. 26.)
229 Heidegger: *Grundbegriffe der Metaphysik* (GA 29/30), S. 334.

Im Gegensatz zu selbstgebildeten organischen Formen wie Flug-und Schwarmräumen folgt das Um-zu von Zeug und Maschine einer »Gestaltung« und ist selbst völlig trieblos.[230] Was, wie das Augen-blicksorgan der Amöbe, keine feste Gestalt annimmt, kann auch kein Gegenstand werden und ist demnach auch nicht vorhanden. Für den Organismus sind die Organe nicht »vorhanden«, sie sind ihm zugehö-rig und funktionieren und existieren nicht unabhängig von ihm (das herausgenommen Auge verliert die Fähigkeit zu sehen). Organ und Zeug stehen also nicht auf derselben Existenzstufe, und »so wird [...] klar, daß die Organe eben nicht fertiggestellt werden, so daß sie nie dahin und irgendwohin gestellt bleiben, sondern in dem, was sie und wie sie sind, bleiben sie dem Lebensprozeß des Tieres verhaftet.«[231]

Die Unterscheidung von Zeug und Organ bei Heidegger bleibt den-noch merkwürdig unscharf. Wird doch das Zeug und das In-sein des Daseins in genau derselben Weise beschrieben wie die Beziehung zwischen Organ und Organismus bei Uexküll.

Bezogen auf das In-der-Welt-sein des Daseins und die Seinsweisen menschlicher Lebewesen ist die Bildungsfähigkeit oder der Bildungs-trieb, die Fähigkeit zur Umbildung und Ausbildung von Welt, eine Synthese von »jemeinigen« Fähigkeiten und dinglich übertragbaren Fertigkeiten und keine bloß triebhafte Fähigkeit des Menschen. Welt-bildung ist zwar Heidegger zufolge allein dem Menschen vorbehal-ten, weist aber sowohl planhafte Elemente wie Grundrisse und Bau-pläne als auch ein triebhaftes Vorantreiben auf, und beides, Plan und Trieb, fällt für Heidegger bereits in den Bereich der Maschine – die ja über einen eigenen An-Trieb verfügt:

»Nicht die Komplikation des Gefüges ist entscheidend für den Maschi-nencharakter eines Zeuges, sondern der eigenständige Ablauf des auf bestimmte Bewegungen eingestellten Gefüges. Zum eigenständigen Ab-lauf des Gefüges gehört die Möglichkeit eines bestimmten mechanischen Kraftantriebs.«[232]

---

230 »Das Umzu der zeughaften Verweisung ist trieblos. Der Hammer ist gemäß seiner Gestaltung, seinem Material dienlich zum Hämmern.« (ebd., S. 334.)
231 Heidegger: *Grundbegriffe der Metaphysik* (GA 29/30), S. 328.
232 Ebd., S. 315.

Zeuge sind zwar selbst keine triebhaften Wesen, aber sie sind im eigentlichen Sinne auch nicht oder können nur als Teil einer bestimmten Welt Zeuge sein. Sobald sie aus diesem Feedback-System des besorgten In-der-Welt-Seins herausfallen, etwa indem sie zerbrechen oder am falschen Ort auftauchen, werden sie selbst auffällig und zum eigenständigen Ding. Dies ist der Moment, in dem das Dasein kein bloß faktisches, uneigentliches und selbstvergessenes mehr ist, sondern auf die eigene Verwiesenheit, das eigene In-der-Welt-Sein und damit auf die eigene zeitliche Verfasstheit und Endlichkeit stößt.

Das menschliche Welt-Organ namens Zeug erfüllt dementsprechend seine ontologische Funktion nur im Modus der Dysfunktion, der Störung, der Unterbrechung einer routinierten, alltäglichen Handlung. In Heideggers Zeug-Umwelt-System scheint so mit Bauplan, Kraftantrieb und Rauschen bereits ein Wissen der Kybernetik auf, das mit Norbert Wiener in den 1940er Jahren auch das dritte Prinzip der Regulation, bei Uexküll noch dem Menschen vorbehalten, zu einem maschinellen machen wird.[233]

Die Maschine unterläuft als *tertium datur* die viel diskutierte anthropologische Differenz, die Heidegger in *Die Grundbegriffe der Metaphysik* zwischen »weltbildenden« Menschen und »weltarmen« Tieren einführt. Jede selbstangetriebene Maschine operiert als Zeug in daseinsmäßigen Welt-Prozessen. Damit ist das »Weltlose« immer schon Teil aller Weltbildung. Gleiches ließe sich über die vermeintliche Kategorie des »Weltarmen« sagen, dessen »Benommenheit« immer schon Teil aller daseinsmäßiger Befindlichkeit ist.

Im Gegensatz zu der von ihrer Umwelt eingenommenen Biene, die so sehr im Honigschlürfen aufgeht, dass sie das eigene Verenden nicht bemerkt, kann sich der Mensch »ver-halten« im Sinne von etwas tun oder es auch lassen.[234]

Diese »Unbenommenheit« und Möglichkeit hat er im Sinne der heideggerschen Fundamentalontologie nur, weil er in seinem Dasein das Sterben vermag, faktisch aber, weil er sich selbst und sein Zeug zum Gegenstand machen kann. Der Mensch ist faktisch also immer schon eine anthropologische Differenz-Maschine – im Gegensatz zum Tier.

---

233 Eine Überleitung von Ernst Kapps Organprojektionshypothese zu Heidegger hat Kittler geliefert. (Vgl. Kittler, Friedrich: *Eine Kulturgeschichte der Kulturwissenschaft*, München 2001, S. 205f.)
234 Vgl. Heidegger: *Grundbegriffe der Metaphysik* (GA 29/30), S. 397.

Nur der Mensch hat nach Heidegger eine Umwelt mit Um-zu-/Zeug-Struktur.

Heideggers wesentliche Differenz ist die ontisch-ontologische, von der alle weiteren Differenzen, auch die anthropologischen, abhängen. Je nachdem, welche Auffassung vom Sein innerhalb einer bestimmten seinsgeschichtlichen *epoché* herrscht, wandelt sich auch die Bestimmung des Tieres. Heideggers Maschinentopos zeigt, dass sich bereits mit den mechanischen Kraftmaschinen eine neue Differenz ergibt.[235]

Gegenwelt

Die ontologisch-anthropologische Differenzargumentation der *Grundbegriffe der Metaphysik* unterscheidet Mensch und Tier in ihrem »Getriebensein«, ihrem »Unterwegs-Sein«:[236]

> »Das Tier, und zunächst sein spezifisches Fähigsein zu…, ist sich selbst zu eigen. Es verliert sich nicht, indem ein triebhafter Drang nach etwas sich selbst hinter sich läßt, sondern behält sich gerade im Triebe und ist in diesem Triebe und Treiben es selbst, wie wir sagen.«[237]

Das Tier kann sich nicht selbst verlieren, weil es sich selbst nicht als Gegenüber hat; es ist nicht von sich selbst unterschieden. Der menschliche Mangel an Selbstidentität bzw. seine Selbst-Differenz, die »Dysfunktion« des menschlichen Triebs ist Ausgangspunkt seines Handelns. Und dieses lässt sich weder durch Messung noch durch Mathematik feststellen und verobjektivieren, »denn ein Trieb ist

---

235 Vgl. auch Giorgio Agamben, der im Zusammenhang mit Heideggers Grundbegriffen der Metaphysik das Konzept der anthropologischen Maschine entwirft, welche die Differenz von Mensch und Tier durch Ein- oder Ausschlüsse allererst einführt. Diese Maschine funktioniert nur, weil sie in ihrem Inneren eine »Zone der Ununterscheidbarkeit« einrichtet. Obwohl Agamben eine ausführliche Lektüre der Heidegger-uexküllschen Bezüge liefert, bleibt der Begriff der Maschine selbst leider unberücksichtigt. (Vgl. Agamben, Giorgio: *Das Offene. Der Mensch und das Tier*, Frankfurt a.M. 2002, S. 47f.).
236 Vgl. das »Unterwegssein« des Lebens zur Sprache (*1.1.2 Leben und Sprache*) und das »Unterwegssein« der Physis (*2.2 Genesis und dynamis*).
237 Heidegger: *Grundbegriffe der Metaphysik* (GA 29/30), S. 340.

nie vorhanden, sondern als treibender wesenhaft unterwegs zu…, im Hineintreiben zu… *sich unterstellend*, in sich selbst Dienst und diensthaft.«[238]

Das spezifische Unterwegssein eines Lebewesens lässt sich Heidegger zufolge nicht auf die Struktur und Komplexität seiner »Reflexbögen« reduzieren, es beruht vielmehr darauf, dass es auf »ganz bestimmte Weise einen Raum durchmessen kann, sei es im Sinne eines Flugraumes oder des spezifischen Raumes, den der Fisch hat, Räume, die in ihrer Struktur vollkommen verschieden sind.«[239] Der Trieb bindet das Lebewesen an eine spezifische Räumlichkeit. Heidegger unterscheidet das tierische Treiben als Benehmen (von seiner Welt benommen sein) vom menschlichen Verhalten: Nur der Mensch tut und handelt, kann sich verhalten.[240]

Uexküll geht davon aus, dass sich das Tier seine Umgebung zurecht legt, indem es sie am Ende der Reflexbögen, im Zentralnervensystem »spiegelt«. Auch bei Uexküll existiert ein Kosmograph, allerdings im Inneren der höher entwickelten Tiere:

> »Man kann behaupten, die höheren Gehirne kennen die Umwelt nicht bloß durch eine Zeichensprache, sondern sie spiegeln ein Stück Wirklichkeit in der räumlichen Beziehung ihrer Teile wieder. Durch Einführung dieses, wenn auch sehr vereinfachten Weltspiegels in die Organisation des Zentralnervensystems hat der motorische Teil des Nervensystems seine bisherigen Beziehungen zur Umwelt verloren. Es dringen keine in Erregungszeichen verwandelte Außenreize mehr direkt zu den motorischen Netzen. Diese erhalten alle Erregungen nur noch aus zweiter Hand, aus einer im Zentralnervensystem entstandenen neuen Erregungswelt, die sich zwischen Umwelt und motorischem Nervensystem aufrichtet. Alle Handlungen der Muskelapparate dürfen nur noch auf sie bezogen und können nur durch sie verstanden werden. Das Tier flieht nicht mehr vor den Reizen, die der Feind ihm zusendet, sondern vor einem Spiegelbilde des Feindes, das in einer Spiegelwelt entsteht. Um aber durch die Anwendung des Wortes ›Spiegelwelt‹ keine Mißverständnisse herbeizuführen, weil ein Spiegel viel mehr tut, als bloß einige räumliche Verhältnisse in sehr vereinfachter Form wiederzugeben, nenne ich diese

---

238 Ebd., S. 335.
239 Ebd., S. 334.
240 Vgl. ebd., S. 335, 346.

im Zentralnervensystem der höheren Tiere entstandene Eigenwelt die Gegenwelt der Tiere.«[241]

Für Uexküll steckt in dieser Introspektion der Tiere die Möglichkeit der Mathematisierung ihrer Umwelt. Denn was sich da im Inneren der Tiere abbildet, ist nichts anderes als Weyls »Ich-Residuum«, allerdings als Organ projiziert. Die tierische Orientierbarkeit in einem spezifischen Lebensraum wird durch ein entsprechendes, den Raum spiegelndes Organ gewährleistet, das man sich als Koordinatensystem vorzustellen hat – ein organisches Koordinatensystem aus Reflexbögen:

> »Man braucht bloß anzunehmen, daß die Gegenwelt von langen Bahnen durchsetzt ist, die zusammen ein einfaches Koordinatensystem bilden. Das Koordinatensystem unterscheidet sich in nichts von den anderen Schematen, die den Umrissen der Gegenstände entsprechen. Nur wird das Koordinatenschema nicht durch das Auge, sondern durch die Bogengänge in Erregung versetzt. Diese Erregung ist eine dauernde. […] Wie dem auch sei, wir haben in der Gegenwelt ein fast mathematisch genau gebautes Koordinatenschema anzunehmen, das als Ausgangsbasis für die Bestimmung der Lage der jeweilig auftauchenden erregten Gegenstandsschemata dient. Die Zahl der Erregungskerne von der gereizten Stelle aus bis zu den drei Koordinaten bestimmt mit Sicherheit die Lage des erregten Punktes.«[242]

Für Heidegger liegt hier der Fehler der biologistischen Argumentation. Fähigkeiten und Triebe sind als solche nicht mathematisierbar. Was sich da als Koordinatenschema oder Gegenwelt angeblich im Inneren des Tieres abbildet, ist das menschliche Subjekt und nicht der Blick des Tieres. Im Raum-Sehen des Tieres tut sich nicht irgendein Abgrund, sondern gleich die ontisch-ontologische Differenz der Welt auf, die keinen kontinuierlichen Übergang von den metaphysischen Anfangsgründen zur *physis* mehr zulässt:

---

241 Uexküll: *Umwelt und Innenwelt der Tiere*, S. 194f.
242 Ebd., S. 202.

»Denn es handelt sich nicht einfach nur um eine qualitative Andersheit der tierischen Welt gegenüber der Welt des Menschen und erst recht nicht um quantitative Unterschiede der Weite, Tiefe und Breite – nicht darum, ob und wie das Tier das Gegebene anders nimmt, sondern ob das Tier überhaupt etwas *als* etwas, etwas *als* Seiendes vernehmen kann oder nicht. Wenn nicht, dann ist das Tier durch einen Abgrund vom Menschen getrennt. Dann wird es aber – über eine vermeintlich terminologische Angelegenheit hinaus – zu einer grundsätzlichen Frage, ob wir von einer Welt – Umwelt oder gar Innenwelt – des Tieres sprechen dürfen, oder ob nicht das, wozu das Tier Beziehung hat, anders bestimmt werden muß, was freilich aus mehrfachem Grunde doch nur am Leitfaden des Welt-begriffes geschehen kann.«[243]

Die Weltfrage impliziert für Heidegger die Frage nach der ›Natur‹ menschlichen Handelns und ihre Erörterung darf keineswegs den naturwissenschaftlichen Verfahren der Vergegenständlichung und Berechenbarkeit überlassen werden. Heideggers Zurückweisung der uexküllschen Gegenwelt und damit des gesamten biologistischen Umwelt-Konzepts betrifft nicht nur das In-der-Welt-seins des Daseins und dessen Welterschließung und -bildung durch Zeug, sondern die Vorstellung der Mathematisierbarkeit des Lebendigen überhaupt. Heidegger stellt fest, dass die zeitgenössische Biologie neben den klassischen Symbolisierungsverfahren der Diagramme und Koor-dinatensysteme bereits über neue, technologische Fertigkeiten, die Welt der Tiere ins Bild zu setzen, verfügt. Das vermeintliche Sehen eines Glühwürmchens dient ihm als Anlass einer ersten Kritik wis-senschaftlicher Bilder und ihrer Evidenzproduktion:

»Es wurde das Netzhautbild eines zu einem Fenster hinaussehenden Leuchtkäfers beobachtet. (Die Technik des Experiments ist hier nicht auszuführen). Die Photographie gibt relativ deutlich den Anblick eines Fensters und Fensterrahmens und eines Fensterkreuzes wieder, den auf die Scheibe aufgeklebten großen Buchstaben R und in ganz unbestimm-ten Umrissen sogar den Anblick des Kirchturmes, der durch das Fenster hindurch sichtbar wird.«[244]

---

243 Heidegger: *Grundbegriffe der Metaphysik* (GA 29/30), S. 383f.
244 Vgl. ebd., S. 336.

Jedoch lässt sich, so Heidegger, vom Organ allein keineswegs auf das Ganze des Organismus schließen. Was das Käferchen tatsächlich sieht, lässt sich anhand der Netzhaut-Fotografie nicht beantworten. Das Fensterkreuz ist jedenfalls kein Produkt eines mathematischen Koordinatenorgans des Käfers. Es gehört überhaupt nicht zum Sehen des Käfers, sondern zur menschlich-technischen *Fertigkeit* namens Fotografie.

>>Die Schwierigkeit besteht aber nicht nur in der Bestimmung dessen, *was* das Insekt sieht, sondern auch, *wie* es sieht. Denn wir dürfen auch nicht ohne weiteres unser Sehen mit dem des Tieres vergleichen, insofern das *Sehen* und *Sehenkönnen des Tieres* eine *Fähigkeit* ist, während *unser Sehenkönnen* am Ende noch einen *ganz anderen Möglichkeitscharakter* und eine *ganz andere Seinsart* besitzt.<<[245]

Heideggers Nachdenken über das mögliche >>Als<< der Tiere, das fotografische Zeug der Biologie und den epistemologischen Status von technischen Bildern innerhalb der Wissenschaft zielt auf den menschlichen Blick. Die Fotografie verrät ihm nichts über den Blick des Käfers, aber viel über den des Menschen, der sich das Sehen des Käfers mithilfe der Fotografie zum Gegenstand macht. Die medialisierte Evidenzproduktion, der maschinelle Anteil der Weltbildung, ist damit wesentlicher Bestandteil des >>ganz anderen Möglichkeitscharakters<< menschlichen Sehenkönnens, nämlich der wissenschaftlichen Weltbildung.

Uexküll selbst wendet die Frage der fotografischen Wahrheit für die Biologie ins Positive – die Biologie habe mit der Fotografie endlich das ihr gemäße, mechanische Bildmedium gefunden:

>>Nun sind viele dieser wesentlichen Beziehungen unseren Augen verborgen, um sie aufzufinden, benutzen wir Mikroskope, Galvanometer, Färbemethoden usw. usw. Für diejenigen Beziehungen, die wir trotz aller Hilfsmittel nicht auffinden können, von deren Existenz wir aber überzeugt sind, benutzen wir vorläufige Bilder. Diese Bilder benutzen wir genau so, wie jedes andere Handwerkszeug, wenn eines nicht taugt, macht man sich ein anderes. Man werfe nur einen Blick auf die Physik, um sich zu

---

245 Vgl. ebd., S. 337.

überzeugen, wie diese Wissenschaft mit ihren Bildern umspringt: Bald ist die Elektrizität ein Fluidum, bald eine Bewegung, bald besteht sie aus winzigen Stoffteilchen, die wohl Materie sind, aber keinen Massencharakter tragen. Ebenso verfährt die Chemie. Was ist die ganze Stereochemie anderes, als ein Arbeiten mit Bildern? [...] Die Biologie bedarf, da sie mechanische Zusammenhänge aufsucht, der mechanischen Bilder. Und je anschaulicher die Bilder sind, und je besser sie sich den beobachteten Vorgängen anschmiegen, um so besser.«[246]

Uexküll legitimiert die biologischen Fotografien als temporäre, stationär gültige Evidenzen über die divergierenden Materiebilder in Physik und Chemie und die Rolle von Vorstellungsbildern für die exakten Wissenschaften überhaupt. Das Medium Fotografie ist nichts anderes als eine mechanische Anpassung der biologischen Vorstellungsentwicklung und erhebt gar nicht erst den Anspruch, ewige Wahrheiten zu liefern.

Heideggers Kritik am »Gegenstandsbezirk« exakter Wissenschaften aus *Die Zeit des Weltbildes* lässt sich epistemologisch sowohl auf den Diskurs der Relativitätstheorie und Weyls »Ich-Residuum« wie auf den biologischen Umweltbegriff beziehen. Die Stelle, an der das Subjekt sich selbst wieder diagrammatisch in die beobachtete Physik des Feldes einführt, das Koordinatenschema der Reflexbögen und die technische Bildproduktion vermeintlich tierischer Welten bedingt die systematische Vergegenständlichung der ›Natur‹.

Spiegelstadien

Die Auseinandersetzung mit der Biologie macht deutlich, dass sich die Problematik der Lebensphilosophie 1929 für Heidegger keineswegs erledigt hat. Die Diskrepanz zwischen Leben und Theorie hat sich als blinder Fleck wissenschaftlicher Bildproduktion in die exakten Wissenschaften eingeschrieben.

Heideggers Feststellung von 1919, dass sich Leben und Theorie nicht zur Deckung bringen lassen, weil sich ersteres nur durch eine zunehmende »theoretische Infizierung des Umweltlichen« und um

---

246 Uexküll: *Umwelt und Innenwelt der Tiere*, S. 58f.

den Preis eines »eigentümlichen Verblassens der Bedeutsamkeit« in eine wissenschaftlich-rationale Begriffsbildung überführen lässt, erhält vor dem Hintergrund der modernen Biologie eine neue Brisanz.[247] Denn der Diskurs der Biologie institutionalisiert nicht nur eine metaphysische Vorstellung vom Leben als feststellbaren, messbaren und quantifizierbaren Gegenstand, sondern greift auch diskursiv auf den Bereich des Anthropologischen über: Wer vom Tier spricht, bezeichnet den Menschen gleich mit. Diese Kopplung von biologischem und anthropologischem Diskurs ist der Horizont für Heideggers Rede vom weltarmen Tier. Die Arbeit am Weltbegriff ist der Versuch, die Ontologie gegen positivistische und biologistische Zuschreibungen abzugrenzen, ohne die Ebene der Faktizität, des In-der-Welt-seins aufzugeben.[248]

Das Tier bleibt in diesem Zusammenhang als weltarmes ontologisch unterbestimmt oder zumindest unscharf und die aufgeworfene Frage nach einem tierischen Als unbeantwortet. Der tierische Funktions- und Strukturzusammenhang ist 1929 nach Heidegger ontologisch nicht aufzuschließen, weil das Tier ihn nicht zur Sprache bringt, und der wesentliche Zusammenhang von Welt Sprache ist.[249] Was auch immer die Räumlichkeit der Tiere bestimmt, Mensch und Umwelt bilden nach Heidegger jedenfalls keinen Organismus, sondern einen »Unterschied«.[250]

Wenn Heidegger dennoch das Wissen der Biologie epistemologisch und medienkritisch hinterfragt, geht es nicht um eine Bestimmung des Lebens mittels biologischer Verfahren, sondern um eine Eingrenzung des Gültigkeitsbereiches der Lebenswissenschaft und das kritische Hinterfragen ihrer Evidenzproduktion.

Zwar bleibt Heideggers eigene Argumentation aufgrund ihrer Fundierung im Faktischen auf die exakten Wissenschaften und ihre Evidenzproduktion angewiesen, aber über den Status des exakten

---

247 Vgl. *1.1.2.*
248 Derrida erkennt darin eine nicht unproblematische Axiomatik, auch eine Politik Heideggers: »Stets geht es darum, zwischen dem Lebendigen und dem menschlichen Dasein eine absolute Grenze zu ziehen und die Distanz zum Biologismus und zur Lebensphilosophie (zu den politischen Ideologien, die sich davon anregen lassen) hervorzuheben.« (Derrida, Jacques: *Vom Geist. Heidegger und die Frage*, Frankfurt a.M. 1988, S. 66.)
249 Heidegger: *Grundbegriffe der Metaphysik* (GA 29/30), S. 443.
250 Ebd., S. 517.

Wissens lässt Heidegger keine Zweifel aufkommen. Auch wenn konkrete Untersuchungen und Experimente wertvolle Ergebnisse für die positiven Wissenschaften erzeugen...

»... ist es im Grunde doch eine Täuschung, wenn man glaubt, die wirksame Kraft im Wandel der heutigen Biologie seien die neu entdeckten Tatsachen. Im Grunde und zuerst aber hat sich die Fragestellung und die Art des Sehens gewandelt – und demzufolge die Tatsachen. Dieser Wandel des Sehens und Fragens ist immer das Entscheidende in der Wissenschaft.«[251]

Der Blick der Biologie produziert die biologischen Tatsachen. Für Heidegger liegt der Grund für den Wandel von Blick und Fragestellung der Biologie nicht innerhalb der Disziplin, sondern in einem der Einzelwissenschaft übergeordneten und vorangestellten Seinsbegriff, wird also durch die herrschende Ontologie begründet. Die Biologie ist in Heideggers Augen ebenso wenig in der Lage wie die Physik, ihren eigenen Gegenstandsbezirk und die eigene Fragestellung zu hinterfragen. Als Heidegger sich später noch einmal der Frage zuwendet, warum das Tier kein Als, kein Weltverstehen hat, geschieht dies in Bezug auf poetologisches, nicht biologisches Wissen. Im *Parmenides* findet sich, neben der Schreibmaschinen-Passage, auch der Blick des Tieres wieder. Heidegger interpretiert die achte Duineser Elegie von Rainer Maria Rilke:

»Was hier ›sehen‹ heißen soll, bedürfte einer Aufhellung. Von ›unseren Augen‹ sagt Rilke, sie seien ›wie umgekehrt‹, sie gehen nicht fort in das Gegenstandslose, sondern werden im Vor-stellen des Gegenstandes durch diesen auf sich selbst in der Gegenrichtung umgebogen. Wenn unsere Augen daher die Kreatur ansehen, wird die Kreatur als Gegenstand in das Vorstellen eingefangen, der ›freie Ausgang‹ des Kreaturblickes in das Offene wird durch unsere Vergegenständlichung gesperrt und umstellt. Unsere Augen sind für den Tierblick ›Fallen‹, in die er hineinfällt und worin er gefangen bleibt. ›Fallen‹, die zufallen, verschließen und verwehren in das Offene. Was dieses meint, sagt uns am ehesten die Redewendung vom ›offenen Meer‹. Dieses ist gewonnen, wenn alle Landgren-

251 Ebd., S. 379.

zen verschwunden sind. Das Offene ist das Fehlen und die Abwesenheit von Grenzen und Schranken, das Gegenstandslose, aber nicht als Mangel gedacht, sondern als das ursprüngliche Ganze des Wirklichen, in das die Kreatur unmittelbar ein- und d.h. freigelassen ist. Der Mensch dagegen ist eingezwängt in die Beziehung der Objekte zu ihm als dem Subjekt, welche Beziehung das Ganze des von Rilke so genannten Offenen an den Stellen zu-stellt und verschließt, an denen sie vorkommt. Nach Rilke sieht das Tier mehr als der Mensch: Weil sein Blick durch keine Gegenstände angehalten ist, sondern, man weiß freilich nicht wie, endlos ins Gegenstandslose fortgehen kann, ›hat es vor sich‹ das Grenzenlose. Ihm begegnet auf seinem Gang nie eine Grenze, also auch nicht der Tod. [...] Das Grenzenlose im Ganzen läßt sich nach einer ungefähren Art zu Reden auch ›Gott‹ nennen.«[252]

Offenbar bringt Rilkes Dichtung etwas zur Sprache, das die Biologie selbst nicht reflektiert. Der biologische Blick ist demnach im wesentlichen nichts Biologisches, sondern er konstituiert sich innerhalb einer menschlichen Subjekt-Objekt-Konstellation und identifiziert sowohl Tier als auch Mensch.

»Aus der dem Biologismus des 19. Jahrhunderts und der Psychoanalyse zugrundeliegenden Metaphysik der völligen Seinsvergessenheit entspringt dann jene Verkennung aller Seinsgesetzte, deren letzte Folge eine ungeheuerliche Vermenschung der ›Kreatur‹ und d.h. hier des Tieres, und eine entsprechende Vertierung des Menschen ist.«[253]

Die epistemologische, den Einzelwissenschaften übergeordnete Perspektive der Seinsvergessenheit ermöglicht es, die Verschränkungen verschiedener Diskurse, in diesem Fall die von Biologie und Psychoanalyse, zu verfolgen. Der wissenschaftliche Blick auf das Tier wird zu einer metaphysischen »Grundstellung« nicht nur in den Wissenschaften, sondern auch und zuallererst in Philosophie und Dichtung. Rilkes Blick auf das Tier und insbesondere dessen Überhöhung in Form tierischer »Offenheit« gegenüber menschlicher »Gefangenschaft« begreift genau wie Nietzsches Metaphysik das Wesen des

---

252 Heidegger: *Parmenides* (1942/43, GA 54), S. 233f.
253 Vgl. ebd., S. 237; sowie Agamben: *Das Offene. Der Mensch und das Tier*, S. 65f.

Menschen aus dem des Tieres. Es räumt dem Unbewussten einen Vorrang gegenüber dem Bewussten ein.[254]

Es ist ausgerechnet die Ablehnung des Unbewussten als ontologischer Differenz, die Heidegger zum Korrespondenten einer anderen zeitgenössischen Blickanalyse werden lässt. Jacques Lacan bezieht 1936 die Blickstruktur des menschlichen Subjektes auf Uexkülls Umweltkonzept und formuliert sie als anthropologische Differenz zum Tier:

»Die Funktion des Spiegelstadiums erweist sich uns nun als ein Spezialfall der Funktion der Imago, die darin besteht, daß sie eine Beziehung herstellt zwischen dem Organismus und seiner Realität – oder, wie man zu sagen pflegt, zwischen der *Innenwelt* und der *Umwelt*. Aber diese Beziehung zur Natur ist beim Menschen gestört durch ein gewisses Aufspringen (*déhiscence*) des Organismus in seinem Innern, durch eine ursprüngliche Zwietracht, die sich durch die Zeichen von Unbehagen und motorischer Inkoordination in den ersten Monaten des Neugeborenen verrät.«[255]

Die Ich-Funktion des Subjektes beginnt bei Lacan mit einem Blick in den Spiegel oder vielmehr einer Blickstörung. Das Spiegelstadium erzeugt ein Subjekt, das seinen virtuellen Handlungsraum, die Freiheit seines Begehrens mit einem lebenslangen Mangel an Ganzheit und einer grundsätzlich psychotischen Struktur bezahlt. Lacan gründet die ontologische Differenz (denn darum geht es hier) des »Zufrüh-geborenen-Tieres« in einem Spiegelblick, der sowohl onto- wie phylogenetisch zu verstehen ist: Jedes Kind durchläuft diese Menschwerdung zwischen dem sechsten und achtzehnten Monat, und die Differenz zwischen dem, was der Säugling im Spiegel imaginiert, und dem, was er faktisch bewirken kann, wird nie wieder verschwinden (außer vielleicht in gewissen psychotischen Zuständen).

Die Verschränkung von ontologischer und anthropologischer Differenz im Diskurs der Psychoanalyse kann hier nicht hinreichend behandelt werden. Von Interesse ist lediglich, dass Heidegger den Diskurs des Unbewussten in einem metaphysischen Blickregime

---

254 Vgl. Heidegger: *Parmenides* (1942/43, GA 54), S. 235.
255 Lacan, Jacques: »Das Spiegelstadium als Bildner der Ich-Funktion wie sie uns in der psychoanalytischen Erfahrung erscheint«, in: Ders., *Schriften I* (1949), Berlin 1991, S. 61–70, S. 66.

gründet, das sich disziplinübergreifend etabliert und Bildern einen ontologischen Status einräumt. Lacans Spiegelstadium ist eine »Identifikation«, d.h. im psychoanalytischen Sinne »eine beim Subjekt durch die Aufnahme eines Bildes ausgelöste Verwandlung.«[256]

Eine bloße »Gestalt«, ja selbst das Simulakrum eines anderen als Bild, kann auf die Bildung eines Organismus einwirken, schreibt Lacan in Bezug auf Tauben, deren Sexualorgane sich erst beim Anblick eines Artgenossen (sei es auch nur ein Spiegel) bilden. Während die Taube anhand der Gestalt nicht zwischen der An- und Abwesenheit eines anderen unterscheiden kann, begrüßt das Menschenkind die Gestalt im Spiegel sogleich als idealisiertes Selbst und spaltet in diesem Akt den noch unselbstständigen Körper vom imaginierten Selbstbild ab.

Während Lacan das vorprädikative Spiegelstadium aus der narzisstischen Störung der uexküllschen Gegenwelt ableitet, die in einer entfremdeten Ich-Funktion endet und damit »jede Beziehung zum anderen, und sei sie noch so karitativer Art«,[257] als eine Bedrohung erscheint, herrschen bei Heidegger im Zwischenmenschlichen und jenseits aller Triebe paradiesische Zustände.

»Sofern ein Mensch existiert, ist er als existierender schon in andere Menschen versetzt, auch dann, wenn faktisch keine anderen Menschen in der Nähe sind. Da-sein im Menschen heißt daher – nicht ausschließlich, aber unter anderem – Versetztsein in andere Menschen. Das Sichversetzenkönnen in andere Menschen als Mitgehen mit ihnen, mit dem Dasein in ihnen, geschieht schon immer aufgrund des Daseins des Menschen – als Dasein. Denn Da-sein heißt: *Mitsein mit Anderen*, und zwar in der Weise des Daseins, d.h. Mitexistieren.«[258]

Dass sich Menschen zumeist wenig empathisch zueinander verhalten, wäre demnach gerade ein Indiz für die soziale Verfasstheit des Daseins. Das Mitsein bezeichnet eine wesentliche, ontologische Beziehung zum anderen. Es ist der Faktizität des Daseins, dem »Immer schon« der jeweiligen Existenz als Differenz vorangestellt und erscheint ontisch, im Faktischen, nur als Störung. In der Auseinandersetzung mit den Lebenswissenschaften erscheint bei Hei-

---

256 Ebd. S. 64.
257 Ebd., S. 69.
258 Heidegger: *Grundbegriffe der Metaphysik* (GA 29/30), S. 301.

degger eine Art vorprädikative Gemeinschaft, die innerweltlich nur durch Dysfunktion, Störung und Trennung auffällt. Das menschliche Dasein ist »von Hause aus« mit anderen, und der faktisch existierende Mensch bewegt sich immer schon in einer bestimmten Weise des Mitseins:

> »Aus mancherlei und z.T. wesentlichen Gründen ist nun aber dieses Mitgehen miteinander ein Auseinander- und Gegeneinandergehen, oder aber, zunächst und zumeist, ein Nebeneinanderhergehen. Gerade dieses unauffällige, selbstverständliche Nebeneinanderhergehen als bestimmte Weise des Miteinander und des Versetztseins ineinander, dieses Nebeneinanderhergehen erweckt den Schein, als müßte dieses Nebeneinander zunächst überbrückt werden, als bestünde überhaupt noch kein Versetztsein ineinander, als müßte der eine sich erst in den anderen einfühlen, um zu ihm zu kommen.«[259]

Die Beziehung des Daseins zur Welt, zu den anderen, wird von Heidegger ontologisch gerade nicht durch ein Blickverhältnis determiniert, sondern als geschichtlich wandelbar und offen begriffen. Der Mensch ist immer schon ein anderer – das ist die ontologische Dimension des Als. Die Differenz zwischen weltbildendem und weltarmen Seienden hat daher eine ungewöhnliche, aber immanent soziale Dimension. Der Mensch ist immer schon in andere und anderes hineinversetzt. Für Heidegger unterliegen Uexküll und Rilke derselben metaphysischen Seinsvergessenheit – wie alle, die die Weltbildung ontologisch auf ein Abbild beziehen.

> »Dieser Schein wird vollends noch von der Philosophie dadurch verstärkt, daß sie das Dogma aufbrachte, der einzelne Mensch sei für sich selbst als einzelner und das einzelne Ich sei mit seiner Ichsphäre dasjenige, was ihm selbst zunächst und zuerst und am gewissesten gegeben sei. Damit wird die Meinung philosophisch sanktioniert, als müßte ein Miteinander allererst zunächst aus dieser solipsistischen Isolierung heraus geschaffen werden.«[260]

---

259 Ebd., S. 302.
260 Ebd., S. 302.

Das heideggersche Konzept der Mitteilung verbietet es, Kommunikation als Transport von Erkenntnissen von einem Subjekt ins andere zu verstehen.[261] Daher lässt sich auch das Mitsein faktisch nicht als direkte, unvermittelte Bezüglichkeit zwischen Menschen denken. Bei Heidegger ist das Mitsein mit anderen ebenso selbstverständlich, alltäglich und existenziell wie das In-der-Welt-sein überhaupt, nur wird es in seiner ontologischen Struktur überhaupt erst in der Störung oder der Dysfunktion »auffällig«, sichtbar und verstehbar.

Heideggers Überlegungen zum Weltbegriff in den *Grundbegriffen der Metaphysik* und im *Parmenides* sind von einer Reflexion über die Medialität menschlicher Weltbildung geprägt. Die weltbildenden Aspekte der Dinge (in Form von Zeug) bekommen gegenüber der rein zeitlichen Argumentation von *Sein und Zeit* ein stärkeres Gewicht. Gleichwohl werden die Überlegungen zum Mitsein von Heidegger nicht weiter differenziert.[262]

Die Abgrenzung gegenüber dem biologistischen Umweltbegriff lässt sich auch auf Foucaults Kritik der Biopolitik beziehen.[263] Wenn Heidegger in der Auseinandersetzung mit Biologie und Anthropologie entschieden der Ableitung des menschlichen Subjekts aus der Vorstellung vom Organismus widerspricht, geschieht dies allerdings nicht, um den herrschenden Diskurs, die gebrauchten Begriffe und Methoden innerhalb der Wissenschaften zu kritisieren, sondern ihre metaphysische Verfasstheit aufzudecken. Dies gelingt im Falle des Weltbegriffs auch. Mit der Charakterisierung der Welt als entwor-

---

261 *1.2.1 Durchschnittliche Mitteilung.*
262 Vgl. die Diskussion innerhalb der Soziologie, z.B. Bruno Latours Actor-Network-Theory, die mit dem heideggerschen Weltbegriff kompatibel scheint, bzw. mit dem Begriff der »Versammlung« aus diesem abgeleitet wurde. (Vgl. Latour, *Eine neue Soziologie für eine neue Gesellschaft*, S. 198ff.) Zur Frage der Gemeinschaft und ihrer politischen Implikationen vgl. Nancy, Jean-Luc: *Die undarstellbare Gemeinschaft*, Stuttgart 1988.
263 Insbesondere, da sich die von Foucault beschriebene Biomacht in einer fortschreitenden Abwertung des Todes manifestiert. Die neuen anthropologischen Biotechnologien der Bevölkerungsregulation herrschen über das Leben. Jenseits des Lebens, des Lebewesens gibt es keinen Souverän und so verlieren die Sterbenden unter den Dispositiven der Biopolitik jede Daseinsberechtigung; der Tod wird in den modernen Gesellschaft stärker tabuisiert als alles andere. (Vgl. Foucault, Michel: *In Verteidigung der Gesellschaft*, Frankfurt a.M. 1977, S. 291; sowie Foucault, Michel: *Sicherheit, Territorium, Bevölkerung. Geschichte der Gouvernementalität I*, Frankfurt a.M. 2004, S. 13.)

fene, prinzipiell offene, und der Abgrenzung des Daseins vom Unbewussten der Psychoanalyse insistiert Heidegger auf einem Humanen, das sich zwar in einem äußerst instabilen Zustand befindet und auf einer fundamentalen Ebene von Dysfunktion und einer immanenten Zerrissenheit geprägt ist, das sich aber gerade deswegen nicht feststellen, quantifizieren und kontrollieren lässt und geschichtlich wandelbar bleibt.

Weltbildung heißt sich in andere und anderes hineinzuversetzen. Der feststellende Blick auf das Tier ist lediglich eine innerweltliche Privation, eine Frage des Entwurfs von Welt, der in einem konkreten Weltbild resultiert.[264] Das Humane erscheint bei Heidegger überhaupt nicht mehr als festzumachender Zustand, sondern ereignet sich als Einbruch der ontologischen Differenz ins Ontische, als Erscheinen des *Zwischen* im *Als* des Weltentwurfs:

> »Das ›als‹ ist die Bezeichnung für das Strukturmoment jenes ursprünglich einbrechenden ›Zwischen‹. Wir haben nicht und nie zuerst ›etwas‹ und dann ›noch etwas‹ und dann die Möglichkeit, etwas *als* etwas zu nehmen, sondern völlig umgekehrt: etwas gibt sich uns nur erst, wenn wir schon im Entwurf, im ›als‹ uns bewegen.«[265]

Gegenüber den Lebensräumen der Biologie und Psychologie, aber auch der Metaphysik und Dichtung bezeichnet der ontisch-ontologische Weltbegriff Heideggers sowohl eine radikal wandelbare Welt als auch die geschichtliche Wandelbarkeit der Differenz als äußerste Möglichkeit des Entwurfscharakters von Welt: Weltexzess.

----

264 Agambens Versuch, Heideggers Weltbegriff wieder auf eine anthropologische Differenz zurück zu führen, erscheint daher fragwürdig. Die Zecke im Labor, die Agamben zufolge weder Uexküll noch Heidegger gebührend zur Kenntnis genommen haben, wurde 18 Jahre lang im Labor am Leben erhalten und überdauerte »in einer Art Schlaf«. (Vgl. Agamben: *Das Offene. Der Mensch und das Tier*, S. 56.) Die außergewöhnliche Abkapselung von ihrer Umwelt wäre nach Heidegger aber kein ungewöhnliches Phänomen tierischer Langeweile, denn, »»was schläft‹, das ist in eigentümlicher Weise abwesend und doch da«. (Heidegger: *Grundbegriffe der Metaphysik* (GA 29/30), S. 91.) Der Schlaf der Zecke wäre demnach keine Langeweile, zumindest innerhalb der heideggerschen Ontologie eher ein adäquates ›Benehmen‹ der weltarmen Zecke im Labor. Sucht man nach merkwürdigen Hybriden in den Grundbegriffen der Metaphysik, dann sind das weniger Zecken, Leuchtkäfer oder Bienen, als vielmehr der weltbildende Mensch.
265 Ebd., S. 531.

»Im Geschehen des Entwurfs bildet sich Welt, d.h. im Entwerfen bricht etwas aus und bricht auf zu Möglichkeiten und bricht so ein in Wirkliches als solches, um sich selbst als Eingebrochenen zu erfahren als wirklich Seiendes inmitten von solchem, was jetzt als Seiendes offenbar sein kann. Es ist das Seiende ureigener Art, das aufgebrochen ist zu dem Sein, das wir *Da-sein* nennen, d.h. ex-sistiert, im Wesen seines Seins ein Heraustreten aus sich selbst ist, ohne sich doch zu verlassen. Der Mensch ist jenes Nicht-bleiben können und doch nicht von der Stelle Können. Entwerfend *wirft* das Da-sein in ihm ihn ständig in die Möglichkeiten und hält ihn so dem Wirklichen *unterworfen*. So geworfen im Wurf ist der Mensch ein *Übergang*, Übergang als Grundwesen des Geschehens. Der Mensch ist Geschichte, oder besser, die Geschichte ist der Mensch. Der Mensch ist im Übergang *entrückt* und daher wesenhaft ›abwesend‹. Abwesend im grundsätzlichen Sinne – nicht und nie vorhanden, aber in der Ab-wesenheit *existent*.«[266]

1.3.4 Kunst und Technik

Die Theorie der Weltbildung kulminiert im Kurzschluss von Mensch, Technik und Geschichte. Der Mensch ist seine Geschichte und die Technik ist Teil dieser Geschichte.[267] In dieser Faltung von Technik und Geschichte gründet sich die Rolle, die ontologische Medien wie Uhren, Schreibmaschinen, Diagramme und Fotografien innerhalb der heideggerschen Seinsgeschichte spielen. Der radikale Kurswechsel des Spätwerkes erscheint damit auch als eine Konsequenz der Wissensgeschichte und der medialen Evidenzproduktion, die innerhalb der exakten Wissenschaften diskutiert wird.

In Auseinandersetzung mit Biologie und Relativitätstheorie erkennt Heidegger die Operationalität wissenschaftlicher Bilder für die Weltbildung des Menschen, eine diagrammatische Funktion im Sinne der Diskursanalyse: Erst die Verbindung von Raum und Zeit im Bild klassifiziert das Diagramm wissensgeschichtlich als »abstrakte Maschine«,

---

266 Ebd., S. 531.
267 Vgl. *1.2.3. Blinde Geschichte.*

deren Technologie man von ihrer spezifischen Verwendung ablösen kann und muss.[268]

Nach Foucault gehören Diagramme in den Bereich der (symbolischen) Maschinen. Die imaginäre Funktion, die Bildern üblicherweise innewohnt, wird durch die symbolischen Operationen zurückgedrängt. Heidegger unterscheidet bei den Gebilden dagegen nicht zwischen imaginären und symbolischen Funktionen, weil ein und dasselbe Diagramm in faktischer, ontologischer und seinsgeschichtlicher Dimension sowohl imaginäre und symbolische, als auch reale Funktionen übernimmt.

Die Philosophie übernimmt nach Heidegger selbst eine diagrammatische, weltbildende Funktion, weil er sie grundsätzlich nicht als etwas Geistiges, sondern als Innerweltliches, Werkhaftes und Weltaufstellendes, als denkerische Gegenbewegung zu den politischen Technologien und Maschinen der Wahrheitsproduktion verstanden wissen will. So beginnt mit dem diagrammatischen Kurzschluss auch die Suche nach den Dingen, die gegenüber dem »Unbedingten« dieser Systeme Widerstände und Unterbrechungen leisten und das subjektive Zeitalter über sich selbst hinaustreiben. *Der Ursprung des Kunstwerkes* von 1935/36 versucht über die Antagonisten Bild und Werk eine solche diagrammatische »Besinnung« der Welt zu initiieren.

Von der Gestalt zum Gestell

»Insofern das Werk geschaffen wird und das Schaffen eines Mediums bedarf, aus dem und in dem es schafft, kommt auch jenes Dinghafte ins Werk.«[269]

Die mediale Referenz, die das Werk gegenüber dem Bild auszeichnet, ist zunächst zeitlich zu verstehen. Das Werk untersteht einer Ordnung des Gewordenen, insofern es geschaffen ist und verfügt damit über eine geschichtliche Dimension, die dem Bild fehlt. In *Der Ursprung des Kunstwerkes* übernimmt das Werk die Rolle der Erfindung der

---

268 Vgl. Foucault, Michel: *Überwachen und Strafen. Die Geburt des Gefängnisses*, Frankfurt a.M. 1994, S. 264.
269 Heidegger, Martin: »Der Ursprung des Kunstwerks« (1935/36), in: Ders., *Holzwege* (GA 5), Frankfurt a.M., 2003, S. 1–73, S. 43.

Welt, die in allem Bildenden und Bauenden ihren Ort finden kann. Heidegger denkt mit Werk und Bild aber auch zwei Weisen der Evidenz, die er zwar aus verschiedenen Zeitaltern herausliest, die aber gleichwohl weder auf eine bestimmte Epoche noch auf Kunst oder Wissenschaft beschränkt sind. Werk und Bild können und müssen dagegen in eins fallen.

Wenn etwa ein Werk zum Teil einer Sammlung gemacht oder zum Gegenstand philologischer Untersuchungen wird, verliert es nach Heidegger seinen »Weltzusammenhang« und verbleibt nunmehr als Gegenstand in der epistemischen Sphäre des Bildes: als Objekt der Kunstwissenschaft oder der Philologie.

Im Falle des Werkes gibt es eine materielle Bedingung für das »Sein des Seienden« – um Werk zu sein, bedarf es eines physikalischen Mediums der Hervorbringung, z.B. Stimme, Theater oder auch Tempel, und mitunter ist mit diesen Medien auch eine Welt verloren gegangen.[270] Weil sich das Werk dadurch auszeichnet, »etwas anderes anwesend sein zu lassen« (z.B. einen Gott), ist es daran gebunden, dass das Stoffliche oder Erdhafte »hervorsteht.«[271]

Das Werk kann nur deshalb »eine Welt aufstellen«, weil es die beiden sinnstiftenden, sich widerstrebenden Prinzipien Welt und Erde immer in ein neues und einzigartiges Verhältnis setzt. Das Verhältnis zwischen der Welt als dem Prinzip der »Öffnung«, des Abstrakten und Ungegenständlichen, und seines Widersachers, der Erde, dem Prinzip der Schließung, des Stofflichen, des Bewohnten, Bewohnbaren und des Dinghaften wird im Werk als Ereignis gestiftet, induziert.[272] Statt Gegensätze dialektisch aufzulösen, begegnet im Werk das »Dass« des Seienden und somit sein Sein selbst.[273]

Damit erhält das Werk eine epistemologische Funktion, die zuvor lediglich Seiendem von der Art des Daseins zugeschrieben wurde. Statt einer Erkenntnistheorie des Subjektes liefert Heidegger im *Ursprung des Kunstwerkes* eine Medienontologie des Werkes. In ihrem Zentrum steht, wie beim Weltbegriff, kein Auge, sondern eine innerweltliche Bezüglichkeit des Werks.

---

270 Vgl. ebd., S. 26ff.
271 Vgl. ebd., S. 43.
272 Vgl. ebd., S. 45.
273 Vgl. ebd., S. 53.

Die epistemologische Mächtigkeit des Werkes liegt darin, dass es seine Teilnehmer »verrückt«. Es setzt Welt und Erde in ein neues Verhältnis und damit eine neue »Wahrheit ins Werk«, die ohne weitere Legitimation gültig ist. Der Betrachter steht nicht außen oder davor, sondern tritt in die Welt des Werkes ein. Darum kann das Werk als Werk kein Gegenstand und sein Betrachter kein Subjekt sein. Das Werk schließt Teilhabe an einer Welt mit ein.[274]

Die Möglichkeit für den Eintritt des Teilnehmers in die Welt des Werkes ist die Zerrissenheit der Welt, die nun nicht mehr vom Dasein und seinem In-der-Welt-Sein, seiner Umwelt abgeleitet wird, sondern eine geschichtliche Differenz markiert. Der ontologische Riss zwischen Welt und Erde, der dem »Streit« zwischen Öffnung (Welt) und Schließung (Erde) »Gestalt verleiht«, ist in seiner Gestalt selbst geschichtlich und medial wandelbar.

> »Der in den Riß gebrachte und so in die Erde zurückgestellte und damit festgestellte Streit ist die Gestalt. Geschaffensein des Werkes heißt: Festgestelltsein der Wahrheit in die Gestalt. Sie ist das Gefüge, als welches der Riß sich fügt. Der gefügte Riß ist die Fuge des Scheinens der Wahrheit. Was hier Gestalt heißt, ist stets aus jenem Stellen und Ge-stell zu denken, als welches das Werk west, insofern es sich auf- und herstellt.«[275]

Die ontologische Differenz erhält im Werk Gestalt. Die »Feststellung« des Werkes ist also zugleich eine zeitliche Fixierung als Vorhandenes, ein gestalthafter Zustand der sich ständig ereignenden ontologischen Differenz und feststellende Aussage, die eine dem Werk immanente Wahrheit markiert. Das Werk west als »Gestell«, es kommt immer nur als Ge-stell zum Stehen.

Das Gestell fungiert nach dem Zweiten Weltkrieg als Name für die seinsgeschichtliche Situation der Faltung von Mensch, Technik und Geschichte. Im *Ursprung des Kunstwerkes* ist es ganz der Sphäre des Werkes und der ontologischen Differenz verpflichtet und steht für einen unauflösbaren Gegensatz als Grundriss menschlichen Seins. In *Die Zeit des Weltbildes* wird der neuzeitliche »Grundriss der Natur«

---

274 Vgl. Heidegger: »Der Ursprung des Kunstwerks« (1935/36), S. 54ff.
275 Ebd., S. 51.

im Sinne der modernen Naturwissenschaften dann mathematisch-rational bestimmt.

Mit den beiden Texten liegt ein doppelter Anfang der heideggerschen Technik-Philosophie vor, und die scheinbare Opposition zwischen dem Feststellen der Gestalt in der Kunst und dem Stellen der Technik wird in einen Regelkreislauf moderner Wissensproduktion eingespeist.

Im Zusatz zum Nachwort – anlässlich einer Einzelveröffentlichung des Kunstwerk-Aufsatzes von 1956 – schließt Heidegger selbst den Kreis zu diesem ersten Sprung ins Denken der modernen Technik und klärt den Gang von der Gestalt zum Gestell. Er will die Genese des Gestell-Begriffs als Konsequenz des seinsgeschichtlichen Denkens verstanden wissen, und nicht als von »einem Philosophen ausgedacht«:

»Gemäß dem bisher Erläuterten bestimmt sich die Bedeutung des auf S. 51 gebrauchten Wortes »Ge-stell«: die Versammlung des Her-vor-bringens, des Her-vor-ankommen-lassens in den Riß als Umriß (*peras*). Durch das so gedachte ›Ge-stell‹ klärt sich der griechische Sinn von *morphé* als Gestalt. Nun ist in der Tat das später als ausdrückliches Leitwort für das Wesen der modernen Technik gebrauche Wort ›Ge-stell‹ von jenem Gestell her gedacht (*nicht* vom Büchergestell und der Montage her). Jener Zusammenhang ist ein wesentlicher weil seinsgeschicklicher. Das Gestell als Wesen der modernen Technik kommt vom griechisch erfahrenen Vorliegenlassen, *logos*, her, von der griechischen *poiesis* und *thesis*. Im Stellen des Ge-stells, d.h. jetzt: im Herausfordern in die Sicherstellung von allem, spricht der Anspruch der ratio reddenda, d.h. des *logon didonai*, so freilich, daß jetzt dieser Anspruch im Ge-stell die Herrschaft des Unbedingten übernimmt und das Vor-stellen aus dem griechischen Vernehmen zum Sicher- und Fest-stellen sich versammelt.«[276]

Nicht vom Büchergestell rührt das Gestell, sondern von der »Gestellung in das Aussehen«.[277] Das »Feststellen einer Gestalt« wird hier ganz im Sinne der »theoretischen Entlebung« als Bedingung des Dingwerdens verhandelt. Im Gegensatz zur klassischen wissenschaftli-

---

276 Ebd., S. 72.
277 Heideggers Interpretation der aristotelischen *morphe* aus der *Physis*-Vorlesung von 1939 (vgl. 2.2 Aristoteles).

135

chen oder theoretischen Weltbildung durch Objektivierung und Vergegenständlichung erschließt die Reflexion über das Kunstwerk eine
andere Möglichkeit des Dings und der Weltbildung.

Zwar ist das Kunstwerk, wie das Zeug aus *Sein und Zeit*, von Menschen gemacht, also Werk, aber es ist viel weniger »dienlich«, es
erfüllt keinen Nutzen und untersteht keinem Besorgen. Das Kunstwerk gleicht eher dem »selbst genügsamen und zu nichts gedräng-
ten Ding« als dem Zeug.[278] Gleichwohl ist ein Kunstwerk wie das
Van Gogh-Gemälde mit den Holzschuhen selbst kein Ding, es enthält auch keine Holzschuhe. Gerade die Abwesenheit tatsächlicher
Schuhe ermöglicht den Bezug zu einer Welt der Holzschuhe.

In Bezug auf die Weltbildung rückt das Werk damit in die Nähe
der »Zeugdinge«, ein Begriff, der in *Sein und Zeit* für das steht, was
aus dem Zeug im dysfunktionalen Modus wird: Wenn das Werk-
zeug zerbricht, wird es als Ding überhaupt erst auffällig, vorher ist es
unscheinbar. Im Modus der Auffälligkeit der Zeuge meldet sich Welt,
oder anders ausgedrückt: Wenn die Welt sich meldet, dann nur als
Störung der alltäglichen, der selbstverständlichen, der konventionel-
len Verweisung. Das Sich-nicht-Melden der Welt ist die Bedingung
der Möglichkeit für das Nichtheraustreten des Zuhandenen aus seiner Unauffälligkeit.

So wie das Zeug überhaupt erst durch seine Zuhandenheit die innerweltlichen Bezüge des Daseins realisiert und durch seine Auffälligkeit
das Dasein vom ontischen, faktischen, alltäglichen ins ontologische,
existenziale, selbstbezügliche Sein versetzen kann, so vermag auch
das Kunstwerk die innerweltlichen Bezüge umzukehren. Allerdings
handelt der *Ursprung des Kunstwerks* nicht vom Dasein, sondern von
seinsgeschichtlicher Wahrheit.

Das Kunstwerk verändert den Bezug zur Wahrheit und wandelt
dadurch das Sein des Seienden. Es ver-rückt das Seiende und fungiert
als »Lichtung«, ist Zugang zum eigenen und Durchgang zum anderen Seienden. Das Werk enthält seine eigenen Verfasstheit und diese
kann deshalb erfahren werden. Das dem Werk immanente Wissen
ist der *techné* geschuldet. Im Werk ereignet sich Welt, weil es etwas
in sein Anwesen bringt: »Werksein heißt: eine Welt aufstellen.«

---

278 Heidegger: »Der Ursprung des Kunstwerks« (1935/36), S. 14.

Wohlgemerkt, Welt, das »ist das immer Ungegenständliche, dem wir unterstellt sind, solange wir in der Welt sind«.[279] Die Reflexion über das Kunstwerk erschließt Welt als Beziehung zwischen Bild und Ding, die hier notwendigerweise gegeben ist, weil das Werk eines Mediums im physikalischen Sinne bedarf, aus dem und in dem es geschaffen wird. Das Bild als Werk, insofern es etwas ins Anwesen, ins Spiel bringt, aber nichts feststellt, das Bild im Sinne des Kunstwerkes stellt keine Gegenstände her. Und doch setzt es Welt und Wahrheit ins Werk. Es entzeitlicht nicht, sondern verzeitlicht den in ihm herrschenden Zusammenhang des Seienden. Es erzeugt eine Welt mit anderen Maßstäben als denen der Konvention und überschreitet die Wissensordnung der Simultanität.

Im Nachhinein von Nachwort und Zusatz zum Aufsatz geht es weniger um Kunst als um die ursächliche Verknüpfung von Kunst und Technik als Weltbildung, die schön-schreckliche Aufstellung von Welt durch Werke, vom griechischen Tempel bis zur Atombombe.

Der Anfang der Technikphilosophie erhält durch umfangreiche Anmerkungs- und Zusatz-Apparate selbst eine Art diagrammatischer Struktur, die den Text in den Zusammenhang des Gesamtwerkes stellt. Die 15 Zusätze zum *Weltbild*-Aufsatz sind fast so umfangreich wie der Haupttext. Es erscheint zulässig, die Werktheorie Heideggers an dieser Stelle auf sein Werk selbst rückzubeziehen und die Diagrammatik dieser beiden Texte als eine Wahrheitstechnologie des Autors zu lesen, der über die Interpretation seines Werkes verfügt, indem er die Bezüge sowohl innerhalb des eigenen Gesamtwerkes als auch im politischen Diskurs seiner Zeit vervielfältigt.

Die Auseinandersetzung mit wissenschaftlicher und künstlerischer Bildproduktion schlägt sich also zum einen als diagrammatische Strategie der Gesamtausgabe nieder, zum anderen erscheint die Welt, die nie ein Gegenstand ist, der vor uns steht und angeschaut werden kann, nun selbst in Gestalt von heideggerschen Ereignis-Diagrammen.[280]

$$\text{Mensch} \quad \left(\begin{array}{c} \text{Welt} \\ \uparrow \\ \leftarrow \dot{\text{E}} \rightarrow \\ \downarrow \\ \text{Erde} \end{array}\right) \quad \text{Götter} \quad \text{(Da)}$$

---

279 Heidegger: »Der Ursprung des Kunstwerks« (1935/36), S. 30.
280 Vgl. Heidegger, Martin: *Beiträge zur Philosophie* (GA 65), Frankfurt a.m. 1989, S. 310.

Zweiter Teil

Unbestimmtheit

2.1 Kant. Einführung des Beobachters

Der Quantenphysiker Carl-Friedrich von Weizsäcker berichtet von seiner ersten Begegnung mit Martin Heidegger im Jahre 1935. Als Schüler von Werner Heisenberg und Neffe Viktor von Weizsäckers wohnt er einem Treffen zwischen Heisenberg, Heidegger und Viktor Weizsäcker bei. Er beschreibt das Zusammentreffen der drei Vertreter aus Medizin, Physik und Philosophie wie eine Theaterszene: Initiiert vom abwesenden Physiologen Johann Daniel Achelis, Begründer der Psychosomatik und maßgeblich mit der nationalsozialistischen Gleichschaltung der Reichsuniversitäten beschäftigt, gerät die Argumentation dabei in Vergessenheit; umso besser erinnert Weizsäcker sich an die Struktur des Gesprächs, Martin Heideggers Rolle als Vermittler und an die Inszenierung mit Berghütte und Zipfelmütze:

»Die erste persönliche Begegnung war in Todtnauberg im Herbst 1935. Jemand, ich glaube der Physiologe Achelis, hatte sich ausgedacht, Viktor v. Weizsäcker und Werner Heisenberg sollten in Heideggers Gegenwart miteinander über die Einführung des Subjekts in die Naturwissenschaften sprechen. Wir wurden Heideggers Gäste zu einem mehrtägigen Gespräch. Wir wohnten im Gasthof, das Gespräch fand in Heideggers kleiner Hütte hoch oben am Wiesenhang, nahe dem Waldrand, statt. Eng saßen wir, wenn ich mich recht erinnere, zu siebt am Holztisch in der winzigen Stube. Am türwärtigen Tischende saß Heidegger, in der von ihm damals bevorzugten selbstentworfenen Tracht, eine Zipfelmütze auf dem Kopf, klein, gesammelt.[...] Der Inhalt des Gesprächs ist mir kaum erinnerlich, aber der Habitus. Die beiden Protagonisten sprachen lange Zeit allein miteinander, jeder am anderen interessiert, aber eigentlich durch eine Kluft getrennt. Heisenberg fühlte tief, welcher Abgrund durch die ungesuchte Entdeckung der Untrennbarkeit von Subjekt und Objekt in der Quantentheorie eröffnet ist; er hielt sich an die präzise Erklärung der Rolle des Subjekts als Beobachter, als Experimentator. Viktor v. Weizsäcker hingegen wollte das Subjekt ebensosehr als den lebendigen Gegenstand, als Partner ›in die Medizin einführen‹ wie philosophisch als phatischen Träger des Unternehmens der Wissenschaft sehen; ›um das Leben zu verstehen, muß man sich am Leben beteiligen.‹ Er empfand den objektiven Beobachter der Quantentheorie noch gar nicht als das Subjekt. Wenn nun die beiden nach einer Stunde sich in sinnvollen Mißverständnissen festgeredet hatten, nahm Heidegger das Wort. ›Sie, Herr v. Weizsäcker, scheinen mir folgendes zu meinen:‹ Drei kristallklare Sätze. ›Ja, genau das wollte ich sagen.‹ ›Und Sie, Herr Heisenberg, meinen doch wohl dies:‹ Drei ebensolche Sätze, und die Antwort: ›Ja, so stell ich mir's vor.‹ ›Dann könnte der Zusammenhang folgender sein‹: Vier bis fünf knappe Sätze. Beide stimmten zu: ›So könnte es sein.‹ Der Dialog ging weiter bis Heidegger den beiden aus dem nächsten Engpaß helfen mußte.«[1]

Der Beginn der heideggerschen »Kehre«, die Zäsur zwischen frühen und späten Werken, wird ebenfalls auf 1935 datiert, allerdings zieht sich der Bruch mit dem eigenen philosophischen Anfang, der früheren Auffassung der Philosophie (als Wissenschaft) und der früheren Intention des Philosophen (der fundamentalontologischen Untersuchung des Daseins) als Reformulierung des philosophischen Programms bis in die 1950er Jahre hin. Ab 1935 setzt auch Heideggers Auseinandersetzung mit den Begriffen und Seinsweisen alter und neuer Physik konzentriert ein.

Mit der Einführung des Beobachters muss sich der Beobachter quantenphysikalischer Prozesse selbst als Faktor der Experimentalanordnung begreifen, da er das Ergebnis maßgeblich beeinflusst. Aufgrund dieser neuen Subjekt-Objekt-Relationen ist die »moderne Physik« als exakte und damit der Metaphysik nach Heidegger *per definitionem* eigentlich untergeordnete Wissenschaft nicht mehr ohne Weiteres in das philosophische System der Daseinsbezüge zu integrieren. Stattdessen wird sie zum Anlass und Gegenstand wiederholter Reflexionen über das Verhältnis von Natur, Wissenschaft und Geschichte. Durch die in ihr thematisierte Rolle der Technik erscheint sie als paradigmatischer Schnitt in der Geschichte der Wissenschaften des 20. Jahrhunderts und ihrer Epistemologie.

Während innerhalb der Wissensordnung der Simultanität Medien die Differenz zwischen Ontischem und Ontologischem markieren und auch verschieben, verändert sich unter dem Eindruck einer durch die Quantenphysik gewandelten Substanz- und Kausalitätsbestimmung auch die Funktion des Medialen bei Heidegger. Die Ordnung

---

1 Weizsäcker, Carl Friedrich von: »Begegnungen in vier Jahrzehnten«, in: Neske, Günther (Hg.): *Erinnerung an Martin Heidegger*, Pfullingen 1977, S. 239–247, hier S. 239f.

der Unbestimmtheit zieht eine Revision der heideggerschen Zeit-, Raum- und Seinsbestimmungen nach sich und verweist das frühe fundamentalontologische Programm auf seinen seinsgeschichtlichen Platz.

Apparate, Verfahren, Bildgeber und Maschinen fungieren als Medien der metaphysischen Seinsgeschichte. Gleichzeitig wird das ihnen immanente und aufzeigbare Wahrheitsdispositiv von Heidegger zunehmend auf eine *andere* Seinsgeschichte bezogen, die sich als »epochales Geschick« realisiert. Damit offenbaren Medien nicht mehr nur die ontisch-ontologische Differenz, sondern auch den wandelbaren geschichtlichen Sinn des Seins.

Der Streit um das Wesen, die Geschichte und die Grenzen der Physik wird von Heidegger anhand von Kant- und Aristoteleslektüren in den 1930er und 1940er Jahren metaphysikgeschichtlich nachvollzogen. In diesem Kontext erscheinen die heute herrschenden Auffassungen von unbelebter und belebter Natur, physikalischen Gesetzen, dem Wirklichen und dem Realen wiederum als Funktionen einer philosophisch nicht mehr aufzuhebenden Seinsverschüttung dessen, was Heidegger unter der vorsokratischen *physis* versteht.

Der Ausgangspunkt dieser umfassenden Fragestellung der *physis*, die Atom- und Quantenphysik und die von ihnen markierte Wissensordnung des unbestimmten Seins, bildet zugleich ihr Ende. Mit der Atomtechnik der Nachkriegszeit und der Ankunft des Computers bildet die Technik für Heidegger den Höhepunkt der Metaphysik, das Ende der Philosophie und den anderen Anfang möglicher medienarchäologischer bzw. -ontologischer Untersuchungen des Seins.

In *Kant und das Problem der Metaphysik* (1929) und der daraus folgenden Diskussion mit den Neukantianern, der sogenannten *Davoser Debatte*, betont Heidegger, dass er Kants Metaphysik gerade nicht als Erkenntnistheorie der Naturwissenschaft versteht, sondern als eine Ontologie, »die vor einer Ontologie der Natur als Gegenstand der Naturwissenschaft und vor einer Ontologie der Natur als Gegenstand der Psychologie liegt«.[2] Der Rückgang auf Kant soll hinter die Tren-

---

2   Heidegger, Martin: *Kant und das Problem der Metaphysik* (GA 3), Frankfurt a.M. 1991, S. 279. Zur Frage von Endlichkeit und Unendlichkeit innerhalb der Davoser Debatte vgl. Barash: *Heidegger und der Historismus*, S. 207; sowie die Gesamtdarstellung der Davoser Debatte von Friedman, Michael: *Carnap, Heidegger, Cassirer. Geteilte Wege*, Frankfurt a.M. 2004.

nung von Naturwissenschaft und Psychologie zurückführen. Heidegger interessiert hier noch, inwiefern die Transzendentalphilosophie den Weg zu einer auf Endlichkeit fußenden Fundamentalontologie des Daseins weist. Erst sechs Jahre später, in *Die Frage nach dem Ding*, mit der *Einführung in die Metaphysik* sowie in Teilen der *Beiträge zur Philosophie*, liefert er eine ausführliche Konkretion der kantschen Natur- und Seinsbegriffe und eine entsprechende Abgrenzung im Hinblick auf das eigene (meta-)ontologische Projekt.

Dass Heidegger dabei den Riss zwischen theoretischer und empirischer Physik verhandelt, indem er die Bedeutung von Mathematik und Experiment verschränkt, hat sowohl konkrete wissenschaftshistorische Bezüge zur quantenphysikalischen Debatte als auch ontologische Konsequenzen für das eigene Denken: Die Dinge der Physik sind gerade im sehr Kleinen, also unter quantenphysikalischen Bedingungen, in ihrem Verhalten und ihren Zuständen von Medien abhängig, um überhaupt zu erscheinen. Da es sich aber bei den Entdeckungen der modernen Physik dem heideggerschen Urteil zufolge grundsätzlich um nichts Neues handelt, wird die ›neue‹ Verquickung von Ding und Medium, die jetzt in quantenphysikalischen Formalismen und Experimenten herrscht, bis zur griechischen Tragödie rückdatiert. Diese Art der Aneignung naturwissenschaftlichen Wissens folgt zunächst derselben Strategie wie innerhalb der heideggerschen Auseinandersetzung mit der Relativitätstheorie.

2.1.1 Naturgesetz. Mathematik als Apriori

Welche Rolle spielt die Mathematik für die Ontologie? Das Grundmotiv des zweiten Kantbuchs geht auf eine Freiburger Vorlesung Heideggers vom Wintersemester 1935/36 über die Grundfragen der Metaphysik zurück. *Die Frage nach dem Ding* rückt die Rolle des Mathematischen für die theoretische und experimentelle Physik ins Zentrum der philosophischen Frage nach dem Ding. Heidegger erwähnt in diesem Zusammenhang nicht nur zum ersten Mal explizit die Quantenphysik, sondern macht den von Niels Bohr, Werner Heisenberg und Wolfgang Pauli 1927 in Kopenhagen aufgestellten Formalismus auch zum Teil der eigenen ontologischen Argumentation einer fundamentalen Unbestimmtheit des Dings bzw. der wesentlichen Verschränkung von Mensch und Ding.

144

Die physikalische Bestimmung des Seins als Verhältnis von Raum und Materie kann im heideggerschen Sinne nur unzureichend sein, solange dieses Verhältnis als *Position* aufgefasst wird. Mit einer solchen ontologischen Bestimmung des Seins als Position oder Ausdehnung verbliebe die Atomphysik innerhalb einer positivistischen oder transzendentalen Wissensordnung, die »Existenz« mit »Körper« bzw. »Körper« mit »Ausdehnung« gleichsetzt; sie wäre immer noch eine descartessche Physik der *res extensa*, die nur ausgedehnte Körper kennt. 1935 betont Heidegger mit Verweis auf das Atommodell von Niels Bohr noch die ontologische Kontinuität der neuen Physik:

> »Auf Grund der Ergebnisse der heutigen Atomphysik – seitdem Niels Bohr 1913 sein Atommodell aufstellte – sind die Beziehungen zwischen Materie und Raum zwar nicht mehr so einfach, aber grundsätzlich nicht anders. Was einen Ort besetzt hält, Raum einnimmt, muß selbst ausgedehnt sein.«[3]

Bohrs grundlegende Arbeit zum Atommodell erschien 1913 unter dem Titel *On the Constitution of Atoms and Molecules*.[4] Die darin aufgestellte Behauptung, dass Elektronen nur auf bestimmten Bahnen um den Kern laufen können, liefert sowohl für die Struktur wie für die Eigenschaften von Atomen eine Erklärung, allerdings verletzt sie sowohl die newtonschen Bewegungsgesetze als auch die elektromagnetischen Gleichungen Maxwells. Entgegen Newton können sich die Elektronen Bohr zufolge nur auf ganz bestimmten und nicht beliebig vielen Bahnen bewegen. Entgegen Maxwell strahlt ein Elektron nach Bohr erst dann Energie ab, wenn es die »Bahn« wechselt. Die Bahnen sind durch diskrete, ganzzahlige Energieniveaus voneinander getrennt, zwischen denen die Elektronen »springen«.

Bohrs Atommodell widerspricht sowohl der klassischen wie der neueren Dynamik, dennoch verweist er mit seiner Terminologie der »Bahnen« sprachlich noch auf das ältere Modell seines Lehrers Ernest Rutherford, der die Architektur des Atoms in Analogie zum Sonnensystem mit einem Kern und ihn umkreisenden Elektronen beschreibt.

---

3   Heidegger, Martin: *Die Frage nach dem Ding*, Tübingen 1987, S. 15.
4   Bohr, Niels: »On the Constitution of Atoms and Molecules I«, in: *The London, Edinburgh, and Dublin Philosophical Magazine, and Journal of Science*, 26.151 (1913), S. 1–25.

In der Vorstellung des Atoms als Planetarium steckt noch das alte physikalische Weltbild vom ausgefüllten, lückenlosen Raum der Materie. Dass Bohr sich mit dem Bild des Planetensystems einerseits, mit diskreten Energieniveaus und springenden Elektronen andererseits durchsetzen konnte, lässt sich mit der doppelten Leistung eines anschaulichen Modells und seinen theoretischen Antworten auf die insistierenden Ergebnisse der Experimentalphysik erklären.[5]

Im Verbund von Mathematik und Experiment zeigen die widersprüchlichen Entwicklungen rund um das Atommodell, dass es sich bei der theoretischen Physik nicht um eine bloße Tatsachenwissenschaft handelt. Heidegger zieht eine bewusste Verbindung zwischen dem Selbstverständnis der Quantenphysiker und der Methodenreflexion der Naturforscher des 16. und 17. Jahrhunderts (Galilei und Descartes) in Bezug auf das Wissen, »daß es keine bloßen Tatsachen gibt, sondern daß eine Tatsache nur ist, was sie ist, im Lichte des begründenden Begriffes und je nach Reichweite solcher Begründung.«[6] Dort, wo Grundlagenforschung (»eigentliche, aufschließende Forschung«) betrieben wird, müssen Naturgesetze und Grundrisse, müssen die Grundlagen immer wieder neu verhandelt werden; diese sich selbst begründende und selbst reflektierende Struktur haben Mathematik und Philosophie gemeinsam. Beide Disziplinen verhandeln und setzen die inhaltliche Bestimmung ihrer apriorischen Gesetze selbst.

>   »Die Mathematik ist sowenig eine Naturwissenschaft, wie die ›Philosophie‹ eine Geisteswissenschaft ist.«[7]

Mit der Mathematisierung der Naturwissenschaft kommt diese nach Heidegger in gewissem Sinne zu sich selbst, indem sie an die einer Wissenschaft immanenten Grenzen der Objektivität stößt. Da die Mathematik sich in ihren Begriffen nicht auf eine bestimmte Region des Wissens beschränkt, verlässt die theoretische Physik zunehmend den Boden einer regionalontologisch beschränkten (und nur in diesem Sinne widerspruchsfreien) Wissenschaft. Heidegger fasst die Quantenphysik als metaphysischen Grundlagenstreit der Physik auf.

---

5 Vgl. die Darstellung bei Simonyi, Karl: *Kulturgeschichte der Physik. Von den Anfängen bis 1990*, Frankfurt a.M. 1995, S. 436ff.
6 Heidegger: *Die Frage nach dem Ding*, S. 51.
7 Ebd., S. 53.

Jede Zeit habe ihren Stumpfsinn, wettert er gegen den »tatsachen-
gläubigen Positivismus« seiner Tage, »so wie umgekehrt die heute
führenden Köpfe der Atomphysik, Niels Bohr und Heisenberg, durch
und durch philosophisch denken und nur deshalb neue Fragestellungen schaffen und vor allem in der Fragwürdigkeit ausharren.«[8]

Wahrscheinlichkeit

Die Kopenhagener Formalisierung schließt eine ontologische Lücke,
die mit den Doppelspaltexperimenten des frühen 19. Jahrhunderts
und der Frage, ob die Natur des Lichtes aus Wellen oder Teilchen
bestehe, in die Welt gekommen war. Erst die Quantenmechanik
erklärt die Doppelnatur des Lichtes oder den ontologischen Riss zur
Folge der Beobachtung und damit zu einer Frage der Technik.

Max Born spricht 1923 als Erster von einer Quanten*mechanik*, weil
die Kopplungskräfte im Inneren der Atome ganz andere sind als die
Anziehungskräfte, die zwischen den Planeten eines Sonnensystems
wirken. Quantenmechanik ist keine Himmelsmechanik.[9]

Dass die beobachteten Quantensprünge zwischen diskreten, stationären Zuständen zu einer neuen Grundlagenkrise führen würden,
war zu der Zeit noch nicht absehbar. Noch immer galt Niels Bohrs
Korrespondenzprinzip von 1918 und damit die Annahme, dass Quantelung und Sprunghaftigkeit lediglich eine Eigenschaft der niedrigeren
Energiezustände der Atome seien und sich in höheren energetischen
Zuständen das so vertraute Kontinuum wieder einstelle – und ein
Übergang zwischen Atomphysik und klassischer Physik möglich
wäre.[10]

Nicht nur das Modell des Sonnensystems wird innerhalb der Quantenmechanik verworfen, Modellvorstellungen im anschaulichen Sinne
haben für Heisenberg nur noch einen »symbolischen« Sinn. Er gibt
das Modell der Vorstellung und das Diktum der Anschaulichkeit um
1924 endgültig auf, entscheidet sich gegen die Untersuchung aller
primären Atomeigenschaften (wie die Bewegungen der Elektronen
auf bestimmten Bahnen) und ausschließlich für beobachtbare Grö-

---

8   Ebd., S. 51.
9   Vgl. Max Born: *Physik im Wandel meiner Zeit,* Braunschweig 1966, S. 175.
10 Vgl. ebd., S. 174f.

ßen (wie Intensität und Frequenz von Strahlung), also sekundäre Eigenschaften des Atoms.

Widerstand gegen diese als Kapitulation empfundene Konsequenz kommt nicht nur von Erwin Schrödinger und Albert Einstein. Auch Heisenbergs Freund Wolfgang Pauli, Assistent von Bohr in Kopenhagen, schreibt ihm noch 1925 wütende Briefe nach Göttingen, in denen er die »Virtualisierung der Physik« durch einen solchen Rückzug auf beobachtbare Größen beklagt.[11] Die Formulierung der heisenbergschen Unbestimmtheitsrelation findet dann auch erst 1927 ihren Abschluss, im selben Jahr erscheint Bohrs Formulierung des Komplementaritätsprinzips, das die Dualität von Welle und Teilchen erklärt, und im Verbund mit einer Reihe von anderen Arbeiten ist die Kopenhagener Deutung der Quantenmechanik damit formal und heuristisch abgeschlossen.

Heisenberg veröffentlicht noch im selben Jahr von Kopenhagen aus eine allgemein verständliche und äußerst knapp gehaltene, anderthalb-spaltige Anzeige in der Zeitschrift *Forschungen und Fortschritte*; er ist sich offensichtlich über die philosophischen und wissenschaftstheoretischen Konsequenzen der Kopenhagener »Kehre« in Sachen Naturbegriff und Erkenntnistheorie im Klaren. Nach ein paar Sätzen über die prinzipielle Unmöglichkeit, Ort und Geschwindigkeit von Elektronen simultan zu bestimmen, endet der Aufsatz mit der Abschaffung des Kausalgesetzes:

»Deshalb sind die Gesetzmäßigkeiten der Quantenmechanik im allgemeinen nur statistischer Art. An der scharfen Formulierung des Kausalgesetzes: Wenn wir die Gegenwart kennen, können wir die Zukunft berechnen, ist nicht der Nachsatz, sondern die Voraussetzung falsch. Wir können die Gegenwart prinzipiell nicht in allen Bestimmungsstücken genau kennen lernen. Da diese Genauigkeitsgrenze eine notwendige Voraussetzung der Quantenmechanik ist, und da andererseits die Quantenmechanik experimentell als gesichert angesehen werden darf, so scheint durch die neuere Entwicklung der Atomphysik die Ungültigkeit oder jedenfalls die Gegenstandslosigkeit des Kausalgesetzes definitiv festgestellt.«[12]

---

11 Vgl. Cassidy, David C.: *Werner Heisenberg. Leben und Werk*, Heidelberg, 1995, S. 238.
12 Heisenberg, Werner: »Über die Grundprinzipien der ›Quantenmechanik‹«. In: Ders., *Gesammelte Werke. Physik und Erkenntnis 1927–1955*, hrsg. von Blum,

Die neue Auffassung der Physik durch die Kopenhagener Deutung ist wissenschaftsgeschichtlich betrachtet selbst Teil eines statistischen Wissensdispositivs, wie es sich disziplinübergreifend im 19. und 20. Jahrhundert gegenüber deterministischen Einzelbeschreibungen durchsetzt.[13]

Denn die Fragen, die rund um das Statistisch-werden der Natur entstehen, evozieren zugleich die Frage nach einer statistischen Auffassung von Sprache. In seiner Abhandlung über »Dynamische und statistische Gesetzmäßigkeiten« von 1914 bemüht Max Planck sich darum, den Gültigkeitsbereich statistischer Gesetze ontologisch einzugrenzen. Zwar gibt es, so Planck, in Bezug auf irreversible Prozesse in der Natur lediglich wahrscheinliche Gesetzmäßigkeiten, das bedeutet aber nicht, dass es in der Welt nun keine Gewissheiten und Notwendigkeiten mehr gäbe. Überträgt man etwa Wahrscheinlichkeitsverfahren von sozialwissenschaftlichen oder physikalischen Seinsbereichen auf alltägliche Phänomene wie z.B. unsere Sprache, dann kommt dabei folgendes heraus:

»Wenn jemand in einen mit zahlreichen verschiedenen Buchstaben angefüllten Sack blindlings hineingreift, einen Buchstaben nach dem anderen herauszieht und die Buchstaben in der Reihenfolge, wie sie gezogen sind, nebeneinanderlegt, so wird man immerhin die Möglichkeit zugeben müssen, daß dabei vernünftige Worte herauskommen können, vielleicht sogar ein Gedicht von Goethe. [...] Aber wenn in Wirklichkeit einmal so etwas passieren sollte, so würde jedermann doch ohne weiteres sagen: es geht nicht mit rechten Dingen zu. Denn die Wahrscheinlichkeit, daß unter normalen Umständen ein derartiger Ausnahmefall eintritt, ist doch gar zu gering.«[14]

Das statistische Dispositiv widerspricht offenbar Plancks Auffassung von Autorschaft. Goethe ist einer der Gründe für Planck, trotz

Walter und Dürr, Hans-Peter und Rechenberg, Helmut, Bd. 1. Abteilung C. 1984, S. 21.

13 Vgl. zur Geschichte der Statistik z.B. Desrosières, Alain: *Die Politik der großen Zahlen. Eine Geschichte der statistischen Denkweise,* Berlin 2005; vgl. zur Probabilistik Hacking, Ian: *The Taming of Chance*, Cambridge 1990.

14 Planck, Max: »Dynamische und statistische Gesetzmäßigkeiten« (1914), in: Ders.: *Wege zur physikalischen Erkenntnis*, Leipzig 1944, S. 54–67, hier S. 62.

der neuen Naturgesetzlichkeiten in Thermodynamik und Quantenphysik auch weiterhin bestimmte Phänomene und Prozesse in der Welt Gewissheit und Notwendigkeit zu unterstellen und sie nicht statistisch zu behandeln.

Planck spricht dann auch von einer doppelten Naturgesetzlichkeit, einer statistischen und einer klassischen, ganz so wie ja auch die klassischen Naturgesetze nicht in allen Seinsbereichen ihre Gültigkeit verlieren, sondern lediglich zu Grenzfällen in sehr kleinen und sehr großen, bzw. sehr schnellen Bereichen werden.

Die statistische Methode ist, so Planck, eine Erfindung der Sozialwissenschaften und »ein solches provisorisches Verfahren« mag manchem Forscher »unbefriedigend und unsympathisch erscheinen« – für die moderne Physik und ihre Differenzierung von reversiblen und irreversiblen Prozessen, bei denen Massen von Teilchen beteiligt sind, ist sie schier unersetzlich. Und schließlich gelte die mit der Statistik und ihren bloß wahrscheinlichen Aussagen einhergehende »Abschwächung des Kausalgesetzes« nur für die kleinen Dinge.

Heidegger liest im Zuge der Auseinandersetzung mit Heisenberg in den 1930er Jahren auch Max Planck und stellt fest, dass die Physik, obwohl es nur mehr statistische Gesetzlichkeiten gibt, weiterhin nach dynamischen Gesetzlichkeiten fragen muss. In diesem Sinne erscheinen die dynamischen Gesetzlichkeiten nur noch in Form von Extremalprinzipien, also begrenzenden Zustandsparametern, wie z.B. das Prinzip der kleinsten Wirkung, wie es bereits vor Hamilton von Fermat in Bezug auf das Bewegungsverhalten der Lichtstrahlen angewendet wurde, die immer den kürzesten Weg nehmen.[15] Solche Gesetzlichkeiten sind innerhalb der statistischen Formulierung lediglich Spezialfälle. In den 1930er Jahren sieht Heidegger in der doppelten Naturgesetzlichkeit lediglich den blinden Fleck der physikalischen Ontologie, ihre regionalontologische Beschränkung am Werk:

> »Die Art, wie man mit der Doppelung von ›statistischer‹ und ›klassischer‹ Physik fertig zu werden sucht, zeigt eben, daß man in der Ebene beider

---

15 Vgl. Heidegger, Martin: »Die Bedrohung der Wissenschaft«, in: Ders.: *Leitgedanken zur Entstehung der Metapyhsik, der neuzeitlichen Wissenschaft und der modernen Technik* (GA 76), Frankfurt a.M. 2009, S. 157–190, S. 173; der sich hier auf Planck, Max: *Wege zur physikalischen Erkenntnis*, Leipzig 1933 bezieht.

bleibt, die eine über die andere übergreifen läßt oder sie beide koppelt und einen Schnitt dabei anerkennt. Aber die Frage, welche Gegenständlichkeit der statistischen Vorstellungsweise enspricht und wie diese mit der klassischen zu einigen sei, die Fragen, ob hier nicht eine grundsätzliche Besinnung auf die Wahrheit des klassischen Entwurfs und seiner jetzt langsam zutagetretenden Geworfenheit notwendig werde, bleiben ungestellt.«[16]

Für Heidegger handelt es sich bei den neuen Naturgesetzen um genuin naturwissenschaftliche Erkenntnisprodukte, d.h. ohne Konsequenzen für den eigenen ontologischen Ansatz. Allerdings liefert die Unbestimmtheitsrelation etwas, das auch für Heideggers Auffassung von Ontologie zunehmend bedenkenswert wird: Sie entbirgt die klassische Physik als einen »geworfenen Entwurf«. Die wissenschaftliche Wahrheit ist selbst im Dasein des Menschen gegründet: »Weil der Entwurf geworfener ist, muß hier wegen der äußersten Mathematisierung der Zeugcharakter des Meßzeuges herauskommen.«[17]

Nicht an den Naturgesetzen, sondern am Messzeug und seinen funktionalen Grenzen, die durch die Unbestimmtheitsrelation symbolisch festgeschrieben wurden, entbirgt sich der symbolisch-mathematische Entwurf der klassischen Physik.

Rekursion

Die Abschwächung des Kausalgesetzes und die Opazität einer statistisch verstandenen Gegenwart beschäftigt Heidegger. Im physikalischen Grundlagenstreit und den neuen Fragestellungen der Quantenmechanik sieht er ein fundamentalontologisches, das Dasein betreffende Problem, das der Philosophie vertraut ist. Nach Heidegger geht es nur auf den ersten Blick um die Frage nach der Gültigkeit und den Grenzen des Mathematischen in Bezug auf die anschaulich erfahrbare Natur, also um eine Kritik des metaphysischen Entwurfs der Dingheit der Dinge innerhalb der Naturwissenschaft, wie er bereits von Kant in Bezug auf Newtons Mechanik verhandelt wurde.

---

16 Ebd., S. 179.
17 Ebd., S. 178.

Dennoch erfährt Heideggers erneute Lektüre Kants im Umfeld der Quantendebatte eine Radikalisierung: Die Metaphysik erscheint ihm nun in ihrem Wesen mathematisch und Kants *Kritik der reinen Vernunft* als Folge der zunehmenden Mathematisierung der Ontologie und damit der metaphysischen Bestimmungen des Daseins.

1929 lag die innere Problematik des Transzendentalismus noch im Begriffs-Schematismus Kants und Heideggers Aufgabe in der »radikalen Sprengung« desselben.[18] In *Die Frage nach dem Ding* geht Heidegger sehr viel weiter, indem er Kants Apriori mit dem Mathematischen gleichsetzt: Das Apriori ist keine temporale Bestimmung dessen, was der Erfahrung vorgängig ist, sondern es garantiert als Verfahren systematischer Wissenschaft eine theoretische Bestimmung des Gegenstands. Das kantsche Apriori ist nach Heidegger keine zeitliche Bestimmung des Seienden (es ist kein ›früher‹), sondern der mathematische Rahmen, innerhalb dessen wissenschaftliche Objekte überhaupt erscheinen können. Das Apriori der neuzeitlichen Wissenschaft ist ihr mathematischer Entwurf.

»In solchen Sätzen [Newtons erstes Bewegungsgesetz und Galileis Fallgesetz; Anm. CV] ist bezüglich der Dinge etwas vorweggenommen. Solche Vorwegnahmen gehen dem Range nach allen weiteren Bestimmungen über die Dinge voran und vorher; die Vorwegnahmen sind, lateinisch gesprochen, *a priori*, eher als anderes. Gemeint ist nicht, daß uns diese Vorwegnahmen als solche in der Ordnung der geschichtlichen Ausbildung unserer Erkenntnis zuerst bekannt wurden, sondern: die vorwegnehmenden Sätze sind die ersten dem Range nach, wenn es sich darum handelt, die Erkenntnis in sich zu begründen und aufzubauen.«[19]

Durch die Identität von Apriori und Axiom ist die Naturwissenschaft in ihrer Methode gesichert und die Erkenntnis über das Empirische determiniert. Das Mathematische beschränkt sich nicht mehr nur auf die Wissenschaft der Mathematik oder das Numerische, sondern bezeichnet das Wesen der abendländisch-rationalen Art des Naturentwurfs.[20]

---

18 Vgl. Heidegger: *Kant und das Problem der Metaphysik* (GA 3), S. 288.
19 Heidegger: *Die Frage nach dem Ding*, S. 129.
20 Vgl. Glazebrook: *Heidegger's Philosophy of Science*, S. 92.

Synthetisches und *a priori*-Urteil fallen in eins, wenn das Sein der Dinge als das wiedergefunden wird, als welches es vom Verstand entworfen wurde. Als mathematische determiniert die moderne Physik *a priori* sowohl das Seiende wie auch das Wissen von den Dingen:

> »Das Mathematische ist jenes Offenbare an den Dingen, darin wir uns immer schon bewegen, demgemäß wir sie überhaupt als Dinge und als solche Dinge erfahren. Das Mathematische ist jene Grundstellung zu den Dingen, in der wir die Dinge uns vor-nehmen auf das hin, als was sie uns schon gegeben sind, gegeben sein müssen und sollen. Das Mathematische ist deshalb die Grundvoraussetzung des Wissens von den Dingen.«[21]

Die Grenze zwischen moderner Wissenschaft und Metaphysik wird durch die zunehmende Mathematisierung der Naturwissenschaften unscharf, sodass die Metaphysik ab 1935 für Heidegger überhaupt nicht mehr als Wissenschaft existiert, sondern zum determinierenden Aspekt der modernen Physik geworden ist.[22]

Dass es zu dieser Verschränkung aus Mathematik und Naturentwurf überhaupt kommen konnte, liegt wiederum im metaphysischen Wesen des Mathematischen, welches primär nichts mit Zahlen zu tun habe, sondern mit einem bestimmten Umgang mit und Wissen von den Dingen. Heidegger erklärt im Rückgang auf die Griechen die *te mathemata* zu den im eigentlichen Sinne lern- und lehrbaren Dingen; der Begriff der *mathesis* umfasst sowohl das Erlernen und die Erkenntnis, wie die Lehre und das, was Gegenstand des Unterrichts ist. *Mathesis* meint eine bestimmte Form von lehr- und lernbarer Kenntnis oder Wissenschaft durch Dinge:

> »Die *te mathemata*, das Mathematische ist jenes ›an‹ den Dingen, was wir eigentlich schon kennen, was wir demnach nicht erst aus den Dingen herausholen, sondern in gewisser Weise selbst schon mitbringen. Von hier aus können wir jetzt sehen, warum z.B. die Zahl etwas Mathematisches ist.«[23]

---

21 Heidegger: *Die Frage nach dem Ding*, S. 58.
22 Vgl. Glazebrook: *Heidegger's Philosophy of Science*, S. 64.
23 Heidegger: *Die Frage nach dem Ding*, S. 57.

Die Zahl ist das »schon Bekannte«, das Vertraute gegenüber dem in der Erfahrung immer neuen, unbekannten Ding. Nur wer die Drei schon kennt, kann drei Stühle als solche erfassen. Ein Ding dagegen kann nicht ›gelernt‹ werden, wir lernen nur seinen Gebrauch. Die Mächtigkeit des Mathematischen besteht daher nicht im Zahlenmäßigen oder Rechnenden, sondern in seiner Struktur des »Zurückkommens«. Lernen beruht nach Heidegger auf der rekursiven Struktur des Daseins:

> »Wenn der Schüler nur etwas Dargebotenes übernimmt, lernt er nicht. Er kommt erst zum Lernen, wenn er das, was er nimmt, als das erfährt, was er selbst eigentlich schon hat. Erst dort ist wahrhaftes Lernen, wo das Nehmen dessen, was man schon hat, ein *Sichselbstgeben* ist und als ein solches erfahren wird.«[24]

Die Aneignung von Wissen erfolgt also nicht durch bloßen Transport oder Vermittlung eines objektiven Wissens, sondern durch Selbstgabe.

> »Wir nehmen, was wir irgendwie schon selbst haben. Es handelt sich um solches Lernbare, was als Mathematisches begriffen werden muß.«[25]

Lernen wird, ganz im Sinne des Konzepts der Mitteilung,[26] nicht als Transport oder Übernahme von Erkenntnissen zwischen Subjekten verstanden, sondern – und das ist das metaphysische Grundmotiv des Mathematischen nach Heidegger – als Wiederholung und Selbstgabe des Daseins am Ding.

Der mathematische Bezug des Daseins zu den Dingen ist, wenn auch die vorherrschende, so doch nur eine Weise des Bezugs zu den Dingen. Die griechische Bestimmung des Mathematischen als das »schon Bekannte« an den Dingen, als »Kenntnisnahme« von bereits gegebenem Seiendem und schließlich die Identifizierung des kantschen Apriori mit der rekursiven Struktur des Mathematischen führen zu der von Heidegger diagnostizierten zahlenmäßigen Abs-

---

24 Ebd., S. 56.
25 Ebd., S. 58.
26 Vgl. *1.2.1 Durchschnittliche Mittteilung.*

traktion, die das Ding in seinen sonstigen Bestimmungen immer verfehlt.[27]

Das Mathematische präfiguriert die Struktur des *Wissens* von den Dingen. Erst daraus abgeleitet ergibt sich für Heidegger die Geschichte der Mathematik als Zeichensystem der Zahlen und schließlich ihre Dominanz innerhalb der modernen Naturwissenschaften. Der rein rechnerische Umgang mit den Dingen ist lediglich eine Konkretion dieses Wissens, das ontologisch auf das konstitutive Moment des Zurückkommens des Daseins, auf Prozesse automatischer Erkenntnis und nicht zuletzt auf die Geschichte des Herstellens der Dinge, die alle für die Beziehung zwischen Mensch und Ding konstitutiv sind, verwiesen bleibt.

Alle akademische Arbeit gründet im Mathematischen. Mathematik und Philosophie teilen gar durch ihre Verwurzelung im Mathematischen seit Platon dasselbe Schicksal einer *unendlichen* Aufgabe:

»Das Mathematische, im ursprünglichen Sinne des Kennenlernens dessen, was man schon kennt, ist die Grundvoraussetzung der ›akademischen‹ Arbeit. Dieser Spruch über der Akademie enthält somit nichts weiter als eine harte Arbeitsbedingung und eine klare Arbeitsbeschränkung. Beides hat zur Folge gehabt, daß wir heute noch, nach zweitausend Jahren, mit dieser akademischen Arbeit nicht fertig geworden sind und auch nie fertig werden, solange wir uns selbst ernst nehmen.«[28]

Mit der Perspektive der Unendlichkeit greift Heidegger ein Argument aus der Davoser Debatte mit den Neukantianern auf, indem er es zugleich aus der existenziellen in die geschichtliche Dimension verschiebt. Ergibt sich die unendliche Aufgabe der Ontologie 1929 noch als Folge des endlichen Daseins im Gegensatz zum unsterblichen Absoluten,[29] ist sie nun im Zuge der Auseinandersetzung mit Kant und der Quantenmechanik die Folge einer rekursiven Struktur

---

27 Heidegger führt die griechische Bestimmung der Dinge durch *physis, poiesis* und *praxis* auf. (Vgl. Heidegger: *Die Frage nach dem Ding*, S. 53f.)

28 Heideggers Übersetzung des platonischen Mottos lautet: »Keiner, der nicht das Mathematische begriffen hat, soll hier einen Zugang haben.« (Vgl. Heidegger: *Die Frage nach dem Ding*, S. 58.)

29 »Der Mensch ist nie unendlich und absolut im Schaffen des Seienden selbst, sondern er ist unendlich im Sinne des Verstehens des Seins. [...] Denn Ontologie ist ein Index der Endlichkeit. Gott hat sie nicht.« (ebd., S. 280.)

akademischen Wissens. Die Ontologie wird seinsgeschichtlich im Mathematischen gegründet.

Experiment

Innerhalb der Kopenhagener Formalisierung der Quantenphysik erscheint Heisenbergs Unbestimmtheit als Konsequenz des komplementären Charakters der Beschreibung kleiner Wahrnehmungen. Komplementarität und Unbestimmtheit sind zwei Ansichten desselben Sachverhaltes: Licht (und Materie) hat sowohl die Beobachtungseigenschaften von Wellen als auch von Teilchen, diese können aber nicht gleichzeitig präzise beobachtet werden. Die Unbestimmtheitsrelation beschränkt den Seinsbereich der Simultanität und damit auch die ontologische Hoheit von Uhren und Maßstäben. Niels Bohr schreibt 1929:

>»Nach der Entdeckung des Wirkungsquantums wissen wir aber, daß das klassische Ideal bei der Beschreibung atomarer Vorgänge nicht erreicht werden kann. Insbesondere führt jeder Versuch einer raum-zeitlichen Einordnung der Individuen einen Bruch der Ursachenkette mit sich, indem er mit einem nicht zu vernachlässigenden Austausch von Impuls und Energie mit den zum Vergleich benutzten Maßstäben und Uhren verbunden ist, dem keine Rechnung getragen werden kann, wenn diese Meßmittel ihren Zweck erfüllen sollen. Umgekehrt verlangt jeder eindeutige auf die strenge Erhaltung von Energie und Impuls begründete Schluß über das dynamische Verhalten der Individuen offenbar einen völligen Verzicht auf deren Verfolgung in Raum und Zeit. Überhaupt können wir sagen, daß die Zweckmäßigkeit der kausalen Raum-Zeitbeschreibung bei der Einordnung der üblichen Erfahrungen nur in der Kleinheit des Wirkungsquantums im Vergleich mit den für die gewöhnlichen Wahrnehmungen in Betracht kommenden Wirkungen begründet ist.«[30]

In Anlehnung an die ontologische Diskussion der letzten hundert Jahre über die duale Natur des Lichtes dehnt Bohr die Gültigkeit

---

30 Bohr, Niels: »Wirkungsquantum und Naturbeschreibung«, in: *Die Naturwissenschaften 17* (1929), S. 483–486, hier S. 485.

seines Komplementaritätsprinzips »auf fast alles« aus (z.B. Biologie, Ethik, Recht, Religion und das Leben).[31] Die prinzipielle »Unmöglichkeit einer strengen Trennung von Phänomen und Beobachtungsmittel« entspricht innerhalb der Quantenmechanik den »mit der Unterscheidung zwischen Subjekt und Objekt zusammenhängenden allgemeinen Grenzen der menschlichen Begriffsbildung«.[32] Für Bohr sind die Grundsatzfragen der Quantenphysik auch erkenntnistheoretische Fragen, die Prinzipien der Quantenphysik bezeichnen »allgemeine Grenzen der menschlichen Begriffsbildung.«

Während die Relativitätstheorie innerhalb der Wissensordnung der Simultanität an der Voraussetzung festhält, zwischen dem Verhalten der materiellen Körper und ihrer Beobachtung zu unterscheiden, offenbart die Quantenmechanik durch die Interferenz von Apparat und Objekt das grundsätzliche Problem aller Anschauung: die Unmöglichkeit, zwischen Subjekt und Objekt eindeutig zu trennen.

Für Max Born beschreibt die Komplementarität auch den Zusammenhang zwischen den sich widersprechenden Grundlagen, also das Verhältnis von Relativitäts- und Quantentheorie. Welche Physik letztendlich zur Anwendung kommt, sei eine Frage der Messtechnik: Entweder es handelt sich um ein Experiment mit starren Maßstäben und Uhren (zur Messung der Raum- und Zeitkoordinaten), oder es handelt sich um Anordnungen mit beweglichen Teilchen, die den Stoß des zu messenden Objektes aufnehmen und anzeigen (zur Messung von Energie und Impuls).[33] Umfassend beschreiben lässt sich auch ein quantenphysikalisches Objekt nur in der Kombination beider Theorien, denen unterschiedliche Elementarkonstanten und Experimentalanordnungen zugrunde liegen. Komplementär sind nach Max Born die Experimentalanordnungen, nicht die Natur.

Auch Heisenberg behandelt den Sachverhalt als technische Frage, betont dabei aber die Rolle des Beobachters. Der Schnitt zwischen klassischem Experiment und der Quantenwelt des Atoms erfolge durch das Experimentiergerät. Beide Seiten, Messapparatur und

31 Vgl. Cassidy: *Werner Heisenberg*, S. 316. Cassidy bezieht sich aufs Bohrs Beitrag zum Planck-Heft der Naturwissenschaften von 1929. (Vgl. Bohr: »Wirkungsquantum und Naturbeschreibung«.)

32 Bohr, Niels: *Atomphysik und menschliche Erkenntnis I. Aufsätze und Vorträge aus den Jahren 1933–1955*, Braunschweig 1964, S. 19.

33 Vgl. Born: *Physik im Wandel meiner Zeit*, S. 182.

physikalisches Objekt, werden zwar mit unterschiedlichen Gesetzen beschrieben, seien für sich genommen aber streng determiniert. Das unkontrollierbare und damit dem Zufall unterliegende Geschehen ist die Beobachtung selbst:

>»An der Stelle des Schnittes muß nämlich die Wirkung des Beobachtungs-mittels auf den zu beobachtenden Gegenstand als eine teilweise unkont-rollierbare Störung aufgefaßt werden. Dieser prinzipiell unkontrollierbare Teil der Störung, die ja mit jeder Beobachtung notwendig verknüpft ist, wird in mehrfacher Weise wichtig. Einmal ist er der Grund für das Auftre-ten statistischer Naturgesetze in der Quantenmechanik. Dann führt er zu einer Schranke für die Anwendbarkeit der klassischen Begriffe. Es stellt sich heraus, daß die Genauigkeit, bis zu der klassische Begriffe sinnvoll zur Beschreibung der Natur verwendet werden können, durch die soge-nannte Unbestimmtheitsrelation beschränkt ist.«[34]

Die Unbestimmtheitsrelation ist für Heisenberg eine Konsequenz der Unmöglichkeit einer strengen Trennung von Phänomen und Beobachtungsmittel. Die Störung wird zum konstitutiven Bestandteil der Beobachtung. In diesem Sinne hat sich mit der Kopenhagener Deutung in die Differenz zwischen Natur und Kultur bzw. Technik mit dem Beobachter bzw. der Messapparatur eine dritte Position geschoben, mit der sich zwar gut rechnen lässt, die aber im klassi-schen Sinne keinen physikalischen Referenten mehr hat.

Das technische Produzieren der zu untersuchenden Phänomene durch die untersuchende Wissenschaft ist keine Erfindung der Quan-tenphysik. Wie Gaston Bachelard 1949 schreibt, beginnt die »Phä-nomenotechnik« bereits mit der Erforschung der Elektrizität im 18. Jahrhundert, also in dem Moment, in dem die Objekte der Physik phänomenal unanschaulich werden.[35] Aber die Quantenmechanik diskutiert das technische Produzieren der Phänomene nicht nur im Rahmen ihrer Methodenreflexion, sie schreibt es in Form der Unbe-stimmtheitsrelation axiomatisch – als Naturgesetz – fest.

34 Heisenberg, Werner: »Wandlungen der Grundlagen der exakten Naturwissen-schaft in jüngster Zeit« (1934), in: Ders.: Gesammelte Werke. Physik und Erkenntnis 1927–1955, S. 96–101, hier S. 97.
35 Zum Begriff der Phänomenotechnik vgl. Bachelard: Epistemologie, S. 55; sowie Rheinberger: Epistemologie des Konkreten, S. 39f.

Indem sie sich auf beobachtbare, d.h. lediglich statistisch beschreibbare Eigenschaften beschränkt, löst die Kopenhagener Deutung die Physik aus ihrer strengen Auffassung von Ursache und Wirkung. Stattdessen erhält der Zufall nun eine feste Rolle innerhalb der ontologischen Debatte. Die Frage der Technik wird schließlich auch Heideggers Position innerhalb der herrschenden Kausalitätsdebatte prägen. Im Gegensatz zum Mathematischen sieht Heidegger im Experiment ein neuzeitliches Phänomen.

Zufällig war für Heidegger bisher lediglich der Einbruch des Daseins in das Seiende, seine Faktizität im Gegensatz zu seiner ontologischen Geschichtlichkeit.[36] Indem der Zufall nun im Rahmen der Wahrscheinlichkeitstheorie Einzug in die mathematische Bestimmung physikalischer Gegenstände und Naturgesetze hält, zeigt sich der transzendentale Abgrund der Erkenntnistheorie als solcher: Die Wissenschaften bleiben konstitutiv an Aprioris gebunden, während sich die Gegenstände aufgrund ihrer mathematischen Struktur wandeln. Zufall und faktische Ungewissheit springen vom Faktischen über auf das Ontologische.

»Wo aber – wie in der neuzeitlichen mathematischen Physik – das Ding und der Körper als ausgedehntes und widerständiges Ding vorgestellt werden, da sinkt die anschauliche Mannigfaltigkeit zu einer solchen von Empfindungsgegebenheiten herab. Heute ist das Gegebene für die experimentelle Atomphysik nur eine Mannigfaltigkeit von Lichtflecken und Strichen auf der photographischen Platte. Dieses Gegebene auszulegen, bedarf es nicht weniger Voraussetzungen als bei der Auslegung eines Gedichtes. Es ist nur die Festigkeit und Greifbarkeit der Meßapparatur, was den Anschein erweckt, diese Auslegung stünde auf einem festeren Boden als die angeblich nur auf subjektiven Einfällen beruhenden Auslegungen der Dichter in den Geisteswissenschaften.«[37]

Der Vergleich von Spektral- und Gedichtanalyse am Ende der *Frage nach dem Ding* erscheint ungewöhnlich, letztendlich geht es nach

---

36 »Die auf sich zurückkommende, sich überliefernde Entschlossenheit wird dann zur Wiederholung einer überkommenen Existenzmöglichkeit. Die Wiederholung ist die ausdrückliche Überlieferung, das heißt der Rückgang in Möglichkeiten des dagewesenen Daseins.« (Heidegger: *Sein und Zeit* (1927), S. 384).
37 Heidegger: *Die Frage nach dem Ding*, S. 163.

Heidegger aber in beiden Fällen um die Frage der Interpretation. So bringt er zum Schluss auch die Experimentalgeschichte hinter Bohrs Atommodell, das »synthetische Urteil« der Kopenhagener Deutung – ganz im Sinne der heideggerschen Kantlektüren und der Bedingungen der Möglichkeit – auf transzendentale Begriffe.

Rutherfords Atommodell war bereits das Ergebnis einer ganzen Serie experimentellen Materials über die Atomspektren, das Ende einer langen Geschichte der Spektralanalyse, die mit Fraunhofers erstem Spektroskop 1815 und den schwarzen Linien im Sonnenlicht beginnt. Wichtige Impulse kamen von Rutherfords eigenen Streuversuchen und dem Ergebnis, dass die Zahl der den Kern umkreisenden Elektronen mit der Ordnungszahl des chemischen Elements im Periodensystem übereinstimmt.[38] Aber Experiment und Theorie kommen nicht zur Deckung. Abgesehen von den Konflikten mit bestehenden physikalischen Gesetzen konnte Bohrs Modell bestimmte Spektraleffekte bei komplizierteren (Mehr-Elektronen-)Modellen als dem Wasserstoffatom mit nur einem Elektron nicht erklären. Jede Verbesserung der Experimentalgeräte schien ein neues physikalisches Anschauungsmodell zu erfordern.

Auf der anderen Seite fanden sich immer wieder mathematische Lösungen, um die reale Unordnung der Spektren in möglichst ganzzahlige Ordnungen zu überführen, von Johann Jakob Balmers, inspiriert von der pythagoräischen Zahlenmystik, bis zu Arnold Sommerfelds ganzzahligem Ellipsenmodell des Atoms, das bis heute als Emblem der Teilchenphysik fungiert.[39]

Heideggers Polemik gegen die »Gegebenheiten« der Atomphysik und das hermeneutische Problem ihrer »Interpretation« paraphrasiert recht gut den Streit innerhalb der Physik um die Kopenhagener Deutung.

Er richtet das Augenmerk auf die Rolle der Technik für das Seiende der Physik und die Dominanz der theoretischen Physik über die Experimentalwissenschaft und nimmt sie schließlich zum Anlass, auch den Realitätsbegriff der Philosophie im Hinblick auf die Kategorie des Empirischen zu hinterfragen. Heidegger entdeckt bereits in Kants Realitätsbegriff die Faltung von Möglichkeit und Wirklich-

---

38 Vgl. Simonyi: *Kulturgeschichte der Physik*, S. 387.
39 Vgl. ebd., S. 388 u. 438.

keit. Er argumentiert mit Kants Begriff des ›Realen‹ gegen die herrschende Auffassung von ›Realismus‹ in Politik, Wissenschaft und Kultur, gegen die metaphysische Unterscheidung von Wirklichkeit und Möglichkeit:

> »Die heute geläufige Bedeutung von ›Realität‹ müssen wir uns aus dem Sinn schlagen, um zu verstehen, was Kant mit dem Realen in der Erscheinung meint. [...] Erst Kant hat gezeigt, daß Wirklichkeit, Vorhandensein kein reales Prädikat eines Dinges ist; d.h. hundert mögliche Taler unterscheiden sich nicht im mindesten von hundert wirklichen Talern, nämlich ihrer *Realität* nach genommen; es ist jedesmal dieselbe Sachheit, nämlich 100 Taler, dasselbe Was, res, ob möglich oder wirklich.«[40]

Alle Erscheinungen, so Heidegger, sind nach Kants Kritik doppelte Erscheinungen, »als Anschauungen extensive, als Empfindungen intensive Größen, Quantitäten. Solche sind nur möglich in quanta. Alle quanta aber sind continua. Sie haben die Eigenschaft, daß an ihnen kein abhebbarer Teil jemals der kleinstmögliche ist. Also sind alle Erscheinungen im Was ihres Begegnens und im Wie ihres Erscheinens stetig. [...] Dadurch werden die Axiome der Anschauung und die Antizipation als die mathematischen Grundsätze zusammengeschlossen, d.h. als diejenigen, die die Möglichkeit einer Anwendung von Mathematik auf Gegenstände metaphysisch begründen.«[41]

Heideggers Problem mit Kant besteht nicht in der Kritik des Realen, auch nicht in der Begründung für die Gültigkeit der Mathematik in Bezug auf Gegenstände, als vielmehr im kantschen Begriff der Erfahrung, den dieser wohlwissend als »Abgrund« in seine Beweisführung eingebaut habe:

> »Der Beweis besteht also darin, daß gezeigt wird: Die Grundsätze des reinen Verstandes sind durch dasjenige möglich, was sie selbst ermöglichen sollen, – die Erfahrung. Das ist ein offenkundiger Zirkel. [...] Kant müßte wenig von seiner eigensten Aufgabe und Absicht begriffen haben, wenn ihm nicht der Kreisgang dieser Beweise vor das innere Auge gekommen wäre. Schon seine Behauptung, diese Sätze seien Grundsätze, aber bei

---

40 Heidegger: *Die Frage nach dem Ding*, S. 165.
41 Ebd., S. 173.

aller Gewißheit doch niemals so augenscheinliche wie $2 \times 2 = 4$ [...], deuten darauf hin.«[42]

Die Widersprüchlichkeit des »Abgrunds« im Inneren der Transzendentalphilosophie entspricht der »Abschwächung des Kausalbegriffs« der Quantenphysik. Wissensgeschichtlich lässt sich das mit dem Beginn neuzeitlicher Experimentalkultur begründen. Mit Galilei und Newton kommt es zur experimentellen Homogenisierung der Objekte, so dass ihre Bewegungen überhaupt unter universellen Gesetzen gefasst werden können.

Nach herkömmlicher Auffassung soll ein Experiment die im Voraus gefassten Gesetze bestätigen – aber schon Galileis Fallversuch, das paradigmatische »erste« Experiment der Neuzeit, funktioniert nicht: Er lässt verschieden schwere Dinge vom Turm zu Pisa hinabfallen und behauptet, dass sie alle gleich schnell fallen, was sie aber nicht getan haben. (Denn das Fallgesetz gilt nur im Vakuum, von dem Galilei noch keinen Begriff hatte). Galilei, so Heideggers Pointe, behauptet seine Experiment-Hypothese gegen den Augenschein.

Zentrales Moment des modernen Experimentalentwurfs ist also nach Heidegger nicht seine empirische Verfasstheit, sondern die Erfüllung dessen, was man sich im Voraus, nämlich mathematisch gedacht hat: »Das Mathematische ist als *mente concipere* ein über die Dinge gleichsam hinwegspringender Entwurf ihrer Dingheit.«[43]

Als Konsequenz der Experiment-Praxis wandelt sich nicht nur der Begriff, sondern der ganze Entwurf der Natur als Gegenstand der Beobachtung, innerhalb dessen sie sich nun in Form von räumlich und zeitlich bestimmten Bewegungen von Massepunkten zeigt.

Kant systematisiert dann lediglich, was seit Galilei bereits wissenschaftlich-mathematische Praxis ist: das Experiment wird vom Empirischen entkoppelt; nur durch die Trennung von der empirischen, unmittelbaren Erfahrung kann es das Ding als wissenschaftliches Objekt konstituieren. Das Experiment ist die Praxis, die zum mathematischen Entwurf der Natur gehört. Dass Heidegger sich für die Produktion wissenschaftlicher Objekte durch die theoretische Physik

---

42 Ebd., S. 174.
43 Ebd., S. 71.

interessiert, wird von ihm selbst physik- und mathematikgeschichtlich – in Form eines ganzen Fragenkatalogs – kontextualisiert:

»Was wir hier anführen konnten, ist nur der Grundzug, in dessen Bahn
erst der ganze Reichtum der Fragestellungen und Versuche, der Aufstellung von Gesetzen, der Aufschließung neuer Bezirke des Seienden
sich entfaltet. Innerhalb dieser mathematischen Grundstellung bleiben
die Fragen nach dem Wesen von Raum und Zeit, nach dem Wesen von
Bewegung und Kraft, dem Wesen der Körper und der Materie offen. Diese
Fragen bekommen jetzt erst eine neue Schärfe, z.B. die Frage, ob die
Bewegung mit der Bestimmung ›Ortsveränderung‹ hinreichend gefasst
ist. Hinsichtlich des Begriffs der Kraft erhebt sich die Frage, ob es aus-
reicht, Kraft nur als von außen einwirkende Ursache vorzustellen. Mit
Bezug auf den Grundsatz der Bewegung, das Beharrungsgesetz, stellt
sich die Frage, ob er nicht einem noch allgemeineren unterzuordnen sei,
dem Gesetz von der Erhaltung der Kraft, die ihrerseits jetzt hinsichtlich
des *Verbrauchs* und des *Aufwandes*, der *Arbeit* bestimmt wird – Titel
für neue Grundvorstellungen, die nunmehr in die Naturbetrachtung eindringen und einen auffallenden Anklang an das Wirtschaftliche, an das
›Rechnen‹ auf den Erfolg verraten. Dies alles vollzieht sich innerhalb
und gemäß der mathematischen Grundhaltung. Fraglich bleibt dabei die
nähere Bestimmung des Verhältnisses des Mathematischen im Sinne der
Mathematik zur anschaulichen Erfahrung der gegebenen Dinge und zu
diesen selbst. Solche Fragen sind bis zur Stunde offen. Sie werden in
ihrer Fragwürdigkeit durch die Ergebnisse und Fortschritte der wissenschaftlichen Arbeit überdeckt. Eine dieser brennenden Fragen betrifft das
Recht und die Grenzen des mathematischen Formalismus gegenüber der
Forderung eines unmittelbaren Rückgangs auf die anschaulich gegebene
Natur.«[44]

Das Lob, das Heidegger an die ›Kopenhagener‹ richtet, die »in der
Fragwürdigkeit ausharren«, bedeutet nicht, dass er sich innerhalb
des physikalischen Grundlagenstreits positioniert. In seiner Terminologie streift er nacheinander das Problem der Komplementarität von
Impuls und Position (Bohr, Heisenberg), das Problem der Kernkräfte
und der Gravitation, des ersten thermodynamischen Hauptsatzes

---

44 Ebd., S. 73.

inklusive der maschinen-industriellen Motivation hinter der Thermodynamik und den Grundlagenstreit um die Grenzen physikalischer
Anschauung. Heidegger bleibt demgegenüber neutral; seinem Selbstverständnis nach kann es sich philosophisch nicht um eine Position
innerhalb einer regionalen Ontologie der Physik handeln. Ihn interessiert vielmehr die Rolle der Mathematik innerhalb der »Grundstellung
zum Seienden im Ganzen«, also die Frage, ob die theoretische Physik
Konsequenzen für das eigene ontologische Projekt habe oder nicht,
jetzt, da sie mit einem neuen Experimentalbegriff auf Distanz zum
Empirischen geht:

> »Gerade weil die neuzeitliche Wissenschaft (Physik) mathematisch (nicht
> empirisch) ist, deshalb ist sie notwendig experimentell im Sinne des mes-
> senden Experiments.«[45]

Ausgerechnet im Paradigma der Messbarkeit steckt die Trennung
vom Empirischen, die Lösung von dem, was sich von jedermann
wahrnehmen lässt; die Transition vom Allgemeinen zum Besonderen
im Sinne der Messbarkeit läuft über die Mathematik:

> »Gerade der Entwurf der Natur im mathematischen Sinne ist die Voraus-
> setzung für die Notwendigkeit und Möglichkeit des *Experimentes* als des
> messenden.«[46]

So wie die Mathematik sich durch ihre Axiomatik unabhängig von
der Beschreibung der erfahrbaren Welt entwickeln kann, so gelingt
es der mathematischen Physik, insbesondere der Quantenphysik in
den 1930er Jahren des 20. Jahrhunderts, ihr Reales experimentell zu
produzieren, indem sie ihren Naturbegriff und seine Gesetze dem
Mathematischen radikal unterordnet.

Aufgrund der zeitgenössischen Entwicklungen scheint die Frage
nach dem Ding als Ausgangspunkt der Ontologie von der Naturwissenschaft nicht mehr beantwortet zu werden, weil sie diese Frage gar
nicht mehr zu stellen braucht (oder vermag), denn das Reale lässt
sich nur innerhalb des wissenschaftlichen Grundrisses (»der Kreis-

---

45 Heidegger: *Beiträge zur Philosophie* (GA 65), S. 163.
46 Ebd., S. 163.

gang des Beweises«) bestimmen. Die Frage nach dem Ding lässt sich nicht mit den Begriffen der Erfahrung und des Gegenstandes klären:

»Die Hauptschwierigkeit des Verständnisses dieses Grundstückes der ›Kritik der reinen Vernunft‹ und des ganzen Werkes liegt darin, daß wir aus der alltäglichen oder wissenschaftlichen Denkweise herauskommen und in ihrer Haltung lesen. Wir sind entweder auf das gerichtet, was vom Gegenstand selbst gesagt wird, oder auf das, was über die Weise seiner Erfahrung erörtert wird. Das Entscheidende ist aber, weder nur auf das eine, noch nur auf das andere, auch nicht nur auf beides zusammen zu achten, sondern zu erkennen und zu wissen:
1. daß wir uns immer im Zwischen, zwischen Mensch und Ding bewegen müssen;
2. daß dieses Zwischen sich nicht wie ein Seil vom Ding zum Menschen spannt, sondern daß dieses Zwischen als Vorgriff über das Ding hinausgreift und ebenso hinter uns zurück. Vor-griff ist Rück-wurf.«[47]

Mensch und Ding, Apparat und Objekt – philosophisch geht es unter quantenphysikalischen Bedingungen nicht mehr um die Frage nach Gegenstand und Empfindung. Kant und die Quantenmechanik weisen einen Weg aus der Doppelbödigkeit von Anschauung und Empfindung in das große »Zwischen« und das Denken der Doppelnatur von Ding und Medium.

2.1.2 Licht und Materie. Natura facit saltus

Eher zufällig – nach einer Laborhavarie – bestätigen die beiden amerikanischen Experimentalphysiker Clinton Joseph Davisson und Lester Halbert Germer in den Bell-Laboratories 1927 die von Louis de Broglie in Frankreich aufgestellte Behauptung, dass nicht nur Licht, sondern sämtliche Materie von doppelter Natur sei.[48]

Elektronen zeigen seitdem unter zwei Bedingungen Wellenverhalten: Wenn sie sich in einem Raum (bzw. unter dem Einfluss eines Potenzials) bewegen, dessen Dimensionalität (bzw. effektive Wir-

---

47 Heidegger: *Die Frage nach dem Ding*, S. 188.
48 Vgl. Simonyi: *Kulturgeschichte der Physik*, S. 445.

kungsreichweite) von der Größenordnung ihrer Wellenlänge ist, nehmen ihre Bewegungen die Form von stehenden Wellen an (so z.B. im »Inneren« eines Atoms – in der Nähe eines positiv geladenen Atomkerns); und wenn sie im ungebundenen Zustand auf Hindernisse stoßen (»Elektronenbeugung«), bilden sich Interferenzen wie im Falle von Lichtstrahlen.

Ähnlich wie Bohr, der sein Komplementaritätsprinzip auf alle Seinsbereiche anwendet, verhält sich auch de Broglie philosophisch nicht gerade bescheiden, als er seine Gleichung zum Verhältnis zwischen Wellenlänge und Impuls von Elektronen auf sämtliche Materie überträgt. Dass dies zuvor niemandem aufgefallen sei, läge an der Winzigkeit einer beteiligten Konstante, Plancks fundamentaler Universalkonstante h:

> »Wenn also der Wert von h unendlich klein wäre, würde die klassische Physik durchaus exakt sein. Wenn dagegen die Planck'sche Konstante unendlich groß wäre, würden die Lichtquanten ungeheuer groß sein, und ihre Existenz würde, wenn ich so sagen darf, selbst dem unaufmerksamsten Physiker in die Augen springen.«[49]

Vom menschlichen Gesichtspunkt aus müssen die Raum-Dimensionen der Quantenmechanik zunächst einmal experimentell hergestellt werden, um ins Auge zu springen. Broglies Relation $\lambda = h/p$ beschreibt das Verhältnis zwischen Wellenlänge und Moment (Impuls) eines bewegten Partikels. Die Wellenlänge (λ) des Partikels entspricht wiederum in etwa dem Abstand, den z.B. die beiden Löcher in der Wand eines Doppelspaltexperimentes haben müssen, damit sich auf der Rückseite Interferenzmuster, ergo Welleneigenschaften zeigen.

Der Impuls eines Partikels ist das Produkt aus Masse und Geschwindigkeit. Da dieser Wert im Nenner steht und h sehr klein ist, wird die Wellenlänge auf der anderen Seite der Gleichung umso kleiner, je massiger oder schneller das Partikel ist.

Wie im Fall der Relativitätstheorie spielt die Einführung einer neuen Konstanten eine entscheidende Rolle für das Selbstverständnis der neuen Physik: Was die absolute Lichtgeschwindigkeit c für

---

49 De Broglie, Louis: *Licht und Materie. Ergebnisse der neuen Physik*, Hamburg 1941, S. 56f.

die spezielle Relativitätstheorie ist, das ist h für die Quantenphysik, und letztere gibt sich mit Plancks Entdeckung von 1900 sogar einen exakt datierten Anfang.[50]

Der Wille zur historischen Zäsur zwischen alter und neuer Physik erscheint aus wissensgeschichtlicher Perspektive als Versuch, die lange Krise der Substanz, die vielleicht als rein technischer Effekt mit Dampfmaschinen und Funkenoszillatoren und nicht als theoretische Eingebung begann, nachträglich und symbolisch in einem Datum und einer Formel zu kristallisieren: $E = hf$. Die Formel setzt die Energie eines Materieteilchens (E) gleich dem Produkt aus Wirkungsquantum (h) und Frequenz (f). Da h eine Konstante mit fixem Wert ist, kann die in Strahlung enthaltene Energie nur ein Vielfaches der fundamentalen Energieeinheit ihrer jeweiligen Frequenz sein. Vereinfacht ausgedrückt: Für jede Frequenz gibt es ein Energieminimum, das nicht weiter zu teilen ist. Die Energie von Strahlung ist immer ein Vielfaches von h, multipliziert mit ihrer Frequenz.

In jedem Fall manifestiert sich 1900 ein Riss im Kontinuum der Natur und der folgende Streit um die ontologische Verfasstheit von Licht und Materie lässt die gerade erst gezogenen Grenzen zwischen Physik und Metaphysik wieder verschwimmen.

Thermometer. Schwarze Strahlung oder die Vermessung des Universums

Für Planck handelt es sich bei der Quantelung der Energie zunächst nicht um eine ontologische Eigenschaft von Strahlung, sondern um eine theoretische Behelfslösung. Er vermutet die Ursache dafür in noch unentdeckten Eigenschaften des Atoms, die dazu führen, dass es Strahlung nur in diskreten Energiepaketen emittieren kann.[51] Im Vorfeld wurde an der Physikalisch-Technischen Reichsanstalt in Berlin intensiv über das Strahlungsproblem diskutiert. Nach sechs-

---

50 Vgl. Simonyi: *Kulturgeschichte der Physik*, S. 425.

51 Vgl. Kuhn, Thomas S.: *Black-Body Theory and the Quantum Discontinuity, 1894–1912*, Chicago 1978. Kuhn liefert eine ausführliche Darstellung der theoretischen Situation rund um das Problem der Energiequantelung und bemerkt, dass Plancks Schwarzkörper-Theorie vom Hauptfeld der physikalischen Gemeinde bis 1906 lediglich als »esoterische Besonderheit« zur Kenntnis genommen wurde.

jähriger Forschung zum Problem des »schwarzen Körpers« erschien Planck die Energiequantelung als einzige Lösung.

Ein absolut schwarzer Körper absorbiert der Theorie zufolge sämtliche auftreffende Strahlung. Aufgrund der thermischen Bewegung der ihn konstituierenden Atome emittiert er wiederum Strahlung, so genannte thermische Strahlung. Bei konstanter Temperatur entsteht zwischen Wänden und Hohlraum ein thermisches Gleichgewicht und in seinem Inneren sogenannte »schwarze Strahlung«, eine ideale Strahlung, die durch eine sehr kleine Öffnung in der Hülle des Körpers (so klein, dass das Strahlungsgleichgewicht im Inneren des Hohlraums nicht merklich beeinträchtigt wird) emittieren und somit gemessen werden kann. Die abgestrahlte Gesamtleistung eines solchen Körpers steht in einem festen proportionalen Verhältnis zur Temperatur.[52]

Das Problem bestand darin, dass die theoretischen Vorhersagen rund um den schwarzen Körper den experimentellen Ergebnissen widersprachen und zwei divergierende Strahlungstheorien hervorbrachten. Während die eine ihre Gültigkeit bei niedrigen Frequenzen verliert und ohne theoretische Herleitung operiert, beruht die andere zwar auf einem allgemein anerkannten theoretischen Prinzip der klassischen Statistik, verliert aber ihre Gültigkeit bei sehr hohen Frequenzen und lässt auf eine zukünftige Ultraviolettkatastrophe des Universums schließen.[53]

Plancks revolutionärer Akt besteht darin, dass er zur Beschreibung der schwarzen Strahlung den Boden der phänomenologischen Thermodynamik verlässt, deren energetische Anhänger das physikalische wie das philosophische Denken lange geprägt hatten, und sich, wenn

---

52 Formuliert wurde dieses bis heute gültige Gesetz (Stefan-Boltzmann-Gesetz) anhand von Messergebnissen, die sich im Nachhinein als falsch herausstellten. Der statistische Zusammenhang zwischen Energie und Frequenz entstand aufgrund von Messfehlern. (Vgl. Simonyi: *Kulturgeschichte der Physik*, S. 427.)

53 Das Wien-Planck-Gesetz stimmt lediglich mit den Experimentalergebnissen im Hochfrequenzbereich überein und würde bei niedrigen Frequenzen zu einer Infrarotkatastrophe führen, während das Rayleigh-Jeans-Gesetz sich zwar auf den Gleichverteilungssatz der klassischen Statistik berufen kann, im hochfrequenten Strahlungsbereich aber zu einer Ultraviolettkatastrophe führt. In beiden Fällen wäre das Universum bereits seit langem zerstrahlt. (Vgl. ebd., S. 430f.)

auch widerwillig, der statistischen Beschreibung bestimmter Zusammenhänge zuwendet.[54]

»Wenn nun die Bedeutung des Wirkungsquantums für den Zusammenhang zwischen Entropie und Wahrscheinlichkeit endgültig feststand, so blieb doch die Frage nach der Rolle, welche diese neue Konstante bei dem gesetzlichen Ablauf der physikalischen Vorgänge spielt, noch vollständig ungeklärt. Darum bemühte ich mich alsbald, das Wirkungsquantum h irgendwie in den Rahmen der klassischen Theorien einzuspannen. Aber allen solchen Versuchen gegenüber erwies sich diese Größe als sperrig. Solange man sie als unendlich klein betrachten durfte, also bei größeren Energien und längeren Zeitperioden, war alles in schönster Ordnung. Im allgemeinen Fall jedoch klaffte an irgendeiner Stelle ein Riß, der um so auffallender wurde, zu je schnelleren Schwingungen man überging.«[55]

Planck interpoliert die beiden Strahlungstheorien, indem er die zweiten Ableitungen der Entropie miteinander verbindet. Das Ergebnis ist ein proportionales Verhältnis zwischen Energie und Frequenz für das *gesamte* Spektrum und damit für die ideale schwarze Strahlung, mathematisch operationalisiert durch die kleine Konstante h.[56] Mit der Formulierung von h kommt nicht nur eine allgemeingültige Beschreibung von Strahlung in die Welt. Planck stellt fest,

»daß mit der Zuhilfenahme der beiden... Konstanten h und k die Möglichkeit gegeben ist, Einheiten für Länge, Masse, Zeit und Temperatur aufzustellen, welche, unabhängig von speziellen Körpern oder Substanzen, ihre Bedeutung für alle Zeiten und für alle, auch außerirdische und außermenschliche Kulturen notwendig behalten und welche daher als »natürliche« Maßeinheiten bezeichnet werden können.«[57]

---

54 Vgl. Ziesche, P. und Smorodinskij, J.A.: *Was heißt Temperatur? Begriff, Geschichte, Labor und Kosmos*, Frankfurt a.M. 2000, S. 137ff.

55 Planck, Max: *Physikalische Abhandlungen und Vorträge*, Bd. 3, Braunschweig 1958, S. 396f.

56 $h = 6,626 \times 10^{-34}$ Js. h ist eine Wirkung in den Einheiten [Energie] × [Zeit] $= J[oule] \times s[ekunde]$.

57 Planck zitiert nach Simonyi: *Kulturgeschichte der Physik*, S. 434. Simonyi berichtet von Plancks widerwilligem Seitenwechsel zur Statistik und verweist auch auf die damit einhergehende Universalisierung des Wirkungsquantums bis hin zu einer Kosmologie des Universums. Plancks h steht damit auch im Zusammenhang

Dass Planck mit den Universalkonstanten die Bedeutung der neuen Dimension physikalischer Maßeinheiten für extra-terrestrische Intelligenzen thematisiert, spiegelt die Bedeutung physikalischer Kosmologie dieser Zeit, die durch den Zusammenhang von Sonnen- und Atomspektren eine neue Dimension erreicht. Abgesehen von physikalischer Imagination erreicht damit auch die Idee der Messbarkeit 1900 ein neues Plateau, denn beim schwarzen Körper geht es theoretisch wie experimentell nicht mehr um die Vermessung der Welt, sondern die des Kosmos. Ließe sich ein solches ideales Objekt, ein absolut schwarzer Körper, dessen physikalische Eigenschaften allein von seiner Temperatur abhängen, konstruieren, so hätte man ein perfektes Thermometer.[58]

Real lässt sich das zwar nicht bewerkstelligen, aber noch im 21. Jahrhundert freuen sich die Kosmologen darüber, dass ausgerechnet die im Universum messbare Hintergrundstrahlung dem Spektrum des schwarzen Körpers annähernd entspricht, und zwar genauer, als dies für jedes andere physikalisch messbare Objekt bisher realisiert werden konnte. Da sich die Temperatur des Universums für unser Empfinden nur äußerst langsam verändert, verhält sich die kosmische Hintergrundstrahlung im Mikrowellenbereich fast wie Strahlung im thermischen Gleichgewicht, also als ob sie von einem schwarzen Körper ausgestrahlt würde.[59]

Es handelt sich bei den Regeln zur Spektralanalyse, so hat die Wissenschaftsgeschichte gezeigt, ebenso wie bei denen zur Definition von Simultanität lediglich um Maß-Konventionen, und nicht um letzte Wahrheiten.[60] Bereits die spezielle Relativitätstheorie entstand unter dem nationalstaatlichen und unternehmerischem Druck, in einer Welt, die sich durch neue Kommunikations- und Verkehrswege rasant beschleunigt und globaler wird, neue universell gültige Maßeinheiten zu produzieren. Bereits Maxwell schlug vor, die Längeneinheit ›Meter‹ mit der Wellenlänge gewisser Spektrallinien zu ver-

---

mit den Ambitionen der französischen Nationalversammlung um 1900, ein einheitliches Metermaß zu finden.

58 Vgl. Smorodinskij und Ziesche: *Was heißt Temperatur? Begriff, Geschichte, Labor und Kosmos*, S. 145.

59 Vgl. Randall, Lisa: *Verborgene Universen*, Frankfurt a.M. 2008, S. 150.

60 Vgl. ebd., S. 150 sowie Galison: *Einsteins Uhren*, S. 245.

binden, und Michelson baute seinen ersten Interferometer zu eben diesem Zweck.[61]

Ontologisch brisant wird Plancks Strahlungsformel erst 1905, als Einstein die Lichtquanten zu etwas Realem erklärt – obwohl die Aufgabe der Vorstellung einer bis ins Kleinste deterministischen Naturbeschreibung und einem physikalisch einheitlich beschreibbaren Materiebegriff sowie die neue Rolle des Zufalls, die mit der statistischen Thermodynamik angeschrieben wurde, auch seinem Weltbild bzw. seiner Auffassung von physikalischer Wirklichkeit widersprachen.[62]

Denn die neue universelle Natur-Konstante bedeutet auch, dass die Übergänge von Energiezuständen nur noch in diskreten Paketen, also in Form von Energiequanten, beschrieben werden können. Nicht weniger als ein Riss im Kontinuum der Materie und der Natur droht damit, ebenfalls fundamental zu werden. Beruhte physikalisches Denken seit der Begründung der Infinitesimalrechnung durch Leibniz und Newton auf der Annahme der Stetigkeit aller kausalen Zusammenhänge, hat es die neue Physik mit Wahrscheinlichkeitswerten und Sprüngen zu tun.[63]

Die Frage der streng kausalen Determiniertheit stößt sich ausgerechnet am Medium Thermometer.

Beim Messen der Temperatur fällt auch dem Philosophen auf, dass damit keine Kausalität im herkömmlichen Sinne, sondern ein Weltzusammenhang angezeigt wird. Mit der Temperatur verhält es sich nach Heidegger wie mit der Langeweile – die scheinbar objektivsten Dinge wie Wärme, Kälte und Kontinuität der Bewegung sind sowohl objektzugehörig als auch subjektbezogen:

»Was uns langweilt, sagen wir, verursacht Langeweile. Was ist dieses *Verursachen*? Ist das so ein entsprechender Vorgang, wie wenn eintretende Kälte das Sinken der Quecksilbersäule im Thermometer verursacht?

---

61 Vgl. *1.1.1 Die Uhren der Mikrobe* sowie Simonyi: *Kulturgeschichte der Physik*, S. 434.
62 Vgl. Einstein, Albert: »Über einen die Erzeugung und Verwandlung des Lichtes betreffenden heuristischen Gesichtspunkt« (1905), in: *Annalen der Physik*, 17 (1905), S. 132–148; für die Lichtquantenhypothese erhielt Einstein 1922 schließlich den Nobelpreis.
63 Vgl. Planck: *Physikalische Abhandlungen und Vorträge*, Bd. 3, S. 397.

Ursache – Wirkung! Herrlich! Ist das etwa ein Vorgang, wie wenn eine Billardkugel an die andere stößt und dadurch die Bewegung der zweiten verursacht? Wir werden in keiner Weise auf diesem Wege durchkommen, ganz abgesehen davon, daß allein schon dieses Ursache-Wirkungs-Verhältnis, wie wir es mit Bezug auf zwei sich berührende und sich stoßende Körper aussprechen, vollkommen problematisch ist.«[64]

Heideggers Bezug zwischen Langeweile und Temperatur in der Vorlesung von 1929/30 zielt auf einen neuen Begriff der Ursächlichkeit ab, den es zunächst einmal zu denken gilt.

Schrödinger formalisiert in seiner Nobelpreisrede von 1933 die philosophischen Konsequenzen seiner Wellenmechanik auf ähnliche Weise. Nachdem sich der wichtigste Erfahrungssatz der Physik, der Entropiesatz, als Prototyp eines statistischen Naturgesetzes herausgestellt hat, hängt die Idee der einseitigen Gerichtetheit allen Naturgeschehens aufs Engste mit den Kalkülen der Wahrscheinlichkeitstheorie zusammen. Unmittelbar gegeben ist nicht mehr die Kausalität, sondern die Statistik.

»Es ist die ganze Wucht des logischen Gegensatzes zwischen einem Entweder-Oder (Punktmechanik) und einem Sowohl-Als-auch (Wellenmechanik), was uns hier entgegentritt.«[65]

Was mit der statistischen Beschreibung des zweiten thermodynamischen Hauptsatzes begann, wird mit der Stochastik und ihren äußerst erfolgreichen Beschreibungen vielteiliger, massenhafter Prozesse zur ontologischen Krise der Physik. Von Planck selbst ursprünglich nur als Zwischenlösung gedacht und akzeptiert, haust die neue Universalkonstante und mit ihr die Sprünge im Kontinuum bald erfolgreich in allen Atommodellen und Strahlungstheorien.

---

64 Heidegger: *Grundbegriffe der Metaphysik* (GA 29/30), S. 125.
65 Schrödinger, Erwin: »Die Grundgedanken der Wellenmechanik« (1933), in: Ders.: *Was ist ein Naturgesetz? Beiträge zum naturwissenschaftlichen Weltbild*, Oldenburg 1997, S. 86–101, hier S. 99. Vgl. auch Schrödinger, Erwin: »Was ist ein Naturgesetz?«, in: Ders.: *Was ist ein Naturgesetz? Beiträge zum naturwissenschaftlichen Weltbild*, Oldenburg 1922, S. 9–17, hier S. 15. Schrödinger teilt sich den Nobelpreis für Physik 1933 mit P.A.M. Dirac, Heisenberg wurde bereits 1932, Wolfgang Pauli dagegen erst 1945 ausgezeichnet.

»In der Physik ist gleich die erste, eigentlich physikalische Entdeckung ein gutes Beispiel, nämlich die Feststellung des *Pythagoras*, daß die natürlichen Tonintervalle Oktave, Quint, Quart usw. den Teilungen einer schwingenden Saite nach ganzzahligen Verhältnissen 2:1, 3:2, 4:3 usw. entsprechen. Hier wird ein doppeltes Entsprechen zwischen Gehörsempfindungen (Tonintervalle), Gesichts- oder Tastempfindungen (Länge der Saite) und Zahlen hergestellt.«[66]

Die Analogie zwischen einer harmonischen Empfindung und ganzzahligen Verhältnissen physikalischer Naturbeschreibung, die »erste eigentliche physikalische Entdeckung«, bedeutet für Max Born eine historische Einheit aus ästhetischem Empfinden und mathematischer Konstruktion, eine Art Kulturgeschichte der Physik, die bis auf die Pythagoräer zurückgeht. Worum es sich Born zufolge dabei nicht handelt, ist eine ontologische Identität.

Anders sieht das Erwin Schrödinger, der in den frühen 1920er Jahren in Zürich auf Hermann Weyl und dessen Arbeiten zur »Weltgeometrie« trifft.[67] Daraufhin schreibt er den elektromagnetischen Potenzialen eine Schlüsselrolle beim Transport geometrischer Größen in Raum und Zeit zu. Von de Broglie übernimmt er 1926 die Zuordnung einer Welle zur freien Bewegung eines Teilchens, insbesondere von stehenden Wellen. In Analogie zur geometrischen Optik, die lediglich einen Spezialfall der maxwellschen Gleichungen darstellt, begründen Schrödinger und de Broglie die Vorstellung, dass auch die klassische Mechanik nur ein Teilbereich einer allgemeineren, wellenartigen Theorie ist, die für sehr kleine Systeme nicht mehr gilt.

Durch seine frühen Arbeiten zu Weyls »einheitlicher Feldtheorie« konnte Schrödinger de brogliesche Wellen in einem elektromagnetischen Feld betrachten. Es sollte analog dazu nun auch eine Funktion geben, die einer allgemeinen Wellengleichung genügt, so wie das elektromagnetische Feld den maxwellschen Gleichungen. Allerdings gab es keine entsprechende physikalische Größe. Das Bewegungs-

66 Born: *Physik im Wandel meiner Zeit*, S. 262.
67 Vgl. *1.3.2 Feldtheorie*.

gesetz der Wellenmechanik entsteht ohne Kenntnis eines allgemeinen physikalischen Feldbegriffs.

Die Schrödingergleichung, die als zeitunabhängige auch stationäre Schrödingergleichung genannt wird und die formale Struktur einer ungedämpften Schwingungsgleichung besitzt, stellt den Zusammenhang zwischen Sein und Seiendem insofern wieder her, als sie die Berechnung der Übergangswahrscheinlichkeiten für die Änderung der Energiezustände eines Elektrons im gebundenen Zustand, und damit auch der Atomspektren oder in ihrer zeitabhängigen Variante bei seiner Bewegung durch ein elektromagnetisches Feld gestattet.[68]

Ob Licht oder Materie, auch ein Quant unterliegt dem Energieerhaltungssatz (der Thermodynamik). Da in geschlossenen Systemen Energie zwar umgewandelt werden, aber nicht verloren gehen kann, bedeutet ein Steigen der kinetischen Energie gleichzeitig ein Absinken der elektrischen Energie. Wenn man die Wahrscheinlichkeitsamplituden für die Übergänge zwischen kinetischer und potentieller Energie der Teilchen beschreiben kann, lässt sich auch die Wahrscheinlichkeit für ihren Aufenthaltsort zu einem bestimmten Zeitpunkt angeben. Schrödinger baut 1926 aus Energieerhaltungssatz und de Broglies Relation zwischen Impuls und Wellenlänge seine trotz der neuartigen Herleitung erfolgreiche Gleichung zusammen, die sowohl das Verhalten eines Teilchens im Raum als auch das Verhalten der gebundenen Elektronen im Atom und seine Energiezustände beschreiben können soll.[69]

Dass die physikalische Gemeinde das Begriffsinstrumentarium aus Schrödingerfunktion und Schrödingergleichung auch ohne herkömmliche physikalische Herleitung willig akzeptierte, begründet Schrödinger selbst mit der Aufklärung eines vermeintlichen Mysteriums: Bohrs behauptete Ganzzahligkeit der Quantenzustände erhalte durch die Ψ-Funktion eine »natürliche«, d.h. für Schrödinger eine physikalische Erklärung.

---

68 Vgl. Uhlmann, Armin: *Schrödinger und seine Gleichung*, Berlin 1989, S. 13. Heute schreibt man statt K den Hamilton-Operator $\hbar$, der die Dynamik des Systems bestimmt. (Vgl. auch die etwas problematische, da ahistorische, populäre Darstellung der Schrödingergleichung bei Hey, Tony und Walters, Patrick: *The New Quantum Universe*, Cambridge 2003, S. 36ff.)

69 Was sie letztendlich nicht kann, da nicht alle Quantenzustände ganzzahlig sind, etwa der halbzahlige Elektronen-Spin.

»In dieser Mitteilung möchte ich zunächst in dem einfachsten Fall des (nichtrelativistischen und ungestörten) Wasserstoffatoms zeigen, daß die übliche Quantisierungsvorschrift sich durch eine andere Forderung ersetzen läßt, in der kein Wort von ›ganzen Zahlen‹ mehr vorkommt. Vielmehr ergibt sich die Ganzzahligkeit auf dieselbe natürliche Art, wie etwa die Ganzzahligkeit der Knotenzahl einer schwingenden Saite. Die neue Auffassung ist verallgemeinerungsfähig und rührt, wie ich glaube, sehr tief an das wahre Wesen der Quantenvorschriften.«[70]

Mit der Analogie zu den ganzzahligen Verhältnissen der schwingenden Saite ruft Schrödinger den Streit zwischen Jean le Rond d'Alembert und Leonard Euler im 18. Jahrhundert um die Grenzen mathematischer Repräsentation auf. Unter der Feder von Euler und d'Alembert entsteht letztendlich eine Wellengleichung, die nicht nur stetige, sondern auch nicht stetige, »willkürliche« oder auch sprunghafte Funktionen als Lösung hat, ein Widerspruch zur damals geltenden Auffassung der Naturgesetzlichkeit, der zur Folge die Natur keine Sprünge macht. Bereits beim Streit um die schwingende Saite und ihren mathematischen Ausdruck in Form einer Wellengleichung geht es im Grunde um ein metaphysisches, ein ontologisches Problem.[71]

Schrödinger glaubt wie vor ihm d'Alembert an eine kontinuierliche Physik ohne Löcher und Risse. Der letzte Grund von Licht und Materie sind keine Strahlen und Teilchen, sondern Wellen und Felder. Genau wie Einstein und Planck will er nichts von einer prinzipiellen Unbeobachtbarkeit der Natur wissen und glaubt vor allem nicht an diskrete Sprünge und Übergangswahrscheinlichkeiten. Das, was die heutige Physik Wahrscheinlichkeitswellen nennt, interpretiert Schrödinger im klassischen Sinne *ontologisch*; er glaubt, mit seiner Gleichung die tatsächliche Bewegung von Materiewellen im Raum zu

---

70 Schrödinger in seiner entscheidenden Veröffentlichung »Quantisierung als Eigenwertproblem«, zitiert nach Uhlmann: *Schrödinger und seine Gleichung*, S. 15.
71 Vgl. zum Beginn der harmonischen Analyse und der Kluft zwischen mathematischem Kalkül und Naturgesetz Siegert, Bernhard: »Schüsse, Schocks und Schreie. Zur Undarstellbarkeit der Diskontinuität bei Euler, d'Alembert und Lessing«, in: Baxmann, Inge und Franz, Michael und Schäffner, Wolfgang (Hg.): *Das Laokoon-Paradigma. Zeichenregime im 18. Jahrhundert*, Berlin 2000, S. 299.

beschreiben. Die Elektronenwellen sollten kontinuierlich und nicht durch Sprünge in harmonische Eigenschwingungen übergehen.

Als Schrödinger 1933 den im vorigen Abschnitt zitierten Nobelpreis-Vortrag hält, ist allerdings schon entschieden, dass seine Wellengleichung keine unmittelbaren Zustands- oder Bewegungsveränderungen zu beschreiben vermag, sondern lediglich die Verteilung der Übergangswahrscheinlichkeiten angibt, die sich aus der Kombination der jeweiligen Eigenwerte ergeben.

Bereits im Entstehungsjahr der Schrödingergleichung 1926 liefern Max Born und Norbert Wiener vom *Massachusetts Institute of Technology* aus eine statistische Deutung der Schrödingergleichung, welche die Ausbreitung der Aufenthaltswahrscheinlichkeiten von Teilchen beschreibt. Damit sind die physikalischen Kräfte nicht mehr kausal dafür verantwortlich, die Bewegung von Teilchen zu bestimmen, sondern nur noch für die Wahrscheinlichkeiten ihrer Zustände mitbestimmend.[72]

Auch nachdem Schrödinger selbst die mathematische Äquivalenz seiner Gleichung mit dem bohr-heisenbergschen Matrizen-Kalkül beweist, hält er seine eigene Interpretation der Wellenmechanik für die physikalisch richtige. Mathematische Äquivialenz ist nach Schrödinger nicht gleichbedeutend mit physikalischer Äquivalenz, und er sucht weiter nach einer feldtheoretisch anschaulichen Deutung der Quantenphysik.[73]

Der blinde Fleck der Debatte liegt in der Ontologie der stehenden Welle bzw. in der Frage nach dem Sein der Wahrscheinlichkeitsamplitude. In moderner Terminologie ist die Wahrscheinlichkeitsamplitude der Schrödingergleichung das absolute Quadrat der Wellenamplitude. Als zeitunabhängige Gleichung für z.B. einen Potenzialkasten, also für den stationären Zustand oder die »stehende Welle« des Systems (z.B. das Wasserstoffatom), entsprechen der Lösung der Schrödingergleichung für die Ortskoordinaten x, y, z nur ganzzahlige Werte. Bei stehenden Wellen ist die Amplitude zeitunabhängig, sie hängt nur noch von x, y, z ab und ihre Lösung entspricht stationären Zuständen des Systems (den Eigenwerten).

---

72 Vgl. Cassidy: *Werner Heisenberg*, S. 279f.
73 Vgl. Uhlmann: *Schrödinger und seine Gleichung*, S. 16.

Nach Schrödinger schwingt das Elektron im Wasserstoffatom wie die Saite einer Violine, das ganze Atom ist ein harmonischer Oszillator.[74] Das Absolutquadrat der Wellenfunktion, $|\psi|^2$, also das Produkt der Wellenfunktion ψ mit sich selbst, und zwar komplex konjugiert, ist nach der statistischen Interpretation eine *Wahrscheinlichkeits*dichte. Für Schrödinger aber handelt es sich bei $|\psi|^2$ um eine kontinuierliche, *elektrische* Dichte des Feldes.

Stehende Wellen erscheinen nun nicht mehr nur hörbar im Klang von Saiteninstrumenten, Flöten und Orgelpfeifen oder als sichtbare Chladnische Klangfiguren, sondern auch *ad negativum*, denn ihre Knotenpunkte, die Punkte, an denen es keine Bewegung gibt, bezeichnen diejenigen Orte (Energiezustände) im Atom, an denen das Elektron absolut nicht sein kann.[75]

Auch wenn der mathematische Formalismus der Wahrscheinlichkeitsamplituden sein Analogon in der Bewegung einer reflektierten, sich selbst überlagernden und so ›zum Stehen‹ kommenden Welle hat, ist damit weder etwas über die Natur oder das Wesen des Elektrons gesagt, noch ist geklärt, warum ein Elektron an bestimmten Orten nicht sein kann oder warum das Elektron eines Wasserstoffatoms nur diskrete Energieniveaus haben kann.

Für Schrödinger ist die Analogie zwischen den Wahrscheinlichkeitswellen der Materie und dem anschaulichen Phänomen der Schwingungen einer eingespannten Saite von entscheidender Bedeutung, um die ganzzahligen Verhältnisse im Inneren des bohrschen Atommodells gemäß dem klassischen Naturverständnis als Erscheinung eines kontinuierlichen Feldes zu verstehen.[76] Das scheint auch Einsteins Position zu entsprechen, der dem befreundeten Born in einem Brief von 1926 eine harsche Absage in Sachen Glaubwürdigkeit der

---

74 Eine harmonische Schwingung zeichnet sich dadurch aus, dass die Zeitabhängigkeit ihrer veränderlichen Zustandsgrößen sinusförmig ist. Zugleich ist ihre Schwingungsdauer T bzw. Frequenz f unabhängig von der Amplitude. Diese Form der Schwingung entsteht in einfachen linearen Systemen ohne Dämpfung.

75 Hier wird erneut deutlich, wie problematisch die Rede von »Bahnen« im Atom ist. Wenn schon anschaulich, dann spricht die Physik heute lieber von einer Box oder einem Raumvolumen, in dem die Aufenthaltswahrscheinlichkeit des beschriebenen Teilchens gleich Eins ist. Im Falle von Elektronen im Atom spricht man nicht mehr von »Orten«, sondern von »Orbitalen«.

76 Simonyi: *Kulturgeschichte der Physik*, S.449; sowie Cassidy: *Werner Heisenberg*, S. 267.

Quantenmechanik erteilt, weil er sich eher mit einem Universum aus Gummibändern als mit einem kontingenten Gott anfreunden kann:

>»Die Quantenmechanik ist sehr achtung-gebietend. Aber eine innere Stimme sagt mir, daß das doch nicht der wahre Jakob ist. Die Theorie liefert viel, aber dem Geheimnis des Alten bringt sie uns kaum näher. Jedenfalls bin ich überzeugt, daß *der* nicht würfelt. Wellen im 3n-dimensionalen Raum, deren Geschwindigkeit durch potentielle Energie (z.B. Gummibänder) reguliert wird [...].«[77]

Matrizen – Quantenmechanik

Mathematisch, so beweist Schrödinger selbst noch 1926, ist seine Wellengleichung äquivalent zu Heisenbergs Matrizenschreibweise.[78] Aber in den beiden >Schreibweisen< Wellen- und Quantenmechanik scheinen zwei völlig verschiedene Auffassungen von Physik zu stecken.

Während sich die Schrödingergleichung im den Physikern vertrauten Bereich der Analysis mit ihren Verfahren zur Berechnung von Stetigkeit, Differenzierbarkeit und Integration bewegt, benutzt Heisenberg ein Kalkül, dessen Mathematik ihm als Physiker zuvor selbst unbekannt war. Für Schrödinger besteht daher auch kein genuiner Zusammenhang zwischen seiner Gleichung und der heisenbergschen Formulierung der Quantenmechanik:

>»Eines genetischen Zusammenhangs mit Heisenberg bin ich mir durchaus nicht bewußt. Ich hatte von seiner Theorie natürlich Kenntnis, fühlte mich aber durch die mir sehr schwierig scheinenden Methoden der transzendenten Algebra und durch den Mangel an Anschaulichkeit abgeschreckt, um nicht zu sagen abgestoßen.«[79]

---

77 Einstein, Albert und Born, Max und Born, Hedwig: *Einstein-Born Briefwechsel (1916–1955)*, München 1969, 129f.
78 Schrödinger, Erwin: »Über das Verhältnis der Heisenberg-Jordanschen Quantenmechanik zu der meinen«, in: *Annalen der Physik*, 79 (1926), S. 734–576.
79 Schrödinger: *Abhandlungen zur Wellenmechanik* (1928), zitiert nach Uhlmann: *Schrödinger und seine Gleichung*, S. 9.

Die »abstoßende Algebra« stammt streng genommen aus der Feder von Max Born, der in Heisenbergs Tabellen von stationären Energiezuständen und möglichen Übergangswahrscheinlichkeiten des Wasserstoffatoms das Matrix-Verfahren aus den Vorlesungen über lineare Algebra seines Breslauer Mathematiklehrers wiedererkannte, während Heisenberg auf Helgoland weilte und seinen Heuschnupfen kurierte.[80]

Das Matrix-Verfahren erscheint Born zunächst lediglich als eine graphische Analogie, es bietet graphische Bedingungen für das Rechnen mit nichtkommutativen Größen. Denn so viel stand fest: Wenn ein Elektron von einem zum anderen Energiezustand übergeht, emittiert bzw. absorbiert das System dabei einen Lichtquant $h\nu_{mn}$ (je nachdem, ob E_m größer oder kleiner als E_n ist).

Klassischerweise beschreibt die Physik die Bahn eines Elektrons um den Atomkern (Orbitale) als periodische Funktion, da die Bewegung auf einer geschlossenen Bahn periodisch ist. Eine periodische Funktion lässt sich als Fourier-Reihe darstellen, in der neben der Grundfrequenz auch ganzzahlige Vielfache davon auftreten können (in Form der Koeffizienten). Klassischerweise wären im Emissionsspektrum eines angeregten Atoms diese Grundfrequenz und deren Vielfache zu erwarten. $\nu_1 = \nu_0$, $\nu_2 = 2\nu_0$, $\nu_3 = 3\nu_0$, $\nu_n = n\nu_0$, … .

Allerdings hat man es bei Mikrosystemen grundsätzlich nur mit Frequenzen zu tun, die durch *zwei* ganzzahlige Indizes charakterisiert werden können.

Diese Algebra ist auf den ersten Blick lediglich eine andere, nämlich quadratische Anordnung der Fourier-Indizes. Hier werden die Energiestufen der stationären Zustände zweimal angeschrieben, horizontal und vertikal. In einem solchen quadratischen Schema entsprechen die Diagonaleinträge den Zuständen und die nicht diagonalen Einträge den Übergängen:

―――
80   Vgl. Born: Physik im Wandel meiner Zeit, S. 176.

$$\begin{bmatrix} \nu_{11} & \nu_{12} & \cdots & \nu_{1n} & \cdots \\ \nu_{21} & \nu_{22} & \cdots & \nu_{2n} & \cdots \\ \cdots & \cdots & & \cdots \\ \nu_{n1} & \nu_{n2} & \cdots & \nu_{mn} & \cdots \\ \cdots & \cdots & \cdots & \cdots & \cdots \end{bmatrix}$$

Die klassischen Fourier-Koeffizienten q_{11}, q_2, ..., q_n werden durch eine Matrix ersetzt, die z.B. die Lagekoordinaten des Elektrons angibt:

$$q = \begin{bmatrix} q_{11} & q_{12} & \cdots & q_{1n} & \cdots \\ q_{21} & q_{22} & \cdots & q_{2n} & \cdots \\ \cdots & \cdots & & \cdots \\ q_{n1} & q_{n2} & \cdots & q_{mn} & \cdots \\ \cdots & \cdots & \cdots & \cdots & \cdots \end{bmatrix};$$

und eine zweite Impuls-Matrix für die Bewegungszustände des Elektrons:

$$p = \begin{bmatrix} p_{11} & p_{12} & \cdots & p_{1n} & \cdots \\ p_{21} & p_{22} & \cdots & p_{2n} & \cdots \\ \cdots & \cdots & & \cdots \\ p_{n1} & p_{n2} & \cdots & p_{mn} & \cdots \\ \cdots & \cdots & \cdots & \cdots & \cdots \end{bmatrix}$$

Das Entscheidende der Matrizen-Rechnung ist die Multiplikationsregel, die von der Reihenfolge der Faktoren abhängt: das Produkt zweier Matrizen pq ist nicht gleich dem Produkt qp, p und q sind nicht kommutativ.

Die Formel, die am Ende dieser mathematischen Schreibübungen erscheint, ist $pq - qp = \dfrac{h}{2\pi i} \times 1$.[81] Born fühlt sich wie der heimkehrende Odysseus, als sie schließlich vor ihm steht:

»Koordinaten q und Impulse p sind nicht durch Zahlenwerte darzustellen, sondern durch Symbole, deren Produkt von der Reihenfolge abhängt – die nicht kommutieren, wie man sagt. Das Resultat bewegte mich wie einen Seefahrer, der nach langer Irrfahrt von fern das ersehnte Land sieht, und ich bedauerte nur, daß Heisenberg nicht da war. Ich war vom ersten

---

81 1 steht für die Einheitsmatrix. Vgl. auch *2.1 Wahrscheinlichkeit*.

Augenblick an überzeugt, daß wir auf das Richtige gestoßen waren. Und doch war wieder ein großer Teil nur erraten, nämlich das Verschwinden der nicht-diagonalen Glieder in obigem Ausdruck.«[82]

Diagrammatische Erkenntnis kommt Born wie Raten vor, gerade weil sich in der daran gebundenen Schreibweise neue Gesetze der Quantenmechanik verbergen. Stationäre Zustände, diskrete, nicht kontinuierliche Übergänge sowie die Vertauschungsregel und im unmittelbaren Anschluss daran (nach Heisenbergs Rückkehr von Helgoland) auch die Unbestimmtheitsrelation werden durch die Matrizen-Rechnung wortwörtlich festgeschrieben, und der Zeitparameter t verschwindet.

Wie im Falle der speziellen Relativitätstheorie steckt in den Schreibweisen gleichermaßen das Vergessen einer bestimmten Dimension des Naturbegriffs und ein neuer physikalischer Weltentwurf. Dennoch akzeptiert die Physik die medialen Akteure nicht als Subjekte der Naturgeschichte. Born beschreibt das Jahr 1926 konsequent als das Nebeneinander von Wellen- und Matrizenmechanik.[83]

Für Schrödinger handelt es sich bei diesem Sachverhalt um eine grundlegende Entscheidung der Physik und ihren Naturbegriff. Er glaubt prinzipiell, dass es sich bei der Natur um ein Kontinuum handelt, das dementsprechend auch kontinuierlich beschreibbar sein muss. Der Riss, der sich durch die Schreibweise der Kopenhagener manifestiert, wird zum Schnitt zwischen Mikro- und Makrophysik.[84] Denn wenn in $pq - qp = \dfrac{h}{2\pi i} \times 1$ Plancks h gleich Null gesetzt wird, ergeben sich wieder die Formeln der klassischen Physik.[85]

Heisenbergs Unbestimmtheitsrelation zufolge besteht eine prinzipielle Grenze der Messbarkeit in atomaren Prozessen, und als Folge hat es die Physik nun mit »Quantensprüngen« vom Möglichen zum Faktischen zu tun:

»Die Beobachtung selbst ändert die Wahrscheinlichkeitsfunktion unstetig. Sie wählt von allen möglichen Vorgängen den aus, der tatsächlich

---

82 Born: *Physik im Wandel meiner Zeit*, S. 178.
83 Ebd.; vgl. auch den Abschnitt *1.2 Vergessung* und *1.3 Absolute Welt*.
84 Vgl. *2.1.1 Experiment*.
85 Vgl. Simonyi: *Kulturgeschichte der Physik*, S. 441, von dem auch die obigen Matrizen-Beispiele in leicht abgewandelter Form übernommen wurden.

stattgefunden hat. Da sich durch die Beobachtung unsere Kenntnis des Systems unstetig geändert hat, hat sich auch ihre mathematische Darstellung unstetig geändert, und wir sprechen daher von einem ›Quantensprung‹. [...] Der Übergang vom Möglichen zum Faktischen findet also während des Beobachtungsaktes statt. Wenn wir beschreiben wollen, was in einem Atomvorgang geschieht, so müssen wir davon ausgehen, daß das Wort ›geschieht‹ sich nur auf die Beobachtung beziehen kann, nicht auf die Situation zwischen zwei Beobachtungen. Es bezeichnet dabei den physikalischen, nicht den psychischen Akt der Beobachtung, und wir können sagen, daß der Übergang vom Möglichen zum Faktischen stattfindet, sobald die Wechselwirkung des Gegenstandes mit der Meßanordnung, und dadurch mit der übrigen Welt, ins Spiel gekommen ist. Der Übergang ist nicht verknüpft mit der Registrierung des Beoachtungsergebnisses im Geiste des Beobachters.«[86]

Wie mit der statistischen Interpretation der Schrödingergleichung bereits angedeutet, gilt das kantsche Kausalitätsgesetz, durch das jede Wirkung auf eine Ursache zurückgeführt werden kann, nach ›Kopenhagen‹ nur noch eingeschränkt. Der statistische Charakter der Quantenmechanik ist nach Heisenberg keine Eigenschaft der Natur, sondern eine Folge der Beobachtung.

Schrödinger wird noch in den 1950er Jahren dafür plädieren, die Rede von Teilchen, Partikeln und Quantensprüngen aufzugeben und stattdessen von einer kontinuierlichen Dichteverteilung $|\psi|^2$ zu sprechen, da dem Teilchen innerhalb der Quantenmechanik keine Individualität diagnostiziert werden kann, der Welle aber schon:

»Wir sprechen davon, daß eine Korpuskel kein Individuum ist. Man beobachtet eigentlich nie *dieselbe* Partikel ein zweites Mal. [...] Man kann ein Elektron nicht kennzeichnen, nicht ›rot anstreichen‹, und nicht nur das, man darf sie sich nicht einmal gekennzeichnet *denken*, sonst erhält man auf Schritt und Tritt falsche Ergebnisse – für die Struktur der Linienspektren, in der Thermodynamik u.v.m. Im Gegensatz dazu ist es aber ganz leicht, einer *Welle* individuelle Struktur aufzuprägen, an der sie mit voller Sicherheit wiedererkannt wird. Denken Sie nur an die Leuchtfeuer zur See. Nach einem bestimmten Code ist jedem seine Lichtfolge vorge-

---

86 Heisenberg, Werner: *Physik und Philosophie*, Stuttgart 1978, S. 27ff.

schrieben, etwa 3 Sekunden Licht, 5 Sekunden Dunkel, 1 Sekunde Licht, wieder 5 Sekunden Pause und dann wieder Licht für 3 Sekunden usw. Der Schiffer weiß: Das ist San Sebastian. Ähnliches gilt für Heulbojen, nur sind es da Schallwellen. Oder: Sie telefonieren drahtlos mit einem guten Freund in New York; sobald er hineinspricht ›Halloh, grüetsi, hier isch Eduard Meier‹, wissen Sie, daß seine Stimme der Radiowelle eine Struktur aufgeprägt hat, die fünftausend Meilen weit zu Ihnen gewandert und mit Sicherheit von jeder anderen zu unterscheiden ist […]. Unsere ganze sprachliche Verständigung beruht auf aufgeprägter individueller Wellenstruktur. Und welche Fülle von Einzelheiten in rascher Folge übermittelt uns nach demselben Prinzip das kinematographische Bild oder das Fernsehbild!«[87]

Die Frage nach der Identität eines physikalischen Phänomens oder auch der Gültigkeit eines physikalischen Begriffs wird von Schrödinger signaltheoretisch formuliert, obwohl die Physik den phänomenologischen Boden der Tatsachen schon lange verlassen hat.[88] Als Referenz dienen ihm optische und akustische Medien, die allesamt auf Wellenmodulation beruhen und ein identifizierbares Signal erzeugen. Schrödinger bewegt sich mit diesen Beispielen innerhalb einer simultanen Wissensordnung. Das Signal als individuelle, sicht- oder hörbare Struktur einer elektromagnetischen Welle bezieht sich hier auf analoge Medien. Für Schrödinger, der wie Einstein Violine spielt, erfüllen Medien aufgrund ihrer analogen, d.h. kontinuierlichen Struktur eine ontologische Rolle; an ihnen soll sich die physikalische Sprache in Wort und mathematischer Formalisierung orientieren. Nur eine solche Natur sei überhaupt noch als Natur identifizierbar.

Heisenberg spielt Klavier und denkt auch physikalisch nicht in kontinuierlichen oder simultanen Begriffen. Für ihn und die ande-

---

87 Schrödinger, Erwin: »Unsere Vorstellung von der Materie« (1952), in: Ders.: *Was ist ein Naturgesetz? Beiträge zum naturwissenschaftlichen Weltbild*, Oldenburg 1997, S. 102–120, hier S. 118.
88 Vgl. *1.3.3 Gegenwelt* und Uexkülls Feststellung, dass im Falle des Protoplasmas kein zweiter Reiz dasselbe Tier trifft. Die Frage der Individualität wird von der theoretischen Biologie in Bezug auf »Organismen« zur selben Zeit eingeschränkt, wie die Quantenmechanik die Individualität der Teilchen aufgibt; eine Entwicklung der Naturbegriffe, die Schrödinger offensichtlich auch in den 1950er Jahren noch ablehnt, obwohl er selbst statistische Physik an der Schnittstelle zur Biologie betreibt.

ren ›Kopenhagener‹ ist die Natur sehr wohl algebraisch zu beschreiben, und d.h. diskontinuierlich.[89] Der Zusammenhang von digitalen Medien und der Sprache der Quantenmechanik wird wissensgeschichtlich mit John von Neumanns *Mathematischen Grundlagen der Quantenmechanik* von 1932 auffällig, da von Neumann nicht nur den Streit um die Schreibweisen mithilfe des Hilbertraums beendet, sondern 1945 auch für die Architektur des ersten Digital-Rechners verantwortlich zeichnet.[90]

Darum beschäftigt die Frage nach der ›richtigen‹ Sprache der Mikrophysik, Differenzialrechnung oder Algebra, Welle oder Teilchen zwischen 1926 und 1955 fast alle, die an der Formulierung der neuen Quantenphysik beteiligt sind und schreibt sich als ontologische Frage auch in den zeitgenössischen philosophischen Diskurs ein.

Dass es die Physik seit der Kopenhagener Deutung nicht mehr mit Substanzen und Individuen, sondern mit Formalismen und experimentellen Anordnungen zu tun hat, können auch immer neue Entdeckungen bzw. Bezeichnungen von Elementarteilchen seit den 1930er Jahren nicht verbergen. Allein aus der alten Differenz zwischen Licht und Materie gehen ganze Klassen von Elementarteilchen hervor: Fermionen haben einen halbzahligen Spin und müssen sich in einem gemeinsamen System immer in einer Quantenzahl unterscheiden (Paulis Ausschließungsprinzip). Bosonen haben einen ganzzahligen Spin und unterliegen nicht dieser Regel. (Beispielsweise befinden sich in einem Bose-Einstein-Kondensat alle bosonischen Atome im selben Grundzustand und sind ununterscheidbar.)

Worüber der Teilchenzoo nicht hinwegtäuschen kann, ist der substanzielle Verlust, den die Physik erleidet, als sie von dem Anspruch einer vollständigen Beschreibbarkeit der Natur abrückt und nur noch beobachtbare Größen zulässt. Für Schrödinger, Einstein u.a. ist die Physik durch den Welle-Teilchen-Dualismus in eine materielle Krise geraten, von der sie sich so schnell nicht mehr erholen wird, es sei denn, sie schraubt die selbst produzierten Gewissheiten in ihren ontologischen Aussagen zurück.[91]

---

89 Max Born promovierte bei David Hilbert in Göttingen.
90 Vgl. Neumann, John von: *Mathematische Grundlagen der Quantenmechanik*, Berlin 1932; sowie ders.: »First Draft of a Report on the EDVAC« (1945), in: *IEEE Annals of the History of Computing* 15.4 (1993), S. 22–75.
91 Vgl. »Die Krise« in: Schrödinger: »Was ist ein Naturgesetz?«, S. 102f.

Max Born und Pascual Jordan berufen sich 1925 beim Rückzug auf beobachtbare Größen explizit auf Einsteins »operationale Analyse der Gleichzeitigkeit in der speziellen Relativitätstheorie.«[92] Heisenberg berichtet von einem Gespräch mit Einstein im Jahre 1926, in dem dieser sich von seinem eigenen Beobachtungspostulat distanziert. Obwohl Einstein den Begriff der absoluten Zeit mit dem Argument verwirft, beobachtbar und zur Bestimmung der Zeit maßgebend seien einzig die Angaben der Uhren, wehrt er sich dagegen, die theoretische Physik insgesamt auf diese Einschränkung aufzubauen. Beobachtbar, so Einstein, ist immer nur das, was die Theorie zulässt.[93]

Das Realitätspostulat der Quantenmechanik markiert eine neue Wissensordnung der Unbestimmtheit, weil sie darauf besteht, dass es zwei zueinander komplementäre Experimentalanordnungen gibt, die sich nicht zur Deckung bringen lassen. Während die Relativitätstheorie ihre Messungen von starren Maßstäben und Uhren abhängig macht, geschieht innerhalb der Quantenmechanik das Messen von Impulsen und Energien mittels beweglicher Teilchen, die den Stoß des zu messenden Objektes aufnehmen und anzeigen; es gibt keine festen Maßstäbe mehr. Innerhalb der Quantenmechanik ist die Natur wesentlich unbestimmt, weil ontologische Aussagen nur unter Einbeziehung der Wechselwirkung zwischen Apparat und Objekt möglich sind. Innerhalb der Relativitätstheorie dagegen erscheint Natur im Rahmen der Simultanität weiterhin determiniert.[94]

Für Einstein, so erinnert sich Heisenberg, macht eben dies die Kopenhagener Deutung so »gefährlich«, weil die Physik mit dem Rückzug auf beobachtbare Größen aufhöre, eine Naturwissenschaft zu sein:

»Jetzt bewegen sich Ihre Gedanken aber in einer sehr gefährlichen Richtung. Sie sprechen nämlich auf einmal von dem, was man über die Natur weiß, und nicht mehr von dem, was die Natur wirklich tut. In der Naturwissenschaft kann es sich aber nur darum handeln, herauszubringen, was die Natur wirklich tut. Es könnte doch sehr wohl sein, daß Sie und

---

92 Vgl. Cassidy: *Werner Heisenberg*, S. 248.
93 S. 91ff; sowie Born: *Physik im Wandel meiner Zeit*, S. 175. Heisenberg, Werner: *Gesammelte Werke. Physik und Erkenntnis 1969–1976*, Zürich 1985, S. 91ff; sowie Born: *Physik im Wandel meiner Zeit*, S. 175.
94 Vgl. ebd., S. 182.

ich über die Natur etwas verschiedenes wissen. Aber wen soll das schon interessieren? Sie und mich vielleicht.«[95]

Beim Nebeneinander von Wellen- und Teilchenbild und dem Streit um angemessene Begriffe und mathematische Schreibweisen handelt es sich um ein tiefes epistemologisches Problem, und zwar in dem Sinne, den Gaston Bachelard diesem Begriff angeraten hat. Wellen- und Teilchenbild lassen sich nicht vereinigen, sie sind nur klar, wenn man sie trennt. Bachelard, der in den frühen 1930er Jahren *Der Neue wissenschaftliche Geist* verfasst, entwickelt seinen Ansatz einer historischen Epistemologie aus der Wissensordnung der *Unbestimmtheit* heraus und kommt dabei zu einer überzeugenden Lösung des physikalischen Grundlagenstreits: »Die Welle ist eine Wahrscheinlichkeitsverteilung, die Korpuskel eine Wahrscheinlichkeit.«[96]

Was für Schrödinger und Einstein eine physikalische Not ist, ist für die Kopenhagener, unter ihnen Born, philosophische Tugend. Die Sprache der Wahrscheinlichkeit, die Nicht-Identität von Materiebildern und die Aufgabe eindeutiger Wahrheitsansprüche sind für Born segensreiche Errungenschaften der Moderne:

»Die Elementarprozesse verlaufen nicht deterministisch, sondern gemäß den spezifischen Wahrscheinlichkeitsgesetzen der Quantentheorie. Ich glaube, daß Ideen wie absolute Richtigkeit, absolute Gesetzmäßigkeit, endgültige Wahrheit usw. Hirngespinste sind, die in keiner Wissenschaft zugelassen werden sollten. Man kann aus einem immer beschränkten Wissen von der gegenwärtigen Lage Vermutungen und Erwartungen bezüglich der künftigen Lage erschließen, und diese werden durch Wahrscheinlichkeiten ausgedrückt. Jede Wahrscheinlichkeitsbehauptung ist vom Standpunkt der zugrunde liegenden Theorie entweder richtig oder falsch. Diese Lockerung des Denkens scheint mir als der größte Segen, den die heutige Wissenschaft uns gebracht hat. Ist doch der Glaube an eine einzige Wahrheit und deren Besitzer zu sein die tiefste Wurzel allen Übels auf der Welt.«[97]

---

95 Gedächtnisprotokoll von Heisenberg über einen Dialog mit Einstein: Heisenberg, *Gesammelte Werke. Physik und Erkenntnis 1969–1976*, S. 98.
96 Bachelard, Gaston: *Der neue wissenschaftliche Geist*, Frankfurt a.M. 1988, S. 99.
97 Vgl. Born: *Physik im Wandel meiner Zeit*, S. 265.

Die ontologische Debatte um das Wesen der Natur innerhalb der Quantenphysik lässt eindeutige Seinsbestimmungen naturwissenschaftlich fragwürdig werden. Die technische Entwicklung der Experimentalphysik erzwingt eine zunehmende Formalisierung der Physik und bringt einen neuen Typus von Physiker hervor, der sich selbst als teilnehmender Beobachter versteht und damit eine Einschränkung ›objektiver‹ Naturbeschreibungen festschreibt.

Die Quantenmechanik entwirft sich als Physik der Wechselwirkung zwischen Objekt und Apparat explizit als Physik des Zwischenraums. Allerdings sind Licht, Wärme und Schall nunmehr keine (menschlichen) Empfindungsqualitäten mehr, sondern werden durch die neue Physik des sehr Kleinen in Naturgesetzen formalisiert und ins Symbolische der theoretischen Physik eingeschrieben. Von dort aus produziert der neue quantenphysikalische Formalismus immer neue und experimentell immer schwerer nachzuweisende physikalische Phänomene. Die physikalische Frage nach dem Ding bringt einen neuen Begriff des Mediums hervor.

Diese Dynamik zwischen Formalisierung und Experimentalanordnung beschäftigt Heidegger. Die erste, zwischen 1935 und 1939 stattfindende Auseinandersetzung mit der Ontologie und den Begriffen der Quantenphysik führt ihn wiederholt zu Kant zurück, gleichzeitig entsteht ein verstärktes Interesse an der vorsokratischen Tragödie und ihrem »Vorwissen« des Raums.

Heideggers Versuche, die durch die Quantenphysik aufgeworfene ontologische Frage sprachlich und geschichtlich, also philosophisch wieder einzuholen, ist dem Vorrücken physikalischer Beobachtung und der Suche nach universellen Maßeinheiten im Zwischenraum von Mensch und Ding geschuldet.

Seine Diagnose, dass es die Physik nunmehr mit objektbezüglichen und subjektbezogenen Dingen gleichermaßen zu tun hat, zieht Konsequenzen für das eigene philosophische Selbstverständnis und Programm nach sich. Denn eine solche Ontologie wandelt nicht nur die Gegenständlichkeit der Physik, sondern auch das Sein des Beobachters.

2.1.3 Chora. Physis und Sprache

Heideggers Lob der Quantenmechaniker, mit dem er ihnen im Winter 1935/36 attestiert, »neue Fragestellungen zu schaffen und vor allem in der Fragwürdigkeit auszuharren«, stellt über den Begriff der »Fragwürdigkeit« eine direkte Beziehung zwischen der eigenen Kehre dieser Zeit und der Kopenhagener Deutung der Quantenmechanik her.[98] In beiden Fällen wird das Seiende nicht mehr als bloß vorhandene Tatsache oder vorhandenes Objekt unabhängig von der Beobachtung behandelt.

> »Zunächst erschien uns ›Sein‹ wie ein leeres Wort mit einer verschwebenden Bedeutung. Daß dem so sei, erschien als eine feststellbare Tatsache unter anderen. Zuletzt aber zeigte sich das anscheinend Fraglose und weiter nicht mehr Befragbare als *das Fragwürdigste.* Das Sein und das Verstehen des Seins sind nicht eine vorhandene Tatsache.«[99]

Als Heidegger im Sommersemester 1935 die Frage nach dem Sein und seiner Geschichte der Daseinsanalyse erstmals voranstellt, geschieht dies noch unter ausdrücklicher Abgrenzung vom physikalischen Naturbegriff:

> »Versteht man nun aber, wie das meist geschieht, *physis* nicht im ursprünglichen Sinne des aufgehenden und verweilenden Waltens, sondern in der späteren und heutigen Bedeutung als Natur und setzt man außerdem noch als die Grunderscheinung der Natur die Bewegungsvorgänge der stofflichen Dinge, Atome und Elektronen an, das, was die neuzeitliche Physik als Physis erforscht, dann wird die anfängliche Philosophie der Griechen zu einer Naturphilosophie, zu einer Vorstellung aller Dinge, gemäß der sie eigentlich stofflicher Natur sind.«[100]

Durch die Begegnung mit Heisenberg und Viktor und Carl Friedrich von Weizsäcker und die Gespräche zur Einführung des Subjekts in die Beobachtung ist Heidegger zu der Einsicht gekommen, dass

---

98 Vgl. *2.1.1 Naturgesetz.*
99 Heidegger, Martin: *Einführung in die Metaphysik* (1935), Tübingen 1998, S. 153.
100 Ebd., S. 12.

es sich bei Atomen und Elektronen gerade nicht im herkömmlichen Sinne um Substanzen handelt. Wenn im Folgenden wechselseitige Bezüglichkeiten zwischen dem Diskurs der Quantenmechanik und Heideggers Spätwerk aufgezeigt werden, bleibt zu bedenken, dass auch die Quantenmechanik als Wissenschaft Gegenstand von Heideggers Wissenschaftskritik ist. Heideggers philosophische Abkehr von der (Geistes-)Wissenschaft zugunsten eines »dichtenden Denkens« verortet sich jenseits der zwei Wissenskulturen gerade durch den Bezug auf die Naturwissenschaften.[101] Die Beobachtung der Physik schreibt sich in den Beobachter ein.

Heideggers »Erkundung der *physis* und ihrer Entmachtung«[102] fragt zunächst die Philosophie nach ihrer Auffassung und ihrem spezifischen Vergessen des Seins, der *physis*. Was heute mit »Natur« übersetzt wird, »meint ursprünglich sowohl den Himmel als auch die Erde, sowohl den Stein als auch die Pflanze, sowohl das Tier als auch den Menschen und die Menschengeschichte als Menschen- und Götterwerk, schließlich und zuerst die Götter selbst unter dem Geschick.«[103]

Die Erkundung der *physis* lässt sich aber nicht vom vermeintlichen griechischen Anfang her aufziehen, denn mit den Begriffen wandelt sich schließlich auch das Denken und das Dasein. Es gibt kein Zurückschreiten in die dichterisch-denkende Grunderfahrung des Seins bei den Griechen. Was sich 1935 im Denken Heideggers als anderer Anfang vollzieht, ist ein Sprung in die Sprache, eine Radikalisierung der Ontologie als Sprache gerade in Bezug auf den Begriff der Erfahrung:

---

101 »Alles wissenschaftliche Denken ist nur eine abgeleitete und als solche dann verfestigte Form des philosophischen Denkens. Philosophie entsteht nie aus und nie durch Wissenschaft. Philosophie läßt sich nie den Wissenschaften gleichordnen. Sie ist ihnen vielmehr vorgeordnet und das nicht etwa nur ›logisch‹ oder in einer Tafel des Systems der Wissenschaften. Die Philosophie steht in einem ganz anderen Bereich und Rang geistigen Daseins. In derselben Ordnung ist die Philosophie und ihr Denken nur mit der Dichtung.« (ebd., S. 20.)
102 So lautet der Titel des entsprechenden Artikels zur *Einführung in die Metaphysik* von Richard Polt im Heidegger-Handbuch. Vgl. Polt, Richard: »Einführung in die Metaphysik. Eine Erkundung der *physis* und ihrer Entmachtung«, in: Thomä, Dieter (Hg.): *Heidegger-Handbuch*, Stuttgart, Weimar 2003, S. 174–181.
103 Heidegger: *Einführung in die Metaphysik* (1935), S. 11.

»Wir aber überspringen jetzt diesen ganzen Verlauf der Verunstaltung und des Verfalls und suchen die unzerstörte Nennkraft der Sprache und Worte wieder zu erobern; denn die Worte und die Sprache sind keine Hülsen, worin die Dinge nur für den redenden und schreibenden Verkehr verpackt werden. Im Wort, in der Sprache werden und sind erst die Dinge.«[104]

Die Sprache zurückerobern und das Sein zu bestimmen, ist in der *Einführung in die Metaphysik* nicht mehr als ein Programm, der emphatische Auftakt zu einer anderen Philosophie, dem Spätwerk. Die Vorlesung liefert kaum mehr als eine kurze Geschichte und Kritik der Ontologie, die unter diesem Titel erst seit dem 17. Jahrhunderts das Sein regiert und mit Kants transzendentaler Wende zu Beginn des 19. Jahrhunderts bereits ihr Ende gefunden hat. Heideggers Überlegungen zur verstellten Vorgeschichte der *ousia* implizieren eine Geschichte der *physis*, die (noch) nicht in Begriffen der ständigen Anwesenheit und der Substanz gedacht wird, die keine Tatsachenwissenschaft und dennoch alles andere als unbestimmt bleibt, denn »die Rede von der Unbestimmtheit und Leere des Seins ist irrig«.[105]

Unbestimmtheit und Leere des Seinsbegriffes sind Folgen der Ontologie, so Heideggers Fazit. Die Seinsvergessenheit modernen Denkens entfaltet sich paradoxerweise als Geschichte der vermeintlichen Wissenschaft vom Sein in einem relativ kurzen Zeitraum von etwa 200 Jahren, zwischen Descartes und Kant:

»Der Titel ›Ontologie‹ wurde erst im 17. Jahrhundert geprägt. Er bezeichnet die Ausbildung der überlieferten Lehre vom Seienden zu einer Disziplin der Philosophie und zu einem Fach des philosophischen Systems. Die überlieferte Lehre aber ist die schulmäßige Zergliederung und Ordnung dessen, was für Platon und Aristoteles und wieder für Kant eine *Frage* war, freilich eine schon nicht mehr ursprüngliche.«[106]

---

104 Ebd.
105 Ebd., S. 154: Das griechische *ousia* übersetzt Heidegger mit »Sein« im Sinne von »Dasein« und »Wesen«, »Wirklichkeit«; sowie »Vermögen, Eigentum, Besitz«; – lat. »Substanz«.
106 Ebd., S. 31.

Es gilt die Seinsbestimmungen und -begriffe, die im Zuge der frühen Aufklärung, der rationalen Methode und der Systematisierung der Philosophie getroffen wurden, zu überwinden. Heidegger sieht den tieferen Grund in der schon im ersten Teil dieser Arbeit ausführlich besprochenen Raumvorstellung und den diagrammatischen Verfahren zur Verräumlichung des Seienden seit Erfindung der analytischen Geometrie. Das Aufkommen der Ontologie wird von Heidegger auf das Entstehen der analytischen Geometrie mit Descartes bezogen.

> »Das Seiende wird nicht mehr behauptet (d.h. als solches gewahrt). Es wird jetzt nur vor-gefunden, ist Befund. Das Vollendete ist nicht mehr das in Grenzen Geschlagene (d.h. in seine Gestalt gestellte), sondern nur noch das Fertige, als solches für jedermann Verfügbare, das Vorhandene, darin keine Welt mehr weltet – vielmehr schaltet und waltet jetzt der Mensch mit dem Verfügbaren. Das Seiende wird Gegenstand, sei es für das Betrachten (Anblick, Bild), sei es für das Machen, als Gemächte und Berechnung. Das ursprünglich Weltende, die *physis*, fällt jetzt herab zum Vorbild für das Abbilden und Nachmachen. Natur wird jetzt ein besonderer Bereich im Unterschied zur Kunst und zu allem Herstellbaren und Planmäßigen.«[107]

Der seinsgeschichtliche Sprung, den es ab der Mitte der 1930er Jahre mit Heidegger zu denken gilt, ist ein Sprung über den »Abgrund des Zeit-Raums« und in den Grund der herrschenden Raum-Zeit-Verfahren.[108] In den *Beiträgen zur Philosophie* wird dieser Zusammenhang explizit an die Frage gekoppelt, wie es überhaupt zur Mathematisierung von Raum und Zeit kommen konnte. Die modernen Verfahren zur wissenschaftlichen Herstellung von vorhandenen Gegenständen überdecken ein mögliches anderes Verstehen von Raum und Zeit und damit auch einen anderen Anfang der Philosophie, aus dem heraus Heidegger zufolge erst die Bestimmung des Seins im Sinne der *physis* möglich ist:

---

107 Ebd., S. 48.
108 Vgl. Heidegger: *Beiträge zur Philosophie* (GA 65), S. 379ff.

»›Sein‹ sagt für die Griechen: die *Ständigkeit* in dem Doppelsinne:
1. das In-sich-stehen als Ent-stehendes (*physis*),
2. als solches aber ›ständig‹, d.h. bleibend, Verweilen (*ousia*). Nicht-sein heißt demnach: aus solcher in sich entstandenen Ständigkeit heraustreten: *existasdai* – ›Existenz‹, ›Existieren‹ bedeutet für die Griechen gerade: nicht-sein.«[109]

Der antike Begriff der *physis* umfasst das Werdende, das formgewordene Anwesende ebenso, wie das aus seinem Sein Heraustretende und insofern selbst Nicht-Seiende. Der Begriff der Existenz wird von Heidegger an dieser Stelle aus dem Bereich der *physis*, des Seins herausgelöst. Was existiert, ist und *ist* zugleich nicht.

Dem modernen Denken fällt es schwer, die ontologische Differenz zwischen Sein (*physis*) und Seiendem (*ousia*) zu denken, geschweige denn zu erfahren, weil – und das ist für das Denken einer Medienontologie eine entscheidende Einsicht Heideggers – erstens ein fundamentaler Zusammenhang zwischen dem, was Sprache und dem, was Raum ist, besteht; und zweitens sich dieser Zusammenhang, wenn überhaupt für das moderne Denken nur im Rückgang auf die wechselseitig bezogene Geschichtlichkeit von Sprache und Raum erschließen lässt. Soll also geklärt werden, was *physis* im seinsgeschichtlichen oder archäologischen Sinne meint, muss eine Auseinandersetzung mit der Sprache und den Medien des Zeit-Raums geführt werden.

Zwischenraum

Heisenberg begründet sein ursprüngliches Interesse an der Atomphysik nicht mit den physikalischen Debatten rund um Planck und Einstein, sondern mit der Lektüre von Platons *Timaios* während eines freiwilligen Militäreinsatzes im Frühjahr 1919.

Gerade die Befremdlichkeit, die er angesichts dieser alten, dem herrschenden Positivismus seiner Zeit widersprechenden Naturauffassung empfand, habe in ihm letztlich die Überzeugung reifen

---

109 Heidegger: *Einführung in die Metaphysik* (1935), S. 49.

lassen, »daß man, wenn man die materielle Welt verstehen wollte, etwas über die kleinsten Teilchen wissen mußte«.[110]

Der *Timaios* dient Heisenberg als autobiographische Referenz für sein persönliches Interesse an der Atomtheorie, die im Physikunterricht der Kaiserzeit nicht gelehrt wurde. Der Rückbezug auf die griechische Naturphilosophie und insbesondere auf Platons geometrische Atomlehre fundiert die Quantenmechanik in einem humanistischen Bildungskanon. Heisenberg, Sohn eines Altphilologen, erklärt die Kenntnis der griechischen Naturphilosophie zur Voraussetzung moderner Physik.[111] Die einsteinschen Arbeiten seien ihm 1919 zwar mathematisch, nicht aber physikalisch verständlich gewesen.[112]

Die Naturlehre Platons, der zufolge alles Stoffliche aus vier ideellen, regulären Polyedern zusammengesetzt ist, distanziert sich von den stofflichen Atomlehren der Vorsokratiker Demokrit, Empedokles und Anaxagoras und formuliert mit dem »Aufnehmenden« (griech. *chora*) auch einen Vorbegriff des Raums. Zwischen dem, was gebildet und nachgebildet wird, liegt *chora*, in Platons Kosmologie die gestaltlose, sich selbst enthaltende und das Werdende aufnehmende Räumlichkeit, ohne die nichts sein könnte:

> »Eine dritte Gattung wiederum ist die immer seiende des Raumes (*chora*), die kein Vergehen kennt und allem einen Platz (*topos*) bietet, was ein Entstehen hat, selbst durch eine Art von unechtem Denken ohne Bewusstsein erfassbar (*anaisthesias apton logismo tini notho*), kaum sicher erfassbar, worauf wir auch wie im Traum blicken (*oneiropo-loumen bleppontes*) und sagen, es sei notwendig, dass ein jedes Seiende an irgendeinem Ort (*topo*) sei und irgendeinen Raum (*choran*) einnehme, das aber, was weder auf der Erde noch irgendwo im Himmel sich befinde, überhaupt nicht existiere.«[113]

Chora führt auf unsicheres Terrain, liegt die dritte Form des Seienden doch zwischen der ewigen, unvergänglichen Ideenform und dem an einem Ort sinnlich wahrnehmbaren und vergänglichen Seienden.

———
110 Heisenberg, Werner: *Der Teil und das Ganze*, München 1969, S. 21.
111 Vgl. Cassidy: *Werner Heisenberg*, S. 69.
112 Vgl. ebd., S. 63.
113 Platon: *Timaios*, Stuttgart 2003, S. 97.

Der Raum, den Platon *chora* nennt, ist weder vergänglich, noch ist er lokalisierbar; er entzieht sich den Urteilen des *logos*:

> »Alles […], was dem Bereich der nie schlafenden und wahrhaftigen Natur (*physis*) angehört, können wir aufgrund der Träumerei auch nach dem Aufwachen nicht voneinander unterscheiden, und deshalb nichts Wahres sagen.«[114]

Bei Platon ist *chora* untrennbar mit *physis* verknüpft, die sich eben darum dem *logos* entzieht. Darauf wird im Zusammenhang mit Aristoteles *physis*-Begriff zurückzukommen sein.[115]

In der zweiten Hälfte des 20. Jahrhunderts bezieht sich insbesondere die französische Sprachwissenschaft und dekonstruktive Philosophie auf den platonischen Begriff der *chora*. Es dient dem Verständnis der heideggerschen Verschränkung von Medienontologie und Seinsgeschichte, wenn im Folgenden Parallelen und Differenzen in Heideggers Auffassung der *chora* zur modernen Sprachphilosophie gezogen werden.

Bei Jacques Derrida markiert *chora* eine Art Nullpunkt der Philosophie, der diese hervorbringt, von ihr selbst aber nicht wieder eingeholt werden kann. Innerhalb der derridaschen Lektüre der *chora* spielt der Begriff der *physis* keine Rolle, Derrida liest Platons Dialog anti-ontologisch, für ihn ist *chora* daher auch kein Vorbegriff des Raumes, es handelt sich nicht um etwas Seiendes, *chora* ist kein Name, sondern eine Markierung des Diskurses:

> »Andererseits ist der Diskurs über *chora*, indem er zu denken gibt, was weder dem sinnlichen Sein noch dem intelligiblen Sein, weder dem Werden noch der Ewigkeit angehört, kein Diskurs mehr über das Sein; er ist weder wahr noch wahrscheinlich und steht anscheinend in Heterogenität zum Mythos, zumindest aber zum Mytho-logischen, zu diesem Philosopho-Mythem, das den Mythos seinem philosophischen *telos* einordnet.«[116]

---

114 Ebd., S. 97.
115 Vgl. *2.2 Lesbarkeit der Natur.*
116 Derrida, Jacques: *Über den Namen*, Wien 2000, S. 49.

Chora könne innerhalb des philosophischen Diskurses nicht reflektiert werden, auch nicht als *mythos*. Jede Rede über *chora* führe ins Außen der Philosophie.

Derridas Lektüre des *Timaios* befasst sich daher nicht mit der Naturlehre Platons, die gemeinsam mit der aristotelischen Ursachenlehre die Naturphilosophie bis ins späte Mittelalter hinein geprägt hat, sondern konzentriert sich auf die Dialogstruktur und die Verschränkung von ontologischer (schriftlicher) und mythischer (oraler) Geschichte.

Gegenüber den prinzipiellen Oppositionen der Philosophie wie *logos* und *mythos*, Sinnlichem und Intelligiblem bildet *chora* einen »Vor-Ursprung«, der »einen unreinen, bedrohten, bastardhaft unsauberen und hybriden philosophischen Diskurs erfordert«.[117] Da sich *chora* als Behältnis, Ort der Aufnahme, Unterbringung der Narration in jeder Narration reproduziert, selbst aber niemals Gegenstand der Erzählung sein kann, ist der Begriff zwar für die Geschichte der Philosophie, insbesondere die der Ontologie von großer Bedeutung, bilde aber selbst keinen ontologischen Diskurs aus und bleibe aus der philosophischen Rede ausgeschlossen.[118]

> »Was ihrer ›Mutter‹, ihrer ›Amme‹, ihrem ›Behältnis‹ oder ihrem ›Abdruckträger‹ ähnlich ist, davon kann die Philosophie nicht sprechen.«[119]

Im Anschluss an Platon und Derrida und im Bezug auf das psychoanalytische Vokabular von Freud und Melanie Klein thematisiert Julia Kristeva den Begriff der *chora*, um die Semiotisierung des Körpers im und für das sprechende Subjekt zu markieren.

> »Ohne schon Stellung zu sein, die für jemanden etwas vor-stellt, das heißt ohne Zeichen zu sein, ist die *chora* ebensowenig eine *Stellung*, die jemanden an seiner Stelle vorstellt, das heißt, sie ist noch kein Signifikant: doch erzeugt sie sich in Hinblick auf eine solche Signifikantensetzung. Weder Modell noch Bild, geht sie der Gestaltgebung und insofern auch

---

117 Ebd., S. 70.
118 Vgl. Derrida, Jacques: *Chora,* Wien 1990, S. 55.
119 Derrida: *Über den Namen*, S. 71.

der Spiegelung voraus, denen sie später zugrunde liegt, und sie duldet keine andere Analogie als den Rhythmus von Stimme und Geste.«[120]

Kristeva stellt die Beziehung zwischen *chora* und *physis* als vorsignifikante, regulierende Artikulation in Stimme und Geste wieder her. Der Begriff verweist in ihrer Lektüre auf physische Einschreibungen soziokultureller Kräfte wie Familie oder Geschlecht, die für die sprachlichen Signifikationsprozesse eine physische Matrix bilden, eine erste Manifestation der Triebökonomie, die die Struktur des Subjektes mit den körperlichen Wahrnehmungen des semiotisierbaren Materials wie Stimmen, Gesten und Farben verknüpft. Die Physik des Zwischenraums, hier der zwischen Mutter und Kind, geht als Semiotisierung des Körpers dem Subjekt voraus, indem der Körper der Mutter (oder der Amme) das symbolische Gesetz allein durch die Stockung der kindlichen Triebladungen zu vermitteln vermag.[121]

Im Falle von Heideggers *chora*-Auseinandersetzung sind demgegenüber drei Unterscheidungen zu treffen. Erstens führt er ab den 1930er Jahren bereits einen, um Derridas Vokabular zu gebrauchen, »philosophisch-unreinen« Diskurs, indem er die Figur des logischen Dritten einführt und die Grenze zur Dichtung überschreitet, und zweitens begibt er sich auf die Suche nach einer verschütteten Geschichte der *physis*, die sich nicht auf den Körper des Subjektes beschränkt. Heideggers Wagnis besteht in dem Versuch, Sprache und *physis* in einem gemeinsamen Raum zu verorten, der weder vom philosophisch-tradierten Raum des Subjektes, noch vom psychoanalytisch-tradierten Raum des Unbewussten abgeleitet ist. Weil bereits Parmenides, für den Sein und Denken noch dasselbe ist, philosophisch nicht mehr verstanden wird, sucht Heidegger den »Vor-Ursprung« der Philosophie gerade nicht in Platons *Timaios*, sondern dessen Spuren bei Sophokles und der antiken Tragödiendichtung (und den Übersetzungen ins Deutsche durch Hölderlin). Das bedeutet auch, dass er

---

120 Kristeva, Julia: *Die Revolution der poetischen Sprache*, Frankfurt a.M. 1978, S. 37.
121 Kristevas Auslegung der *chora* und ihre Auffassung der Semiotik gründen sich auf die freudsche Konzeption des Unbewussten und der dualen Triebstruktur. (Vgl. ebd., S. 39.) Derrida löst sich zwar von den physischen Verankerungen, greift aber ebenfalls auf die freudsche Narration zurück, wenn er den philosophischen Diskurs zu einer Vater-Sohn-Rede stilisiert, der die eigene Mutter (oder Amme) ausschließt.

sich von der metaphysischen Tradition ab und der mythologischen Geschichte von *chora* zu wendet.

> »Die Griechen haben kein Wort für ›Raum‹. Das ist kein Zufall; denn sie erfahren das Räumliche nicht von der extensio her, sondern aus dem Ort (*topos*) als *chora*, was weder Ort noch Raum bedeutet, was aber durch das Dastehende eingenommen, besetzt wird. Der Ort gehört zum Ding selbst. Die verschiedenen Dinge haben je ihren Ort.«[122]

Heidegger legt den Begriff der *chora* in Platons *Timaios* nicht als leeres Behältnis oder Amme aus. Er findet in Platons *chora* den Beginn einer bestimmten räumlichen Auslegung des Seienden, die zunächst paradox erscheint: es gibt *chora*, aber nicht als wahrnehmbares Seiendes. Das Wort ist eine Referenz ohne Referenten.[123] Er konzentriert sich bei diesem Begriff auf die Bezeichnung der räumlich-medialen Dimension des Werdens, das »Miterscheinen« oder auch das, »*worin* es [das Seiende; Anm. CV] wird, das Medium, in das ein Werdendes sich hineinbildet, aus dem es dann, geworden, heraussteht«.[124] Die *chora*, die weder sinnlich noch intelligibel ist, bildet eine eigene Gattung, ein drittes Geschlecht (Platon, triton genos, 48a, 52a). Sie fordert die Logik des Nicht-Widerspruchs der Philosophie heraus, sie geht der zweiwertigen Logik der aristotelischen Aussagenlehre voraus. Wenn Heidegger die *Einführung in die Metaphysik* mit der Grundfrage (»Warum ist überhaupt Seiendes und nicht vielmehr Nichts?«) beginnen lässt, dann stellt *chora* die Zulässigkeit dieser Frage zur Disposition: *Chora* ist und ist zugleich nicht.

Heidegger hält es selbst für nötig, seine *chora*-Auslegung nachträglich zu erläutern:

> »[Der Hinweis auf die Timaios-Stelle möchte nicht nur die Zusammengehörigkeit des *paremphainon* und des *on*, des Miterscheinens und des Seins als der Ständigkeit verdeutlichen, sondern zugleich andeuten, daß

---

122 Heidegger: *Einführung in die Metaphysik* (1935), S. 50.
123 Vgl. Derrida: *Über den Namen*, S. 23. Derridas Auseinandersetzung folgt Heideggers auf dem Fuße, aber nicht bis in die seinsgeschichtliche und medienontologische Dimension des Begriffs. Nach Derrida ist *chora* gerade nicht die Vorbereitung der platonischen *idea* und der cartesischen *res extensa* durch ein Medium.
124 Heidegger: *Einführung in die Metaphysik* (1935), S. 50.

sich von der platonischen Philosophie her, d.h. in der Auslegung des Seins als *idea*, die Umbildung des kaum gefaßten Wesen des Ortes (*topos*) und der *chora* in den durch die Ausdehnung bestimmten ›Raum‹ vorbereitet. Könnte *chora* nicht bedeuten: das Sichabsondernde von jedem Besonderen, das Ausweichende, das auf solche Weise gerade anderes zuläßt und ihm ›Platz macht‹?]«[125]

Bei Platon ist noch ein direkter Bezug zwischen Seiendem und Medium gegeben, aber die Ideenlehre wird als erster Schritt hin zu einem von Ort und Medium abstrahierten Raumbegriff verstanden. Mit der Auslegung der *chora* als Medium, das Raum gibt, indem es selbst verschwindet, das anderes zulässt, indem es Platz macht und als Nicht-Seiendes trotzdem mit-erscheint, erschließt Heidegger eine ontologische Dimension des Medialen. Ohne Medium gäbe es kein Seiendes.

Heidegger befragt Platons *Timaios* nach dem *Medium* des *paremphainon*, des Mit-zum-Erscheinen-bringens, und in diesem Zusammenhang wird *chora* – indem er Platon wieder verwirft – das Medium, das selbst nicht erscheint:

»In diesen örtlichen ›Raum‹ [*topos* als *chora*, Anm. CV] wird das Werdende hinein und aus ihm herausgestellt. Damit dies aber möglich ist, muß der Raum bar sein aller der Weisen des Aussehens, die er irgendwoher soll aufnehmen können. Denn wäre er irgendeiner der in ihn eingehenden Aussehensweisen ähnlich, so würde er bei der Aufnahme von Gestalten teils entgegengesetzten, teils gänzlich anderen Wesens eine schlechte Verwirklichung des Vorbildes zustande kommen lassen, indem er hierbei doch sein eigenes Aussehen mit zum Vorschein brächte. [...] Das, worein die werdenden Dinge hineingestellt werden, darf gerade nicht einen eigenen Anblick und ein eigenes Aussehen darbieten.«[126]

Der Zwischenraum muss notwendig unbestimmt sein, um bestimmbar zu sein. Diese Unbestimmtheitsrelation, die Heidegger dem platonischen Medien-Raum, dem Ort-Raum zuschreibt, findet sein modernes Analogon in den Fragwürdigkeiten der Quantenphysiker.

---

125 Ebd., S. 50f. Die eckigen Klammern zeigen an, dass diese Passage nachträglich hinzugefügt wurde.
126 Ebd., S. 50.

Für Heidegger ist Platons *chora* nicht das erste oder letzte Wort in Sachen Zwischenraum, bietet aber den Anlass und die Möglichkeit, den Zusammenhang von Raum, Medium und Sprache zu verhandeln.

Die Betonung der Gestaltlosigkeit der *chora* und ihre Rolle für das Erscheinen der Dinge lassen sich mit Fritz Heiders Differenzierung von Ding und Medium korrelieren. Was für die Wahrnehmung die Rolle des Mediums und die des Erkenntnisobjektes übernimmt, ist für Heider abhängig von der Dimension der physikalischen Einheiten. Heider »quantelt« im planckschen Sinn das Wahrnehmungsgeschehen. Während Medien ohne eigene Gestalt sind und aus vielen voneinander unabhängigen Teilen bestehen, haben Dinge eine feste oder auch erstarrte Form. Sie bilden eine Einheit in der Mesoebene der Welt, der Dimension menschlicher Wahrnehmung. Um Dinge durch »Fernwahrnehmung« (Sehen, Hören) aber überhaupt wahrnehmen zu können, müssen sie durch Medien wie Licht- und Schallwellen transportiert und vermittelt werden.

> »Und daher ist dort, wo es nur kleine Einheiten gibt, für uns ›Nichts‹ da; ein Raum, der nur mit Luft erfüllt ist, ist leer. Wenn ein Stein fällt, so fällt er, bis er an ein Ding kommt, wenn ich eine Kugel über die Fläche rollen lasse, so rollt sie, bis sie an eine Wand oder ein anderes festes Ding stößt […]. Das muß man sich klar machen: daß nicht alles Geschehen für uns Bedeutung hat, daß sehr viel geschieht, was in unsere Welt nicht hinaufsteigt. Und die Medien sind zwar erfüllt von Einheiten niederer Ordnung, aber leer in Bezug auf unsere Ordnung. Beide Geschehen, sowohl das grobdingliche, als auch das der kleinen Moleküle, sind also an statische Einheiten geknüpft. Nur das grobdingliche ist für uns von Wichtigkeit.«[127]

Heiders Quantelung der Wahrnehmung entsteht nicht nur durch den Einfluss der Gestaltpsychologie.[128] Zum epistemischen Feld von *Ding und Medium* gehört auch die Debatte zwischen Anhängern der

---

127 Fritz Heider: *Ding und Medium*, Berlin 2005, S. 65f.
128 Vgl. das Vorwort von Dirk Baecker in ebd., S. 7.

Quanten- und Wellenmechanik, die bei Erscheinen des Aufsatzes 1926 ihren Höhepunkt erreicht hatte. Heider verweist auch explizit auf die mathematische Physik.[129] De Broglies und Schrödingers Identifizierung von Licht und Materie wird von Heider als Ding und Medium im Sinne der Gestaltpsychologie übernommen. Für den Psychologen Heider ist die Frage der Kausalität in Bezug auf die Wahrnehmung nur noch bedingt zu beantworten.[130]

Der Wahrnehmungsraum lässt sich nicht durch die Differenz von Ursache und Wirkung beschreiben und ist auch nicht allein durch naturgesetzlich beschreibbare Prozesse bedingt. Denn diesen Raum bilden nach Heider auch Medien wie Buchstaben oder Morsecode, die wie Schallwellen aus Einheiten bestehen, die unabhängig voneinander existieren und neue Verknüpfungen und (Sinn-)Einheiten zulassen.[131] Für Heider sind Medien aufgrund einer »losen Koppelung« sowohl für die Überbrückung räumlicher Distanz (Fernwahrnehmung) zuständig, als auch maßgeblich an der Produktion von Erkenntnis – etwa durch Schrift oder Stimme – beteiligt.

Die Ursächlichkeit, die Heidegger zwischen Ideenlehre und Raumabstraktion am Werke sieht, ist in einem heiderschen Sinne medial begründet: Für die Sprache gibt es zwei Medien, die Stimme und die Schrift. Aber ihre *chora*, der entsprechende Signalraum – Resonanz- oder Zeichenraum – und damit die physikalischen Einheiten sind verschieden. Nach Heidegger fällt mit der Entscheidung zugunsten der optischen Erscheinung der Sprache als Schrift und damit für eine Lösung der Sprache vom Ort und vom Medium der Stimme auch eine Entscheidung für die Raumabstraktion und die Lösung der Sprache vom Medium. Als Resultat herrscht eine grammatikalische Auffassung von Sprache und ein abstrakter Raumbegriff; der Medien-Raum-Bezug ist vergessen.

»Die Griechen betrachten die Sprache in gewissem Sinne optisch, nämlich vom Geschriebenen her. Darin kommt Gesprochenes zum Stehen. Die Sprache ist, d.h. sie steht im Schriftbild des Wortes, in den Schriftzeichen, in den Buchstaben, *grammata*. Darum stellt die Grammatik die seiende Sprache vor. Dagegen verfließt die Sprache durch den Fluß der Rede ins

---

129 Vgl. ebd., S. 73.
130 Vgl. ebd., S. 34.
131 Vgl. ebd., S. 47f.

Bestandlose. So ist denn bis in unsere Zeit die Sprachlehre grammatisch ausgelegt.«[132]

Wohl wussten die Griechen um den Lautcharakter der Sprache: Rhetorik und Poetik zeugen vom Denken der *phoné*, aber die Vergegenständlichung der Sprache, die Ständigkeit der Sprache ergibt sich erst durch ihre Verschriftlichung, und darauf folgt ihre Verwissenschaftlichung: Aus den *grammata*, den Buchstaben, entwickelt sich die Grammatik.

Das Ressentiment des Seinsgeschichtlers gegenüber dem bezugs- und zeitlosen Infinitiv, dem ungebeugten Wort, ist deutlich ausformuliert. Dieser zeichne sich geradezu durch einen »Mangel am Zum-Vorschein-bringen« aus. Die Grammatik mit ihrer Stillstellung durch den Infinitiv ist ein frühes Verfahren der Seinsvergessenheit, die sich auf diese Weise in die Sprache einschreibt.

Aber auch die dem Infinitiv mangelnde Beugung und Seinsbestimmung ist selbst geschichtlich: Im griechischen Infinitiv fehlt gegenüber dem konjugierten Wort die Bestimmung der Person, Zahl, etc. Im Lateinischen fällt dann auch noch die Modus- und Tempusbestimmung weg.

»Können wir uns jetzt noch darüber wundern, daß das Sein ein so leeres Wort ist, wenn schon die Wortform auf eine Entleerung und die scheinbare Verfestigung der Leere angelegt ist?«[133]

Was mit dem Sein, der *physis* scheitert, das könnte mit dem Zwischenraum gelingen. Hier ist die seinsgeschichtliche Verfallsgeschichte leichter nachzuvollziehen: Raum kann als Ausdehnung verstanden Heidegger zufolge erst mit Platons Ideenlehre entstehen, wenn Räumlichkeit als Raum, als *idea* ausgelegt wird und damit selbst Ding wird und eine Gestalt erhält: als Buchstabe. Raum als Ausdehnung geht in der heideggerschen Version erst aus dem ursprünglichen Verhältnis von *topos* und *chora*, von Ort und Leerstelle oder auch Raum als Medium hervor. Zwischen Ding und *chora* besteht ein mediales Verhältnis, insofern das eine nur erscheinen kann, indem das andere

---

132 Heidegger: *Einführung in die Metaphysik* (1935), S. 49.
133 Ebd., S. 53.

verschwindet. Nur insofern *chora* selbst kein *eidos* und keine *idea* hat, kann es Dinge *miterscheinen* lassen und »Raum geben«.

Von der Schrift, dieser ersten physischen Manifestation der Seinsvergessenheit, führt kein Weg zum Wissen der *chora* zurück.[134] Heidegger wird die ontologische Verunsicherung in Bezug auf das Sein der Natur und das Sein der Sprache nicht auflösen. Er verweist sie beide 1935 mit dem Begriff der *physis* lediglich auf den »Streit« zwischen *physis* und *logos*, ohne den »Welt nicht welten« kann. Da die Dinge erst in der Sprache werden und sind, die Sprache in ihrer Erscheinung und Geschichte aber ihrerseits vom materiellen Erscheinen der Zeichen, den *grammata* abhängig ist, stehen Sprache und Ding ontologisch in einem wechselseitigen Verhältnis. Mit der Systematisierung des Seienden verliert sich im 17. Jahrhundert das Wissen um diesen Bezug innerhalb der Wissenschaften.

Damit wird bei Heidegger auf eine ontologische Entleerung der Sprache aufmerksam gemacht, wie sie später auch Foucault in der *Ordnung der Dinge* konstatiert hat. Die tiefe Zusammengehörigkeit von Sprache und Welt wird mit dem Ende der Renaissance aufgelöst, weil »die Sprache, statt als materielle Schrift der Dinge zu existieren, ihren Raum nur noch in der allgemeinen Herrschaft der repräsentativen Zeichen finden wird. [...] Die Sachen und die Wörter werden sich trennen. Das Auge wird zum Sehen und nur zum Sehen bestimmt sein; das Ohr lediglich zum Hören. Der Diskurs wird zwar zur Aufgabe haben zu sagen, was ist, aber er wird nichts anderes mehr sein, als was er sagt.«[135]

Seinsgeschichte

Nach Derrida wird mit dem Begriff *chora* nicht nur die zweiwertige Logik von »wahr« und »falsch« oder »Sein« und »Nicht-sein« infrage gestellt, sondern auch die philosophische Unterscheidung zwischen *logos* und *mythos* wird unbestimmbar. Die »Herausbildung der Philosophie als eines Diskurses mit dem Anspruch auf die ausweisbare Wahrheit des eigenen Gesagten« geschieht als historischer Prozess,

---

134 Vgl. *1.2.2 Das Vergessen der Schreibmaschine.*
135 Foucault, Michel: *Die Ordnung der Dinge*, Frankfurt a.M. 1974, S. 75f.

durch die »bestimmte Negation« gegenüber den Physikern, den Sophisten und den Mythologen:

> »Dazu mußte es erst einmal kommen, das heißt die Philosophie mußte sich erst einmal als ein rechtmäßiges Genre, als eine anerkannte Diskursgattung, einrichten. Die frühen Philosophen – und das gilt auch noch für Platon – waren mitnichten ›Reisende ohne Gepäck‹, und die Philosophie ist keineswegs ›ohne Vergangenheit, ohne Verwandte, ohne Familie‹ in die Welt gekommen – in einer Art ›absoluten Anfang‹.«[136]

Heidegger wendet sich in der *Einführung in die Metaphysik* dem vorsokratischen Gepäck der Philosophie zu. Für ihn findet sich der wesentliche Zusammenhang von Philosophie und Geschichte nicht im Feld der Philosophie, sondern wird in Form der Tragödie überliefert. Er stellt nicht Platons *chora* die Frage nach der Ursprünglichkeit geschichtlichen Wissens, sondern übersetzt und interpretiert Sophokles' *chorei* aus dem zweiten Chorlied der »Antigone« (v. 332–375). Heidegger sucht das gesungene und gebeugte Verb als ursprüngliche Erscheinungsform der *chora* auf:

> »Unmittelbar nach dem Haupt- und Leitspruch am Beginn setzt der Gesang hart mit *touto chai poliou* ein. Er singt das Ausbrechen auf das wogende Grundlose, das Aufgeben des festen Landes. Der Aufbruch geschieht nicht bei der heiteren Glätte der strahlenden Wasser, sondern im winterlichen Sturm. Das Sagen von diesem Aufbruch ist in das Bewegungsgesetz der Wort- und Versfügung so eingepaßt, wie das *chorei* in v. 336 an die Stelle gesetzt ist, wo das Versmaß umschlägt: *chorei*, er gibt den Ort auf, er rückt aus – und wagt sich in die Übermacht der ortlosen Meerflut. Wie eine Säule steht das Wort im Bau dieser Verse.«[137]

Chora ist ein Ablaut zu *choros*, Leere, und wird übersetzt mit »Zwischenraum«, »Gegend«, »Stelle«, aber auch mit »Rang« oder »Geltung«. *Chora* heißt auch das die *polis* umgebende Land, die Umgebung, das Außen der *polis*. Das zweite Chorlied der Thebanischen Alten in Sophokles' *Antigone* aber besingt das *chorein* der Menschen,

136 Derrida: *Über den Namen*, S. 76.
137 Heidegger: *Einführung in die Metaphysik* (1935), S. 118.

die auf ihren Schiffen die *polis* verlassen, um auf das Meer hinaus-
zufahren, dort hinaus aufzubrechen. Von Heidegger wird dieses
Aufbrechen, das Verlassen des Ortes, als das »Unheimlichste« am
Menschen bezeichnet. Die Geschichte des Menschen ist bei Heidegger kein stilles Drama einer Raumbildung, sondern geradezu ohren-
betäubend und beängstigend, die Grenzen des Hör- und Sichtbaren
überschreitend.[138]

Das Verb *choreo* sagt so viel wie »Platz machen«, »Raum geben«,
aber auch »durchgehen«, »durchdringen«, »übertragen ablaufen«
und »gelingen«. Zwischen Substantiv und Verb liegt eine verschüt-
tete Geschichte des Platzmachens, Durchdringens, Übertragens und
Gelingens. Die Tragödie des Sophokles enthält lediglich eine Spur
dieser Seinsgeschichte, eine Spur der platonischen *chora*, die vom
»Unheimlichsten« am Menschen berichtet.

Mit dieser dichterischen Überlieferung der Menschwerdung durch
das »Aufgeben des festen Ortes« und den »Aufbruch« ins »Ortlose«
adressiert die *Einführung in die Metaphysik* eine mythologische
Dimension der Seinsgeschichte und ein Denken, das den »reinen Diskurs« der Philosophie verlässt, um als Philosophie das Sein selbst
sprachlich und geschichtlich zu vollziehen.

Die Tragödie fungiert für Heidegger als Medium einer Seinsgeschichte, das zumindest den *Riss*, in dem abstrakter Raum und Idee
entstehen (derselbe Riss, der auch zwischen *logos* und *physis* verläuft) überhaupt sag- und hörbar macht, zum Anwesen bringt und
somit überliefert.

Das Unheimlichste, so legt Heideggers Antigone-Lektüre nahe, und
eigentliches Thema jeder Metaphysik ist das *Zum-Erscheinen-bringen*
des Menschen, das Aufbrechen ins Ortlose, das Durchdringen und
Übertragen, das den Riss zwischen *logos* und *mythos*, zwischen Existenz und *physis*, zwischen Nicht-Sein und Sein überhaupt erst hervorbringt, und mit dem die Metaphysik seit Platon kämpft.

---

138 Das *chorein* markiert somit auch einen anderen Anfang der heideggerschen
Raumlehre, die den »Rückfall in die Behälterphysik und Metaphysik« zu verhindern
sucht, wie er in Form von »holistischen Weltbildern und Mutterleibsimmanenzleh-
ren begangen wird«. (Vgl. Sloterdijk, Peter: *Nicht gerettet. Versuche nach Heidegger*,
Frankfurt a.M. 2001, S. 397f.)

Wenn Jean-Pierre Vernant, dem Derrida seine *Chora*-Schrift widmet, in seiner *Entstehung des griechischen Denkens* die Ursprünge des rationalen Denkens, den Beginn der Philosophie und den Niedergang des Mythos in einen Zusammenhang mit den geistigen und sozialen Strukturen der griechischen *polis* bringt, bewegt er sich in einem der heideggerschen Seinsgeschichte analogen Modell, wenn auch unter anderen Vorzeichen. Die abendländische Vernunft, darin wären Vernant und Heidegger sich einig, verwandelt nicht die Natur, sondern die Sprache und diese den Menschen:

>»Die griechische Vernunft verdankt ihre Gestalt weniger den Verhältnissen zwischen Menschen und Dingen als den Beziehungen der Menschen untereinander, und sie hat sich nicht so sehr aus den Techniken der Bearbeitung der natürlichen Welt entwickelt als vielmehr aus den Verfahren, vermittels derer die Menschen aufeinander Einfluß nehmen und deren gemeinsames Werkzeug die Sprache ist.«[139]

Das Aufsuchen des griechischen Denkens führt auch bei Heidegger nicht zu einer Naturgeschichte, denn »die Natur hat keine Geschichte«. Aber der Mensch »hat« sie auch nicht.[140] Die Verschüttung der *physis* ereignet sich in der Sprache, als Sprache. Das Chorlied der Tragödie wird in der heideggerschen Lektüre zum Medium der Seinsgeschichte, die vom Menschen erzählt, wie er immer schon hin- und hergerissen ist zwischen *dike* und *techné*. *Dike*, in der heideggerschen Übersetzung die Fügung, und keineswegs die Gerechtigkeit, die Norm oder das Gesetz, wird hier dem Wissen gegenüber gestellt: »*Techné* ist die Gewalt-tätigkeit des Wissens.«[141]

Gewalt ist nie Naturgewalt, sie gehört nicht zum Meer, zum Jenseits der *polis*, sondern zum Wissen, das Menschen Steuermänner werden lässt, das in der Sprache wie im Handwerk operiert. Der Chor

---

139 Vernant, Jean-Pierre: *Die Entstehung des griechischen Denkens* (*Les origines de la pensée grecque*, 1962), 1982, S. 134f.

140 Vgl. Heidegger, Martin: »Vom Wesen der Wahrheit«, in: Ders., *Wegmarken* (GA 9), Frankfurt a.M. 2004, S. 177–202, S. 190 und Anmerkung a. An dieser Stelle zeigt sich deutlich, dass Heidegger seinen frühen Begriff der Geschichtlichkeit in den 1940er Jahren selbst als »unzureichend« auffasst.

141 Vgl. Heidegger: *Einführung in die Metaphysik* (1935), S.126. Vgl. außerdem *2.4 Geschickte Maschinen.*

singt auch von der Gewalttätigkeit der Sprache, die den Menschen zwar von seiner Geschichte wissen, ihn in seinem Dasein aber doch nie mehr als ihren Zwischen-Fall sein lässt.[142]

>»Der Wissende fährt mitten hinein in den Fug, reißt [im ›Riß‹] das Sein in das Seiende und vermag doch nie das Überwältigende zu bewältigen. Daher wird er zwischen Fug und Un-fug hin und her geworfen, zwischen dem Schlimmen und dem Edlen.«[143]

Mit dem Begriff der Seinsgeschichte sucht Heidegger nicht etwa ein »primitives Denken« auf,[144] es geht auch nicht um die Manifestation einer irrationalen oder außersprachlichen Ur-Geschichte des Seins oder darum, eine etwaige Funktion des Mythos wissenschaftlich zu bestimmen.[145] Das seinsgeschichtliche Programm des Spätwerks erscheint vielmehr als eine Konsequenz der Konfrontation mit dem recht aktuellen Bündnis aus Zufall und Technik innerhalb der Naturwissenschaften. Das Denken wird aufgerufen, den Riss zwischen *dike* und *techné* erneut zu denken, sich seiner zu erinnern. Seinsgeschichte nach Heidegger spannt sich zwischen Geschick und Technik auf, weil das Verhältnis von *dike* und *techné* ein »gegenwendiges« ist.[146] Die Gewaltsamkeit, von der Sophokles erzählen lässt, kommt nicht aus der Natur, sondern aus den Prozessen des Wissens und seinen Technologien, der *techné* des Menschen.

Vladimir Vukićević stellt in seiner Monographie über Heideggers Sophokles-Lektüre fest, dass es sich bei der Antigone-Auslegung von 1935 und die dortige Betonung der »Gewalt« weniger um eine »Zwie-Sprache« Heideggers mit dem Vorsokratiker, als vielmehr mit Nietzsche handelt, wofür Heideggers zweite, ausführlichere und wider-

---

142 Ebd., S. 125.
143 Vgl.: Ebd., S. 123.
144 Vgl. Hörl, Erich: *Die heiligen Kanäle. Über die archaische Illusion der Kommunikation*, Berlin 2005, S. 184f.
145 »Wissen von einer Ur-geschichte ist nicht Aufstöbern des Primitiven und Sammeln von Knochen. Es ist weder halbe noch ganze Naturwissenschaft, sondern, wenn es überhaupt etwas ist, Mythologie –.« (Vgl.Heidegger: *Einführung in die Metaphysik* (1935), S. 119.)
146 Ebd., S. 124f.

sprechende Auseinandersetzung mit demselben Chorlied von 1942 spricht.[147]

Wie der Bezug zur platonischen *chora*-Auslegung gezeigt hat, ist jedoch die Zwie-Sprache mit Sophokles bereits 1935 für Heidegger unerlässlich, da sich das Programm der Seinsgeschichte als ein doppeltes entwirft: Zum einen gilt es, im Durchgang von Platon bis Nietzsche die Seinsgeschichte als Metaphysik nachzuvollziehen, zum anderen aber auch den Sprung in den anderen Anfang zu wagen, also jenen Anfang, der sich der Philosophie bisher entzogen hat:

> »Der Fortgang des Seins in die Seiendheit ist jene – Metaphysik genannte – Geschichte des Seins, die in ihrem Beginn gleichwesentlich vom Anfang entfernt bleibt wie in ihrem Ende. Daher kann auch die Metaphysik selbst, d.h. jenes Denken des Seins, das sich den Namen ›Philosophie‹ geben mußte, nie die Geschichte des Seins selbst, d.i. den Anfang, in das Licht ihres Wesens bringen.«[148]

Heidegger versucht zeitweise, zwischen diesen beiden Seinsgeschichten auf der Zeichenebene zu unterscheiden – Seinsgeschichte der Metaphysik versus Seynsgeschichte des anderen Anfangs –, lässt davon aber recht bald wieder ab. Wie sich aus der hier vorgelegten Interpretation ergibt, ist zwischen den beiden Wahrheitsgeschichten des Seins nur im Bezug und im jeweiligen Rückgang auf die medialen Operationen, die medialen Akteure und nicht auf der Ebene festgeschriebener Begriffe zu unterscheiden. Die Vorgängigkeit der Geschichte des Seins bedarf des Vollzugs, nicht der Feststellung:

> »Dabei bedeutet die Vorgängigkeit der Geschichte des Seins nicht, daß diese sich anderswo als im Medium menschlicher Schöpfungen – in Wissenschaft, Technik, Kunst und Politik – vollzieht. Vielmehr bedarf sie dieser und vollzieht sich nur über sie; doch sind sie nicht selbstständige Gestalten der Auslegung. Ihre Bestimmung ›Antwort‹ zu sein – eine Ant-

---

147 Vgl. Vukićević, Vladimir: *Heidegger und Sophokles*, Stuttgart 2003, S. 49ff; sowie Heidegger, Martin: »Chorlied aus der Antigone des Sophokles«, in: Ders.: *Aus der Erfahrung des Denkens* (GA 13), Frankfurt a.M. 2002, S. 35–36. Heideggers Übersetzung des *chorein* hat sich bei allen Unterschieden zwischen der ersten und zweiten Auslegung nicht verändert.
148 Heidegger: *Nietzsche II*, S. 446f.

wort, deren das Sein bedarf, um in seiner Wahrheit zur Sprache zu kommen, und kraft deren das menschliche Sagen und Tun seinerseits ›Anteil am Ereignis der Wahrheit des Seins hat.‹«[149]

Das Sein lässt sich in seiner Geschichtlichkeit nicht direkt beobachten oder gar anschreiben, Seinsgeschichte ist als Vollzug ein Prozess zweiter Ordnung. Die beobachtbaren Größen dieser Geschichte sind die Risse, die sich immer wieder innerhalb der geistesgeschichtlichen Einheiten auftun. Die Naturwissenschaft, so wäre mit Emil Angehrn zu präzisieren, ist lediglich ein und von Heidegger bevorzugtes Feld dieser Beobachtung, denn im Inneren der Materie öffnen sich vor dem philosophischen Auge zahlreiche Risse und Abgründe.

Eine Seinsgeschichte, die lediglich als Effekt, als Antwort auf einen selbst nicht hör- oder sagbaren Ruf des Seins gedacht wird, verschreibt sich von selbst einer medialen Ontologie innerhalb von Wissenschaft, Technik, Kunst und Politik. Das Vermächtnis des vorsokratischen *chorein* sind die Medien des Hinausfahrens, Aufbrechens, Übertragens und Gelingens, die den Riss für den Bruchteil einer seinsgeschichtlichen Sekunde zu schließen vermögen.

---

149 Angehrn, Emil: »Kritik der Metaphysik und der Technik. Heideggers Auseinandersetzung mit der abendländischen Tradition«. In: Thomä (Hg.), *Heidegger-Handbuch*, S. 268–279, hier S. 275.

2.2 Aristoteles. Die doppelte Natur der Dinge

Am Messzeug und seinen funktionalen Grenzen, die durch die Unbestimmtheitsrelation festgeschrieben wurden, entbirgt sich nicht nur der symbolisch-mathematische Entwurf der klassischen Physik. Heidegger widerspricht in den 1930er Jahren Quantenphysikern wie Niels Bohr und Pascual Jordan vehement, dass dadurch Kausalität und Metaphysik gestürzt seien. Erübrigt habe sich vielmehr der Anspruch der bisherigen klassischen Physik, eindeutig und absolut die Zusammenhänge messen zu können.[150] Bedeutender ist die Rolle der Medien. Die Messapparate, das Messzeug selbst weist das Paradigma der Messbarkeit in seine ontologischen Grenzen. Es wird nicht nur innerhalb eines Weltzusammenhangs auffällig, sondern es ist im Stande, diesen Weltzusammenhang wesentlich zu verändern. Die ontologische Rolle der Technik ist für Heidegger das Bedenkenswerte der Quantenphysik, darin liegt ihre Fragwürdigkeit, die ihn beschäftigt und die Frage nach dem Sein der Natur aktuell werden lässt: Was ist das für eine Natur, die sich in ihrem Erscheinen an technischen Apparaten zu orientieren hat?

Vor dem Horizont einer sich innerhalb der Physik nur noch technisch anzeigenden Natur erscheint Heideggers Rückgang auf Aristoteles, genauer auf dessen Physik im Jahre 1939, als eine von der Quantenphysik und ihrer gespenstisch doppelgängerischen Natur herausgeforderte Spurensuche nach den Anfängen dieses Schismas. In Aristoteles findet Heidegger einen Vordenker, der die Verdoppelung der Natur bereits als einen Effekt der Rede, des *logos* zu denken versucht. Hier liegt für Heidegger der Anfang der Metaphysik. Der Text »Vom Wesen und Begriff der *physis* bei Aristoteles« fragt nach diesen metaphysischen Anfangsgründen und dem dabei verschütteten vor-sokratischen *physis*-Begriff. Aristoteles' *Physik* wird in den späten 1930er Jahren für Heidegger zum »verborgenen und deshalb nie zureichend durchdachten Grundbuch der abendländischen Philosophie«, weil es Ort und Zeit der Verschüttung der *physis*, des unverstellten Seins markiert. Aristoteles verknüpft *physis* untrennbar mit *techné*.

---

150 Vgl. Heidegger: *Leitgedanken der Metaphysik*, S. 180.

Aristoteles ist für Heidegger die entscheidende Wegmarke, an der sich die Ausdifferenzierung von *physis* und Natur seinsgeschichtlich noch am ehesten nachvollziehen lässt. Bereits Aristoteles adressiert die *physis* über die Sprache, und damit auch über die Technik. Statt einen unmittelbaren und unverstellten Zugang zum Sein entdeckt Heidegger in Aristoteles den ersten ontologischen Differenztheoretiker, und er versteht dieses alte Wissen um die Differenz von Sein und Sprache als etwas, das von der Aristoteles-Forschung und durch den klassischen Naturbegriff wieder vergessen wurde.

Heidegger verfasst »Vom Wesen und Begriff der Physis. Aristoteles, Physik, B 1« bereits 1939, veröffentlicht sie allerdings erst 1958. Thomas Buchheim zufolge hat sich zwischen dem Verfassen und der Veröffentlichung etwas Wesentliches ereignet: Heidegger glaubt 1958 nicht mehr, dass in der *Physik* des Aristoteles die *physis* in ihrem ursprünglichen Wesen noch deutlich vernehmbar sei. Die Suche nach einem »ursprünglichen Vernehmen der Natur« in den griechischen Quellen wurde aufgegeben.[151]

Die *physis* verschwindet allerdings nicht restlos aus Heideggers Schriften. »Vom Wesen und Begriff der Physis« schließt werksystematisch an Heideggers Untersuchungen zu Kants Dingbegriff und die Überlegungen zur Rolle des Zwischenraums, der medialen Verfasstheit der Dinge und den Versuch, den Wandel der Naturauffassung, der *physis*, aus einer seinsgeschichtlichen Perspektive heraus zu begreifen, an.[152]

Aristoteles steht aufgrund seiner Kategorienlehre bei Heidegger ebenso unter Metaphysik-Verdacht wie Platon aufgrund seiner Ideenlehre, beide zusammen bilden für Heidegger so etwas wie den Anfang vom Ende des griechischen Denkens.[153] Aber Heidegger sucht und findet in der aristotelischen Physik das für ihn entscheidende Element, um die von der Quantenphysik »angerührte« und von der Philosophie bisher unentdeckte Frage nach der »Einrichtung

---

151 Buchheim, Thomas: »Was interessiert Heidegger an der *physis*?« in: Steinmann, Michael (Hg.): *Heidegger und die Griechen*, Frankfurt a.M. 2007, S. 141–164, hier S. 143.
152 Vgl. *2.1.3.*
153 Vgl. die frühe Schrift Heidegger, Martin: *Phänomenologische Interpretationen zu Aristoteles* (1922), Stuttgart 2003.

und Bergung der Wahrheit des Seienden« selbst zu stellen, also seins-geschichtlich zu fassen. Aristoteles denkt das Sein, die Natur, als ein Doppeltes, er verfügt (noch) über einen »Doppelbegriff der *physis*«, der in der Doppelnatur der Quantenphysik ihre seinsgeschichtliche Entsprechung findet.

Die Doppelnatur der *physis* verhandelt Heidegger anhand von drei zentralen aristotelischen Begriffen. Erst im Zusammenspiel von *mor-phé, kinesis* und *logos* wird offenbar, warum die Grenzen zwischen Natur und Mensch, Natur und Geschichte, Natur und Technik seins-geschichtlich für eine grundlegende Verwiesenheit dieser Seinswei-sen stehen. Ohne die Auseinandersetzung mit der aristotelischen *Physik* blieben Heideggers spätere Texte zur Technik in ihrer seins-geschichtlichen Dimension unverstanden. *Vom Wesen und Begriff der Physis* ist eine wichtige Station unterwegs zu Heideggers Denken der Technik.

Morphé und arché – doppelte Gestalt

In seiner *Physik* unterscheidet Aristoteles mit dem Sophisten Anti-phon gewachsene von gemachten Dingen, in Heideggers Übersetzung »Gewächse« wie Pflanzen, Tiere, Erde und Luft von »Gemächten« wie Bettgestellen, Gewändern, Schildern, Wagen, Schiffen und Häusern. Letztere haben ihre *arché*, ihre *anfängliche Verfügung* in der *techné* und nicht in sich selbst.

Die Differenz zwischen Natur und Kultur, die seitdem mit Aristote-les gezogen wurde, wird in Heideggers Vorlesung einer gründlichen Destruktion unterzogen.

> »Die *arché* der Gemächte ist die *techné*; das besagt nicht ›Technik‹ im Sinne der Herstellung und Herstellungsweise, besagt auch nicht ›Kunst‹ im weiteren Sinne des Herstellen-Könnens; sondern *techné* ist ein Erkennt-nisbegriff und besagt das Sichauskennen in dem, worauf jede Anfertigung und Herstellung, z.B. die des Bettgestelles, ankommen und sich beenden und vollenden muß. Dieses Ende heißt griechisch *telos*.«[154]

---

154 Heidegger, Martin: »Vom Wesen und Begriff der Physis. Aristoteles' Physik B.1«, in: Ders.: *Wegmarken*, S. 239–302, hier S. 251.

Gewächse haben ihre *arché*, also ihren Ursprung, ihr Gesetz und ihr Gebiet in sich selbst, Gemächte aber in einem anderen, dem *architekton*. Der Code zur Genese liegt einmal im Seienden, einmal außerhalb seiner selbst. Nach dieser Lehre des Sophisten Antiphon, gegen die Aristoteles in seiner *Physik* anschreibt, kann man ein hölzernes Bettgestell zwar vergraben, und vielleicht wächst daraus sogar wieder neues Holz, niemals aber wieder ein solches Bett.[155]

Während sich nach den Sophisten die Unterscheidung zwischen Gemächten und Gewächsen auf der Ebene der Materialität, der *hylé* ereignet, verläuft diese Differenz für Aristoteles auf der Ebene der *morphé*: Damit etwas von der *techné* oder von der *physis* her angesprochen werden kann, muss es zunächst einen entsprechenden »Anblick« bieten. *Morphé*, die »Gestellung in das Aussehen«, spielt für das Wesen der *physis* eine ebenso zentrale Rolle wie für das der *techné*, und sie sagt mehr aus über die Natur der Dinge als die *hylé*.

Nicht nur gegen die Sophistik, auch gegenüber der Ideenlehre Platons gilt es das Eigentümliche des aristotelischen *eidos* zu denken: *Eidos* meint das Aussehen eines Dinges, aber nur als Anblick, Ansicht, Sicht und *idea*. *Physis* ist in erster Linie *eidos* physischer Dinge.[156] Für Aristoteles ist das »Geeinzelte«, das in der Sicht steht, gegenüber der begriffmäßigen Idee vorgängig. Die Idee ist, um anwesend zu sein, auf eine sichtbare Form angewiesen; die *morphé* als Gestellung in das Aussehen ist so zentral, weil sie eine »Jeweiligkeit« des Seins, ein »Verweilen im Aussehen« ist.[157] Da die »Gemächte« auf einen Gebrauch und eine *techné* hin entworfen werden, spielt ihre Materialität für die *physis* des gemachten Dinges nur eine sekundäre Rolle:

> »Das, was das Bettgestell der *kategoria* nach ist, das so und so aussehende Gebrauchsding, hat zum Holz keinen schlechthin notwendigen Bezug, es könnte auch aus Stein oder Stahl sein; das Holzhafte ist *symbebechos*, es hat sich bei dem, was das Bett ›eigentlich‹ und eigens ist, nur *mit* eingestellt; insofern freilich, aber *nur* insofern, als bloßes Holz, hat es

---

155 Vgl. ebd., S. 258.
156 Vgl. Buchheim: »Was interessiert Heidegger an der *physis*?«, S. 146.
157 Vgl. Heidegger: »Vom Wesen und Begriff der *Physis*. Aristoteles Physik B.1«, S. 276.

allerdings die *arché kineseos* in ihm selbst: das Holz ist das Gewachsene eines Gewächses.«[158]

Physis umfasst sowohl das Sein der Gewächse als auch das der Gemächte, aber die Beziehung zwischen *morphé* und *arché*, zwischen Gestalt und Code ist bei Gewächsen rekursiv, bei den Gemächten nicht. Bei den gemachten Dingen bezieht sich die *arché* primär auf die *techné*, ihr *eidos* bedarf einer dazukommenden *poiesis*, eines »Machens«.

Genesis und dynamis – doppelte Bewegung

Auffallend ist, dass es in Heideggers Lektüre der aristotelischen *Physik* keinen Hinweis auf das gibt, was heute allgemein unter »physikalischer Natur« verstanden wird: die unbelebte Natur. Um die Differenz zwischen belebt und unbelebt geht es gerade nicht, wie die Nähe von Gewächsen und Gemächten gezeigt hat.

Was Aristoteles, Heidegger und die moderne Physik verbindet, ist ihre Auseinandersetzung mit radikaler Bewegtheit, Bewegtheit als Ausgangspunkt der Ontologie.

Unter den Bedingungen der Gravitation oder der Unbestimmtheitsrelation gibt es keine unbewegte Natur, keine absolut ruhenden Körper, keinen absoluten Nullpunkt der Temperatur, etc. In dieser Natur findet sich, genau wie »unter Heideggers Füßen«, nichts anderes mehr als Bewegtheit.[159]

Das Bild, das Heidegger für Aristoteles' *physis*-Begriff wählt, ist das einer aufgehenden Rose:

»Was sagt nun das Wort *physis*? Es sagt das von sich aus Aufgehende (z.B. das Aufgehen einer Rose), das sich eröffnende Entfalten, das in

---

158 Ebd., S. 254f.
159 Peter Sloterdijk nennt Heidegger den Denker der Bewegung, »sein Urgedanke oder quasi seine Tathandlung ist der Sprung oder das Sichloslassen in eine Befindlichkeit, bei der er in sich selbst und ›unter seinen Füßen‹ nichts anderes mehr findet als Bewegtheit. Bei ihm geht die Kinetik der Logik voraus, oder, wenn man die paradoxe Wendung dulden will: Die Bewegung ist sein Fundament.« (Sloterdijk: *Nicht gerettet*, S. 29.)

solcher Entfaltung in die Erscheinung-Treten und in ihr sich Halten und Verbleiben, kurz, das aufgehend-verweilende Walten. Lexikalisch bedeutet *physein* wachsen, wachsen machen. Doch was heißt wachsen?«[160]

Da *physis* die wechselseitige Bezogenheit von *morphé* und *arché*, von Gestalt und anfänglicher Verfügung ist, wird die der *physis* innewohnende Eigenbewegung (*kinesis*) bestimmt durch das beständige »Unterwegssein« zu ihrer eigenen Vollendung.[161] Die Vollendung der *physis* liegt allerdings nicht in einem fertigen Zustand, sie wird nie fertig, wie etwa das Bettgestell, das fertig zum Gebrauch ist. Vielmehr befindet sich das Sein selbst in einer unendlichen Bewegung, es ist wesentlich Bewegung. Heidegger fasst die *kinesis* in einer Art antikem Energieerhaltungssatz: Während der von Aristoteles geschaffene Begriff der *entelecheia* (Sich-im-Ende-haben) sich auf den *telos* der Dinge bezieht, bezieht sich *energeia* (Im-Werk-stehen) auf das *ergon*, das Werk. Beide, *telos* und *ergon* sind wiederum durch den *eidos* (wie etwas endlich im Aussehen steht, anwesend verweilt) wechselseitig aufeinander bezogen.

Das Sein, die *physis*, die Natur bestimmt sich als solche, indem sie ihre jeweilige Vollendung in einer Konkretion, ihre Entelechie als *energeia* erreicht, immer schon erreicht hat. Die Natur ist in ihrem »Unterwegssein« immer schon vollendet.

Auch die grundlegende Bewegtheit der Natur dient als Argument, dass die *morphé* durch ihren Zusammenhang von *entelecheia* und *energeia* nach Aristoteles und Heidegger mehr *physis* ist als die *hylé*, die nur aus der *dynamis*, aus der »Dienlichkeit« oder »Verwendbarkeit« eines Materials oder aus der *genesis* heraus ihren physischen Sinn erfüllt. Die Materialität ist gegenüber der Gestalthaftigkeit später, egal ob *physis* oder *techné*, ihre Geeignetheit oder Zuhandenheit für ein *ergon* ergibt sich immer schon aus der vorgängigen Gestalthaftigkeit eines *eidos* heraus.

Nach Heidegger gehören diese beide Arten der Bewegung, der *kinesis*, im aristotelischen Denken zusammen. Spätestens aber als *energeia* zum lateinischen *actus* wird, verschwindet die Dimension der *entelecheia*. Anhand des *energeia*-Begriffs entfaltet Heidegger

---

160 Heidegger: *Einführung in die Metaphysik* (1935), S. 11.
161 Vgl. das »Unterwegssein der Lebewesen« in *1.3.3 Gegenwelt*.

die gesamte Neuinterpretation der aristotelischen Physik und ihres Naturbegriffs und führt ihn – als ereignishafte Seinsverschüttung – zugleich als Ausgrabungsort seiner Archäologie an:

> »*Energeia*, das Im-Werk-Stehen im Sinne der Anwesung in das Aussehen, haben die Römer mit actus übersetzt, und mit einem Schlag war dadurch die griechische Welt verschüttet; aus *actus*, *agere*, wirken wurde *actualitas* – die ›Wirklichkeit‹.«[162]

Das Im-Werk-Stehen als *telos* der *physis*, *energeia* als die beständige Bewegung des Seins zu einer Konkretion, adressiert eine Physik, deren Natur beständig unterwegs ist, die von einer wesentlichen und unendlichen Bewegtheit des Seins ausgeht. *Energeia* ist das beständige In-Arbeit-Sein der *physis*, *entelecheia* das beständige Unterwegssein zur Vollendung.[163]

Auffällig ist, dass das Seiende, das heute unter den Begriff der Physik fällt, in Heideggers Abhandlung gänzlich fehlt. Die »Gewächse« handeln von der lebenden Natur, eine unbelebte Natur im Sinne der klassischen Physik scheint es im Griechischen nicht zu geben. Heidegger identifiziert des Weiteren die *genesis* als eigentliche *kinesis* der *physis* und beschreibt das Umschlagen von *hyle* zu *morphé* auch als »Stoffwechsel«. Wie bereits in den *Grundbegriffen der Metaphysik*[164] übt er im Zusammenhang mit biologischem Denken stets Kritik an den Begriffen des Organismus und des Organischen und bemerkt, dass die *techné* der *physis* zwar entgegenkommen kann, etwa im Falle medizinischen Wissens, diese aber niemals ersetzen könne; *techné* könne nicht zur *arché* der *physis* werden:

> »Das träfe nur dann zu, wenn das Leben a.s. zu einem ›technisch‹ herstellbaren Gemächte würde; in demselben Augenblick aber gäbe es auch keine Gesundheit mehr, so wenig wie Geburt oder Tod. Bisweilen sieht es

---

162 Heidegger: »Vom Wesen und Begriff der Physis«, S. 286.
163 Die Gewächse sind somit nie fertig im Sinne einer als *ergon* verstandenen *entelecheia*, »sie bleiben in Arbeit (*energeia*), ja die Bewegtheit (*kinesis*) macht ihr eigentliches Sein (*physis*) aus.« (Bernet, Rudolf: »Die Lehre von der Bewegung bei Aristoteles und Heideggers Verständnis von der Bewegtheit menschlichen Lebens«, in: Steinmann, Michael (Hg.): *Heidegger und die Griechen*. Frankfurt a.M. 2007, S. 95–122, hier S. 99.)
164 Vgl. *1.3.3 Umwelt*.

so aus, als rase das neuzeitliche Menschentum auf dieses Ziel los: daß *der Mensch sich selbst technisch herstelle*; gelingt dies, dann hat der Mensch sich selbst, d.h. *sein Wesen als Subjektivität* in die Luft gesprengt, in die Luft, in der das schlechthin Sinnlose als der einzige ›Sinn‹ gilt und die Aufrechterhaltung dieser Geltung als die menschliche ›Herrschaft‹ über den Erdkreis erscheint.«[165]

Aristoteles' *Physik* enthält auch eine dem *physis*-Begriff entsprechende Theorie der Ursächlichkeit, aber Heidegger wird diesem Teil der *Physik* erst in der *Frage nach der Technik* 1953 nachgehen. Die aufwendige Relektüre einiger weniger aristotelischer Seiten, die eigenwillige Übersetzung einiger Begriffe (das Lager, die Ruhestätte wird zum »Bettgestell«), die Auslegung der *morphé* als *Gestellung in das Aussehen*, als Gestalt – das alles spricht für eine nachträgliche Gründung der Technikschriften Heideggers in Überlegungen zum aristotelischen *physis*-Begriff. Die spätere Rede vom »Gestell« als Wesen, als *Natur der Technik* wird auf diese Weise seinsgeschichtlich in die Grundbewegungen und -differenzierungen der *physis* selbst eingebunden: aus den Regelkreisläufen der *physis* gibt es kein Entkommen, schon gar nicht durch Technik.[166]

Lesbarkeit der Natur

Nach Aristoteles kommt alle Wahrnehmung durch physischen Kontakt zustande. Im Falle von »Fernwahrnehmungen« wie Hören und Sehen wird die Distanz, der Zwischenraum durch sinnspezifische Medien wie Luft und Wasser überbrückt. Das *Dazwischen*, das *to metaxy* ist bei Aristoteles grundsätzlich nicht leer, sondern durch Medien gefüllt.[167] Dieses Konzept schlägt sich auch in der phänome-

---

165 Heidegger: »Vom Wesen und Begriff der Physis«, S. 257.
166 Die gleiche Werkstrategie fällt auch bei den Anmerkungen anlässlich der Veröffentlichung des Kunstwerke-Aufsatzes auf. Vgl. *1.3.3. Kunst und Technik.*
167 Dass Aristoteles' Auffassung des Zwischenraums bereits durch »handfeste« Medien wie Kristalle und daraus abgeleitete geometrische Diagramme beeinflusst wurde, hat Ana Ofak gezeigt. (Vgl. Ofak, Ana: »Meinst Du Glas? Das Durchscheinende und die Geometrie des Durchscheinens«, in: Kittler, Friedrich und Ofak, Ana (Hg.): *Medien vor den Medien*, Berlin 2007, S. 105–122.)

nologischen Diskussion zwischen Oskar Becker und Hermann Weyl rund um den Begriff der »Nahewirkungsgeometrie« nieder.[168]

In gewisser Weise gerät die Medientheorie aber bereits bei Aristoteles und seinen Wahrnehmungsmedien in einen Kausalitätskonflikt, insofern sich das Wahrnehmungsmodell nur mit einer der von ihm ebenfalls postulierten vier Ursachen eines physikalischen Dinges (Stoff, Form, Erzeuger und Zweck) deckt – die Wahrnehmungsmedien werden nur durch Stoff und Funktion verursacht, ihre Formursache bleibt nach Walter Seitter ungeklärt:

> »Das Medium muß den Zwischenraum zwischen Wahrnehmungsgegenstand und Wahrnehmungsorgan ohne Unterbrechung ausfüllen. Der Erzeuger bleibt ausgeblendet, sofern die Wahrnehmungsmedien von Natur aus einfach da sind. Die aristotelische Medienphysik entspricht also nicht voll dem Programm der aristotelischen Physik.«[169]

Daher verhandele Aristoteles zunächst einen funktionalistischen, und keinen materialistischen Medienbegriff, dem zufolge Wahrnehmung wesentlich aus Prozessen der »Entmaterialisierung des Wahrgenommenen« bestehe.

Heideggers *physis*-Lektüre ist in diesem Zusammenhang aufschlussreich, insofern er von Aristoteles eben diese Figur der sich selbst erzeugenden Natur übernimmt. Nach Heideggers Lektüre entsteht durch den Zusammenhang von *physis, morphé* und *arché* überhaupt kein Wahrnehmungsproblem, wie es etwa im Falle von Kants Begriff der Erfahrung und dem Ätherbeweis entsteht.[170] Vielmehr scheint das Sein, die *physis* bei Aristoteles durch die rekursive Bezogenheit von *morphé* und *arché* aufgrund der *kinesis* selbst eine mediale Figuration zu sein, die es mit Heidegger heute erst wieder auszugraben gilt, nachdem in der neuzeitlichen Metaphysik (nach Sophistik, Scholastik und rationaler Methode) vom alten *physis*-Begriff (fast) nichts mehr übrig geblieben ist. Das Wahrnehmungs- und Erfahrungsproblem wäre Heidegger zufolge ein neuzeitliches Phänomen, weil sich Aristoteles in seiner Physik wesentlich auf die Rede, den *logos* beruft. *Physis* und *logos* unterliegen einer gemeinsamen Bewegung.

---

168 Vgl. *1.3.2 Feldtheorie.*
169 Seitter: *Physik der Medien*, S. 36.
170 Vgl. *1.1.1 Im Äther.*

Auf diese Weise wird Aristoteles in der Lektüre Heideggers zum ersten ontisch-ontologischen Differenztheoretiker stilisiert, der die Natur in ihrer Differenz zum sprachlichen Ausdruck begreift.

Der Beweis zum Beispiel, dass die *morphé* das Wesen der *physis* ausmacht, »stützt sich lediglich auf unsere Art zu reden. Und Aristoteles gibt hier ein glänzendes, aber doch fragwürdiges Beispiel für eine Philosophie aus dem bloßen »Sprachgebrauch«.[171] Im *physis*-Begriff des Aristoteles findet Heidegger jenes vorsokratische *legein* bewahrt, von dem Heraklit noch spricht:

> »»Der Herr, dessen das Orakel zu Delphi ist, sagt nichts, spricht nicht aus und verbirgt nicht, sondern gibt ein Zeichen.‹ [...] Das Orakel entbirgt nicht geradezu, noch verbirgt es einfachhin, sondern zeigt an, das will sagen: es entbirgt, indem es verbirgt, und verbirgt, indem es entbirgt.«[172]

Erst das Sammeln, das Lesen der Zeichen bringt Zerstreutes in das Unverborgene der Anwesung. Die Notwendigkeit der Entbergung der *physis* eignet allein dem Menschen, der das Wort »hat«, weil er sich zum Seienden als solchem verhält (es entbergend und verbergend).

Gestalt ist die in den Begriff gefasste Form, *eidos to chata ton logon.*[173] Die Doppelnatur der *physis* steht in enger Beziehung zur »begriffsmäßigen Form«, die die Dinge in der Sprache erhalten. Durch die Gestellung in das Aussehen werden die Dinge in das Unverborgene der Anwesung gebracht. Es ist also strenggenommen Aristoteles' Verständnis einer ursprünglichen, vorsokratischen Rede, die die Dinge aufgrund ihrer Gestalt »ansprechbar« macht.[174]

Ausgehend vom *logos* bzw. dem *legein*, erscheint auch Heideggers Auslegung der aristotelischen *kinesis* in einem anderen Licht: Statt die Bewegung im Sinne des mechanistischen Denkens als »Ortswechsel« zu bestimmen, in dem Sinne wie »Orte als Punktstellen durch den endlosen, überall gleichartigen, nirgendwo ausgezeichneten Raum bestimmt« sind, also aus einem Raumbegriff heraus vorzustellen, für

---

171 Heidegger: »Vom Wesen und Begriff der *Physis*, S. 278.
172 Ebd., S. 279.
173 Vgl. Aristoteles: *Physik. Bücher I–IV*, Hamburg 1987, B1, 193b.
174 Vgl. Heidegger: »Vom Wesen und Begriff der *Physis*«, S. 279.

den die Griechen »weder ein Wort noch einen Begriff haben«,[175] gilt es, das Wesen der Bewegung und der Natur als das, was nie »in absoluter Ruhe« ist, gemäß der rekursiven Struktur des Zeichensammelns innerhalb eines Signalraums zu fassen:

> »Dies besteht darin, daß die Griechen die Bewegtheit aus der Ruhe begreifen. Hierbei ist zu unterscheiden zwischen Bewegtheit und Bewegung, desgleichen zwischen Ruhigkeit und Ruhe. Bewegtheit meint das Wesen, aus dem sich Bewegung und Ruhe bestimmen [...]. Ruhe gilt dann als ›Aufhören‹ (*pauesthai*) (Met. O 6, 1048b 26) der Bewegung. Das Fehlen von Bewegung läßt sich als Grenzfall dieser (= 0) berechnen. Aber gerade die so als Abart der Bewegung begriffene Ruhe hat gleichwohl zu ihrem Wesen die Bewegtheit. Deren reinste Wesensentfaltung ist dort zu suchen, wo die Ruhe nicht Aufhören und Abbruch der Bewegung bedeutet, sondern wo die Bewegtheit sich in das *Stillhalten* sammelt und dieses Innehalten die Bewegtheit nicht aus, sondern ein, ja nicht nur ein, sondern erst aufschließt; z.B. [...] (vgl. a.a.O., b23): ›einer sieht und sehend hat er (eben) zumal auch schon gesehen.‹ Die Bewegung des Sichumsehens und Nachsehens *ist* eigentlich erst *höchste* Bewegtheit in der *Ruhigkeit* des in sich gesammelten (einfachen) Sehens. Solches Sehen ist das *telos*, das Ende, worin sich die Bewegung des Ausblickens erst *auffängt* und wesentlich Bewegtheit ist. (›Ende‹ nicht Folge des Aufhörens der Bewegung, sondern Anfang der Bewegtheit als auffangendes Aufbehalten der Bewegung.)«[176]

Heidegger wählt hier ein Beispiel, in dem es um eine besondere Art der Bewegung, nämlich die des menschlichen Blicks geht. Wie bereits in der Kritik am vermeintlichen Sehen des Leuchtkäfers gezeigt wurde, arbeitet Heidegger mit einem reflexiven Blickkonzept am Grunde wissenschaftlicher Evidenzproduktion.[177] Das Ende des Blicks ist zugleich sein Anfang, eine unendliche Regression der Reflexion, die letztendlich immer auch den blinden Fleck der Sehkonstruktion verbirgt und somit auch enthält.

Für Heidegger liegt hier ein Wissen der Physik verschüttet, wie es mit der mechanistischen Naturwissenschaft abhanden gekommen

---

175 Ebd., S. 248f.
176 Heidegger: »Vom Wesen und Begriff der *Physis*«, S. 283f.
177 Vgl. *1.3.3 Spiegelstadien*.

ist. Die doppelte Bewegung, *morphé* als *kinesis* und als *arché* der Dinge heißt, dass auch die Weisen des Sich-zeigens, des »Stellens«, doppelt sind:

> »Wo das Aussehen es beim Sichzeigen bewenden läßt und sich zeigend dabei nur ein Sichauskennen in seiner Herstellung leitet, beiher spielt, diese aber nicht *vollzieht*, da ist das Herstellen ein Machen.[...] Das Aussehen kann aber auch, ohne sich als *paradeigma* eigens, d.h. in und für eine *techné* zu zeigen, unmittelbar *sich* stellen als das, was das Stellen in es selbst übernimmt; das Aussehen stellt sich selbst. [...] das Aussehen ist das An-wesende selbst.«[178]

Während also das Bettgestell immer nur das *paradigma*, das Modell eines Tisches anwesend sein lässt, und zwar gemäß seines Gebrauchs, ist das Tier in seiner Gestalt selbst anwesend. Es gibt zwei Weisen des »Unterwegsseins«: im Bereich des Sagens ist auch die Beraubung (*steresis*) des Aussehen so etwas wie ein *eidos* der *physis*.[179]

Heidegger erläutert das Konzept der *steresis* als zweite Weise der *morphé* (keinesfalls ihr Gegenteil) anhand der Relation von Kälte und Wärme: Wenn wir etwas »warm« nennen, ist das eine Ansprechung der Wärme, d.h. eine Formwerdung, die Gestellung in das Aussehen. Darin ohne Form und dennoch mit anwesend ist aber auch Kälte; in Form der *steresis*, als Beraubung von Wärme ist Kälte eine »Absage«; d.h. in der Kälte zeigt sich etwas, west etwas an, was selbst nicht empfunden wird. Zwischen Kälte und Wärme herrscht gerade kein dialektisches Verhältnis, sondern in der *steresis* verhüllt sich das Wesen der *physis*. Indem die Blüte aufgeht, fallen die Knospenblätter ab; das eine west an, indem das andere abwest.

Diese grundsätzliche Doppelung der *morphé*, die letztendlich am Grund der doppelten Natur operiert, enthält das Rätsel der grundlegenden Medialität der Dinge, der physischen Konkretionen: Das geeinzelte Seiende untersteht gerade nicht der Idee als Allgemeinem (Einheit und Mannigfaltigkeit), sondern *eidos* und *idea* als Aussehen und Anblick unterstehen beide dem versammelnden *logos*.

---

178 Heidegger: »Vom Wesen und Begriff der *Physis*«, S. 290.
179 Vgl. ebd., S. 249.

Heideggers *physis*-Vorlesung verhandelt in diesem Sinne eine Materialität der Idee als jener vergessenen aristotelischen *idea*, die wesentlich zum Verstehen des Seienden und seiner *physis* gehört, als Konstellation von *eidos* (Aussehen), *idea* (Anblick). Die aristotelische Idee des *logos*, die ontologische Rolle der Rede oder Aussage, versammelt die Regime von Materie, Blick und Sprache noch in einer wechselseitigen Verwiesenheit, statt wie bei Platon zu einer abstrakten und vom Seienden »abgetrennten« Idee zu »verfallen«.

»*Idea* ist das Gesichtete nicht in dem Sinne, daß es durch das Sehen erst dazu wird, sondern *idea* ist jenes, was dem Sehen ein Sichtbares bietet, das Sichtbietende, Sichtsame.«[180]

Superposition

(von lat. *super* = *über*; und *positio* = *Lage, Setzung, Stellung*)

Während von Aristoteles' doppeltem *physis*-Begriff als *arché* und als *morphé* und der rekursiven Gestellung ins Aussehen ein Rückgang auf das anfängliche Denken möglich scheint, ist Platons *idea* für die heideggersche Seinsgeschichte eine ontologische Sackgasse. Mit Platon wird die *idea* zum *paradeigma* und Ideal, zum *Musterbild* oder *Modell*, das sich nur noch in und für eine *techné* zeigt.[181]

Ähnlich wie Fritz Heider in seiner frühen Medientheorie bezieht Heidegger mit seiner Auslegung des aristotelischen *physis*-Begriffs von 1939 wissensgeschichtlich eine Außenposition gegenüber der physikalischen Kausalitätsdebatte, die durch die Formulierung der Unbestimmtheitsrelation ausgelöst wurde.[182] Nach Heidegger stürzt diese nicht die Kausalität bzw. das transzendentale Kausalitätsgesetz, sondern den vermeintlich berechtigten Anspruch der bisherigen

---

180 Heidegger. »Vom Wesen und Begriff der *Physis*«, S. 22.

181 Vgl. Heidegger: *Einführung in die Metaphysik* (1935), S. 140; sowie Heidegger: »Vom Wesen und Begriff der *Physis*«, S. 290.

182 Vgl. z. B. von 1930 eine frühe der zahlreichen Abhandlungen zum Kausalitätsproblem von Heisenberg: Heisenberg, Werner: »Kausalgesetz und Quantenmechanik« (1930). In: Ders., *Gesammelte Werke. Physik und Erkenntnis 1927–1955*, München 1984, S. 29–39; sowie die übersichtliche Zusammenfassung von Simonyi: *Kulturgeschichte der Physik*, S. 459ff.

Physik, eindeutige Zusammenhänge messen zu können, also etwas anderes als transzendental zu sein. Heidegger verwendet auch den Begriff »Unsicherheitsrelation« – diese bestätige gerade in einem »abgeleiteten Sinne« die Philosophie des Transzendentalismus.[183]

Bereits in der *Einführung in die Metaphysik*, also als unmittelbare Reaktion auf die erste Begegnung mit Heisenberg in Todtnauberg, polemisiert er zudem gegen die »griechische Mode« unter den Quantenphysikern und ihre Tendenz, angesichts der »Bewegungsvorgänge der stofflichen Dinge, Atome und Elektronen« die vorsokratische Philosophie zu einer »Naturphilosophie« zu degradieren, in der die Dinge allein von einer stofflicher Natur her vorgestellt werden. Für Heidegger handelt es sich bei den Vorsokratikern gerade nicht um ein »primitives« Denken gegenüber einer neuzeitlichen Naturwissenschaft.[184]

Das Denken einer doppelten Natur, von Heider mithilfe der Quantenphysik in den Begriffen »Ding« und »Medium« beschrieben, von Heidegger in der – morphologischen, nicht ideellen – Verbindung von *physis* und *logos* gefasst, konkurriert in beiden Fällen mit einer Physik, die sich mit ihren populären philosophisch-physikalischen Debatten auf das Terrain einer neuen, durch Medien bestimmten Ontologie vorwagt. Eine ähnliche Situation herrschte in der Bergson-Einstein-Debatte über den Zeitbegriff, also zwischen Zeitphilosoph und Relativitätstheoretiker.[185]

Neben der Unmöglichkeit einer strikten Trennung zwischen Subjekt und Objekt der Beobachtung ist eine der zentralen Konsequenzen der heisenbergschen Relation, dass ein Mikrosystem nie in absoluter Ruhe sein kann. Die Begriffe Ruhe und Bewegung verlieren durch die Unbestimmtheitsrelation ihre Differenzierbarkeit.

Heideggers Aufwertung des aristotelischen *energeia*-Begriffs zugunsten eines Bewegungsdenkens, das nicht vom ruhenden, vorhandenen Gegenstand ausgeht, gründet auch die quantenphysikalische Absage an absolute Nullpunkte, die vermeintlich neue Entdeckung, seinsgeschichtlich als Entbergung eines verschütteten, vorsokratischen Wissens der bewegten Substanz. Daraus folgt, dass über den Zustand der *physis* immer nur so viel gesagt werden kann,

—
183 Vgl. Heidegger: »Die Bedrohung der Wissenschaft«, S. 180, 174.
184 Vgl. Heidegger: *Einführung in die Metaphysik* (1935), S. 12f.
185 Vgl. *1.1.1 Die Uhren der Mikrobe*.

wie sich durch die Gestellung in das Aussehen der Entbergung durch den *logos* stellt. Die *physis* befindet sich aufgrund ihrer *entelecheia* immer im vollkommenen Zustand, d.h. vom *logos* aus gedacht in allen möglichen realen Zuständen.

Zu einer solchen Ontologie der Überlagerung, der Superposition verschiedener Zustände der *physis*, die erst durch die Beobachtung dessen, was sich zeigt, entschieden werden, schafft sich Heidegger mit seiner Auslegung der aristotelischen Doppelnatur einen eigenen Zugang, der ganz ohne Messergebnisse und Mathematik auszukommen scheint. Allerdings verändert das Denken der Doppelnatur auch die logische Struktur der heideggerschen Gedanken – Objekt und Subjekt der Beobachtung sind in einer solchen Ontologie verschränkt.

Eine der zentralen Schwierigkeiten, die die philosophische Forschung mit Heideggers Spätwerk und der ›Logik‹ der *ousia* hat, lässt sich durch die Bezüge zur Quantendebatte und den Versuch, sich die doppelte Natur seinsgeschichtlich über Aristoteles zu erschließen, umgehen. In einem ähnlichen Sinne äußert sich später auch Carl Friedrich von Weizsäcker: Heidegger habe die geschichtliche Rolle der Naturwissenschaft richtiger gesehen als ihre Anhänger und Kritiker, aber erst ab dem Moment, als er sie nicht mehr für eine »regionale Wissenschaft« hält, d.h. durch die Auseinandersetzung mit den Quantenmechanikern. Und eben hierin vermutet er eine der Schwierigkeiten für die Rezeption des Spätwerks.[186]

Statt alle Welt-Bezüge von ihrer zeitlichen Verfasstheit, von der Relation Dasein – Zeit her zu denken, wie noch unter Einfluss von Phänomenologie und Lebensphilosophie, ist es jetzt die Beziehung zwischen Sein und Seiendem, die das Fragen lenkt. Grundbegriff ist nicht mehr die Zeit, sondern – im Rückgriff auf Aristoteles – die Seiendheit, die *ousia*, die *physis* in ihrer durch den *logos* in die Anwesenheit gebrachten Form:

> »Die übliche Gedankenlosigkeit übersetzt das Wort mit ›Substanz‹ und
> verfehlt damit allen Sinn. Wir haben für *parousia* den gemäßen deut-
> schen Ausdruck in dem Wort An-wesen. Wir benennen so ein in sich
> geschlossenes Bauern- oder Hofgut. Noch zu Aristoteles' Zeiten wird

---

186 Vgl. Weizsäcker, Carl Friedrich von: »Heidegger und die Naturwissenschaft«, in: Gadamer, H.-G. und Marx, Werner (Hg.): *Heidegger. Freiburger Universitätsvorträge zu seinem Gedenken*, Freiburg 1979, S. 63–86, hier S. 78f.

ousia zugleich in diesem Sinne *und* in der Bedeutung des philosophischen Grundwortes gebraucht. Etwas west an. Es steht in sich und stellt sich so dar. ›Sein‹ besagt im Grunde für die Griechen Anwesenheit.«[187]

Da unter dem Diktum der »Seiendheit« die Zeit selbst zu etwas Anwesendem, zu einem Seienden wird, eignet sie sich nicht mehr wie zuvor als grundlegende Fragestellung. Die »Kehre« von der Daseinsanalyse zur Seinsgeschichte geht also einher mit einer Revision der frühen Schriften, Heidegger wählt den Begriff des »Aufgegebenen« im doppelten Sinne von Losschicken und Loslassen:

»Das Sein im Sinne von Vorhandenheit (Anwesenheit) wird die Blickbahn für die Bestimmung der Zeit. Nicht aber wird die Zeit zur eigens eingeschlagenen Blickbahn für die Auslegung des Seins. ›Sein und Zeit‹ meint bei solcher Besinnung nicht ein Buch, sondern das Aufgegebene.«[188]

Die Verschiebung des heideggerschen Programms mit dem neuen Zentralbegriff der *ousia* oder *parousia* und dem Grundverhältnis Sein und Denken lässt Oskar Becker von *Para-Existenz* sprechen.[189] Neben die ontologische Differenz von Sein und Seiendem tritt aus logischer Perspektive die parontologische Identität von Wesen und Wesendem:

»Sein > Seiendes
Wesen = Wesendes«[190]

Mit der »Kehre« des Spätwerkes gibt es ein Wesen, das mit dem Wesenden identisch ist, obwohl das Sein nicht identisch mit dem Seienden ist. Folgt man den beiden Aussagen, ist das Wesen weder Sein noch Seiendes. Der philosophischen Heidegger-Rezeption des Spätwerkes erscheint dieses Nebeneinander von *Identität* und *Differenz* problematisch. Nach Martin Stumpe ist das parallele Denken

---

187 Heidegger: *Einführung in die Metaphysik* (1935), S. 46.
188 Ebd., S. 157.
189 Vgl. Becker, Oskar: »Para-Existenz«, in: Pöggeler, Otto (Hg.): *Heidegger. Perspektiven zur Deutung seines Werks*, Köln 1969, S. 261–285, hier S. 263.
190 Stumpe, Martin: *Geviert, Gestell, Geflecht. Die logische Struktur des Gedankens in Martin Heideggers späten Texten*, Norderstedt 2002, S. 40.

von ontologischer Differenz (Sein > Seiendes) und parontologischer Identität (Wesen = Wesendes) nicht nur für den Leser, sondern auch für Heidegger selbst ungelöst, zumindest in den frühen Schriften der »Kehre«, z. B. in den *Beiträgen zur Philosophie*.

Die »Semiotik der Anwesenheit«, die eigentlich eine semiotische Ambivalenz ist (Zeichen für anderes und Konkretion nur in sich selbst), setzt sich letztendlich als Überwindung der ontologischen Differenz durch, zumindest im Bereich der von Stumpe gesetzten hermeneutischen Klammer, die von *Sein und Zeit* (1927) bis *Zeit und Sein* (1962) reicht. Dem Geflecht der Gedanken, der Polysemie des Spätwerks wohne die »Unschärfe als Prinzip« inne, und die Logik des späten Heideggers sei insgesamt von paradoxalem Charakter.[191]

Wie beschrieben, gibt es für den Einzug des logischen Dritten sowohl werkimmanent als auch wissenschaftskontextuell gute Gründe, denn nichts anderes wäre die logische Struktur einer Doppelnatur oder auch die Einführung des Subjekts in die Physik, die Heidegger mit Heisenberg und Viktor von Weizsäcker und in Anwesenheit von Carl Friedrich von Weizsäcker 1935 auf der Hütte in Todtnauberg diskutiert.

Im Folgenden soll geklärt werden, inwieweit sich die »Abschwächung des Kausalbegriffs« innerhalb der Physik und innerhalb der heideggerschen Schriften auf eine neue Rolle der Technik beziehen lässt. Diese lässt sich innerhalb der physikalischen Praxis durch die wissenschaftliche Aufwertung visueller und logischer Evidenzproduktion experimenteller Medien-Anordnungen nachweisen.

Der Begriff des *Stellens* verliert zunehmend seine positiven Konnotationen gegenüber den Anfängen in »Gestellung in das Aussehen« der »Gestalt«, wo das *Stellen* noch schlicht das *Unterwegssein* meint.

Ganz im Sinne der neuen Quantenphysik beendet Heidegger seine Interpretation der aristotelischen *physis* mit einem Satz des Heraklit über die *physis*, die es liebt, sich zu verbergen. Das *kryptestai* bleibt als einzige noch gültige Naturbestimmung stehen, die Möglichkeit einer vollständigen Naturbeschreibung, einer Aufdeckung der letzten Naturgesetze wird hinfällig.

---

191 Vgl. ebd., S. 12f.

»Und das Wesen des Seins ist, sich zu entbergen, aufzugehen, hervorzu-kommen ins Unverborgene – *physis*. Nur was sich seinem Wesen nach *ent*birgt und entbergen muß, kann lieben, sich zu verbergen [...]. Und daher gilt es nicht, das *kryptestai* der *physis* zu überwinden und ihr zu entreißen, sondern das weit Schwerere ist aufgegeben, das *kryptestai*, als der *physis* gehörend, ihr in aller Wesensreinheit zu lassen.«[192]

Das Sich-Verbergen ist der Natur wesentlich. Der Philosophie obliegt es nun nicht mehr, eine neue Erkenntnistheorie zu schrei-ben. Da sie es ebenso wie die moderne Physik mit einem ständigen Sich-Entziehen zu tun hat, soll sie vielmehr das Verweisungsspiel zwischen *physis* und *logos*, zwischen Himmel und Erde, Göttern und Menschen selbst spielen, sich als Vollzug und Konkretion der Seins-bezüge und damit der Seinsgeschichte entwerfen.

Das Spielfeld der modernen Konstellation ist 1939 noch nicht als »Stellen der Natur« durch die Technik, als »Ge-stell« gefasst, die Kritik betrifft die lange Geschichte der Verwissenschaftlichung der *physis*. Mit Platon wird der Beginn des Zusammenhangs von Technik und Wissen gesetzt:

»*Physis* verengt sich aus dem Gegensatz zu *techné* – was weder Kunst, noch Technik besagt, sondern ein *Wissen*, das wissende Verfügen über das freie Planen und Einrichten und Beherrschen von Einrichtungen (vgl. Platons Phaidros). Die *techné* ist Erzeugen, Erbauen, als wissendes Her-vor-bringen.«[193]

Zum Zeitpunkt der Veröffentlichung der *physis*-Schrift 1958 hat sich Heideggers Haltung gegenüber dem Sein erneut gewandelt. Der Gedanke einer neuen Zeitigung des Seins aus der Einkehr in die grie-chische *physis* wurde in den folgenden Jahren sukzessive aufgege-ben, »Verhüllung und Verschweigung« breiten sich aus. Die *kryptes-tai* gewinnt in Sachen *physis* die Oberhand, wie Thomas Buchheim eindrücklich schildert:

---

192 Heidegger: »Vom Wesen und Begriff der Physis«, S. 301.
193 Heidegger: *Einführung in die Metaphysik* (1935), S. 13.

»Wie lässt man der *physis* ihr *kryptestai*, das sie von jeher im Geschehen und der Geschichte der Metaphysik geübt hat? Zum einen muß man gleichsam zurücktreten vom Anspruch, das Ver- und Entbergungsgeschehen selbst übernehmen zu wollen – d.h. man muß es allein der *physis* überlassen. Sodann ist nötig, wie Heidegger an anderen Orten sagt, die Vollendung der Metaphysik sich überhaupt erst einmal vollbringen zu lassen, sie *ankommen* zu lassen und als solche Selbstverbergung der *physis* wahrnehmen zu lernen, bevor man sich Wege ersinnen mag, aus ihr womöglich zu entkommen oder sie gar zu überwinden. Das alles ist es, was Heidegger in Wirklichkeit und recht insgeheim in jenen Jahren seit 1935/36 versucht. Die Wahrnehmung des seinsverbergenden Wesens der Metaphysik, die ohnmächtig bleibt zu jeder Neugründung von Welt, ja die diese Ohnmacht selbst noch einmal als Verbergungsgeschick begreift; [...] Die *physis*, in der geschichtlichen Vollendung der Metaphysik, bekommt in den Augen Heideggers etwas Fatales, wird zum Verhängnis und Gefängnis, dem wir – die Menschen – nicht aus eignen Kräften zu entkommen vermögen.«[194]

Das Sichverbergen der Natur würde den Philosophen nach dieser Lesart davon befreien, gegen die Metaphysik anzuschreiben, da diese in letzter Instanz einer höheren Gewalt, der *entelecheia* der *physis* gehört. Aber ab den 1950er Jahren überlagert ein neuer Gedanke die Seinsbegriffe: Die *physis* in der Vollendung der Metaphysik ist nun für Heidegger nichts anderes als die moderne Technik, und diese darf keinesfalls sich selbst überlassen werden. Mit dem Spätwerk hat sich gegenüber von *Sein und Zeit* das Spielfeld verschoben, nicht jedoch der Einsatz: Die Metaphysik vollendet sich nicht als Wissenschaft, sondern als Maschinentechnik.

---

194 Buchheim, Thomas: »Was interessiert Heidegger an der *physis*?«, S. 162.

2.3 Heisenberg. Eine Frage der Technik

Die von Heidegger seit der ersten Begegnung mit Heisenberg und Weizsäcker 1935 geführte Auseinandersetzung mit dem Wissen der Quantenphysik erreicht erst im Jahr 1953 ihren Höhepunkt. Anlass ist die Vorbereitung einer Tagung, die für den Winter 1953 in München geplant ist und auf der verschiedene Vertreter aus Philosophie, Kunst und Naturwissenschaft über »Die Künste im technischen Zeitalter« sprechen sollen, unter ihnen auch Heisenberg. Die Tagung an sich, aber auch der eigene Vortrag ist für Heidegger aus verschiedenen Gründen von Bedeutung. Nach Aufhebung des Lehrverbots 1951, mittlerweile pensioniert, darf er nach fünfjähriger Pause wieder Vorlesungen halten. Die Tagung in München ist der erste größere Auftritt nach seiner Rehabilitierung durch die Universität Freiburg. Ebenfalls im Jahr 1953 entfacht die Veröffentlichung seiner 1935 gehaltenen Vorlesung *Einführung in die Metaphysik* im selben Jahr eine bundesweite Debatte über Heideggers nationalsozialistisches Engagement, nachdem Jürgen Habermas einen kritischen Artikel in der *Frankfurter Allgemeinen Zeitung* publizierte.[195]

---

195 Vgl. Habermas, Jürgen: »Mit Heidegger gegen Heidegger denken«, *Frankfurter Allgemeine* Zeitung, Nr. 170, 25. Juli 1953, Feuilleton, o. S.; vgl. Demmerling, Christoph: »Heidegger und die Frankfurter Schule«. In: Thomä (Hg.): *Heidegger-Handbuch*, S. 361–369, S. 366f; Heidegger selbst gibt sich im Brief an seine Frau vom 07. August 1953 noch gelassen: »Der Verfasser des Artikels in der Frankf. Allg. Habermaas [sic!] ist ein 24 jähriger Student!! Ich habe absichtlich keine Zeitung mehr in die Hand genommen. Mir scheint, daß Vietta doch nicht ganz glücklich operiert hat. Aber im Grunde sind diese Dinge belanglos.« Aber am 1. November hadert Heidegger immer noch mit der Qualität der Vorträge, auch der des eigenen, und gibt sich ängstlich bis trotzig, was die zu erwartenden Reaktionen angeht: »So kann es mancherlei Enttäuschungen geben, sogar bei Heisenberg, womit ich nicht sagen will, daß mein Vortrag ein Glanzstück werde – er wird eher befremden. Aber es ist bei dem heutigen Dogmatismus schon viel getan, wenn die Menschen in die Fragen gestoßen werden […]. Ich murkse noch ziemlich am ›Schlußstück‹ herum u. weiß noch nicht die endgültige Form. Ich lasse das Ganze jetzt etwas liegen u. arbeite an anderen Sachen. Fritz [der Bruder, Anm. CV] hat mich auf manche Einzelheit aufmerksam gemacht. Sonst findet er die Sache schlagend u. meint, auf den ›Index‹ käme ich auf jeden Fall, von welcher Seite her auch immer.« (Vgl. Heidegger, Martin: ›*Mein liebes Seelchen!*‹ *Briefe Martin Heideggers an seine Frau (1915–1970)*. Hrsg. von Gertrud Heidegger, München 2005, S. 290 u. 294f).

2.3.1 Briefwechsel

Heidegger bemüht sich im Verlauf des Jahres 1953 intensiv um Heisenbergs Beitrag für die Münchner Tagung. Der Physiker ist im Gegensatz zu Heidegger in den frühen 1950er Jahren ein hoch dekorierter, vielbeschäftigter und weltreisender Mann, und so gestaltet sich der »Jahrhundert«-Dialog zwischen den beiden schon logistisch eher umständlich.[196]

Der Briefwechsel aus diesem Jahr bezeugt vor allem Heideggers großes Interesse an Heisenbergs Mitarbeit, verdeutlicht aber auch zugleich die Schwierigkeiten, den Quantenphysiker in die Gespräche zwischen Philosophen, Religionswissenschaftlern, Technikhistorikern und Künstlern so einzubeziehen, wie Heidegger es für nötig hält. Er bittet Heisenberg wiederholt um ein persönliches Treffen und versucht, eine Zusammenkunft mit dem damaligen Leiter der Akademie in Rom zu arrangieren:

> »Mir wird täglich klarer, wie notwendig es für uns persönlich und in der Sache ist, über die Fragen von Natur, Technik und Geschichte nach wesentlichen Gesichtspunkten ins Klare zu kommen. Von Graf Podewils höre ich, daß auch Preetorius um Ostern in Rom sein wird. Es dürfte nicht allzu schwer fallen, dort eine Begegnung zwischen Ihnen beiden zustande zu bringen, die für die weitere Planung förderlich sein könnte.«[197]

Diese Briefe und die dazu gehörigen handschriftlichen Notizen Heideggers im Heidegger-Nachlass (im Folgenden »Heisenberg-Konvolut« genannt) zeugen darüber hinaus von der Genese des heideggerschen Technikbegriffs innerhalb einer fast zwanzig Jahren währenden Auseinandersetzung mit der Quantenphysik.[198] Der kano-

---

196 Vgl. Hempel, Hans-Peter: *Natur und Geschichte. Der Jahrhundertdialog zwischen Heidegger und Heisenberg*, Frankfurt a.M. 1990, S. 9, der bereits 1990, nach der Veröffentlichung von Heideggers *Zollikoner Seminaren*, von einem »unzweifelbar vorhandenen, aber für die Forschung noch nicht zugänglichen Briefwechsel« zwischen Heidegger und Heisenberg ausgeht.
197 Brief von Heidegger an Heisenberg, 18. März 1953, Nachlass Werner Heisenberg, Max Planck Institut für Physik, München (im Folgenden abgekürzt als WHN).
198 Vgl. Vagt, Christina: »Komplementäre Korrespondenz. Heidegger und Heisenberg zur Frage der Technik«, *NTM – Zeitschrift für Geschichte der Wissenschaften,*

nisch gewordene Vortrag, den Heidegger schließlich auf der Münchner Tagung hält, steht nun in einem unmittelbaren Zusammenhang mit einer zunehmend technisch bedingten Ontologie innerhalb der Physik. Dass der quantenmechanische Hintergrund der Technik der Heideggerforschung so lange entgangen ist, mag daran liegen, dass Heideggers Briefe die Jahrzehnte unbemerkt im Heisenberg-Archiv in München überdauert haben. Auch die entsprechenden Konvolute im Deutschen Literaturarchiv Marbach, die Heideggers Überlegungen und Lektüren zu »Unbestimmtheitsrelation« und »Kausalitätsdebatte« enthalten, sind bisher nur in Teilen veröffentlicht worden. Im Zuge der Recherchen zu ihrer Heisenberg-Biographie ist die Wissenschaftshistorikerin Cathryn Carson in dessen Münchner Nachlass ebenfalls auf den Briefwechsel mit Heidegger gestoßen.[199]

Die drei Briefe Heideggers aus dem Jahre 1953 und Heisenbergs Antworten sowie die lose Sammlung aus handschriftlichen Notizzetteln, ausgeschnittenen Zeitungsartikeln, Vortragsentwürfen und Typoskripten aus derselben Zeit ergeben in sich keinen geschlossenen Zusammenhang, werden aber vielleicht noch Eingang in die dritte Abteilung der Gesamtausgabe finden, wie es im Fall des 2009 erschienenen und von Claudius Strube und Friedrich-Wilhelm von Herrmann hervorragend edierten Bandes *Leitgedanken zur Entstehung der Metaphysik, der neuzeitlichen Wissenschaft und der modernen Technik* gelungen ist. Das Heisenberg-Konvolut weckt auch den Wunsch nach Faksimilierung. Denn Heideggers farbige Unterstreichungen in den eigenen Notizen, in den versammelten wissenschaftlichen Abhandlungen des Physikers und populärwissenschaftlichen Zeitungsartikeln zu Fragen von Zeitparadoxien, Relativitäts- und Quantenphysik und vor allem auch zur bundesdeutschen Debatte rund um Atom- und Reaktortechnik lassen eine Materialität seiner philosophischen Arbeit erkennen, die noch nicht Gegenstand der Forschung war. Innerhalb dieser Arbeit konnte das nur für einige zentrale Blätter geschehen.

Technik und Medizin, Bd. 19, Heft 4 (2011), S. 391–406.

199 Vgl. Carson, Cathryn: *Heisenberg in the Atomic Age*, Cambridge 2010, S. 493f; sowie dies.: »Science as Instrumental Reason. Heidegger, Habermas und Heisenberg«, in: *Continental Philosophical Review*, 42 (2010), S. 483–509.

In einem zweiten Brief vom 9. Juni 1953 bittet Heidegger Heisenberg erneut um ein persönliches Treffen, nach dem die ersten Gesprächsrunden mit den Tagungsteilnehmern offenbar nicht zufriedenstellend verlaufen waren:

»Von Graf Podewils höre ich, daß Sie von dem Protokoll der Münchner Anstrengungen im April Kenntnis genommen haben. Es war ein Versuch. Ein solches wird das ganze Vorhaben auch bleiben, dessen Unumgänglichkeit mir immer klarer wird. Darum wünsche ich so sehr, daß Sie mithelfen. Ohne Ihren Beistand bliebe es auch für mich schwer, den Versuch zu wagen. Für alle Fälle wäre es fruchtbar, wenn Sie Ende Juli zu der erneuten Besprechung in München sein könnten. Die Dinge liegen heute in der mitredenden und mitschreibenden Zeit so, daß es einzig auf ein maßgebendes lebendiges Wort der jeweils Berufenen ankommt. Damit ein Anlass für Besinnung geschehe [...].
Mit einem herzlichen Gruß und der Hoffnung, Sie bald zu sehen.
Ihr Martin Heidegger«[200]

Heisenberg verspricht daraufhin, im Juli nach München zu kommen um auch die übrigen »Berufenen« zu treffen. Im August hält Heidegger einen »vorbereitenden Vortrag im kleinen Kreis« mit dem Titel »Wissenschaft und Besinnung«.[201] Er lässt Heisenberg das Skript zukommen, woraufhin dieser im September einen ersten eigenen Entwurf an die Münchner Runde schickt.

Obwohl die Verständigung zwischen Heidegger und Heisenberg schwierig bis unmöglich insbesondere in Bezug auf grundsätzliche Bestimmungen von Mensch und Natur erscheint, setzen sich beide intensiv mit den Fragen des anderen auseinander. Heisenbergs Stellungnahme zu »Wissenschaft und Besinnung« vom 03. Oktober 1953 (vgl. Abb. 1a–c) wird von Heidegger gründlich bearbeitet und mit farbigen Unterstreichungen und Anmerkungen versehen.

Heisenberg stößt sich hier insbesondere am »unscheinbaren Sachverhalt«, um den Heideggers Vortrag kreist: »Die Physik kann als

---

200 Brief von Heidegger an Heisenberg, 09. Juni 1953, WHN.
201 Den er im folgenden Jahr u.a. zusammen mit »Die Frage nach der Technik« unter dem Titel *Vorträge und Aufsätze* veröffentlicht. (Heidegger, Martin: »Wissenschaft und Besinnung«, in: Ders.: *Vorträge und Aufsätze*, Stuttgart 2004, S. 41–66.)

Physik über die Physik keine Aussagen machen. Alle Aussagen der Physik sprechen physikalisch.«[202]

Allerdings ist das Sprechen der Physik keine Unzulänglichkeit physikalischer oder naturwissenschaftlicher Forschung, sondern betrifft die Konstitution aller Wissenschaften. Zum Wesen der Wissenschaften gehört für Heidegger geradezu eine ontologische Blindheit, das Nicht-Reflektieren der eigenen Möglichkeitsbedingungen: »Das in den Wissenschaften jeweils Unumgängliche: die Natur, der Mensch, die Geschichte, die Sprache, ist *als* dieses Unumgängliche für die Wissenschaften und durch sie unzugänglich.«[203]

Heisenberg versteht das philosophische Problem oder den unscheinbaren Sachverhalt nicht und antwortet in seinem Brief auf diese Behauptung metamathematisch (vgl. Abb. 1a):

»Zunächst zu der Grundsituation der Wissenschaft, die Sie im letzten Teil so eindringlich schildern: es ist Ihnen wohl bekannt, dass diese Situation am Modell der Mathematik von den Logistikern sehr genau analysiert worden ist. Hilbert hatte ja gehofft, eine ›Theorie der Mathematik‹ zu gewinnen. Die Logistik hat Hilbert's [sic] Programm so nicht verfolgt, bis der berühmte Goedel'sche Satz zutage kam: dass die Widerspruchsfreiheit eines Axiomensystems nicht <u>innerhalb</u> des Systems bewiesen werden kann, sondern nur, wenn man von einem umfassenderen System ausgeht, dessen Widerspruchsfreiheit vorausgesetzt wird. Dieser Satz ist doch wohl das logistische Analogon, das Ihre Formulierungen erläutert.«[204]

Für Heisenberg ist die grundsätzliche Beschränkung eines wissenschaftlichen Systems bereits mit Kurt Gödels Untersuchung *Über formal unentscheidbare Sätze der Principia Mathematica und verwandter Systeme* von 1931 geklärt: Erstens ist es fortan unmöglich, einen metamathematischen Beweis für die Widerspruchsfreiheit eines Systems zu geben, das umfassend genug ist, etwa die gesamte

---

202 Heidegger: »Wissenschaft und Besinnung« (1953), S. 61.
203 Ebd., S. 62.
204 Brief von Heisenberg an Heidegger, 3. Oktober 1953 (Martin Heidegger-Nachlass, Konvolut A: Heidegger 1/B75; Nr. 75.7356, Deutsches Literaturarchiv Marbach, im Folgenden abgekürzt als MHN).

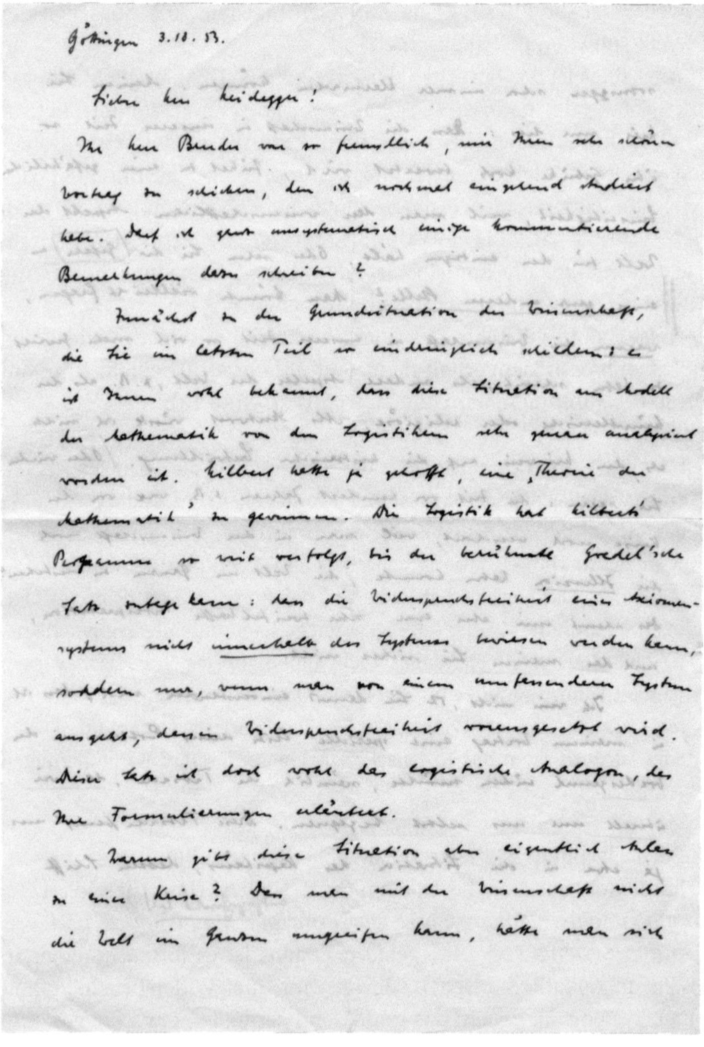

Abb. 1a, b und c: Brief von Heisenberg an Heidegger, 3. Oktober 1953
(Martin Heidegger-Nachlass, Konvolut A: Heidegger 1/B75; Nr. 75.7356,
Deutsches Literaturarchiv Marbach).

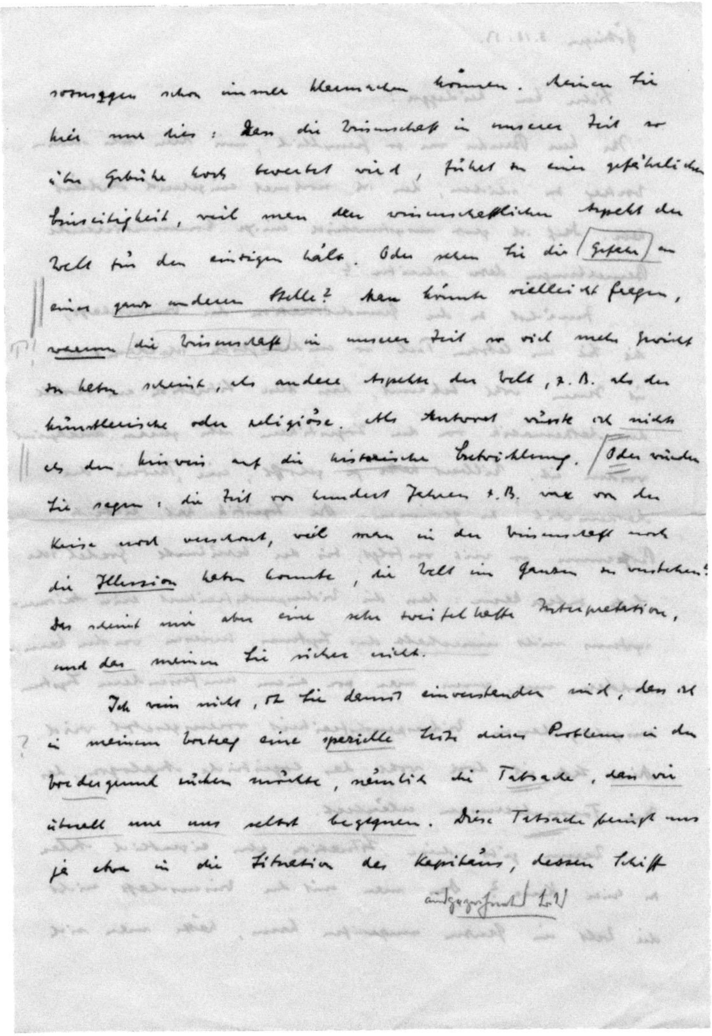

so viel Eisen enthält, dass der Kompass nur noch
auf diese Eisenmassen zeigt u. auf das Magnetfeld
der Erde nicht mehr reagiert; ein solches Schiff
lässt sich nicht mehr steuern. Aber alle derartigen
Formulierungen sind natürlich zu einfach und daher
bedenklich.

Übrigens noch eine Frage: Die antike ἐπιστήμη ist
zwar sicher etwas anderes als die moderne Wissenschaft;
aber könnte man die Philosophie des Aristoteles oder Teile
von ihr nicht doch auch mit Recht: „Theorie des Wirklichen"
nennen; d oder richtiger: war sie nicht auch als
solche gemeint? — / gewiss! aber Theorie ist Standpunkt
... nicht Nachstellen /

Leider werde ich nicht nach Bergenz kommen
können; ich bin gespannt darauf, in welcher Weise die
Künstler von unseren Vorträgen über die Wissenschaft die
Brücke zur Kunst schlagen.

Viele herzliche Grüsse!

Ihr Werner Heisenberg

Arithmetik zu enthalten. Zweitens ist die axiomatische Methode Hilberts grundsätzlich beschränkt.[205]

Die *Principia Mathematica* von Russell und Whitehead hatte zuvor das Problem der Widerspruchsfreiheit und speziell der Zahlentheorie auf das der Widerspruchsfreiheit der formalen Logik reduziert, ein umfassendes Notationssystem zur Kodifizierung aller rein mathematischen Aussagen.[206] David Hilbert formulierte in der Folge das Ziel des mathematischen Formalismus in Form von widerspruchsfrei konstruierten Beweisen.

Gödels Lösung beruht auf dem Beweis, dass die *Principia Mathematica* und ähnliche Systeme wesentlich unvollständig sind: Es wird immer wahre arithmetische Sätze geben, die aus diesem System selbst nicht abgeleitet werden können. Gödel arithmetisiert die symbolische Logik, macht sie zu seinem System, mit dem gerechnet werden kann. Gleichzeitig zeigt er, dass die axiomatische Methode Hilberts eine Grenze hat, die in ihrem Wesen liegt, im Wesen eines abgeschlossenen Kalküls. Er realisiert die Idee einer über sich selbst sprechenden Arithmetik – metamathematische Sätze können *über* ein formalisiertes arithmetisches Kalkül tatsächlich durch arithmetische Formeln innerhalb des Kalküls repräsentiert werden. Darüber hinaus zeigt er, dass Hilberts Traum mathematisch gesehen ein Traum bleiben wird, denn die Voraussetzung für die Konstruktion widerspruchsfreier Systeme wäre die komplette Formalisierung eines deduktiven Systems und Befreiung von jedwedem Sinn.

Indem Gödel die prinzipielle Begrenzung formaler Systeme beweist, demonstriert er gleichzeitig die Mächtigkeit der hilbertschen Beweistheorie und metamathematischen Weltbeschreibung im Allgemeinen.[207] Gödels Auffassung, dass Zahlen als »Universalmedium« nicht nur für Zahlen, sondern für alle möglichen Sprachen und »Diskursuniversen« fungieren, wird in der Folge zur mathematischen Grund-

---

205 Vgl. Gödel, Kurt: »Über formal unentscheidbare Sätze der Principia Mathematica und verwandter Systeme I«, in: *Monatshefte für Mathematik und Physik*, Leipzig 38 (1931).

206 Vgl. Whitehead, Alfred North und Russell, Bertrand: *Prinicpia Mathematica* (1910), Frankfurt a.M., 1994.

207 Vgl. Mehrtens, *Moderne Sprache Mathematik*, S. 297.

lage für die Computerwissenschaften und das Primat der Berechenbarkeit.[208]

Das zentrale Argument von Heideggers »Wissenschaft und Besinnung« wäre demzufolge nichts anderes als die philosophische (und verspätete) Einsicht in die Konsequenzen des mathematischen Grundlagenstreits nach dem Ersten Weltkrieg, den Gödels Satz formal beendet hatte. Heidegger, durchaus vertraut mit der Materie, wie die Verweise auf Weyl und die Korrespondenz mit Becker vermuten lassen,[209] weist die Analogisierung des eigenen Denkens mit der mathematischen Logik, der »Logistik« zurück:

> »Der Gödel'sche Satz enthält eine gewisse Analogie zu meinen Ausführungen über den ›unscheinbaren Sachverhalt‹. Aber was er meint, betrifft doch nur die Beziehung eines Systems zu einem umfassenden und prinzipiell gleichartigen. Dagegen meine ich eine im Wesen andere Dimension, in die jede Wissenschaft gehört, die sie aber niemals selber erreicht. Die ›Logistik‹ z.B. gelangt noch nicht und nie in die Dimension der Philosophie, sondern zieht die ›Logik‹ ins Mathematische ab.«[210]

Heideggers »unscheinbarer Sachverhalt« zielt auf die paradoxe Konstitution wissenschaftlicher Wahrheit und Wirklichkeit ab. Er löst sich nicht durch den Aufweis prinzipieller Systemgrenzen auf, noch wird er »durch das Erzählen der Wissenschaftsgeschichte« zugänglich. Er ist nicht lösbar.[211] Die Tatsache, dass Heisenberg mit Gödels Satz gegen Heideggers Wissenschaftskritik argumentiert, erzeugt in gewisser Weise eine archäologische, seinsgeschichtliche Situation: Denn Bohrs und Heisenbergs eigene Wundertat, die Kopenhagener Deutung, beendet auf ähnliche Weise den physikalischen Grundla-

---

208 Alan Turings Schrift *On Computable Numbers* ist wiederum der Versuch, Gödels Beweis in eine universelle Rechenmaschine zu überführen. (Vgl. Turing, Alan: »On Computable Numbers« with an Application to the Entscheidungsproblem«, in: *Proceedings of the London Mathematical Society Reihe 2, Bd. 42 (1937)*, S. 230–254.)
209 Vgl. *1.3.2 Feldtheorie.*
210 Brief von Heidegger an Heisenberg am 08. November 1953, WHN.
211 »Der unscheinbare Sachverhalt verbirgt sich in den Wissenschaften. Aber er liegt nicht in ihnen wie der Apfel im Korb. Wir müssen daher sagen: die Wissenschaften ruhen ihrerseits im unscheinbaren Sachverhalt wie der Fluß im Quell.« (Heidegger: »Wissenschaft und Besinnung«, S. 63.)

genstreit um die Welle- und Teilchendualität, wie Kurt Gödel es vier Jahre später für den mathematischen tun wird.

In den 1950er Jahren war der Siegeszug der gödelschen Auffassung, »that numbers can represent any kind of structure« in Form von Computern noch nicht abzusehen.[212] Zwar spricht Heisenberg in Bezug auf die Grenzen der Beobachtung und die disparate Situation einander ausschließender Naturgesetze innerhalb der Physik von einer Situation des »zunehmenden Sichabfindens« des Physikers.[213] Doch statt die Natur »an sich« zu beobachten, ist der Gegenstand der Forschung nun »die der menschlichen Fragestellung ausgesetzte Natur, und insofern begegnet der Mensch auch hier wieder sich selbst.«[214] Grundsätzlich, so der Heisenberg-Biograph Georg Schiemann, ist auch diese Erkenntnis für Heisenberg Naturerkenntnis: Auch die Beherrschung der Natur gerate nur dann an ihre Grenzen, wenn sie sich mit dem Wirklichkeitsverständnis der religiösen und kulturellen Welt nicht mehr zu Deckung bringen lasse.[215]

Es sei, so Heisenberg in seinem Brief an Heidegger, wohl eher an der »religiöse[n] und kulturelle[n] Welt«, sich den neuen Naturerkenntnissen anzupassen als umgekehrt (siehe Abb. 1b):

»Man könnte vielleicht fragen, warum die Wissenschaft in unserer Zeit so viel mehr Gewicht zu haben scheint, als andere Aspekte der Welt, z.B. als die künstlerische oder die religiöse. Als Antwort wüsste ich nichts als den Hinweis auf die historische Entwicklung.«[216]

Die Quantenmechanik markiert auch für Heidegger den Höhepunkt der Mathematisierung der Naturwissenschaften und der Vergegenständlichung und Objektivierung der Natur. Da nach seinem Verständnis die physikalische Theorie hinter diesen Grad mathematischer Konstitution auf wissenschaftlichem Wege nicht zurück kann, muss sie ihre Gegenstände mathematisch denken. Das unterscheidet

---

212 Vgl. Douglas R. Hofstadters Vorwort zur erweiterten Ausgabe von Nagel, Ernest und Newman, James R.: *Gödel's Proof*, New York City, 2001, S. xviiif.
213 Vgl. *2.3.2 Ge-stell.*
214 Heisenberg, Werner: »Das Naturbild der heutigen Physik«. In: Bayerische Akademie der schönen Künste (Hg.), *Die Künste im technischen Zeitalter*, Darmstadt 1956, S. 31–47, hier S. 42.
215 Georg Schiemann: *Werner Heisenberg*, München 2008, S. 122.
216 Brief von Heisenberg an Heidegger, 3. Oktober 1953, MHN.

sie auf den ersten Blick eindeutig von dem, was Heidegger in der griechischen *theoria* als gegeben ansieht:

> »Die griechische Wissenschaft ist eine Abwandlung der *theoria*, aber sie ist niemals ›Theorie‹ im modernen Sinn. Voraussetzung dafür wäre, daß sie das Seiende als Gegenstand zeigte. Gerade dazu kommt es nicht.«[217]

Als Sohn eines Altphilologen mit antiken Autoren vertraut, hatte Heisenberg zuvor in seinem Brief von 3. Oktober nach Aristoteles gefragt (siehe Abb. 1c):

> »Übrigens noch eine Frage: Die antike *episteme* [griech. im Orig. CV] ist zwar sicher etwas anderes als die moderne Wissenschaft, aber könnte man die Philosophie des Aristoteles oder Teile von ihr nicht doch auch mit Recht: ›Theorie des Wirklichen‹ nennen; oder richtiger: war sie nicht auch als solche gemeint?«[218]

Die Frage scheint Heidegger nachdenklich zu stimmen; er notiert sich eine stumme Antwort mit Fragezeichen auf Heisenbergs Schreiben (siehe Abb. 1c): »Gewiß! – Aber Theoria ist Bestaunen (?) und nicht Nachstellen.«[219]

Es mag sich bei diesem Fragezeichen lediglich um eine philologische Unsicherheit handeln, darüber, ob sich *theoria* tatsächlich mit ›Bestaunen‹ übersetzen lässt. Vielleicht artikuliert sich aber hier in der Handschrift auch ein Zweifel Heideggers daran, was die positive Bestimmung der aristotelischen *theoria* und insbesondere ihr angeblich unverstelltes Verhältnis zur *physis* betrifft; ein Zweifel, der bereits Heideggers späte Sprachphilosophie antizipieren würde. Aber im Antwortschreiben an Heisenberg findet sich davon nichts, hier erscheint die Differenz zwischen antiker *theoria* und moderner, nach Naturbeherrschung strebender Wissenschaft und Technik wieder unverbrüchlich.[220]

Mit der Rede vom »unscheinbaren Sachverhalt« aus »Wissenschaft und Besinnung« nimmt Heidegger das aktuelle Grundlagenproblem

217 Brief von Heidegger an Heisenberg, 8. November 1953, WHN.
218 Brief von Heisenberg an Heidegger, 3. Oktober 1953.
219 Ebd.
220 Brief von Heidegger an Heisenberg, 8. November 1953.

der Physik, die Unvereinbarkeit von Relativitäts- und Quantentheorie, zum Anlass, über die Grundlagenproblematik der abendländisch-rationalen Wissenschaft als solcher zu sprechen. Der Riss zwischen Relativitäts- und Quantentheorie wäre demnach ein Symptom einer ontologisch tieferliegenden Grundlagenkrise der Wissenschaften, welche sich nicht durch den Aufweis prinzipieller Systemgrenzen auflösen lasse, noch würde er »durch das Erzählen der Wissenschaftsgeschichte« zugänglich. Das grundlegende Problem der Wissenschaften ist für Heidegger wissenschaftlich schlicht nicht lösbar.[221]

Die Grundlagenkrise, die sich mit der Quantenphysik manifestiert hatte, wurde von Heidegger im Münchner Vortrag schließlich auf die antike Trennung von *physis* und *techné* zurückgeführt, die angesichts neuer physikalischer Technologien in ungekanntem und unbeherrschbarem Ausmaß ontologisch nicht länger aufrecht zu halten war. Spätestens mit dem Zünden der ersten Wasserstoffbombe 1952 hatte sich die Schlagkraft der neuen Technologie bewiesen, die aus dem Verbund von Elementarteilchenphysik und Rechenmaschinen hervorging. Einerseits verdunkeln sich die ontologischen Grundlagen im Sinne der alten Trennung von *physis* und *techné*, andererseits entstehen physikalische Technologien in unbekanntem und unbeherrschbarem Ausmaß.

Natur und Technik sind nach Heidegger wesentlich miteinander verschränkt. Dieser Sachverhalt sei nicht neu, historisiert er mit Hinweis auf Descartes' rationale Methode. Er sei allerdings erst mit der Physik des 20. Jahrhunderts ontologisch auffällig geworden. Für Heidegger betrifft dann auch die Grundlagenkrise und Beunruhigung der Physik lediglich ihre Grundbegriffe, die sich nicht mehr mit der Mathematik decken – die Wissenschaft als solche gehe sicherer denn je ihren Gang.[222]

So entstehen am Ende zwei Vorträge, die kaum verschiedener hätten ausfallen können und die dennoch miteinander verschränkt sind. Heidegger wird sich im Anschluss an Heisenbergs Frage noch einmal dem Kausalitätsproblem mit Aristoteles' Ursachenlehre zuwenden, Heisenberg wiederum dem Problem von Sprache und Wirklichkeit innerhalb der Physik. Obwohl es den beiden nicht gelingt, sich in

---

221 Vgl. Heidegger: »Wissenschaft und Besinnung«, S. 63.
222 Ebd., S. 62.

ihren Briefen und Vorträgen auf eine gemeinsame Fragestellung, geschweige denn auf gemeinsame Begriffe zu einigen, werden beide ihre Fragen unter besonderer Berücksichtigung der Technik stellen; in diesem Punkt stimmen sie überein.

Atomschrift

Da dem »unscheinbaren Sachverhalt« weder wissenschaftsgeschichtlich noch logistisch beizukommen ist, wendet Heidegger sich in *Wissenschaft und Besinnung* den Apparaturen der Mikrophysik zu:

> »Auch dort, wo die Theorie aus Wesensgründen wie in der modernen Atomphysik notwendig unanschaulich wird, ist sie darauf angewiesen, daß sich die Atome für eine sinnliche Wahrnehmung herausstellen, mag dieses Sich-zeigen der Elementarteilchen auch auf einem sehr indirekten und technisch vielfältig vermittelten Wege geschehen (vgl. Wilsonkammer, Geigerzähler, Freiballonflüge zur Feststellung der Mesonen).«[223]

Die drei gelisteten medientechnischen Experimentalanordnungen korrespondieren mit der Genealogie der 1953 bestehenden Mikrophysik: Quanten- und Kernphysik und Quantenelektrodynamik und ihre jeweiligen Detektoren. Diese garantieren – im Verbund mit mathematischen Modellen – den wissenschaftlichen Gegenstand und damit den Bestand der Physik.

Heidegger realisiert 1953, dass es in den Experimenten der neuen Physik stärker als je zuvor darum geht, das Kausalproblem durch den Einsatz medientechnischer Evidenzproduktion (visuelle Strukturen oder zählbare Ereignisse) zu kaschieren. Dass auch diese Physik tatsächlich noch Wissenschaft ist, entbirgt nun ausgerechnet das technische Wesen der Wissenschaft. In der Wilsonkammer werden Kernspuren fotografisch sichtbar gemacht, d.h. ihnen wird eine Gestalt, ein *eidos* verliehen. Der Geigerzähler zeigt radioaktive Strahlung akustisch-diskret an (er zählt), und die fotografisch beschichteten Platten sammeln in 10km Höhe (im Freiballonflug) Spuren von Hochgeschwindigkeitsteilchen extra-terrestrischen Ursprungs.

---

223 Heidegger: »Wissenschaft und Besinnung« (1953), S. 58.

Wer sich in den 1950er Jahren als Philosoph oder Physiker an den Diskussionen über Messbarkeit, Beobachtbarkeit und Wirklichkeit in der Mikrophysik beteiligt, schreibt auch über die wilsonsche Nebelkammer.[224] Während Max Born und Willard van Orman Quine die fotografisch fixierten Kondensationsspuren in der Nebelkammer als Beweis der Existenz neuer, theoretisch postulierter Elementarteilchen anführen und die Physik damit gegen die Vorwürfe der Fiktionalisierung zu verteidigen suchen, kehrt sich die Argumentation in den 1960er Jahren in ihr Gegenteil um. Russel Hanson betont in *The Concept of the Positron*, dass die Spuren erst seit kurzer Zeit als Beweismittel für die Existenz von Elementarteilchen fungieren:

»Whenever seen, such tracks where discounted as ›spurious‹, or as ›dirt effects‹. Certainly no experimental physicist before late 1932 made any such track his prime object of study. Part of the function of [Hansons *Positron*; Anm. CV] will be to understand why this is so, why such tracks were always overlooked, underevaluated, or explained away.«[225]

Das Ereignis von 1932, das die Lesart der Nebelkammerspuren verändert, ist die Entdeckung des Positrons, das von P.A.M. Dirac zuvor postulierte Anti-Teilchen des Elektrons.

Dirac war nicht auf der Suche nach neuen Teilchen, sondern nach einer Lösung für das Problem, dass die von Schrödinger aufgestellte Wellengleichung nicht-relativistisch formuliert war und daher für schnelle Elektronen (außerhalb des Atomkerns) keine Gültigkeit besaß.[226] Als er 1928 eine relativistische Gleichung zur Beschreibung der Wellenmechanik des Elektrons aufstellt, handelt es sich um die erste quantenmechanische Beschreibung einer Wellengleichung, die den Axiomen der speziellen Relativitätstheorie genügt (sie ist gegenüber den Lorentz-Transformationen invariant) – und damit um eine raumzeitliche Beschreibungsform aller zu dieser Zeit bekannten Ele-

224 Vgl. Galison: *Image and Logic*, S. 68ff.
225 Hanson, Norwood Russel: *The Concept of the Positron*, Cambridge 1963, S. 139; vgl. Born, Max: »Physikalische Wirklichkeit« (1953), in: Ders.: *Physik im Wandel meiner Zeit*, Braunschweig 1966, S. 145–159; sowie Quine, Willard van Orman: »Posits and Reality« (1955), in: Ders.: *The Ways of the Paradox and Other Essays*, Cambridge 1973, S. 246–255, hier S. 160ff.
226 Vgl. *2.1.2 Stehende Wellen*.

mentarteilchen, die sehr schnell sind und einen Spin von ½ haben. Die Gleichung hat allerdings einen Schönheitsfehler: Sie besitzt zwei Lösungen, eine für Teilchen mit positiver Ladung und eine für negative Ladung.

Als physikalische Lösung dieses mathematischen Sachverhalts schlägt Dirac ein völlig neues Materiebild vor, demzufolge im Vakuum das bisher unbemerkt gebliebene negative Energielevel der Elektronen im Normalzustand komplett von Elektronen besetzt ist – ein Meer aus negativer und positiver Energie. Aufgrund von Wolfgang Paulis Ausschließungsprinzip können sich keine zwei Elektronen auf demselben Energielevel befinden, Photonen dagegen schon. Daher bleibt das »Meer« solange ruhig, bis eines der gebundenen Elektronen angeregt wird, etwa indem es von Gammastrahlung getroffen wird und in ein höheres Energieniveau springt. Zurück bleibt ein »Loch« im »Meer«, es fehlt ja etwas negative Ladung des herausgesprungenen Elektrons. Das »Loch« innerhalb des negativen Energielevels ist positiv geladen. Der umgekehrte Prozess erfolgt, wenn ein freies Elektron positiver Masse und negativer Ladung auf das Loch im Dirac-Meer trifft. Das Loch füllt sich, verliert dabei Energie und es entstehen (mindestens) zwei Photonen.

Dirac glaubt an die Richtigkeit seiner Formel und folgert: Es *gibt* Antimaterie oder zumindest Antiteilchen, die genauso groß und schwer sind wie die bekannten Elektronen, bloß mit positiver Ladung. Er nennt diese positiven Elektronen *Positronen*.[227]

Diracs Theorie kommt erst 1932 zum Durchbruch, als der amerikanische Experimentalphysiker Carl David Anderson durch Zufall ein ebensolches Teilchen in einer wilsonschen Nebelkammer fotografiert und einen »golden event« der Experimentalphysik markiert.[228]

Heute gilt Diracs Meer lediglich als ›Bild‹ für die Bildung bzw. die Annihilation eines Elektronen-Positronen-Paares und seine Gleichung wird als ›Trick‹ bezeichnet, um eine Ein-Teilchen-Wellengleichung dort anwenden zu können, wo man eigentlich eine Vielteilchen-Gleichung braucht, nämlich jenseits der Atomphysik im Bereich frei flottierender Strahlung. Die Dirac-Gleichung verschwindet aus

227 Vgl. die Positronen-Theorie in Diracs Standardwerk: Dirac, Paul Adrien Maurice: *The Principles of Quantum Mechanics* (1930), 4. Aufl. Oxford, 1958, S. 273ff.
228 Vgl. die erste Publikation der Fotografie in: *Physical Review*, Bd. 43, 15. März 1933, S. 491.

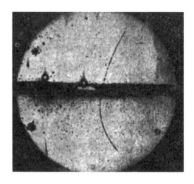

Abb 2: Positron.

der Physik in dem Moment, als man die Teilchen-Annihilation selbst als gegebenen Fakt setzt und sich die Quantenelektrodynamik eben diesen Vielteilchenprozessen im elektromagnetischen Feld zuwendet.[229]

Was mit Hansons Auslegung der Positron-Fotografie als »theoriebeladene« Doktrin der *Philosophy of Science* beginnt, wird von Galison als Wissenschaftsgeschichte im Rahmen einer zweigeteilten Evidenztradition der Physik fortgeführt und leitet noch die jüngsten Fotografie-Theorien dieser Tage.[230]

Heidegger stellt bereits 1953 fest, dass innerhalb der Physik verschiedene Arten »zu berechnen« existieren, und das habe zunächst einmal nichts mit Zahlen zu tun:

> »Rechnen im weiten, wesentlichen Sinne meint: mit etwas rechnen, d.h. etwas in Betracht ziehen, auf etwas rechnen, d.h. in die Erwartung stellen. In dieser Weise ist alle Vergegenständlichung des Wirklichen ein Rechnen, mag sie kausal-erklärend den Erfolgen von Ursachen nachsetzen, mag sie morphologisch sich über die Gegenstände ins Bild setzen, mag sie einen Folge- und Ordnungszusammenhang in seinen Gründen sicherstellen.«[231]

---

229 Vgl. Hey und Walters, *The New Quantum Universe*, S. 227ff; sowie Simonyi, *Kulturgeschichte der Physik. Von den Anfängen bis 1990*, S. 459.
230 Vgl. Geimer, Peter: *Ordnungen der Sichtbarkeit. Fotografie in Wissenschaft, Kunst und Technologie,* Frankfurt a.M. 2002.
231 Heidegger: »Wissenschaft und Besinnung« (1953), S. 54.

Galison wird die Experimentalgeschichte der Mikrophysik als Kombination von logischer (z.B. Geigerzähler) und visueller (Wilsonkammer) Evidenzproduktion darstellen. Erst das elektronische Bild führe beide wiederum in einer Apparatur zusammen.[232] Heidegger hat innerhalb seiner *physis*-Lektüre bereits das Visuelle im Rahmen einer *morphologischen* Evidenztradition (»Gestellung in das Aussehen«) als materielle Bedingung der Begriffsbildung und damit des *logos* bis in die *Physik* des Aristoteles zurückverfolgt und präzisiert. Und der Blick auf die naturwissenschaftlichen Experimentalanordnungen ist Heidegger bereits seit seiner Auseinandersetzung mit der theoretischen Biologie und ihren Fotografien vertraut.[233]

Die Rolle der Detektoren für den Erhalt der physikalischen Wissenschaft ist unbestreitbar. Allerdings wirft die Phänomenotechnik der Quantenphysik die Frage nach der Art der Verweisung auf, die in diesen berechnenden Aufschreibeverfahren steckt.

Sinnvollerweise beginnt ein Artikel über die epistemische Schwelle von Fakt und Artefakt, Information und Rauschen in der Fotografie mit einem Heidegger-Zitat über die Verweisung als Störung.[234] Das wesentliche Sich-Melden geschieht immer *ad negativum*.[235] Heidegger scheint mit seinen Fragen zum »merkwürdig indirekten und technisch vermittelten Sich-zeigen der Elementarteilchen« der Zeit und vor allem der Diskussion innerhalb der *Philosophy of Science* voraus, wenn er die fotografisch produzierten Spuren nicht über den Status physikalischer Wirklichkeit entscheiden lässt, sondern sich auf die Rolle der Technik im Wissen der Physik, insbesondere für die Produktion physikalischer Wirklichkeit konzentriert:

»Die Theorie kommt an der schon anwesenden Natur nie vorbei und sie kommt in solchem Sinne nie um die Natur herum. Die Physik mag die allgemeine und durchgängige Gesetzlichkeit der Natur aus der Identität von Materie und Energie vorstellen, dieses physikalisch Vorgestellte ist zwar die Natur selbst, jedoch unweigerlich nur die Natur als das Gegen-

---

232 Vgl. Galison: *Image and Logic*, S. 19ff.
233 Vgl. *1.3.3 Weltbildendes Zeug.*
234 Vgl. Geimer, Peter: »Was ist kein Bild? Zur Störung der Verweisung«, in: Ders. (Hg.): *Ordnungen der Sichtbarkeit. Fotografie in Wissenschaft, Kunst und Technologie*, Frankfurt a.M. 2002, S. 313–341, hier S. 313.
235 Vgl. *1.2 Das Vergessen der Schreibmaschine.*

standsgebiet, dessen Gegenständigkeit sich erst durch die physikalische Bearbeitung bestimmt und in ihr eigens erstellt wird.«[236]

Heidegger entdeckt in der Evidenzproduktion der Mikrophysik den *double-bind* des Wissens an Natur und Technik. Das theoretische Gebäude der Physik bleibt an die Vorgängigkeit der zu untersuchenden Natur gebunden, gleichzeitig muss sie es sich als systematische Wissenschaft zur Aufgabe machen, ihren Gegenstandsbezirk – die Natur – systematisch zu rationalisieren und so zu vereinheitlichen:

>»Auch für die moderne Physik gilt es, diejenigen elementaren Gegenstände sicherzustellen, aus denen alle anderen Gegenstände des ganzen Gebietes bestehen. Auch das Vorstellen der modernen Physik bleibt darauf abgestellt, eine einzige Grundgleichung anschreiben zu können, aus der die Eigenschaften aller Elementarteilchen und damit das Verhalten der Materie überhaupt folgt.‹ (Heisenberg, Die gegenwärtigen Grundprobleme der Atomphysik. Vgl. Wandlungen in den Grundlagen der Naturwissenschaft, 8. Auflage, 1948, S. 98.)«[237]

In dem von Heidegger zitierten Artikel schreibt Heisenberg unter anderem über die Entdeckung von Positronen und Mesonen, und gibt sich noch zuversichtlich, dass die Physik schon bald auf eine die Quantenmechanik und die Allgemeine Relativitätstheorie vereinigende Grundgleichung stoßen wird. Die Zerrissenheit der Physik versucht er mit einem Satz des Demokrit zu versöhnen: So, wie Tragödie und Komödie mit denselben Buchstaben niedergeschrieben werden, so können auch dieselben Atome sehr verschiedene Geschehnisse in der Welt hervorbringen. Auch wenn es sich bei der Atomtheorie nicht mehr im klassischen Sinne um eine materialistische Theorie handelt, sei es »wichtig, daß wir die Schrift der Atome ganz verstehen, denn diese Schrift ist nicht vom Menschen erdacht worden; sie bedeutet mehr«.[238]

---

236 Heidegger: »Wissenschaft und Besinnung« (1953), S. 58.
237 Ebd., S. 56f.
238 Vgl. Heisenberg, Werner: »Die gegenwärtigen Grundprobleme der Atomphysik«, in: Ders.: *Wandlungen in den Grundlagen der Naturwissenschaft*, Zürich 1949, S. 89–101, hier S. 101.

Für Heisenberg handelt es sich schlicht um ein Problem der Entzifferung, grundsätzlich sei die Natur als Natur lesbar. Heidegger dagegen scheint sich in »Wissenschaft und Besinnung« noch nicht ganz darüber im Klaren zu sein, womit er es bei den neuen Detektoren zu tun hat.

In dem unveröffentlichten Konvolut zu Heisenberg finden sich einige Seiten handschriftlicher Vorarbeiten aus dem Jahre 1953 unter dem Titel *Zu Heisenberg*, die das Verhältnis von Physik und Technik verhandeln und einige Fragezeichen enthalten:

> »Was grundsätzlich physikalisch als Ortsbestimmung und Impulsbestimmung nötig bleibt, stößt hinsichtlich der Ausführung sowohl von seiten der sich herausstellenden Mikro-Natur, als auch von seiten der experimentellen Apparatur an eine Grenze – insofern die sich herausstellende Natur zu folgender Sie verwindenden (?) Apparatur (sich) nicht mehr zugleich nach Ort und Bewegungsimpuls bestimmen lässt.
>
> Die Subjektivität des sicherstellenden Subjekts greift durch die von ihm benötigte Apparatur (massiver – einmalig, kausal, effizient) in die Objektivität des sich herausstellenden Objektes ein, diese entzieht sich anders und mehr noch als bisher der vermeintlich einen Sicherstellung (der Natur an sich). Die experimentierende Subjektivität ist jetzt ausdrücklich in die ungeschmückte (?) Objektivität mit eingebaut, »strukturiert«–, die Subjektivität gehört jetzt ausdrücklicher als bisher, nämlich auch hinsichtlich der experimentellen Apparatur zur Objektivität. Zur Objektivität gehört der ausdrückliche Einbau der Subjektivität.
>
> Die Sub.-Obj.Beziehung ist jetzt eine noch massivere als bisher – sie ist radikalisiert und darum ferner einer möglichen Verwindung denn je zuvor – mit Rücksicht auf sie und für das Denken die Unzugänglichkeit des Unumgänglichen noch deutlicher aufweisbar.«[239]

Für Heidegger handelt es sich bei der *Kopenhagener Deutung* gerade nicht um die Auflösung der Trennung von Subjekt und Objekt, sondern um die Entbergung ihrer seinsgeschichtlichen Verschränktheit. Noch nie stand der »unscheinbare Sachverhalt« so deutlich vor ihm wie in den Evidenzmaschinen der Mikrophysik. Ungeklärt ist für ihn zu diesem Zeitpunkt noch, ob die Apparaturen der Mikrophysik

---

239 Heidegger, »Konvolut A: Heidegger 1 / B75; Nr. 75.7356«, S. 8.

letztendlich Natur »verwinden«, und das hieße: zur Sprache bringen, also ob die Maschinen zum »Unterwegssein« der Natur gehören oder nicht. Diese Frage hatte Heidegger 1929 bereits der Biologie von Uexkülls gestellt.[240] Dem besagten Konvolut von 1953 liegen noch ein paar Blätter mit »Fragen an Heisenberg« bei. Eine von ihnen lautet: »Ist die Physik als s. in einem wesenhaften Sinn gerade die ›Technik‹ und nur diese?«

2.3.2 Gestell

Heisenbergs Brief vom 3. Oktober 1953 enthält auch das Typoskript seines eigenen Vortragsentwurfs für die Münchner Tagung. Heidegger notiert darauf: »Geschrieben nach meinem Vortrag ›Wissenschaft und Besinnung‹, 4./5. August 53« (siehe Abb. 3a).

Auch das Typoskript wurde von Heidegger gründlich durchgearbeitet. Es finden sich zahlreiche Unterstreichungen, teilweise in Farbe, Anmerkungen und Fragen Heideggers, die in *Der Frage nach der Technik* wieder auftauchen.

Heisenberg schildert das Dilemma einer sich ins Symbolische der Mathematik »verflüchtigenden« physikalischen Realität:

»Die Frage, ob diese Teilchen ›an sich‹ in Raum und Zeit existieren, kann in dieser Form also nicht mehr gestellt werden, da wir stets nur über die Vorgänge sprechen können, die sich abspielen, wenn durch die Wechselwirkung des Elementarteilchens mit irgendwelchen anderen physikalischen Systemen, z.B. den Meßapparaten, das Verhalten der Teilchen erschlossen werden soll. Die Vorstellung von der objektiven Realität der Elementarteilchen hat sich also in einer merkwürdigen Weise verflüchtigt, nicht in den Nebel irgendeiner neuen, unklaren oder noch unverstandenen Wirklichkeitsvorstellung, sondern in die durchsichtige Klarheit einer Mathematik, die nicht mehr das Verhalten des Elementarteilchens sondern unsere Kenntnis dieses Verhaltens darstellt. Der Atomphysiker hat sich damit abfinden müssen, daß seine Wissenschaft nur ein Glied ist in der endlosen Kette der Auseinandersetzungen des Menschen mit

---

240 Vgl. *1.3.3 Gegenwelt.*

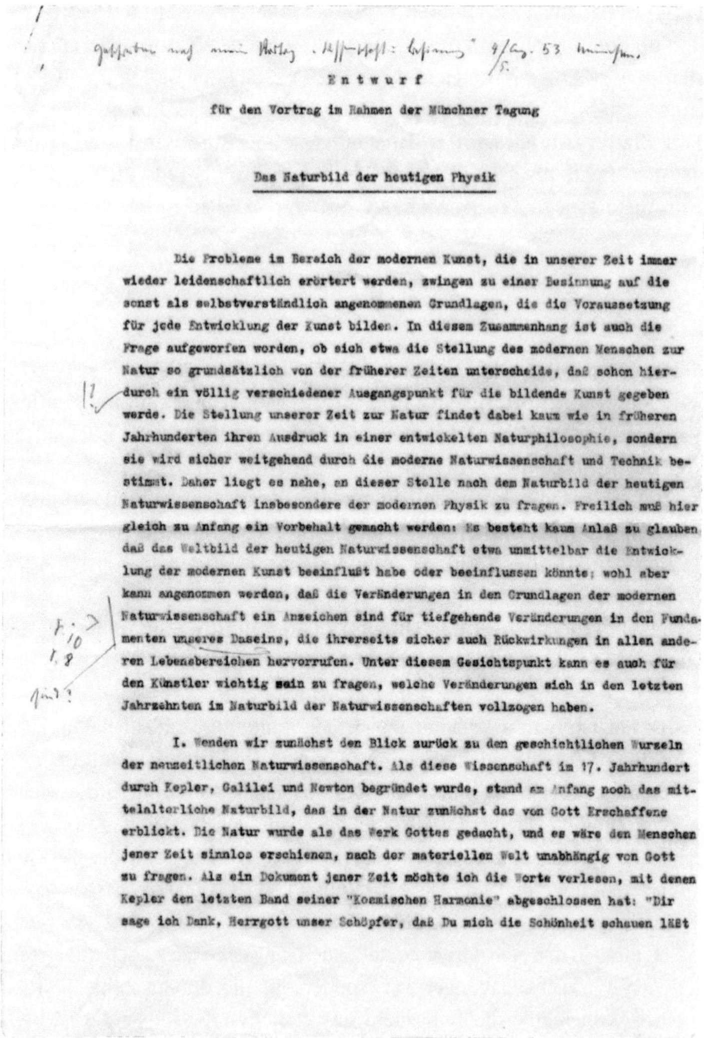

gehalten nach einer Notiz . Heff-Heff : Erf. 9/Aug. 53 München

E n t w u r f

für den Vortrag im Rahmen der Münchner Tagung

Das Naturbild der heutigen Physik

Die Probleme im Bereich der modernen Kunst, die in unserer Zeit immer
wieder leidenschaftlich erörtert werden, zwingen zu einer Besinnung auf die
sonst als selbstverständlich angenommenen Grundlagen, die die Voraussetzung
für jede Entwicklung der Kunst bilden. In diesem Zusammenhang ist auch die
Frage aufgeworfen worden, ob sich etwa die Stellung des modernen Menschen zur
Natur so grundsätzlich von der früherer Zeiten unterscheide, daß schon hier-
durch ein völlig verschiedener Ausgangspunkt für die bildende Kunst gegeben
werde. Die Stellung unserer Zeit zur Natur findet dabei kaum wie in früheren
Jahrhunderten ihren Ausdruck in einer entwickelten Naturphilosophie, sondern
sie wird sicher weitgehend durch die moderne Naturwissenschaft und Technik bestimmt. Daher liegt es nahe, an dieser Stelle nach dem Naturbild der heutigen
Naturwissenschaft insbesondere der modernen Physik zu fragen. Freilich muß hier
gleich zu Anfang ein Vorbehalt gemacht werden: Es besteht kaum Anlaß zu glauben,
daß das Weltbild der heutigen Naturwissenschaft etwa unmittelbar die Entwicklung der modernen Kunst beeinflußt habe oder beeinflussen könnte; wohl aber
kann angenommen werden, daß die Veränderungen in den Grundlagen der modernen
Naturwissenschaft ein Anzeichen sind für tiefgehende Veränderungen in den Fundamenten unseres Daseins, die ihrerseits sicher auch Rückwirkungen in allen anderen Lebensbereichen hervorrufen. Unter diesem Gesichtspunkt kann es auch für
den Künstler wichtig sein zu fragen, welche Veränderungen sich in den letzten
Jahrzehnten im Naturbild der Naturwissenschaften vollzogen haben.

I. Wenden wir zunächst den Blick zurück zu den geschichtlichen Wurzeln
der neuzeitlichen Naturwissenschaft. Als diese Wissenschaft im 17. Jahrhundert
durch Kepler, Galilei und Newton begründet wurde, stand am Anfang noch das mit-
telalterliche Naturbild, das in der Natur zunächst das von Gott Erschaffene
erblickt. Die Natur wurde als das Werk Gottes gedacht, und es wäre den Menschen
jener Zeit sinnlos erschienen, nach der materiellen Welt unabhängig von Gott
zu fragen. Als ein Dokument jener Zeit möchte ich die Worte verlesen, mit denen
Kepler den letzten Band seiner "Kosmischen Harmonie" abgeschlossen hat: "Dir
sage ich Dank, Herrgott unser Schöpfer, daß Du mich die Schönheit schauen läßt

Abb. 3a–g: Werner Heisenbergs Vortragsentwurf für die Münchner Tagung,
Anmerkungen und Unterstreichungen von Martin Heidegger, in: Heisenberg-
Konvolut, MHN.

beobachten und in ihrer Gesetzmäßigkeit zu verstehen; sie hat danach ge-
strebt, die Zusammenhänge mathematisch zu formulieren und damit zu "Gesetzen"
zu kommen, die im ganzen Kosmos uneingeschränkt gelten, und es ist ihr
schließlich dadurch möglich geworden, die Kräfte der Natur in der Technik
unseren Zwecken dienstbar zu machen. Die großartige Entwicklung der Mechanik
im 18., der Optik, der Wärmetechnik und Wärmelehre im beginnenden 19. Jahrhundert legt Zeugnis ab von der Kraft dieses Ansatzes.

In dem Maße, in dem solche Art der Naturwissenschaft erfolgreich
war, erweiterte sie sich auch über den Bereich der täglichen Erfahrung hinaus in entlegene Gebiete der Natur, die erst durch die im Zusammenhang mit
der Naturwissenschaft sich entwickelnde Technik erschlossen werden konnten.
Auch bei Newton war der entscheidende Schritt die Erkenntnis gewesen, daß
die Gesetze der Mechanik, die das Fallen eines Steins beherrschen, auch die
Bewegungen des Mondes um die Erde bestimmen, daß sie also auch in kosmischen
Dimensionen angewendet werden können. In der Folgezeit trat die Naturwissenschaft dann in breiter Front ihren Siegeszug an in diese entlegenen Bereiche
der Natur, von denen wir nur auf dem Umweg über die Technik, d.h. über mehr
oder weniger komplizierte Apparate, Kunde erlangen können. Die Astronomie
bemächtigte sich durch die verbesserten Fernrohre immer weiterer kosmischer
Räume, die Chemie versuchte aus dem Verhalten der Stoffe bei chemischen Um-
setzungen die Vorgänge in atomaren Dimensionen zu erschließen, Experimente
mit der Induktionsmaschine und der Voltaschen Säule gaben den ersten Einblick
in die dem täglichen Leben jener Zeit noch verborgenen elektrischen Erscheinungen. So verwandelte sich allmählich die Bedeutung des Wortes "Natur" als
Forschungsgegenstand der Naturwissenschaft; es wurde zu einem Sammelbegriff
für alle jene Erfahrungsbereiche, in die der Mensch mit den Mitteln der Naturwissenschaft und Technik eindringen kann, unabhängig davon ob sie ihm in
der unmittelbaren Erfahrung als "Natur" gegeben sind. Auch das Wort Natur-
"Beschreibung" verlor mehr und mehr seine ursprüngliche Bedeutung als Darstellung, die ein möglichst lebendiges, sinnfälliges Bild der Natur vermitteln sollte; vielmehr wurde in steigendem Maße die mathematische Beschreibung
der Natur gemeint, d.h. eine möglichst präzise, kurze, aber umfassende Sammlung von Informationen über die gesetzmäßigen Zusammenhänge in der Natur.

Die Erweiterung des Naturbegriffs, die mit dieser Entwicklung halb
unbewußt vollzogen wurde, brauchte auch noch nicht als ein grundsätzliches
Abgehen von den ursprünglichen Zielen der Naturwissenschaft aufgefaßt zu
werden; denn die entscheidenden Grundbegriffe waren für die erweiterte Er-

von den Elementarteilchen an sich handeln, sondern von unserer Kenntnis der Elementarteilchen. Die Frage, ob diese Teilchen "an sich" in Raum und Zeit existieren, kann in dieser Form also nicht mehr gestellt werden, da wir stets nur über die Vorgänge sprechen können, die sich abspielen, wenn durch die Wechselwirkung des Elementarteilchens mit irgendwelchen anderen physikalischen Systemen, z.B. den Meßapparaten, das Verhalten des Teilchens erschlossen werden soll. Die Vorstellung von der objektiven Realität der Elementarteilchen hat sich also in einer merkwürdigen Weise verflüchtigt, nicht in den Nebel irgendeiner neuen, unklaren oder noch unverstandenen Wirklichkeitsvorstellung, sondern in die durchsichtige Klarheit einer Mathematik, die nicht mehr das Verhalten des Elementarteilchens sondern unsere Kenntnis dieses Verhaltens darstellt. Der Atomphysiker hat sich damit abfinden müssen, daß seine Wissenschaft nur ein Glied ist in der endlosen Kette der Auseinandersetzungen des Menschen mit der Natur, daß sie aber nicht einfach von der Natur "an sich" sprechen kann. Die Naturwissenschaft setzt den Menschen immer schon voraus, und wir müssen uns, wie Bohr es ausgedrückt hat, dessen bewußt werden, daß wir nicht nur Zuschauer sondern stets auch Mitspielende im Schauspiel des Lebens sind.

II. Bevor nun über allgemeine Folgerungen aus dieser neuen Situation in der modernen Physik gesprochen werden kann, soll noch die für das praktische Leben auf der Erde wichtigere und mit der Entwicklung der Naturwissenschaft Hand in Hand gehende Ausbreitung der Technik erörtert werden; erst diese Technik hat ja die Naturwissenschaft vom Abendland ausgehend über die ganze Erde verbreitet und hat ihr zu einer zentralen Stelle im Denken unserer Zeit verholfen. In diesem Entwicklungsprozeß der letzten 200 Jahre ist die Technik immer wieder Voraussetzung und Folge der Naturwissenschaft gewesen. Sie ist die Voraussetzung, da eine Erweiterung und Vertiefung der Naturwissenschaft oft nur durch eine Verfeinerung der Beobachtungsmittel zustande kommen kann; es sei an die Erfindung des Fernrohrs und des Mikroskops oder an die Entdeckung der Röntgenstrahlen erinnert. Technik ist andererseits die Folge der Naturwissenschaft, da die technische Ausnützung der Naturkräfte im allgemeinen erst auf Grund einer eingehenden Kenntnis der Naturgesetze des betreffenden Erfahrungsbereichs möglich wird.

So hat sich zunächst im 18. und beginnenden 19. Jahrhundert eine Technik entwickelt, die auf der Ausnutzung mechanischer Vorgänge beruht. Hier ahmt die Maschine oft nur die Tätigkeit der Hand des Menschen nach, ob es sich etwa um das Spinnen und Weben, um das Heben von Lasten oder um das

7

Schmieden großer Eisenstücke handelt. Daher ist diese Form der Technik zunächst als Fortsetzung und Erweiterung des alten Handwerks empfunden worden; sie erschien dem Außenstehenden in der gleichen Weise verständlich und einleuchtend wie das alte Handwerk selbst, dessen Grundlagen jeder kannte, auch wenn er die Handgriffe im einzelnen nicht nachmachen konnte. Dieser Charakter der Technik wurde auch durch die Einführung der Dampfmaschine noch nicht grundsätzlich geändert; wohl aber nahm von diesem Zeitpunkt ab die Ausdehnung der Technik in einem früher nicht gekannten Maße zu, denn nun konnten die in der Kohle aufgespeicherten Naturkräfte in den Dienst des Menschen gestellt werden und seine bisherige Handarbeit verrichten.

Eine entscheidende Veränderung im Charakter der Technik aber hat sich wohl erst mit der Entwicklung der Elektrotechnik in der zweiten Hälfte des vergangenen Jahrhunderts vollzogen. Hier war von einer unmittelbaren Verbindung mit dem alten Handwerk kaum mehr die Rede. Es handelt sich vielmehr nur noch um die Ausnutzung von Naturkräften, die dem Menschen aus unmittelbarer Erfahrung in der Natur kaum bekannt waren. Daher hat die Elektrotechnik für viele Menschen selbst heute noch etwas Unheimliches; zum mindesten empfindet man sie häufig als unverständlich, obwohl sie uns überall umgibt. Die Hochspannungsleitung, der man sich nicht nähern darf, gibt uns zwar einen gewissen Anschauungsunterricht über den Begriff des Kraftfeldes, den die Naturwissenschaft hier verwendet, aber im Grund bleibt uns dieser Bereich der Natur fremd. Der Blick in das Innere eines komplizierten elektrischen Apparates ist uns manchmal in ähnlicher Weise unangenehm wie das Zusehen bei einem chirurgischen Eingriff.

Die chemische Technik könnte vielleicht wieder als Fortsetzung alter Handwerkszweige angesehen werden; man denke etwa an Färberei, Gerberei und Apotheke. Aber auch hier läßt das Ausmaß der etwa seit der Jahrhundertwende neu entwickelten chemischen Technik keinen Vergleich mit den früheren Zuständen mehr zu.

In der Atomtechnik schließlich handelt es sich ganz um die Ausnutzung von Naturkräften, zu denen jeder Zugang aus der Welt der natürlichen Erfahrung fehlt. Zwar wird uns vielleicht auch diese Technik schließlich ebenso geläufig werden wie dem modernen Menschen die Elektrotechnik, die aus seiner unmittelbaren Umwelt gar nicht mehr weggedacht werden kann. Aber auch die Dinge, die uns täglich umgeben, werden dadurch nicht zu einem Stück der Natur im ursprünglichen Sinne des Wortes. Vielleicht werden später die vielen technischen Apparate ebenso unvermeidlich zum Menschen gehören wie das Schneckenhaus zur Schnecke oder das Netz zur Spinne. Aber auch dann wären die Apparate eher Teile unseres menschlichen Organismus als Teile der uns umgebenden Natur.

Dabei greift die Technik tief in das Verhältnis der Natur zum Menschen dadurch ein, daß sie seine Umwelt in großem Maßstab verwandelt und ihm damit den naturwissenschaftlichen Aspekt der Welt unablässig und unentrinnbar vor Augen führt. Der Anspruch der Naturwissenschaft, den ganzen Kosmos mit einer Methode umgreifen zu können, die jeweils das Einzelne aussondert und durchleuchtet und so von Zusammenhang zu Zusammenhang fortschreitet, spiegelt sich in der Technik, die Schritt für Schritt in immer neue Gebiete vordringt, unsere Umwelt vor unseren Augen verwandelt und ihr damit unser Bild aufprägt. So wie sich in der Naturwissenschaft jede Einzelfrage der großen Aufgabe unterordnet, die Natur im Ganzen zu verstehen, so dient auch jeder kleinste technische Fortschritt dem allgemeinen Ziel, die materielle Macht des Menschen zu erweitern. Der Wert dieses Zieles wird ebenso wenig in Frage gestellt wie in der Naturwissenschaft der Wert der Naturerkenntnis, und beide Ziele fließen in eines zusammen in dem banalen Schlagwort "Wissen ist Macht". Obwohl die Unterordnung unter das gemeinsame Ziel wohl für jeden einzelnen technischen Vorgang nachgewiesen werden kann, so ist es doch auch wieder charakteristisch für die ganze Entwicklung, daß der technische Einzelprozeß oft nur so indirekt mit dem Gesamtziel verbunden ist, daß man ihn kaum mehr als Teil eines bewußten Planes zur Erreichung dieses Zieles ansehen kann. An solchen Stellen erscheint dann die Technik fast nicht mehr als das Produkt bewußter menschlicher Bemühung um die Ausbreitung der materiellen Macht sondern eher als ein biologischer Vorgang im Großen, bei dem die im menschlichen Organismus angelegten Strukturen in immer weiterem Maße auf die Umwelt des Menschen übertragen werden; ein biologischer Vorgang also, der eben als solcher der Kontrolle durch den Menschen entzogen ist; denn "der Mensch kann zwar tun, was er will, aber er kann nicht wollen, was er will".

III. In diesem Zusammenhang ist oft gesagt worden, daß die tiefgreifende Veränderung unserer Umwelt und unserer Lebensweise im technischen Zeitalter auch unser Denken in einer gefährlichen Weise umgestalte habe und daß hier die Wurzel der Krisen zu suchen sei, von denen unsere Zeit erschüttert werde, und die sich z.B. auch in der modernen Kunst äußern. Dieser Einwand ist nun freilich viel älter als Technik und Naturwissenschaft der Neuzeit; denn Technik und Maschinen hat es in primitiver Form schon viel

ist nie ganz verloren gegangen, sondern im Laufe der Jahrhunderte bald
schwächer, bald stärker in Erscheinung getreten und immer wieder fruchtbar
geworden. Schließlich hat sich der Aufstieg des Menschengeschlechts ja doch
durch die Entwicklung der Werkzeuge vollzogen; es kann also die Technik jedenfalls nicht an sich schon die Ursache dafür sein, daß in unserer Zeit das
Bewußtsein des Zusammenhanges an vielen Stellen verloren gegangen ist.

Man wird der Wahrheit vielleicht näher kommen, wenn man die plötz-
liche und – gemessen an früheren Veränderungen – ungewöhnlich schnelle Ausbreitung der Technik in den letzten 50 Jahren für viele Schwierigkeiten verantwortlich macht, da diese Schnelligkeit der Veränderung im Gegensatz zu
früheren Jahrhunderten der Menscheit einfach nicht die Zeit gelassen hat,
sich auf die neuen Lebensbedingungen umzustellen. Aber auch damit ist wohl
noch nicht richtig oder noch nicht vollständig erklärt, warum unsere Zeit
offensichtlich vor einer ganz neuen Situation zu stehen scheint, zu der es in
der Geschichte kaum ein Analogon gibt.

Schon am Anfang war davon die Rede, daß die Wandlungen in den Grundlagen der modernen Naturwissenschaft vielleicht als Symptom angesehen werden
können für Verschiebungen in den Fundamenten unseres Daseins, die sich dann
an vielen Stellen gleichzeitig äußern, sei es in Veränderungen unserer Lebensweise und unserer Denkgewohnheiten, sei es in äußeren Katastrophen, Kriegen
oder Revolutionen. Wenn man versucht, von der Situation in der modernen Naturwissenschaft ausgehend sich zu den in Bewegung geratenen Fundamenten vorzutasten, so hat man den Eindruck, daß man die Verhältnisse vielleicht nicht
allzu grob vereinfacht, wenn man sagt, daß zum ersten Mal im Laufe der Geschichte der Mensch auf dieser Erde nur noch sich selbst gegenüber steht,
daß er keine anderen Partner oder Gegner mehr findet. Das gilt zunächst in
einer ganz banalen Weise im Kampf des Menschen mit äußeren Gefahren. Früher
war der Mensch durch wilde Tiere, durch Krankheiten, Hunger, Kälte und andere
Naturgewalten bedroht, und in diesem Streit bedeutete jede Ausweitung der
Technik eine Stärkung der Stellung des Menschen, also einen Fortschritt. In
unserer Zeit, in der die Erde immer dichter besiedelt wird, kommt die Einschränkung der Lebensmöglichkeit und damit die Bedrohung in erster Linie von
den anderen Menschen, die auch ihr Recht auf die Güter der Erde geltend machen.
In dieser Auseinandersetzung braucht die Erweiterung der Technik aber kein
Fortschritt mehr zu sein. Der Satz, daß der Mensch nur noch sich selbst gegenüber stehe, gilt aber im Zeitalter der Technik noch in einem viel weiteren
Sinne. In früheren Epochen sah sich der Mensch der Natur gegenüber; die von

11

Lebewesen aller Art bewohnte Natur war ein Reich, das nach seinen eigenen Gesetzen lebte und in das er sich mit seinem Leben irgendwie einzuordnen hatte. In unserer Zeit aber leben wir in einer vom Menschen so völlig verwandelten Welt, daß wir überall, ob wir nun mit den Apparaten des täglichen Lebens umgehen, ob wir eine mit Maschinen zubereitete Nahrung zu uns nehmen oder die vom Mensch verwandelte Landschaft durchschreiten, immer wieder auf die vom Menschen hervorgerufenen Strukturen stoßen, daß wir gewissermaßen immer nur uns selbst begegnen. Sicher gibt es Teile der Erde, wo dieser Prozeß noch lange nicht zum Abschluß gekommen ist, aber früher oder später dürfte in dieser Hinsicht die Herrschaft des Menschen vollständig sein.

Am schärfsten aber tritt uns diese neue Situation eben in der modernen Naturwissenschaft vor Augen, in der sich, wie ich vorhin geschildert habe, herausstellt, daß wir die Bausteine der Materie, die ursprünglich als die letzte objektive Realität gedacht waren, überhaupt nicht mehr "an sich" betrachten können, daß sie sich irgendeiner objektiven Festlegung in Raum und Zeit entziehen und daß wir im Grunde immer nur unsere Kenntnis dieser Teilchen zum Gegenstand der Wissenschaft machen können. Das Ziel der Forschung ist also nicht mehr die Erkenntnis der Atome und ihrer Bewegung "an sich", d.h. abgelöst von unserer experimentellen Fragestellung; vielmehr stehen wir von Anfang an in der Mitte der Auseinandersetzung zwischen Natur und Mensch, von der die Naturwissenschaft ja nur ein Teil ist, so daß die landläufigen Einteilungen der Welt in Subjekt und Objekt, Innenwelt und Außenwelt, Körper und Seele nicht mehr recht passen wollen und zu Schwierigkeiten führen. Auch in der Naturwissenschaft ist also der Gegenstand der Forschung nicht mehr die Natur an sich sondern die der menschlichen Fragestellung ausgesetzte Natur, und insofern begegnet der Mensch auch hier wieder sich selbst.

Unserer Zeit ist nun offenbar die Aufgabe gestellt, sich mit dieser neuen Situation in allen Bereichen des Lebens abzufinden, und erst wenn das gelungen ist, kann die "Sicherheit in den Regungen des Geistes", von der der chinesische Weise spricht, von den Menschen wiedergefunden werden. Dieser Weg wird lang und mühevoll sein, und wir wissen nicht, welche Leidensstationen noch auf ihm liegen. Aber wenn man nach Anzeichen dafür sucht, wie dieser Weg aussehen wird, mag es erlaubt sein, sich noch einmal an das Beispiel der exakten Naturwissenschaft zu erinnern.

In der Quantentheorie hat man sich mit der geschilderten Situation abgefunden, als es gelungen war, sie mathematisch darzustellen und damit in jedem Fall klar und ohne Gefahr logischer Widersprüche zu sagen, wie das der Natur, daß sie aber nicht einfach von der Natur ›an sich‹ sprechen kann.«[241]

Heidegger notiert sich dazu am Rand eine Frage: »Was liegt in diesem Abfinden? Wo befindet sich der Physiker jetzt?« (siehe Abb. 3b).

Heidegger beschäftigt das »Sichabfinden« der Atomphysiker mit einer nicht mehr »objektiven Realität«. In »Die Frage nach der Technik« schreibt er dann, dass die moderne Physik die Natur als »vorausberechenbaren Zusammenhang von Kräften« stellt und sie zum »Bestand« macht. Im Experiment wird eine im Voraus begrenzte und theoretisch gestellte Natur »befragt«, ob und wie »sie sich meldet«.[242] Der Physiker hat sich damit abgefunden, nur einen Ausschnitt der Natur verhandeln zu können. Heideggers Auffassung der modernen Technik setzt die heisenbergsche Situationsbeschreibung der Quantenmechanik voraus. Heideggers Satz, dass die neuzeitliche physikalische Theorie der Natur das Wesen der modernen Technik ist, ist eine Interpretation des quantenmechanischen Experimental- und Naturbegriffs.

Auch im Hinblick auf die spätere Auseinandersetzung Heideggers mit der Kybernetik ist Heisenbergs Vortragsentwurf interessant, denn hier wird zum ersten Mal der Begriff der Information auffällig:

»Auch das Wort Natur-›Beschreibung‹ verlor mehr und mehr seine ursprüngliche Bedeutung als Darstellung, die ein möglichst lebendiges, sinnfälliges Bild der Natur vermitteln sollte; vielmehr wurde in steigendem Maße die mathematische [Kirchhoff! Anm. MH] Beschreibung der Natur gemeint, d.h. eine möglichst präzise, kurze, aber umfassende Sammlung von Informationen [!; Anm. MH] über gesetzmäßige Zusammenhänge in der Natur.« (siehe Abb. 3b)

Es lässt sich aufgrund der umfassenden editorischen Eingriffe Heideggers in das eigene Werk nicht abschließend klären, in welchen

---

241 Heisenberg: »Das Naturbild der Physik«, in: Bayerische Akademie der schönen Künste (Hg.): *Die Künste im technischen Zeitalter*, Darmstadt 1956, S. 12.
242 Heidegger, Martin: »Die Frage nach der Technik«, in: Ders.: *Vorträge und Aufsätze*, Stuttgart 2004, S. 9–40, hier S. 25.

Etappen sich die heideggersche Faltung von Technik und Physik vollzieht. Bereits in den *Bremer Vorträgen*, die er 1949 auf der Bühlerhöhe abhielt, finden sich zahlreiche Hinweise auf die Atomphysik. Besonders der Vortrag »Das Ge-stell« enthält verschiedene Gegenwartsdiagnosen in Bezug auf nukleare Waffentechnologien.[243]

Es ist allerdings unklar, aus welcher Zeit diese Bezüge stammen, denn die erste Wasserstoffbombenexplosion, auf die Heidegger Bezug nimmt, findet erst 1952 statt. Wie bereits erwähnt, wurde *Die Frage nach der Technik* schon 1954 von Heidegger selbst veröffentlicht und markiert auch die philosophische Neuausrichtung Heideggers nach dem Zweiten Weltkrieg, während die *Bremer Vorträge* erst postum 1994 erscheinen.

Aufgrund der heisenbergschen Aussagen räumt Heidegger 1953 schließlich ein, dass die Quantenphysik mit einem gewandelten Kausalitätsbegriff operiert, was er in den 1930er Jahren noch als transzendentale Verwechslung abgetan hatte.[244] Angesichts der technologischen Situation helfen weder die antiken Charakterisierungen der Gewächse noch der Gemächte weiter, es gibt keine *causa efficiens* oder *causa finalis* mehr, genauso wenig wie die auf diese Weise gestellte Natur noch den Charakter des hervorbringenden Veranlassens, der *poiesis* zeigt. Das Einzige, worauf diese Physik als Wissenschaft angewiesen bleibt, ist:

> »daß sich die Natur in irgendeiner rechnerisch feststellbaren Weise meldet und als ein System von Informationen bestellbar bleibt [...]. Vermutlich schrumpft die Kausalität in ein herausgefordertes Melden gleichzeitig oder nacheinander sicherzustellender Bestände zusammen. Dem entspräche der Prozeß des zunehmenden Sichabfindens, den Heisenbergs Vortrag in eindrucksvoller Weise schilderte.«[245]

Heidegger übernimmt Heisenbergs Verknüpfung von Medien und naturwissenschaftlicher Evidenzproduktion und wendet sie zu einem eigenen seinsgeschichtlichen Argument. Die Rückdatierung

---

243 Heidegger, Martin: *Bremer und Freiburger Vorträge* (GA 79), Frankfurt a.M. 1994, S. 5, 27, 31, 43.
244 Vgl. *2.2 Superposition.*
245 Heidegger: »Die Frage nach der Technik«, S. 26f.

der modernen Technik auf die vorindustrielle Zeit, die Differenz zwischen »historisch rechnen« und »geschichtlich denken«,[246] bedarf offensichtlich der Rückbindung an Heisenbergs Überlegungen: Die Geschichte wachsender Abhängigkeit von Apparaturen wandelt die Auffassung von physikalischer Wahrheit und Wirklichkeit. Nicht die Natur ist Gegenstand der Physik, sondern das *Verhältnis* von Mensch und Natur.

In Heisenbergs Absatz über die kommende Atomtechnik finden sich dann auch besonders viele heideggersche Farbmarkierungen:

> »In der Atomphysik schließlich handelt es sich ganz um die Ausnutzung von [solchen; Anm. MH] Naturkräften, zu denen jeder Zugang aus der Welt der natürlichen Erfahrung fehlt. Zwar wird uns vielleicht auch diese Technik schließlich ebenso geläufig werden wie dem modernen Menschen die Elektrotechnik, die aus seiner unmittelbaren Umwelt gar nicht mehr wegzudenken ist. [...] Dabei greift die Technik tief in das Verhältnis der Natur zum Menschen dadurch ein, daß sie seine Umwelt im großen Maßstab verwandelt und ihm damit den naturwissenschaftlichen Aspekt der Welt unablässig und unentrinnbar vor Augen führt.« (siehe Abb. 3d–e)

Der Verlust des objektiven Gegenstandes ist für die klassische Naturwissenschaft defizitär und die dabei entstehenden Technologien zielen vor allem auf »Steuerung und Sicherstellung« des (Energie-)Bestands ab. Und dennoch, darauf besteht Heidegger, handelt es sich dabei um Werke der *aletheia*, der Entbergung der *physis*: »Erschließen, umformen, speichern, verteilen, umschalten sind Weisen des Entbergens.«[247]

Durch die Auseinandersetzung mit Heisenberg erscheint die moderne Technik, wie sie sich als Physik manifestiert, nicht nur als ein weiteres Erbe, sondern gar als Vollendung der Metaphysik und damit der Geschichte der Seinsvergessenheit. Für Heisenberg ist die Situation innerhalb der naturwissenschaftlichen Grundlagen die Folge oder auch der Preis für den technischen Fortschritt innerhalb der experimentellen Physik, den man angesichts der neuen Mög-

---

246 Ebd., S. 25f.
247 Ebd., S. 20.

lichkeiten und Mächtigkeiten gerne in Kauf nimmt. Die Technik ist für Heisenberg der historiographische und ontologische Akteur, der Geschichte und Gegenstand der modernen Physik bedingt, Sinn und Zweck seiner Arbeit. Physikalische Wahrheit und Wirklichkeit sind dagegen sekundäre Ziele, letztendlich sind auch sie nur noch eine Frage der (Beobachtungs-)Technik.

So zwingt die Quantenmechanik Heidegger, die Physik schließlich aus dem Bereich einer nur im Ontischen operierenden Wissenschaft herauszuheben. Die Quantenmechanik löst als Technik die Metaphysik als wissenschaftliches Verfahren ab.

Auch innerhalb der heideggerschen Frage, was die Technik, das Gestell, wenn es denn eine Weise der Entbergung, ein Walten der Wahrheit ist, nun über das Sein, die *physis* ans Tageslicht bringt, scheint Heisenberg für Heidegger als eine Art Sprachrohr des Gestells, als Stichwortgeber der Technik zu fungieren:

»Wenn man versucht, von der Situation in der modernen Naturwissenschaft ausgehend sich zu den in Bewegung geratenen Fundamenten vorzutasten, so hat man den Eindruck, daß man die Verhältnisse vielleicht nicht allzu grob vereinfacht, wenn man sagt, daß zum ersten Mal im Laufe der Geschichte der Mensch auf dieser Erde nur noch sich selbst gegenüber steht [Anm. MH: Was ist der Mensch?], daß er keine anderen Partner oder Gegner mehr findet. Das gilt zunächst in einer ganz banalen Weise im Kampf des Menschen mit äußeren Gefahren. Früher war der Mensch durch wilde Tiere, durch Krankheiten, Hunger, Kälte und andere Naturgewalten bedroht, und in diesem Streit bedeutet jede Ausweitung der Technik eine Stärkung der Stellung des Menschen, also einen Fortschritt. In unserer Zeit, in der die Erde immer dichter besiedelt wird, kommt die Einschränkung der Lebensmöglichkeit und damit die Bedrohung in erster Linie von anderen Menschen, die auch ihr Recht auf die Güter der Erde geltend machen. In dieser Auseinandersetzung braucht die Erweiterung der Technik aber kein Fortschritt mehr zu sein. Der Satz, daß der Mensch nur noch sich selbst gegenüber stehe, gilt aber besonders im Zeitalter der Technik noch in einem viel weiteren Sinne.« (siehe Abb. 3f)

Eine Replik auf Heisenbergs letzten Satz, von Heidegger rot unterstrichen, findet sich ebenfalls in *Die Frage nach der Technik*: »Der Mensch begegnet in Wahrheit nirgends mehr sich selber, d.h. seinem

Wesen.«[248] Dass sich die »Bausteine der Materie« einer objektiven Festlegung in Raum und Zeit entziehen und der reale Gegenstand der Forschung nicht mehr durch die Teilchen selbst, sondern nur noch durch »unsere Kenntnis dieser Teilchen« gebildet wird,[249] ist selbst die Konsequenz experimenteller Technik.

In diesem Sinne regeln Medien das System aus sich meldender Natur und theoretischer Verifikation. Dass am Grunde dieser Metaphysik mächtiger als zuvor der *ontologische Riss* zwischen Mensch und Welt, der verschränkende Schnitt zwischen Subjekt und Objekt und die Doppelnatur der *physis* operiert, ist das »Entbergende« der Technik. Sie stößt uns auf den unscheinbaren Sachverhalt und zeigt das in letzter Konsequenz nicht rationalisierbare Verhältnis von Mensch und Natur.

»Das Wesen der modernen Technik bringt den Menschen auf den Weg jenes Entbergens, wodurch das Wirkliche überall, mehr oder weniger vernehmlich, zum Bestand wird. Auf einen Weg bringen – dies heißt in unserer Sprache: schicken. Wir nennen jenes versammelnde Schicken, das den Menschen erst auf einen Weg des Entbergens bringt, das *Geschick*. Von hier aus bestimmt sich das Wesen aller Geschichte.«[250]

Die Technik unterhält ein besonderes Verhältnis zur Wahrheit, in dem sie die *physis* als Natur vergegenständlicht und berechenbar macht. Das Entbergen, das die Griechen *aletheia* nannten, haust in der Technik. Diese seinsgeschichtliche Dimension der Technik, von der das Gestell wiederum nur eine Ausprägung ist, nennt Heidegger das »Geschick«.

248 Ebd., S. 31.
249 Heisenberg: »Das Naturbild der heutigen Physik«, S. 18.
250 Heidegger: »Die Frage nach der Technik«, S. 28.

2.4 Atomphysik. Gefahr und Rettung

Als die Tagung »Die Künste im technischen Zeitalter« schließlich vom 16. bis 20. November 1953 im vollen Auditorium Maximum der Technischen Hochschule München stattfindet, spricht Heidegger, anders als im vorbereitenden Vortrag, zunächst und ausführlich über das Vermächtnis der aristotelischen Ursachenlehre. Auf diese Weise antwortet er auf Heisenbergs Vortrag und die neuen »Ursächlichkeiten« der Quantenphysik, die sich nicht mehr mit der klassischen Auslegung aristotelischer Kausalität zu decken scheinen und greift Heisenbergs Diagnose auf, »daß die Veränderungen in den Grundlagen der modernen Naturwissenschaft ein Anzeichen sind für tiefgehende Veränderungen in den Fundamenten unseres Daseins, die ihrerseits sicher auch Rückwirkungen in allen anderen Lebensbereichen hervorrufen«, eine für den Menschen durchaus gefährliche Situation.[251]

Auch der Theologe Romano Guardini spricht in seinem Münchner Vortrag über eine neue Form der Gefahr. Die Natur verschwinde als unmittelbare Bedrohung aus dem Bereich des Daseins, alles werde zu Geschichte, zu Menschenwerk: »Die Götter werden von Prometheus verdrängt.« Im direkten Bezug auf den Quantenphysiker und einen der ›Väter‹ der Atombombe, John von Neumann, und die jüngste Geschichte totalitärer Herrschaft diagnostiziert er der technischen Welt eine veraltete Haltung des »Forschens und Sagens«, es mangele an einem »Ethos des technischen Wagnisses.«[252]

Symptomatisch für die Debatte der Atomphysik tritt auch in München, wenn auch verhalten, der Diskurs der Kybernetik und die Frage nach der Bedeutung der neuen Maschinen für Mensch, Kultur und Geschichte in Erscheinung. Ein den Einzelwissenschaften übergeordneter Wandel im Verhältnis zur Natur und der Zusammenhang mit Kunst, Religion und Philosophie – das ist das Thema der Tagung, um

---

251 Heisenberg: »Das Naturbild der heutigen Physik«. In: *Die Künste im technischen Zeitalter*, S. 31.
252 Vgl. Guardini, Romano: »Die Situation des Menschen«, in: Bayerische Akademie der schönen Künste (Hg.): *Die Künste im technischen Zeitalter*, Darmstadt 1956, S. 13–30, hier S. 20f.

deren inhaltlichen Kohärenz Heidegger sich so sehr bemüht, dass ihm Guardini vorhält, eine »Vorführung« inszenieren zu wollen.[253]

Nicht alle Teilnehmer lassen sich dabei auf Heideggers seinsgeschichtliche Perspektive ein. Der Technikphilosoph Manfred Schröter etwa wehrt sich mit Bezug auf Heideggers *Holzwege* gegen die Übersetzung der ontologischen Dimension in eine religiöse.[254]

Der Bedeutung, die Heidegger seinem eigenen Vortrag beimisst, tut das jedoch keinen Abbruch. Im Gegenteil, *Die Frage nach der Technik* und mit ihr die Rolle der Atomphysik wird zum festen Bezugspunkt, wann immer er sich zur gegenwärtigen Situation oder jüngsten Zeitgeschichte äußert.

Verschuldung

Das von Heisenberg geschilderte »zunehmende Sichabfinden« des Physikers mit einer eingeschränkten Kausalität wird von Heidegger in Beziehung zur seinsgeschichtlichen Verschiebung gesetzt, die bereits mit der Auslegung der aristotelischen Ursachenlehre beginnt.

Zunächst handelt es sich bei den vier aristotelischen Ursachen (*causa materialis, causa formalis, causa finalis, causa efficiens*) Heidegger zufolge überhaupt nicht um Ursachen: »Was wir Ursache nennen, die Römer *causa,* heißt bei den Griechen *aition,* das, was ein anderes verschuldet. Die vier Ursachen sind die unter sich zusammengehörigen Weisen des Verschuldens.«[255]

---

253 »Große Bedenken habe ich gegen das geplante Rundgespräch. Ich kann nicht sehen, wie ein Gespräch zwischen einer so relativ großen Zahl von Personen, die doch auf sehr verschiedenen Standorten stehen, in der gegebenen kurzen Zeit etwas Ersprießliches zu Stande bringen soll. Und wenn man vollends sagt, daß das Gespräch vorher ausgeprobt werden soll, dann finde ich das, offen gestanden, noch schlimmer, denn dann haben wir eine Vorführung. Oder irre ich mich?« (Der Brief von Guardini an Heidegger stammt offenkundig aus dem Jahre 1953, ist aber undatiert. Heidegger hat mit rotem Buntstift »erledigt« vermerkt. Vgl. Heidegger, »Konvolut A: Heidegger 1 / B75; Nr. 75.7356«.)
254 Vgl. Schröter, Manfred: »Bilanz der Technik«, in: Bayerische Akademie der schönen Künste (Hg.): *Die Künste im technischen Zeitalter,* S. 123–135, hier S. 131.
255 Heidegger: »Die Frage nach der Technik«, S. 12.

In der Differenz zwischen *aitia* und *causa* liegt für Heidegger ein ganzes Griechenland verschüttet.[256] Schuld am Hervorbringen, ob von Gemächten oder Gewächsen, ist letztendlich immer die *poiesis*, die »Veranlassung in das Anwesen«. Demnach wäre die *poiesis* die fünfte oder einzige Ursache, die diesen Namen verdient. Sie ist kein Gemächte des Menschen, sondern wesentlich *physis*. Der Mensch ist demnach nur insofern *causa efficiens* der Gemächte, als dass er neben den drei anderen Weisen auch noch mit schuld an der Hervorbringung eines Dings ist. Keinesfalls steckt in dieser Mitschuld so etwas wie eine instrumentale Bestimmung der Technik, im Gegenteil: Im Rückgang auf die aristotelische Ursächlichkeit behauptet Heidegger, dass die *poiesis* und mit ihr die *techné* selbst zur *physis* gehören.

Das Hervorbringen, die *poiesis*, ist 1939 in *Vom Wesen und Walten der physis* noch für die Gemächte reserviert. In *Die Frage nach der Technik* ist sie – sogar in einem ausgezeichneten Sinne – *physis*. Demzufolge spielt Aristoteles' Physik 1953 für Heideggers Denken eine neue Rolle. Während zuvor die *techné* nur im Zusammenhang der Gemächte auftaucht, ist sie nun selbst eine Weise der *poiesis*.[257] Heidegger widerspricht implizit damit seiner ehemaligen Auslegung der *poiesis* als »hinzukommendes Machen«, wenn er betont, dass das Entscheidende der *techné* keineswegs im Machen und Hantieren, nicht im Verwenden von Mitteln, sondern im »Entbergen«, also in ihrer Wahrheitsfunktion läge. Im Zusammenhang mit *aletheia*, nicht aber als Verfertigen, ist die *techné* ein Her-vor-bringen. Wer etwa ein Haus oder ein Schiff baut, »versammelt« im voraus Aussehen und Stoff »auf das vollendet erschaute fertige Ding«.[258] Erst von dieser Versammlung aus beginnt das Verfertigen.

Gemächte und Gewächse kommen sich in der *Frage nach der Technik* durch die seinsgeschichtliche Bestimmung ontologisch noch näher. War Heidegger zuvor noch der Überzeugung, dass die *techné* niemals zur *arché* der *physis* werden könne, solange der Mensch sich nicht selbst zu etwas »Gemachtem mache«, gehört sie nun als Weise der *poiesis* auch zur *physis*. Die *techné* hat einen entscheidenden Anteil an der Art und Weise, *wie* sich die *physis* zeigt, unabhängig

256 *aitia* (griech.) – Beschuldigung, Anklage; gegründete Beschwerde; Ursache, Anlass, Grund.
257 Vgl. *2.2 Morphé und arché.*
258 Heidegger: »Die Frage nach der Technik«, S. 17.

davon, ob es sich um einen Baum oder ein Haus handelt. Als eine Weise des Entbergens meint *techné* einen bestimmten Zugang zur Wahrheit und gehört damit auch zum Unterwegssein der *physis*.[259]

Dass der Topos der *physis* im Spätwerk Heideggers verschwindet, steht offenbar in direktem Zusammenhang mit der Technikfrage. Eine ontologische Differenz zwischen Natur und Kultur zu ziehen, erscheint Heidegger unter dem Zwang technischer *arché* 1953 obsolet und selbst ein Symptom der Allmachtsphantasie des Menschen zu sein, eine anthropologisch verstellte, seinsblinde Differenz. Diese neue Verschränkung von *techné* und *physis* auf der Münchner Tagung stellt auch Heideggers spätere Sätze zur Sprache und besonders die Feststellung, dass die Sprache zwar das »Haus des Seins«, der Mensch aber nicht Herr dieses Hauses sei, in einen technischen Zusammenhang.[260]

Offenbar hat sich im Vorfeld der Technikfrage das Unglaubliche ereignet: der Mensch hat sich selbst zu etwas Gemachtem gemacht.[261] Was Heidegger in seinem Bremer Vortrag von 1949 zum ersten Mal *Gestell* nennt, ist der Name für die veränderte Sicht auf die (Nach-kriegs-)Welt und die eigene Arbeit als Philosoph. Die Verschränkung von technologischer Bedingung und Geschichte greift in die *arché* der *physis* ein. Gestell wird zum Titel eines Zeitalters, in der das Sein und seine Geschichte nicht mehr jenseits der Technik gedacht werden können, und der Mensch nicht mehr als eigentliches Subjekt dieser Geschichte erscheint.

Die Auswirkungen auf den Menschen erscheinen Heidegger all-gegenwärtig. Im Gestell wird der Mensch zu einem »Angestellten« und »Bestellten«.[262] Unter den Funktionsprinzipien von Steuerung und Information werden zunehmend alle anderen Weisen des Her-vorbringens unterdrückt, und die Zusammengehörigkeit von *physis, poiesis* und *techné* gerät mit dem modernen Begriff der Kausalität und ihrem Denken von Ursache und Wirkung in Vergessenheit.

Die Fähigkeit zur Abspaltung jeglicher Humanität beweist nur die metaphysische Seinsverlassenheit des Humanismus. Gefährlich ist

---

259 Vgl. *2.2 Genesis und dynamis.*
260 Vgl. etwa Heidegger, Martin: *Der Satz vom Grund.* Pfullingen, 1957, S. 143.
261 Vgl. Heidegger: »Die Frage nach der Technik«, S. 27.
262 Vgl. Heidegger, Martin: »Das Gestell« (1949), in: *Bremer und Freiburger Vor-träge* (GA 79), S. 30.

darum für Heidegger der Humanismus und mit ihm der Verlust des »Ekstatischen«, der »Ek-sistenz.«[263]

Unter die ontischen Erscheinungen des Gestells fallen bei Heidegger seit den Bremer Vorträgen *Das Gestell* und *Die Gefahr* von 1949 nicht nur Atombomben, Funk und Film und die »moderne Lebensmittelindustrie«, sondern auch »die Fabrikation von Leichen in Gaskammern und Vernichtungslagern« und der Kalte Krieg.[264]

Da die *techné* aber auch im engen Zusammenhang mit dem Wissen, der *episteme* oder auch dem »aufschließenden Entbergen« steht, umfasst das Gestell nicht nur die äußerste Gewalt, Ungeheuerlichkeit und Gefahr, seit Menschen Zeitrechnung betreiben.[265]

Der Obszönität seiner ontischen Gleichungen im Zusammenhang mit einer aristotelischen Entschuldungstheorie des Menschen begegnet Heidegger mit dem seinsgeschichtlichen Begriff des »Geschicks«. Darin verbirgt sich die Verschränkung von Gefahr und Rettung. Die wesentliche Gefahr, so Heidegger, liegt nicht in der Technik, sondern in der Unterdrückung ihrer zugrundeliegenden Wahrheit:

> »Das Gefährliche ist nicht die Technik. Es gibt keine Dämonie der Technik, wohl dagegen das Geheimnis ihres Wesens. Das Wesen der Technik ist als ein Geschick des Entbergens die Gefahr.«[266]

Die Rede vom »Entbergen« in seinen zwei neuzeitlichen Formen des Hervorbringens und Herausforderns ist der Versuch, die Januskopfigkeit der griechischen *aletheia* als Folge einer Geschichtlichkeit der Wahrheit zu übersetzen. Indem das Gestell, die technologische Bedingung der neuzeitlichen Wissenschaft und Technik, allein nach den Funktionsprinzipien Steuerung und Information operiert, »vertreibt es jede andere Möglichkeit der Entbergung«.[267] Die Technik verdrängt alle *poiesis* aus Philosophie und Wissenschaft, da diese

263 Vgl. Heidegger, Martin: »Brief über den Humanismus« (1946), in: Ders.: *Wegmarken* (GA 9), S. 323f.

264 Vgl. Heidegger: »Das Gestell« (1949), S. 27; sowie ders.: »Die Gefahr«, in: Ders.: *Bremer und Freiburger Vortrïäge* (GA 79), S. 51, 56.

265 Vgl. Heidegger: »Die Frage nach der Technik«, S. 17.

266 Ebd., S. 31f.

267 Ebd.

nicht dem »berechnenden Stellen« genügt, übrig bleibt allein das Herausfordernde. Auch ein Weltkrieg gehört zur Seinsgeschichte.

Nach Günther Seubolds einschlägiger Analyse des heideggerschen Technikbegriffs hat das Gestell den Einfluss des zuvor an der Wirklichkeitskonstitution beteiligten Wissens der Kunst und Religion verdrängt:

> »War in der vorneuzeitlichen Geschichte die Technik an der Wirklichkeitskonstitution beteiligt, mit anderen Weisen des Entbergens (Religion etc.) verbunden, so wird die Technik in der Neuzeit zur *alleinigen* das Verhältnis des Menschen zur Natur und Welt bestimmenden Macht.«[268]

Die Geschichte der Aufklärung ist nach Heidegger selbst Teil einer sehr viel älteren Seinsgeschichte der Metaphysik – auch im noch nicht säkularisierten Mittelalter gab es kein freies Walten der Wahrheit, der Entzug der Wahrheit beginnt nicht erst mit Aufklärung und moderner Technik. Das Erkenntnispotential des Gestells liegt gerade darin, das mangelhafte Wesen des Seins in seiner ontisch-ontologischen Zerrissenheit erscheinen zu lassen. Indem der Mensch nach Heidegger, entgegen Heisenbergs Auffassung, gerade nirgendwo mehr sich selbst begegnet, wird die Entfremdung als Seinsverlassenheit erfahrbar. Das Gestell bringt durch seine Gegenwendigkeit die Möglichkeit der eigenen Aufhebung mit sich: Die äußerste Gefahr birgt auch die Rettung als Erfahrung seinsgeschichtlicher Wahrheit.

Die Figur der Gegenwendigkeit von Geschick und Gestell lässt sich auch auf den im ersten Teil dieser Arbeit erörterten Werkzusammenhang von Gestalt und Gestell beziehen. Das Verhältnis der beiden einander bedingenden Prinzipien Welt/Erde, Öffnung/Schließung erscheint in *Vom Ursprung des Kunstwerkes* 1935/36 als ästhetisches Prinzip.[269]

Unmittelbar nach dem Ende des Zweiten Weltkriegs ist die Lage allerdings eine völlig andere. Die eigenen Söhne werden in Russland und Tschechien vermisst, Heidegger selbst leidet unter Nahrungs-

---

268 Seubold, Günther: *Heideggers Analyse der neuzeitlichen Technik*, Freiburg 1986, S. 43.
269 Vgl. *1.3.4 Von der Gestalt zum Gestell*. Vgl. auch das Kapitel zu Heidegger in: Rebentisch, Juliane: *Ästhetik der Installation*. Frankfurt a.M. 2003, besonders S. 241ff.

und Papiermangel, unter der Beschlagnahmung des eigenen Hauses (und der Bibliothek) als »Parteiwohnung« und vor allem unter dem »Bereinigungsausschuss« der Universität Freiburg.[270]

In einem kurzen Vortrag über *Die Armut*, den Heidegger noch vor dem *Brief über den Humanismus* zum Kriegsende 1945 im kleinen Kreis hält, beschreibt er den Zusammenhang von »Gefahr« und »Erfahrung:

> »Die eigentliche Gefahr der Not und der Notzeiten besteht darin, daß sie vor lauter Not verwehren, das *Wesen* der Not wahrhaft zu erfahren und aus diesem Wesen den Wink zu vernehmen, die Not zu verwinden. Die Gefahr der Hungersnot z.B. und der mageren Jahre besteht, auf das Ganze und Eigentliche des abendländischen Geschicks gesehen, keineswegs darin, daß vielleicht viele Menschen umkommen, sondern daß diejenigen, die durchkommen, nur noch leben, um zu essen, damit sie leben. Das ›Leben‹ dreht sich um sich selbst in seiner eigenen Leere, von der es in der Gestalt der kaum bemerkten und oft uneingestandenen Langeweile umlagert wird. In dieser Leere verkommt der Mensch.«[271]

Die »äußerste Gefahr« berührt das, was Giorgio Agamben im *Homo sacer* das »nackte Leben« nennt. Die Gefahr ruht im »Überleben« und keineswegs im Tod, der immer noch existenzielle Bedingung des Daseins ist.[272] Nach dem Ende von Krieg und Hunger droht nach Heidegger eine Gesellschaft zu entstehen, in der nicht mehr »exis-

---

270 Vgl. Thomä: *Heidegger-Handbuch*, S. 531f; sowie Heidegger: ›*Mein liebes Seelchen!‹ Briefe Martin Heideggers an seine Frau (1915–1970)*, S. 239ff.

271 Heidegger, Heidegger: »Die Armut«, in: *Heidegger Studies 10* (1994), S. 5–14, S. 10.

272 Agamben sieht im Sein-zum-Tode und der Erfahrung der Faktizität eine »Radikalisierung des Ausnahmezustandes«, auf der sich letztendlich auch der Nationalsozialismus gründet. Die Ununterscheidbarkeit von Natur und Politik, Außen und Innen, Ausschluss und Einschluss ist der Beginn jener Biopolitik, in der wir uns nach Foucault und Agamben immer noch und mehr denn je befinden. Bei Heidegger, so Agamben, führt die Radikalisierung des Ausnahmezustandes gerade nicht zu einer Bewertung des biologisch oder eugenisch bestimmten »nackten Lebens«, sondern konstituiert die Integrität des Daseins durch die behauptete Einheit von Sein und Seinsweisen, Subjekt und Eigenschaft, Leben und Welt, die sich jedem biopolitischen Zugriff entzieht. (Vgl. Agamben, Giorgio: *Homo sacer. Die Souveränität der Macht und das nackte Leben*, Frankfurt a.M. 2002, S. 161f.) Das nackte Leben wird von Heidegger zum Gestell und seinem Operieren in Wertgrößen gezählt.

tiert« wird, die nur noch lebt um zu essen. Die Rede vom Lebewesen Mensch verfehlt das Wesen menschlicher Existenz.[273]

Konsequenterweise wird Heidegger nach dem Zweiten Weltkrieg in Bezug auf den Menschen nicht mehr vom »Lebenden«, sondern vom »Sterblichen« sprechen. Auch in der Rede von der äußersten Gefahr wird immer das Sein-zum-Tode mitschwingen, gerade weil sie den Tod selbst nicht meint. Der Zynismus, der auf den ersten Blick in Heideggers Rede vom abendländischen Geschick am Werke ist, erscheint aus dieser Perspektive fast wie der Versuch, die eigene Faktizität zu verwinden, was auch das eigene Scheitern bereits impliziert. Die schlicht religiös anmutende Anrufung der *aletheia* bleibt dagegen fragwürdig, weil sie vor allem den Wunsch nach einer Geschichte der Wahrheit artikuliert, die sich selbst verschuldet, innerhalb derer der Mensch nur ein Zwischenfall ist und die trotzdem Rettung, zumindest aber ›Ent-Schuldung‹ verspricht.

Die Heilsgewissheit, die der Seinsgeschichte als christologischem Vermächtnis innewohnt, selbst affirmierend lässt Heidegger den Menschen, obschon zum Menschenmaterial verkommen, niemals restlos im Bestand aufgehen. Weil auch der technische Mensch Teilnehmer am Geschehen der Wahrheit ist, so das Versprechen Heideggers an die »jungen Menschen«, ist er ursprünglicher herausgefordert als die Naturenergien.[274] An diesem Punkt müsste eine Reflexion über Heideggers Fiktion der Natur einsetzen, wie beispielsweise Philippe Lacoue-Labarthe sie in Bezug auf Kunst und Politik geleistet hat, die die vorliegende Arbeit jedoch nicht leistet.[275]

Geschickte Maschinen

Die Unterscheidung von Mensch und Maschine bereitet Heidegger bereits innerhalb der Auseinandersetzung mit der Biologie Schwie-

---

273 Vgl. Heidegger: »Brief über den Humanismus« (1946), S. 325; 1946 beginnt auch der Austausch mit Jean-Paul Sartre.

274 Vgl. Heidegger: »Die Frage nach der Technik«, S. 22. »Das entscheidende sind nicht die Zeitungen – sondern daß in den jungen Menschen ein Horizont sich öffnet, der aus der Technik her über diese hinaus sich kundtut.« (Heidegger: ›Mein liebes Seelchen!‹ Briefe Martin Heideggers an seine Frau (1915–1970), S. 297.)

275 Vgl. Lacoue-Labarthe, Philippe: *Die Fiktion des Politischen. Heidegger, die Kunst und die Politik*, Stuttgart 1990.

rigkeiten.[276] In der *Frage nach der Technik* wird dies noch auffälliger, wenn Heidegger den Mensch zwar zum Bestellten, im Gegensatz zur Maschine aber nicht selbst zum Bestand zählt. Maschinen sind für Heidegger entgegen der hegelschen Definition nicht selbstständig, gerade ihre Unselbstständigkeit lässt die Maschine zu einem historischen Akteur avancieren. Geschick und Gestell bewahren das ursprüngliche Verhältnis von *dike* und *techné*.[277]

Da die Natur keine Geschichte hat, tritt diese nur in Form von »historischer Rechnung« auf. Hierfür spielen die Apparaturen der Physik zunehmend eine entscheidende Rolle. Die neuen Maschinen tauchen in verschiedenen Vorträgen der Münchner Tagung auf, der Diskurs der Kybernetik ist auch in Heideggers eigener Diagnose der Funktionsprinzipien Steuerung und Information angesprochen.

Als Stichwortgeber der Kybernetik fungiert auf der Münchner Tagung neben Heisenberg vor allem Friedrich Georg Jünger, der jüngere Bruder von Ernst Jünger. In seinem Vortrag »Sprache und Kalkül« bringt dieser die Auseinandersetzung zwischen Heidegger und Heisenberg um den Stellenwert der mathematischen Logik und der Metamathematik auf den Punkt. Einerseits zeigt er, dass Logikkalkül, Universalsprache und Rechenmaschine schon seit Leibniz zusammen gehören, andererseits definiert er in Heideggers Sinne eine ihnen innewohnende Gefahr. Die modernen Maschinen, Hollerit, Elektrik- und Denkmaschinen mit ihrem Verbund aus Statistik, Kombinatorik und Kybernetik seien gefährlich, weil sie die Sprache auf Kalküle reduzieren. Die gesellschaftlichen Konsequenzen dieser rechnenden Sprache, der Logistik sind immens: Bedrohlich ist ihre Verwendbarkeit für »Politisches, Bürokratisches und Polizeiliches«.[278]

Die Sprache aber ist kein logisches Gebilde, über sie kann nicht verfügt werden weil sie etwas »Gemeinsames« ist, sie kann nicht restlos entschlüsselt werden. Dagegen ist das Kalkül aus der Sprache herausgezogen, es ist lediglich eine »geschlechtslose Chiffre«. Sein Zweck liegt im Entschlüsseln und in diesem Sinne ist auch Hilberts

---

276 Vgl. *1.3.3 Weltbildendes Zeug.*

277 Vgl. *2.1.3 Seinsgeschichte.*

278 Jünger, Friedrich Georg: »Sprache und Kalkül«, in: Bayerische Akademie der schönen Künste (Hg.): *Die Künste im technischen Zeitalter*, S. 86–104, hier S. 91.

»Logistik« keine Sprachtheorie, sondern eine Entschlüsselungstechnik.[279]

Mathematikgeschichtlich ist die Funktionalisierung der Sprache auf die Geschichte der Funktion selbst verwiesen. Wo die Funktion auftaucht, verschwinden die Sachen, Dinge und Gegenstände, und erst das Verschwinden des Gegenstandes ermöglicht wissenschaftliche und technische Arbeitsverfahren. Jünger sieht in der Maschine weder Ding, Sache, noch Gegenstand, weil sie im Sinne des Kalküls operiert und jede Selbstständigkeit verliert. Mit den nummerierten und genormten »Artefakten« verschwinden nicht nur die Sachen, sondern auch die Personen.[280]

Kybernetik ist nach Friedrich Georg Jünger ein »System der Funktionäre«. Atomtheorie und -technik sind nicht mehr aufzuhalten, weil sie Teil einer geschichtlichen Bewegung sind, die von Wissenschaft und Technik weder gesteuert noch aufgehalten werden kann.[281]

Jünger bezieht sich explizit auf Heideggers Gestell als Reflexion über die Sprache, den »Bereich des Dritten«: Heideggers Gestell nennt die geschichtliche und technologische Inanspruchnahme der Sprache, die sowohl Naturwissenschaft, Technik als auch Kunst vorausgehen.[282]

Ohne Sprache, so Jünger, könnten wir uns auch über die Naturverhältnisse, von denen Heisenberg berichtet, überhaupt kein Bild machen. Diese Ursprünglichkeit aber bleibt der Physik verstellt. Innerhalb der Physik ist eine Beobachtung des Beobachters nicht möglich. Das andere der Logistik ist auch innerhalb der Physik nicht die Natur, sondern die Sprache.[283]

Wie Erich Hörl gezeigt hat, wird Heidegger im Anschluss an die Münchner Tagung die »informationstheoretische Technisierung der Sprache als Möglichkeitsbedingung logischer Schaltbarkeit durcharbeiten« und sein Maschinendenken erweitern.[284] 1953 denkt Heidegger die Kybernetik im Sinne einer neuen Dimensionalität physi-

---

279 Vgl. ebd., S. 91.
280 Vgl. ebd., S. 99.
281 Vgl. ebd., S. 101.
282 Vgl. ebd., S. 94f.
283 Vgl. ebd., S. 94.
284 Hörl, Erich: »Die offene Maschine. Heidegger, Günther und Simondon über die technologische Bedingung«, *MLN 128 (2008)*, S. 632–655, hier S. 645.

kalisch-technischer Herausforderung der *physis*. Die Verschränkung von Natur, Geschichte und Technik tritt in Form von geschickten Maschinen auf den Plan, die die Dystopie planetarischer Endlichkeit mit sich bringen. Die Herausforderung des Geschicks nimmt konkrete Gestalt an.

2.4.1 Seinsgeschichte der Bombe

Im Vorwort der *Bremer Vorträge* artikuliert Heidegger mit der ihm eigentümlichen Distanz die Angst vor dem nuklearen Supergau, obwohl die Amerikaner zu der Zeit noch an der Entwicklung, vor allem an der Berechnung von »The Super« arbeiten:

> »Der Mensch starrt auf das, was mit der Explosion der Atombombe kommen könnte. Der Mensch sieht nicht, was lang schon angekommen *ist* und zwar geschehen *ist* als das, was die Atombombe und deren Explosion nur noch als einen letzten Auswurf aus sich hinauswirft, um von der einen Wasserstoffbombe zu schweigen, deren Initialzündung, in der weitesten Möglichkeit gedacht, genügen könnte, um alles Leben auf der Erde auszulöschen.«[285]

Mit den Explosionen von Hiroshima und Nagasaki und der Möglichkeit einer Wasserstoffbombe ist für Heidegger das Ende der Geschichte der Metaphysik – und damit auch das Ende aller Geschichte – gekommen.[286] Der »Geschichtsraum der Metaphysik«, den Heidegger in den frühen 1940er Jahren noch mit Nietzsche enden lässt, findet seine Vollendung, seine *entelecheia* und sein Ende in der Technik.[287]
Die Bedrohung durch thermonukleare Waffen ist ein ernstzunehmender zeitgeschichtlicher Hintergrund der heideggerschen Technikfrage, vor allem da er sie selbst als ontische Konkretion des Gestells begreift. Heideggers Angst vor der Bombe, die in zahlreichen Textstellen ab 1949 zum Ausdruck kommt, gehört zur Faktizität des Philosophen und verweist gleichermaßen auf die Seinsgeschichte der

285 Heidegger: *Bremer und Freiburger Vorträge* (GA 79), S. 4.
286 Vgl. Heidegger: *Nietzsche II*, S. 179.
287 Vgl. zu Nietzsche Heidegger, Martin: »Nietzsches Wort ›Gott ist tot‹«, in: Ders.: *Holzwege* (GA 5), S. 221.

Metaphysik und die ihr immanente Vernichtung des Dings zugunsten des Vorstellens und berechnenden Sicherstellens des wissenschaftliches Objektes.

>>Das in seinem Bezirk, dem der Gegenstände, zwingende Wissen der Wissenschaft hat die Dinge als Dinge schon vernichtet, längst bevor die Atombombe explodierte. Deren Explosion ist nur die gröbste aller groben Bestätigungen der langher schon geschehenen Vernichtung des Dinges.<<[288]

Die Verwahrlosung des Dinges durch das Gestell beginnt mit Descartes' Metaphysik, mit der metaphysischen Neubestimmung des Mathematischen bzw. einer mathematischen Neubestimmung der Metaphysik.[289] Dadurch wird auch das menschliche Verhältnis zu Natur und Geschichte zu einer technologischen Bestimmung.

>>Das Bestellen befällt nicht nur die Stoffe und Kräfte der Natur mit Gestellung. Das Bestellen befällt zugleich das Geschick des Menschen. Das Wesen des Menschen wird daraufhin gestellt, das Bestellen in menschlicher Weise mitzuvollziehen. Das Bestellen betrifft Natur und Geschichte, alles, was ist, und nach allen Weisen, wie das Anwesende ist.<<[290]

Die Atom- und Kernphysik ist für Heidegger 1950 lediglich der jüngste >>Auswurf<< des Gestells, sie ist eine Anwendung der Technik. Das Gefährliche scheint für Heidegger nicht direkt in der Verwahrlosung oder Vernichtung der Dinge zu liegen, sondern in der Verweigerung von Welt, die daraus folgt: ohne Welt keine daseinsmäßigen, innerweltlichen Bezüge, kein Mitsein, kein Sein-zum-Tode. Stattdessen herrscht eine >>planetarische Totalität<< der Technik und >>Welt<<-Mächte in einer Epoche fast totaler Seinsvergessenheit. Von Descartes zum Kalten Krieg ist es seinsgeschichtlich nicht weit.

Angesichts der doppelten Bedrohung durch kriegerische Atomwaffen und friedliche Atomtechnik erscheint Heideggers Bemühen um Heisenberg im Anschluss an die *Bremer Vorträge* noch einmal in einem etwas anderen Licht. Die Angst vor der Bombe ruft den Seins-

---

288 Heidegger: *Bremer und Freiburger Vorträge* (GA 79), S. 9.
289 Heidegger: *Nietzsche II*, S. 143.
290 Heidegger: *Bremer und Freiburger Vorträge* (GA 79), S. 31.

geschichtler auf, sich über die Konsequenzen nuklearer Technologie klar zu werden.

Die Art der Auseinandersetzung mit Heisenberg hat gezeigt, dass Heidegger seine Technikkritik überlegt an den heisenbergschen Evidenzen ausrichtet. Dabei entsteht der Eindruck, als handele es sich weniger um einen (»Jahrhundert«-)Dialog zwischen zwei Wissenschaftlern, als vielmehr um einen Versuch Heideggers, das Gestell selbst zu befragen, vielleicht sogar um den Wunsch, über Heisenberg Einfluss auf die herrschende Nukleardebatte in der BRD zu nehmen, die sich sowohl auf Waffen als auch Reaktoren bezieht.

Im Brief an seine Frau vom 7. August 1953 berichtet Heidegger von einem Gespräch mit Heisenberg über ein in der Nähe von München geplantes Atomkraftwerk, für das Heisenberg zu dieser Zeit als Berater tätig ist.

>»Es soll eine ähnliche Sache werden, nur in kleineren Maßstäben wie das Werk, das bei Jungk beschrieben ist. Nach dieser Richtung treibt alles mit einer unheimlichen Zwangsläufigkeit weiter; andererseits hofft H. einmal auf eine kommende Meisterung der Technik u. zugleich auf religiöse Hilfe aus einer allgemeinen Erneuerung – Im Grunde aber zeigt sich nichts von einer inneren Loslösung aus dieser ganzen Forscherhaltung.«[291]

Heidegger bezieht sich hier wahrscheinlich auf Robert Jungks Monographie über amerikanische Atomtechnik von 1952.[292] Zumindest war ihm die von Jünger geschilderte Szene eines Plutoniumwerkes, der *Hanford Site* im US-Bundesstaat Washington, bekannt. Mit dem dort produzierten Plutonium wurde die erste amerikanische Atombombe bestückt.[293] Heideggers Bemühungen, die Atomphysik

---

291 Heidegger: ›*Mein liebes Seelchen!*‹ *Briefe Martin Heideggers an seine Frau (1915–1970)*, S. 290. Unterstreichung von MH.

292 Vgl. Jungk, Robert: *Die Zukunft hat schon begonnen. Amerikas Allmacht und Ohnmacht*, Stuttgart 1952.

293 »Solche Werke sind nicht verseucht durch Rauch und Ruß, sondern durch Alpha-Partikel, Beta-Partikel, Gammastrahlen und Neutronen. Dorthin, wo Uraniumerz in Plutonium umgewandelt wird, kann man nur mit Gummischuhen und -handschuhen, mit Masken, mit Ionenkammern und strahlenempfindlichen Filmen, mit Geigerzählern und Alphastrahlenzählern vordringen, und Mikrophone, Lautsprecher und Warnsignale müssen diesen Weg sichern. Die Radioaktivität verseucht alles, nicht für heute und morgen, sondern für Jahrtausende. Wo radioaktiver Abfall

zur Besinnung zu bringen, fruchten nicht. Der erste Forschungsreaktor der BRD wird 1957 in Garching bei München gebaut. Umso schärfer fallen im selben Jahr seine Äußerungen zur *Göttinger Erklärung* aus:

>»Am Parametercharakter von Raum und Zeit haben auch die neuen Theorien, d.h. Methoden der Raum- und Zeitmessung, Relativitäts- und Quantentheorie und Kernphysik nichts geändert. Sie können eine solche Änderung auch nicht bewirken. Könnten sie dies, dann müßte das ganze Gerüst der modernen Naturwissenschaft in sich zusammenbrechen. Nichts spricht heute für die Möglichkeit eines solchen Falles. Alles spricht dagegen, allem voran die Jagd nach der mathematischen Weltformel. Allein der Antrieb zu dieser Jagd entstammt nicht erst der persönlichen Leidenschaft der Forscher. Deren Wesensart ist selber schon das Getriebene einer Herausforderung, in die das moderne Denken im Ganzen gestellt ist. ›Physik und Verantwortung‹ – das ist gut und für die heutige Notlage wichtig. Aber es bleibt eine doppelte Buchführung, hinter der sich ein Bruch verbirgt, der weder von seiten der Wissenschaft noch von seiten der Moral heilbar ist – wenn er es überhaupt ist.«[294]

Die *Göttinger Erklärung*, der 1957 verfasste Aufruf gegen die unter Konrad Adenauer geplante Aufrüstung der Bundeswehr mit Atomwaffen löste eine Debatte aus, die vielleicht dazu beitrug, dass die Bundesregierung von ihrem Vorhaben abließ und Deutschland keine Atommacht wurde. Zu den 18 Unterzeichnern des Manifests – allesamt Atom- und Kernforscher – zählen auch Carl Friedrich von Weizsäcker, Werner Heisenberg und Max Born. Gleichzeitig sind die meisten der noch aktiven Unterzeichner bereits mit der Entwicklung von Kernreaktoren beschäftigt. Die Atomtechnik wird in der BRD unter

---

liegt, dort ist die Erde unbewohnbar für den Menschen geworden.« (Jünger, Friedrich Georg: *Perfektion der Technik*, Frankfurt a.M. 1952, S. 29f.) Von demselben Jungk, den Jünger hier zitiert, erscheint 1956 das Buch *Heller als tausend Sonnen*. Jungk lanciert darin als Erster und mit zweifelhaften Methoden die These, dass die deutsche Atomphysik – im Gegensatz zur amerikanischen – immer schon friedlich gewesen sei und auch im Nationalsozialismus aus pazifistischen Gründen nie an einer Atombombe gearbeitet habe. (Vgl. Oexle, Otto Gerhard: *Hahn, Heisenberg und die anderen*, Berlin 2003, S. 21.)
294 Heidegger, Martin: »Das Wesen der Sprache« (1957), in: Ders.: *Unterwegs zur Sprache* (GA 12), Stuttgart 1993, S. 209f.

anderem durch diese pazifistische Erklärung über »Physik und Verantwortung« gesellschaftsfähig.

Im Archiv findet sich ein von Heidegger bearbeiteter Zeitungsartikel von Heisenberg mit dem Titel *Friedliche Atomtechnik. Die Anwendung der Atomenergie in Deutschland.*[295] Heidegger hat drei Stellen markiert: Die erste betrifft die Verfügbarkeit von Atomphysikern in Deutschland, die zweite die Möglichkeit, Nukleartechnik gesundheitsschonend fernzusteuern und die dritte die Frage, ob man diese Technologie überhaupt auf deutschem Territorium installieren sollte – angesichts der jüngsten Zeitgeschichte. Letztendlich handelt es sich bei dem Artikel um ein Plädoyer für die Kernkraft aus energiewirtschaftlichen, industriellen Interessen.

Heisenbergs Lobbyarbeit ist nicht überraschend. Während und nach seiner Internierung in Großbritannien bemüht er sich erfolgreich um die politische Rehabilitierung der deutschen Atomphysik als »friedlich«. Dass Heidegger spätestens ab 1957 zu den Gegnern zählt, ist angesichts der öffentlichen Debatte ebenfalls nicht verwunderlich:

> »Die Menschheit tritt in das Zeitalter ein, dem sie den Namen ›Atomzeitalter‹ gegeben hat. Ein kürzlich erschienenes, für die breite Öffentlichkeit berechnetes Buch trägt den Titel: ›Wir werden durch Atome *leben*‹. Das Buch ist mit einem Geleitwort des Nobelpreisträgers Otto Hahn und mit einem Vorwort des jetzigen Verteidigungsminister Franz Joseph Strauß versehen. Am Schluß der Einführung schreiben die Verfasser der Schrift: ›Das Atomzeitalter kann also ein hoffnungsvolles, blühendes, glückliches Zeitalter werden, ein Zeitalter, in dem wir durch Atome leben werden. Auf uns kommt es an.‹«[296]

Die Atomlobby und mit ihr Heisenberg stellt in den 1950er Jahren mit wachsender Besorgnis fest, dass der Begriff »Atom« in Deutschland »eine peinliche Angelegenheit« ist und »mit Krieg, Trümmern

---

295 Vgl. Heisenberg, Werner: »Friedliche Atomtechnik. Die Anwendung der Atomtechnik in Deutschland«, *Deutsche Universitätszeitung 6 (23. März 1953)*, S. 10–13; sowie Heidegger: »Konvolut A: Heidegger 1 / B75; Nr. 75.7356«.
296 Heidegger: *Der Satz vom Grund*, S. 198.

und Vernichtung« in Verbindung gebracht wird.[297] Franz Joseph Strauß will mit seinem Buch nicht weniger als das »mystische Grauen beseitigen, das die Menschen beim Hören der vier Buchstaben Atom befällt«.[298]

Heideggers Polemik gegen Strauß enthält eine kleine Geschichte des Sicherheitsdispositivs, das sich in dieser Debatte um nukleare Abschreckung und Begrenzung des gesundheitlichen Risikos verbirgt, und das er seinsgeschichtlich auf Leibniz' Prinzip vom *principium reddendae rationis* zurückführt. Leibniz' Satz vom zureichenden Grund ist für Heidegger das abendländische Kalkül schlechthin. Seiend ist seitdem nur das Objekt, über das vor dem Subjekt Rechenschaft abgelegt wurde.

> »Was heißt es denn, daß ein Zeitalter der Weltgeschichte durch die Atomenergie und deren Freisetzung geprägt wird? Es heißt nichts anderes als dies: Das Atomzeitalter ist von der Gewalt des Anspruches beherrscht, die uns durch das Prinzip vom zuzustellenden zureichenden Grund zu überwältigen droht. [...] Unter dieser Gewalt des Anspruches festigt sich der Grundzug des heutigen menschlichen Daseins, das überall auf Sicherheit arbeitet. (Beiläufig gesagt: Leibniz, der Entdecker des Grundsatzes vom zureichenden Grund, ist auch der Erfinder der ›Lebensversicherung‹.) Die Arbeit an der Sicherstellung des Lebens muß jedoch ständig sich neu sichern. Das Leitwort für diese Grundhaltung des heutigen Daseins lautet: Information.«[299]

Information ist das Leitwort einer Epoche, die das Leben ständig neu versichern muss und die dabei ironischerweise auf die »Zustellung« der Atomenergie setzt. Für Heidegger steht der Begriff der Information in direktem Zusammenhang mit Atomenergie und statistischer Physik. Die mathematische Informationstheorie, die Kybernetik und die Ankunft des Computers stehen seinsgeschichtlich im Schatten der

---

297 Heisenberg, Werner: »Atomtechnik nötig«, *Frankfurter Allgemeine Zeitung (24. Juni 1955)*.

298 Vgl. die Darstellung von Stolken-Fitschen. Obwohl die BRD-Bevölkerung gegenüber der Atomtechnik zu großen Teilen skeptisch eingestellt war, hielten sich die Proteste in den 1950er Jahren in Grenzen. Stölken-Fitschen, Ilona: *Atombombe und Geistesgeschichte. Eine Studie der fünfziger Jahre aus deutscher Sicht*, Baden Baden 1995, S. 196ff.

299 Heidegger: *Der Satz vom Grund*, S. 200ff.

Wasserstoffbombe, sie entstehen im selben epistemologischen Feld, obwohl die ersten gezündeten Exemplare noch von Hand gerechnet wurden.[300]

Die Bombe von Hiroshima rechnete Heisenberg in britischer Gefangenschaft innerhalb einer Woche auf dem Papier nach, obwohl er vom Plutonium der *Hanford Site* noch nichts wusste und von einem Uran-Isotop ausging. Bei der Herstellung von Atombomben handelte es sich nach Heisenberg jedenfalls nicht um ein physikalisches, sondern lediglich um das industrielle Problem, die erforderliche Menge an spaltbarem Material herzustellen.[301]

Für Heidegger geht es bei Leibniz' wissenschaftlichem Axiom allerdings noch um viel mehr als um Atombomben. Ganz im Sinne von Friedrich Georg Jünger denkt Heidegger über die sich ausbreitende Herrschaft des Kalküls auch und vor allem im Bereich der Sprachwissenschaft nach und entdeckt in Leibniz den Beginn einer solchen Auffassung und Praxis. Die »Zustellung« von Sprache als Information beginnt demzufolge nicht mit der Atomphysik oder der Kybernetik, sondern bereits im 17. Jahrhundert. So gehören Leibniz und die Bombe demselben Seinsgeschick an, was aber erst durch die Ausweitung des kybernetischen Steuerungsphantasmas in fast allen Sprach- und Lebenswissenschaften der Nachkriegszeit offenkundig wird.

»Demgemäß gewinnt die Vorstellung von der Sprache des Menschen als einem Instrument der Information in steigendem Maße die Oberhand. Denn die Bestimmung der Sprache als Information verschafft allererst den zureichenden Grund für die Konstruktion der Denkmaschinen und für den Bau der Großrechenanlagen. Indem jedoch die Information informiert, d.h. benachrichtigt, formiert sie zugleich, d.h. sie richtet ein und aus. Die Information ist als Benachrichtigung auch schon die Einrichtung, die den Menschen, alle Gegenstände und Bestände in eine Form stellt, die zureicht, um die Herrschaft des Menschen über das Ganze der Erde und sogar über das Außerhalb dieses Planeten sicherzustellen. In der Gestalt

300 Vgl. die Darstellung von Hagen, Wolfgang: »Die Camouflage der Kybernetik«, in: Pias, Claus (Hg.): *Cybernetics–Kybernetik. The Macy-Conferences 1946–1953. Essays und Dokumente*, Bd. 2, Berlin, 2004, S. 191–208; sowie Kapitel *2.1.2 Matrizen.*
301 Vgl. Hoffmann, Dieter: *Operation Epsilon. Die Farm-Hall-Protokolle oder Die Angst der Alliierten vor der deutschen Atombombe*, Berlin 1993, S. 38f.

der Information durchwaltet das gewaltige Prinzip des zuzustellenden zureichenden Grundes alles Vorstellen und bestimmt so die gegenwärtige Weltepoche als eine solche, für die alles auf die Zustellung der Atomenergie ankommt.«[302]

Mit dem Sputnikschock von 1957 fallen für Heidegger dann auch Metasprache und Raketentechnik in eins. Schlimmer noch, das Wort und mit ihm die Philosophie finden in diesem Kurzschluss zwischen symbolischem Kalkül und reeller Maschinentechnik ihr seinsgeschichtliches Ende. Dinge wie Raketen, Atombomben und Reaktoren sind sichtbarer Ausdruck für die technische Instrumentalisierung der Sprache, angesichts derer das eigene seinsgeschichtliche Projekt fast lächerlich wirkt.

»Die wissenschaftliche Philosophie, die auf eine Herstellung dieser Übersprache ausgeht, versteht sich folgerichtig als Metalinguistik. Das klingt wie Metaphysik, klingt nicht nur so, ist auch so; denn die Metalinguistik ist die Metaphysik der durchgängigen Technifizierung aller Sprachen zum allein funktionierenden interplanetarischen Informationsinstrument. Metasprache und Sputnik, Metalinguistik und Raketentechnik sind das Selbe. [...] Unzählige halten indes auch dieses ›Ding‹ Sputnik für ein Wunder, dieses ›Ding‹, das in einem weltlosen ›Welt‹-Raum umherrast; und für viele war es und ist es noch ein Traum: Wunder und Traum der modernen Technik, die am wenigsten bereit sein dürfte, den Gedanken anzuerkennen, das Wort verschaffe den Dingen ihr Sein. Nicht Worte sondern Taten zählen in der Rechnung der planetarischen Rechnerei. Dazu Dichter..? Und dennoch!«[303]

Stur gibt sich Heidegger dann doch in seinem eigenen Versuch, gerade im Angesicht der technischen »Wunder« der 1950er Jahre die »Einkehr« in das Wesen der Sprache zu finden. Allerdings ist der Rückgang auf die Vorsokratiker und deren deutsch-dichtenden Erben kein philosophisches Programm mehr wie etwa seine frühe Daseinsphilosophie oder der Beginn der Seinsgeschichte in den 1930er Jah-

---

302 Heidegger: *Der Satz vom Grund*, S. 203.
303 Heidegger: »Das Wesen der Sprache« (1957), S. 160ff.

ren. Die Philosophie ist nach 1957 kein zentraler Bezugspunkt des heideggerschen Denkens mehr.

Das Vergessen der Technik

Heidegger veröffentlicht *Die Frage nach der Technik* 1962 ein zweites Mal als Einzeltext unter dem Titel *Die Technik und die Kehre.* Im Wortlaut identisch fügt er ihm als Ende den vierten der Bremer Vorträge, *Die Kehre,* an. Auf diese Weise schließt er das Ende des Technikvortrags, das ihm beim Verfassen 1953 solche Schwierigkeiten bereitete, mit seinem eigenen Anfang kurz.[304] Heideggers Geste der Schließung als Rekursion, als In-sich-Zurücklaufen der *physis,* die in dieser Veröffentlichungsstrategie steckt, ist bedeutsam im Hinblick auf die »andere« Seinsgeschichte, die Heidegger mit den Worten »Ereignis«, »Lichtung« und »anderer Anfang« verfolgt.

Die Technik lässt sich vom Menschen ebenso wenig überwinden wie das Sein. Gleichzeitig deutet Heidegger mit der *Kehre* die Möglichkeit ihrer Verwindung an, »ähnlich dem, das geschieht, wenn im menschlichen Bereich ein Schmerz verwunden wird«.[305] Die Verwindung der Technik soll als schmerzhafte Entbergung einer (noch) verborgenen Wahrheit geschehen.

> »Die Verwindung eines Seinsgeschicks, hier und jetzt die Verwindung des Gestells, ereignet sich jedesmal aus der Ankunft eines anderen Geschicks, das sich weder logisch-historisch vorausberechnen noch metaphysisch als Abfolge eines Prozesses der Geschichte konstruieren lässt.«[306]

Wird *Die Frage nach der Technik* nicht »historisch gerechnet«, sondern seinsgeschichtlich – und das heißt nun zugleich medienontologisch – in Bezug auf das in ihr explizite Wahrheitsdispositiv gedacht, erscheint das Gestell selbst als endliches, sich selbst verwindendes Seinsgeschick. Heidegger hatte bereits in *Nietzsche II* die Verwindung eines anderen Seinsgeschickes geschildert: Descartes' Formel des *cogito ergo sum* schließt die christliche Eschatologie, indem

---

304 Vgl. Heidegger, Martin: *Die Technik und die Kehre*, Pfullingen, 1962.
305 Vgl. ebd., S. 38.
306 Vgl. ebd., S. 38f.

er die Heilsgewissheit über ihren geschichtlichen Horizont, über die »geschichtsbildende Kraft« des Christentums hinaustreibt. Die Eschatologie im Sinne der (Heils-)Gewissheit ist deshalb der beständig zu negierende Bezugspunkt der neuzeitlichen Metaphysik und damit die geschichtliche Vorbereitung des Gestells.[307]

In was sich letztendlich »gekehrt« wird, was nach dem Gestell kommt, bleibt offen. Was das Ereignis der Kehre betrifft, so ist nur der Zusammenhang aus Gefahr und Vergessung sicher, und dass dieses Ereignis als Ereignis keine Zeit braucht, sich außerhalb der modernen Zeitrechnung ereignen soll. Es wird sich nicht im »kausalen Wirkungszusammenhang« abspielen, sondern als jähes, unmittelbares »Sichlichten in das Blitzen«. Das Ereignis der Kehre, für das Heidegger um Worte ringt, weil es aus dem noch geltenden Seinsgeschick der Technik heraus unvorstellbar ist, lässt sich nicht historisch oder logisch herleiten. Wenn die Vergessenheit sich kehrt, dann als Vergessung.[308]

Auf der ontischen Ebene ist das Vergessen ein ganz alltäglicher, ja sogar notwendiger Vollzug des faktischen Daseins. Das Vorstellen und Feststellen des Seienden gehört zum In-der-Welt-sein, zum Machen und Tun, zum Gebrauch der Dinge und zum Mitsein der anderen. Ontologisch betrachtet gehört es wesentlich zur Abkehr des Daseins vom eigenen Ende. Seinsgeschichtlich aber steht es nicht für irgendeine ontisch-ontologische Differenz (also etwa die Differenz zwischen einem konkreten, faktisch vorhandenen Stein und seinem Wesen, der Weltlosigkeit), sondern für das Wissen um diese Differenz.[309]

Das statistische Dispositiv, dass mit der Quantenphysik seinen Weg in die Metaphysik findet und zu einem verdoppelten Naturbegriff führt, ist seinsgeschichtlich nichts anderes als Symptom dieses Unterschieds. Wie das ontische Vergessen das faktische Existieren des Daseins in der Welt gestattet, so gestattet das seinsgeschichtliche Vergessen den faktischen Vollzug der Wissenschaft. Das Vergessen als Seinsvergessenheit vernäht bei Heidegger das Reale der *physis* mit Wissenschaft und Technik.

---

307 Heidegger: *Nietzsche II*, S. 127.
308 Vgl. *1.2.2 Vergessung.*
309 Vgl. *1.2. Das Vergessen der Schreibmaschine.*

Die seinsgeschichtliche Dimension des Vergessens hätte Heidegger bereits in den späten 1930er Jahren denken können, als er sich in seinem Freiburger Seminar zu Nietzsches *Zweiter Unzeitgemäßer Betrachtung* (»Über den Nutzen und Nachteil der Historie für das Leben«) vom Wintersemester 1938/39 zum ersten Mal seit *Sein und Zeit* und explizit mit dem Vergessen beschäftigt. Dass Heidegger im Zusammenhang mit Nietzsche bereits das Vergessen als daseinsmäßige Haltung und zugleich als seinsgeschichtliche Verwerfung gedacht hatte, scheint ihm erst im Vorfeld des Technik-Vortrages 1953 wieder einzufallen, jedenfalls zeugt eine Fußnote in den Vorarbeiten davon.[310]

In der besagten Vorlesung von 1938 findet Heidegger in den griechischen und lateinischen Etymologien des Vergessens eine Markierung, um nun einem geschichtlich gedachten Dasein in seiner zeitgenössischen Kadrierung zwischen wesentlicher Bestimmung und Seinsverlassenheit auf die Spur zu kommen. Der philologische Fingerzeig, den er dabei erhält, ist die Medialität des Vergessens in antiker Zeit. Die lateinischen und griechischen Worte für das Vergessen »sind medial (zwischen Aktivum und Passivum), d.h. das Benannte hat in sich den Bezug auf den Träger und Vollzieher seiner selbst und gleichwohl steht es nicht völlig in seiner ›Macht‹.«[311]

Das Verben neben aktiv und passiv noch ein drittes Geschlecht, einen dritten *genus verbi* haben, ist zwar im Lateinischen nicht mehr so häufig wie im Griechischen, aber noch möglich. Zum Beispiel im Falle des lateinischen Wortes für Vergessen: Das Lateinische *obliviscor* ist grammatikalisch ein Deponens, ein Verb das nur in der Passivform existiert, obwohl es eine aktive Bedeutung hat. Heidegger leitet es eigenwillig von *oblino* her, und übersetzt *obliviscor* als »medial sich weg-wischen, für sich unwirklich machen, das Vergessene ist ausgelöscht, ›weg‹.« Das griechische *epi lanthanesthai* übersetzt er mit Hinweis auf Parmenides mit:

»auf etwas zu, dieses ›sich‹ in das Verborgene geraten lassen, weil und sofern man selbst dagegen verschlossen!, daß (einem) etwas in das Ver-

310 Vgl. ders.: *Leitgedanken*, Fußnote Nr. 17., S. 313.
311 Heidegger: *Zur Auslegung Nietzsches II. Unzeitgemäßer Betrachtung* (GA 46), Frankfurt a.M. 2003, S. 39.

borgene weg-sinkt. ›weg‹ – sich in den Unbezug bringen, aber griech.: sich selbst zugedeckt sein – in Bezug zu ...«[312]

Sprachgeschichtlich sind die medialen Verbformen im Griechischen älter als die passiven. Die Dualisierung des Denkens in aktiv und passiv durch einen Sprachgebrauch, der alles Handeln entweder zu einer subjekt- oder objektorientierten Tat erklärt, ist bereits so etwas wie eine seinsgeschichtliche Markierung der descartesschen Methode und des vergessenen dritten Geschlechts. Die Medialität des Vergessens markiert selbst einen Zwischenraum der Handlung, eine Zone der Indeterminiertheit, es ist mehr als das passive Übersichergehen lassen, aber auch kein bloßes aktives Wollen und Erreichen. Ob es sich beim Vergessen um ein völliges Entfallen, so dass einem auch entfällt, dass einem das Entfallene entfallen ist, oder aber um ein Sich-nicht-mehr-erinnern-können oder -wollen handelt, ist für Heidegger nicht unterscheidbar. Entscheidend ist vielmehr, dass das Vergessen immer den doppelten Bezug zum Behalten und Erinnern behält, selbst wenn es die Erinnerung an sich selbst auch noch mitreißt.

Das Vergessen tendiert dazu, alles Behaltene und Erinnerte mit sich zu reißen, wie der Sog, der beim Untergang eines Schiffes entsteht: »Was aber ist der Sogcharakter des Vergessens?«[313]

Der Versuch einer Antwort scheint zum ersten Mal in der Parmenides-Vorlesung vom Wintersemester 1942/43 auf, in der Heidegger einen ersten Versuch wagt, das Vergessen seinsgeschichtlich mit der Technik, genauer mit der Schreibmaschine zusammen zu denken. In der Schreibmaschine manifestiert sich das Vergessen als »eine sich entziehende Verbergung, durch die der Bezug des Seins zum Menschen sich wandelt.« Obwohl es sich, so Heidegger, bei dieser Maschine ja eigentlich bloß um einen Mechanismus handelt, also noch nicht mal um eine Kraftmaschine, ist das Vergessen hier bereits mechanisch automatisiert.[314]

---

312 Ebd., S. 37. Das Passiv hat im Griechischen nur im Aorist und im Futur eigenen Formen, ansonsten wird es durch das Medium ausgedrückt. Z.B. heißt *phulatto-mai* im Präsens sowohl »ich nehme mich in acht« (medial) wie auch »ich werde bewacht« (passivisch).
313 Ebd., S. 47.
314 Vgl. 1.2. *Das Vergessen der Schreibmaschine.*

Nach Franz Releaux, der mit seiner theoretischen Kinematik im 19. Jahrhundert nicht nur das ingenieurswissenschaftliche Grundlagenwerk zur Maschine, sondern auch zur frühen Technikphilosophie geschrieben hat, handelt es sich bei einer Schreibmaschine weniger um eine Maschine als bei einer Uhr. Wo die wirkenden Kräfte klein und die Mechanismen nur vorübergehend gebraucht werden, spricht Releaux lieber von »Instrumenten« als Maschinen. Heidegger fertigt im Zuge der Vorarbeiten zur Technik noch ein Schema dazu an.[315]

Obwohl Heidegger Releaux's formale Kinematik im Vorfeld des Technik-Vortrags 1953 wieder aufgreift, dient das in den 1950er Jahren nur noch der eigenen Versicherung, dass Releaux's mechanischer Maschinenbegriff nicht mehr tauge um die moderne Maschinentechnik zu denken. Die moderne Technik, so Heidegger, kann nur noch im Zusammenhang mit Wirtschaft, Industrie, Wissenschaft, Politik und Kultur und der zugrundeliegenden Metaphysik verstanden werden. Um die Operationalität der Seinsvergessenheit zu verstehen, die in allen gesellschaftlichen Verhältnissen herrscht, reicht die Zerlegung der Maschine in ihre elementaren Teile nicht aus.[316]

Technik ist für Heidegger ein metaphysisches Verfahren, sie vollzieht Metaphysik operativ. Gleichwohl stellt sie keine bloße Verfestigung der Metaphysik dar, sondern bildet – paradoxerweise – im 20. Jahrhundert gleichsam die Erfahrung der in Wissenschaft, Industrie, Kultur etc. herrschenden metaphysischen Wahrheit; somit gibt die Technik auch die Möglichkeit ihrer Verwindung.

Die Janusköpfigkeit der heideggerschen Technik in Bezug auf die Wahrheit des Seins erschließt sich erst, wenn man sie im Zusammenhang des Vergessens versteht.

Die Schreibmaschine steht, wie auch die Uhr, für die grundsätzliche Wandelbarkeit ontologischer Strukturen. Im Gegensatz zur Uhr greift die Schreibmaschine nach Heidegger aber nicht nur in die Zeitigungsprozesse der Gegenwärtigkeit und Vorhandenheit des Daseins ein, sondern sie operiert im geschichtlichen Horizont, im Erscheinungsraum der Zeichen und der Erinnerung.

Ihr Vergessen betrifft nicht mehr nur das jeweilige Dasein, sondern den gesamten Bezugsrahmen des Seienden, das Sein selbst. Sie

---

315 Heidegger: *Leitgedanken*, S. 309.
316 Vgl. ebd., S. 309f.

schreibt mit an den Gedanken und der Seinsgeschichte. Ob Schreib-maschine oder Uhrmechanismus, die technischen Akteure stecken bei Heidegger den metaphysischen Rahmen ab, innerhalb dessen das Seiende als Vorhandenes und Gegenständliches erscheinen kann.[317]

Ihre eigene Verfasstheit aber, ihr mediales Geschlecht, verweist auch dann noch auf die Historizität der Subjekt-Objekt-Dualität, wenn der Sprachgebrauch dies nicht mehr hergibt. Wie zuvor erwähnt, gibt es im Deutschen keinen dritten genus verbi, der mediale Prozesse, mediale Ursächlichkeiten anzeigen könnte. Deshalb müssen mediale Ketten im Deutschen durch den Satzbau konstruiert werden.

Die Winke, die Heidegger von den antiken Verbformen des Ver-gessens, aber auch vom Messzeug der Quantenmechanik vernimmt, erklären vielleicht zu einem gewissen Grade auch Heideggers eigene Passiv-Konstruktionen, Wort-Ketten, Einklammerungen und Sub-stantivierungen. Der medienontologische Jargon zeigt eine Sprache an, die kein Medium zwischen aktiv und passiv kennt. Heidegger ist damit nicht allein. Der dtv-Atlas zur Deutschen Sprache nennt als aktuelle Tendenzen das Phänomen zunehmender Passivkonstruktio-nen (in der Verwaltungssprache stehen heute bis zu 26 % aller Sätze im Passiv), die Substantivierungs-Tendenz, die Zurückbildung star-ker Verben [*singen – sang – gesungen* oder *treffen – traf – getroffen*] und die Bildung mehrgliedriger Wortzusammensetzungen, gerne in Klammerformen (Auto(mobilomni)bus).[318]

Im Vorfeld des Technik-Vortrags von 1953 wechselt Heidegger nicht nur Briefe mit Heisenberg.[319] Er liest und korrespondiert auch mit Max Bense. Heidegger notiert sich während seiner Vorstudien zum Technik-Vortrag einige Zitate von Bense, die einerseits von der Gefahr einer sich selbst überlassenen Technik handeln, einer Technik »ohne ethisches Imprematur«, andererseits aber auch die existenzielle Rolle von Logik, Mathematik und theoretischer Physik betonen. Hei-degger versucht dazu gedanklich Stellung zu beziehen:

---

317 Vgl. 1.2.
318 Vgl. dtv-Atlas Deutsche Sprache, München 2007, S. 117ff.
319 Vgl. 2.3.1 *Briefwechsel.*

»Mein Denken ist nicht gegen die Technik (gegen die wesenhafte (geschickhafte) Gedankenlosigkeit), sondern gegen die Oberflächlichkeit und Ahnungslosigkeit, mit der die Technik betrachtet wird.«[320]

Für Heidegger besteht die größte Schwierigkeit 1953 darin, den Zusammenhang zwischen Technik und Seinsvergessenheit im Vortrag herzuleiten. Die Frage lautet, was der gängige, herrschende Gebrauch des technischen Vergessens ist. Wie erscheint der Sogcharakter, die Dynamik des Vergessens, wie gelangt er zur Anwesenheit in einem weiten Sinne?

»Auf welchem Wege hinleiten zu Gestell? z.B. auch über Kybernetik und ›Sprache‹, die Benachrichtigung als tragende Einrichtung. Inwiefern?«[321]

Obwohl die Begriffe der Information und der Kybernetik sich bereits in Heideggers Korrespondenz und Notizen der 1950er Jahre niederschlagen, wird er auf der Münchner Tagung von 1953 das Feld von Sprache und Kybernetik dem Dichter Friedrich Georg Jünger überlassen. Heidegger selbst spricht von den bedenkenswerten Fragwürdigkeiten der Quantenphysik, und das Gestell bleibt in *Die Frage nach der Technik* eng an die neuzeitliche Physik gebunden. Wissenschaftsgeschichtlich, also ontisch, sieht Heidegger die Kybernetik zu dieser Zeit offenbar als Resultat ingenieurswissenschaftlicher Maschinentechnik und statistischer Physik, was ihre Explikation scheinbar erübrigt. Ganz falsch liegt er damit auch nicht. Max Bense war Quantenphysiker, und Norbert Wiener lieferte 1926 gemeinsam mit Max Born die entscheidende statistische Formulierung der Schrödingergleichung, die aufgrund ihrer mathematischen Unantastbarkeit den Konflikt zwischen Welle und Teilchenbild für kurze Zeit zur physikalischen Grundlagenkrise werden ließ.[322]
Auch entwickelt die Quantenphysik bereits in den 1930er Jahren Ansätze, biologische Prozesse mit physikalischen Verfahren zu beschreiben. Allerdings entstehen erst mit der Kybernetik auch Theorien der Maschine, die über das Ingenieurswissen des 19. Jahrhunderts hinausgehen und die quantenphysikalischen Experimental-

320 Heidegger: *Leitgedanken*, S. 347.
321 Ebd., S. 357.
322 Vgl. 2.1.2 *Licht und Materie – natura facit saltus*.

anordnungen durch Simulationen erweitern. Was die Technik der Simulation, die Steuerung des Welt-Gefüges durch Verfahren der Rückkopplung und Rekursion bedeutet, das will oder kann Heidegger 1953 noch nicht denken.

Ontisch liegt die Gefahr der technisch perfektionierten und seinsvergessenen Welt auf dem Höhepunkt des Kalten Krieges für Heidegger in einer nuklearen Katastrophe und einem dritten Weltkrieg, ontologisch aber ist alle Angst, auch die vor dem Ende der Welt immer nur Anzeige verdrängter Endlichkeit.[323] Nach Heidegger gibt es keine ontologische Differenz zwischen Rechenmaschine und Atombombe. In der rasenden Herausforderung der Natur durch Kraftwerke und Maschinen, in der Reduktion des Menschen auf berechenbare Größen und Statistik oder auf Biologismen wie z. B. das »Gehirn« waltet nach Heidegger letztendlich das Vergessen des Vergessens, das einen so fundamentalen Zusammenhang anzeigt, dass Heidegger ihm einen eigenen Namen verleiht:

> »Das Ge-Stell ist in sich – als Versammlung des Stellens, als Weise der Entbergung – Ge-fahr, ge-fährdet den Menschen in seinem Wesen, und zwar aufs Äußerste, daß der Mensch sein ›Wesen‹ vergißt und in der Vergessenheit dieses Vergessen vergißt.«[324]

---

323 Vgl. 2.4.1. *Seinsgeschichte der Bombe.*
324 Heidegger, *Leitgedanken*, S. 327.

Danksagung

Bei diesem Buch handelt es sich um die überarbeitete Fassung meiner Doktorarbeit, die 2010 von der Fakultät Medien an der Bauhaus-Universität Weimar angenommen wurde.

Ich bedanke mich bei Bernhard Siegert, der diese Arbeit betreute und mir half, durch die schwierigen Gefilde von Philosophie und Physikgeschichte, Medientheorie und Diskursanalyse hindurch zu navigieren. Erich Hörl danke ich dafür, dass er mit seinen Forschungen zu Heidegger und der Kybernetik einen für diese Arbeit wegweisenden Zugang geschaffen hat und dafür, dass er das Zweitgutachten übernahm.

Zahlreiche weitere Personen haben durch Diskussionen, Hinweise und Kritik zum Zustandekommen dieses Buches beigetragen. Besonderer Dank gilt Dietmar Schmidt, Skúli Sigurdsson, Isabel Kranz und Christina Hünsche, Roman Bedau, Helga Lutz, Anne Dippel, Bettina Funcke, Nina Wiedemeyer, Gregor Kanitz, Sebastian Vehlken, Daniel Eschkötter, Thorsten Bothe, Robert Suter, Wolfgang Hagen und Peter Berz.

Wichtige Anmerkungen und Kritik kamen von Stephan Gregory, Joseph Vogl, Bettine Menke, Lorenz Engell und Alf Lüdtke. Buch und Autorin haben den intensiven und disziplinübergreifenden Diskussionen über die Zusammenhänge von Medien, Geschichte, Technik und Wissenschaft im Graduiertenkolleg »Mediale Historiographien« der Universitäten Weimar, Erfurt und Jena viel zu verdanken.

Der Deutschen Forschungsgemeinschaft und der Bauhaus-Universität Weimar danke ich für die finanzielle Unterstützung, die meine Promotion und diese Publikation gefördert haben.

Ich bin Helmut Rechenberg, dem Schüler und Nachlassverwalter Heisenbergs, zu großem Dank verpflichtet, mir Heideggers Briefe im Sommer 2005 umgehend und unkompliziert zur Verfügung gestellt zu haben. Ich bedanke mich auch bei Hermann Heidegger und Arnulf Heidegger dafür, dass ich die entsprechenden Archivbestände in Marbach einsehen und zitieren durfte. Ulrich von Bülow und Friedrich-Wilhelm von Herrmann haben mir bei meiner Recherche im Archiv und der einen oder anderen Transkriptionsfrage zu Heideggers Handschrift geholfen.

Friedrich Kittler brachte das Projekt am Ende meines Studiums der Kulturwissenschaft in Berlin mit auf den Weg und öffnete mir eine entscheidende Tür. Ich hätte ihm dieses Buch zum Dank gerne in die Hand gegeben, aber sein Tod ist mir zuvorgekommen. Jetzt bleibt mir nur noch, es ihm und der Erinnerung an sein Denken zu widmen.

Berlin, im Dezember 2011

Literatur

Agamben, Giorgio: *Das Offene. Der Mensch und das Tier,* Frankfurt a.M. 2002.

— *Homo sacer. Die Souveränität der Macht und das nackte Leben*, Frankfurt a.M. 2002.

— *Was ist ein Dispositiv?* Berlin 2008.

Angehrn, Emil: »Kritik der Metaphysik und der Technik. Heideggers Auseinandersetzung mit der abendländischen Tradition«, in: Thomä, Dieter (Hg.): *Heidegger-Handbuch*, Stuttgart 2003, S. 268–279.

Aristoteles: *Physik. Bücher I–IV*, Hamburg 1987.

Bachelard, Gaston: *Der neue wissenschaftliche Geist*, Frankfurt a.M. 1988.

— *Epistemologie. Ausgewählte Texte*, Frankfurt a.M. 1974.

Barash, Jeffrey Andrew: *Heidegger und der Historismus. Sinn der Geschichte und Geschichtlichkeit des Sinns*, Würzburg 1999.

Becker, Oskar: »Beiträge zur phänomenologischen Begründung«, in: Husserl, Edmund (Hg.): *Jahrbuch für Philosophie und phänomenologische Forschung*, Bd. 6, Halle 1923.

— »Mathematische Existenz. Untersuchungen zur Logik und Ontologie mathematischer Phänomene«. In: Husserl, Edmund (Hg.): *Jahrbuch für Philosophie und phänomenologische Forschung*, Bd. 8, Halle 1927, S. 439–809.

— »Para-Existenz«, in: Pöggeler, Otto (Hg.): *Heidegger. Perspektiven zur Deutung seines Werks*, Köln 1969, S. 261–285.

— »Vier Briefe an Martin Heidegger«, in: Gethmann-Siefert, Annemarie und Mittelstraß, Jürgen (Hg.): *Die Philosophie und die Wissenschaften: zum Werk Oskar Beckers*, München 2002, S. 249–256.

Bergson, Henri: *Denken und schöpferisches Werden (La pensée et le mouvement,* 1934), Hamburg, 1993.

— »Discussion avec Einstein« (1922), in: Ders.: *Mélanges*, Paris 1972, S. 1340–1347.

— *Duration and Simultaneity. Bergson and the Einsteinian Universe*, hrsg. von Durie, Robin, Manchester 1999.

— *Durée et simultaneité. À propos de la théorie d'Einstein* (1922), Paris 1968.

— *Materie und Gedächtnis. Eine Abhandlung über die Beziehung zwischen Körper und Geist (1896)*, Hamburg 1991.

— *Matière et mémoire. Essai sur la relation du corps à l'esprit* (1896), Paris 1908.

— *Schöpferische Entwicklung (L' évolution créatrice,* 1907), Zürich 1970.

Bernet, Rudolf: »Die Lehre von der Bewegung bei Aristoteles und Heideggers Verständnis von der Bewegtheit menschlichen Lebens«. In: Steinmann, Michael (Hg.): *Heidegger und die Griechen*, Frankfurt a.M. 2007, S. 95–122.

Bohr, Niels: *Atomphysik und menschliche Erkenntnis I. Aufsätze und Vorträge aus den Jahren 1933–1955*, Braunschweig 1964.

— »On the Constitution of Atoms and Molecules I«, in: *The London, Edinburgh, and Dublin Philosophical Magazine, and Journal of Science*, 26.151 (1913), S. 1–25.

— »Wirkungsquantum und Naturbeschreibung«, in: *Die Naturwissenschaften*, 17 (1929), S. 483–486.

Born, Max: *Die Relativitätstheorie Einsteins*, Berlin, 1920.

— *Physik im Wandel meiner Zeit*, Braunschweig 1966.

— »Physikalische Wirklichkeit« (1953), in: Ders.: *Physik im Wandel meiner Zeit*, Braunschweig 1966, S. 145–159.

Brandner, Rudolf: *Heideggers Begriff der Geschichte und das neuzeitliche Geschichtsdenken*, Wien 1994.

Broglie, Louis de: *Licht und Materie. Ergebnisse der neuen Physik*, Hamburg 1941.

Buchheim, Thomas: »Was interessiert Heidegger an der physis?«, in: Steinmann, Michael (Hg.): *Heidegger und die Griechen*, Frankfurt a.M. 2007, S. 141–164.

Carson, Cathryn: *Heisenberg in the Atomic Age*, Cambridge, 2010.

— »Science as Instrumental Reason. Heidegger, Habermas, Heisenberg«, *Continental Philosophical Review*, 42 (2010), S 483–509.

Cassidy, David C.: *Werner Heisenberg. Leben und Werk*, Heidelberg 1995.

Deleuze, Gilles: *Foucault*, Frankfurt a.M. 1987.

— »Was ist ein Dispositiv?«, in: Ewald, François und Waldenfels, Bernhard (Hg.): *Spiele der Wahrheit. Michel Foucaults Denken*, Frankfurt a.M. 1991, S. 153–162.

Demmerling, Christoph: »Heidegger und die Frankfurter Schule«, in: Thomä, Dieter (Hg.): *Heidegger-Handbuch*, Stuttgart 2003, S. 361–369.

Derrida, Jacques: *Chora*, Wien 1990.

— »Heideggers Hand (Geschlecht II)«, in: Ders.: *Geschlecht*, Wien 1988, S. 45–99.

— *Über den Namen*, Wien 2000.

— *Vom Geist. Heidegger und die Frage*, Frankfurt a.M. 1988.

Desrosières, Alain: *Die Politik der großen Zahlen. Eine Geschichte der statistischen Denkweise*, Berlin 2005.

Dirac, Paul Adrien Maurice: *The Principles of Quantum Mechanics* (1930), Oxford 1958.

dtv-Atlas Deutsche Sprache, München 2007.

Einstein, Albert: *Äther und Relativitätstheorie*, Berlin 1920.

— *Grundzüge der Relativitätstheorie (Meaning of Relativity, 1921)*, Ost-Berlin 1969.

— *Mein Weltbild* (1953), hrsg. von Carl Seelig, Frankfurt a.M. 1991.

— »Über einen die Erzeugung und Verwandlung des Lichtes betreffenden heuristischen Gesichtspunkt« (1905), in: *Annalen der Physik*, 17 (1905), S. 132–148.

— »Zur Elektrodynamik bewegter Körper« (1905), in: *Annalen der Physik*, 17 (1905), S. 891–921.

— Einstein, Albert und Born, Hedwig und Max: *Einstein-Born Briefwechsel (1916-1955)*, München 1969.

— Einstein, Albert und Leopold Infeld: *Die Evolution der Physik*, Hamburg 2004.

Foucault, Michel: »Andere Räume«, in: Barck, Karl Heinz (Hg.): *Aisthesis*, Leipzig 1990, S. 34–46.

— *Archäologie des Wissens*, Frankfurt a.M. 1975.

— *Die Ordnung der Dinge*, Frankfurt a.M. 1974.

— *In Verteidigung der Gesellschaft*, Frankfurt a.M. 1977.

— *Sicherheit, Territorium, Bevölkerung. Geschichte der Gouvernementalität I*, Frankfurt a.M. 2004.

— *Überwachen und Strafen. Die Geburt des Gefängnisses*, Frankfurt a.M. 1994.

Friedman, Michael: *Carnap, Heidegger, Cassirer. Geteilte Wege*, Frankfurt a.M. 2004.

Galison, Peter: *Einsteins Uhren, Poincarés Karten. Die Arbeit an der Ordnung der Zeit*, Frankfurt a.M. 2003.

— *Image and Logic. A Material Culture of Physics*, Chicago 1997.

— »Minkowski's Space-Time: From Visual Thinking to the Absolute World«, in: McCormmach, Russel und Turner, Roy Steven (Hg.): *Historical Studies in the Physical Sciences*, Bd. 10, Philadelphia 1979, S. 85–121.

Geimer, Peter: *Ordnungen der Sichtbarkeit. Fotografie in Wissenschaft, Kunst und Technologie*, Frankfurt a.M. 2002.

— »Was ist kein Bild? Zur Störung der Verweisung«, in: Ders. (Hg.): *Ordnungen der Sichtbarkeit. Fotografie in Wissenschaft, Kunst und Technologie*, Frankfurt a.M. 2002, S. 313–341.

Glazebrook, Trish: *Heidegger's Philosophy of Science*, New York City 2000.

Goedel, Kurt: »Über formal unentscheidbare Sätze der Principia Mathematica und verwandter Systeme I«, in: *Monatshefte für Mathematik und Physik*, 38 (1931).

Grimm, Jakob und Wilhelm Grimm: *Deutsches Wörterbuch*, Leipzig 1854.

Guardini, Romano: »Die Situation des Menschen«, in: Bayerische Akademie der schönen Künste (Hg.): *Die Künste im technischen Zeitalter*, Darmstadt 1956, S. 13–30.

Hacking, Ian: *The Taming of Chance*, Cambridge 1990.

Hagen, Wolfgang: »Die Camouflage der Kybernetik«, in: Pias, Claus (Hg.): *Cybernetics – Kybernetik. The Macy-Conferences 1946–1953. Essays und Dokumente*, Bd. 2, Berlin 2004, S. 191–208.

Hans-Peter Hempel: *Natur und Geschichte. Der Jahrhundertdialog zwischen Heidegger und Heisenberg*, Frankfurt a.M. 1990.

Hanson, Norwood Russel: *The Concept of the Positron*, Cambridge 1963.

Heidegger, Martin: »Anmerkungen zu Karl Jaspers«, in: Ders.: *Wegmarken* (GA 9), Frankfurt a. Main 1976, S. 1–44.

— *Beiträge zur Philosophie* (GA 65), Frankfurt a.M. 1989.

— *Bremer und Freiburger Vorträge* (GA 79), Frankfurt a.M. 1994.

— »Brief über den Humanismus« (1946), in: Ders.: *Wegmarken* (GA 9), Frankfurt a.M. 2004.

— *Briefe an Heisenberg* (1953), Nachlass Werner Heisenberg, Max-Planck-Institut für Physik, München, unveröffentlicht.

— »Chorlied aus der Antigone des Sophokles«, in: Ders.: *Aus der Erfahrung des Denkens* (GA 13), Frankfurt a.M. 2002, S. 35–36.

— »Das Gestell« (1949), in: Ders.: *Bremer und Freiburger Vorträge* (GA 79), Frankfurt a.M. 2005, S. 24–45.

— »Das Wesen der Sprache« (1957), in: Ders.: *Unterwegs zur Sprache* (GA 12), Stuttgart 1993, S. 159–215.

— *Der Begriff der Zeit* (GA 64), Frankfurt a.M. 2004.

— *Der Satz vom Grund*, Pfullingen 1957.

— »Der Ursprung des Kunstwerks« (1935/36) in: Ders.: *Holzwege* (GA 5), Frankfurt a.M. 2003, S. 1–73.

— »Die Armut«, *Heidegger Studies*, 10 (1994), S. 5–14.

— »Die Bedrohung der Wissenschaft«, in: Ders.: *Leitgedanken zur Entstehung der Metapyhsik, der neuzeitlichen Wissenschaft und der modernen Technik* (GA 76), Frankfurt a.M. 2009, S. 157–190.

— *Die Frage nach dem Ding*, Tübingen 1987.

— »Die Frage nach der Technik«, in: Ders.: *Vorträge und Aufsätze*, Stuttgart 2004, S. 9–40.

— »Die Gefahr«, in: Ders.: *Bremer und Freiburger Vorträge* (GA 79), Frankfurt a.M. 2005, S. 46–67.

— *Die Technik und die Kehre*, Pfullingen 1962.

— »Die Zeit des Weltbildes« (1938), in: *Holzwege* (GA 5), Frankfurt a.M. 2003, S. 75–114.

— *Einführung in die Metaphysik* (1935), Tübingen 1998.

— *Gelassenheit*, Pfullingen 1977.

— *Grundbegriffe der Metaphysik* (GA 29/30), Frankfurt a.M. 1983.

— *Grundprobleme der Phänomenologie* (GA 58), Frankfurt a.M. 1993.

— *Hölderlins Ister* (GA 53), Frankfurt a.M. 1993.

— *Identität und Differenz* (GA 11), Frankfurt a.M. 1996.

— *Kant und das Problem der Metaphysik* (GA 3), Frankfurt a.M. 1991.

— Konvolut A: Heidegger 1/B75; Nr.75.7356 (enthält die Briefe von Heisenberg an Heidegger und dazugehörige Notizen, etc. aus dem Jahr 1953), Heidegger-Nachlass, Deutsches Literaturarchiv Marbach, unveröffentlicht.

— *Leitgedanken zur Entstehung der Metaphysik, der neuzeitlichen Wissenschaft und der modernen Technik* (GA 76), Frankfurt a.M. 2009.

— ›*Mein liebes Seelchen!*‹ *Briefe Martin Heideggers an seine Frau (1915–1970)*. Hrsg. von Heidegger, Gertrud, München 2005.

— *Metaphysische Anfangsgründe der Logik im Ausgang von Leibniz* (GA 26), Frankfurt a.M. 1978.

— *Nietzsche Bd. I und II*, Stuttgart 2008.

— »Nietzsches Wort ›Gott ist tot‹«, in: Ders.: *Holzwege* (GA 5), Frankfurt a.M. 2003, S. 209–268.

— *Parmenides* (1942/43, GA 54), Frankfurt a.M. 1982.

— *Phänomenologie der Anschauung und des Ausdrucks. Theorie der philosophischen Begriffsbildung* (GA 59), Frankfurt a.M. 1993.

— *Phänomenologische Interpretationen zu Aristoteles* (1922), Stuttgart 2003.

— »Platons Lehre von der Wahrheit« (1931/40), in: Ders.: *Wegmarken* (GA 9), Frankfurt a.M. 2004, S. 203–238.

— *Sein und Zeit* (1927), Tübingen 1993.

— »Vom Wesen der Wahrheit«, in: Ders.: *Wegmarken* (GA 9), Frankfurt a.M. 2004, S. 177–202.

— »Vom Wesen und Begriff der Physis. Aristoteles Physik B.1« (1939), in: Ders.: *Wegmarken* (GA 9), Frankfurt a.M. 2004, S. 239–302.

— »Wissenschaft und Besinnung« (1953), in: Ders.: *Vorträge und Aufsätze*, Stuttgart 2004, S. 41–66.

— *Zollikoner Seminare*, hrsg. von Boss, Medard, Frankfurt a.M. 1994.

— *Zur Bestimmung der Philosophie* (GA 56/57), Frankfurt a.M. 1987.

— *Zur Sache des Denkens*, Tübingen 2000.

— *Zur Auslegung Nietzsches II. Unzeitgemäßer Betrachtung* (GA 46), Frankfurt a.M. 2003.

Heider, Fritz: *Ding und Medium*, Berlin 2005.

Heisenberg, Werner: »Atomtechnik nötig«, *Frankfurter Allgemeine Zeitung* (24. Juni 1955).

— *Das Naturbild der heutigen Physik*, Hamburg 1955.

— »Das Naturbild der heutigen Physik«, in: Bayerische Akademie der schönen Künste (Hg.): *Die Künste im technischen Zeitalter*, Darmstadt 1956, S. 31–47.

— *Der Teil und das Ganze*, München 1969.

— »Die gegenwärtigen Grundprobleme der Atomphysik«, in: *Wandlungen in den Grundlagen der Naturwissenschaft*, Zürich 1949, S. 89–101.

— »Friedliche Atomtechnik. Die Anwendung der Atomtechnik in Deutschland«, *Deutsche Universitätszeitung* 6 (23. März 1953), S. 10–13.

— *Gesammelte Werke. Physik und Erkenntnis 1969–1976*, Zürich 1985.

— »Kausalgesetz und Quantenmechanik« (1930), in: Ders.: *Gesammelte Werke. Physik und Erkenntnis 1927–1955*, München 1984, S. 29–39.

— *Physik und Philosophie*, Stuttgart 1978.

— »Über die Grundprinzipien der ›Quantenmechanik‹«, in: Ders.: *Gesammelte Werke. Physik und Erkenntnis 1927–1955*, München 1984, S. 21.

— »Wandlungen der Grundlagen der exakten Naturwissenschaft in jüngster Zeit« (1934), in: Ders.: *Gesammelte Werke. Physik und Erkenntnis 1927–1955*, München 1984, S. 96–101.

Helmholtz, Hermann von: »Über die Wechselwirkung der Naturkräfte und die darauf bezüglichen neuesten Ermittlungen der Physik« (1854), in: Ders.: *Vorträge und Reden*, Braunschweig 1903, S. 48–84.

Hey, Tony und Walters, Patrick: *The New Quantum Universe*, Cambridge 2003.

Hoffmann, Dieter: *Operation Epsilon. Die Farm-Hall-Protokolle oder Die Angst der Alliierten vor der deutschen Atombombe*, Berlin 1993.

Hörl, Erich: *Die heiligen Kanäle. Über die archaische Illusion der Kommunikation*, Berlin 2005.

— »Die offene Maschine. Heidegger, Günther und Simondon über die technologische Bedingung«, MLN 128 (2008), S. 632–655.

— »Parmenideische Variationen. McCulloch, Heidegger und das kybernetische Ende der Philosophie«, in: Pias, Claus: *Die Macy-Konferenzen 1946–1953*. Bd. 2: Essays und Dokumente, Berlin 2004, S. 185–201.

Jünger, Friedrich Georg: *Perfektion der Technik*, Frankfurt a.M. 1952.

— »Sprache und Kalkül«, in: Bayerische Akademie der schönen Künste (Hg.): *Die Künste im technischen Zeitalter*, Darmstadt 1956, S. 86–104.

Jungk, Robert: *Die Zukunft hat schon begonnen. Amerikas Allmacht und Ohnmacht*, Stuttgart 1952.

Kant, Immanuel: *Kritik der reinen Vernunft* (1781), Hamburg 1998.

— *Metaphysische Anfangsgründe der Naturwissenschaft* (1786), Hamburg 1997.

— *Übergang von den metaphysischen Anfangsgründen der Naturwissenschaft zur Physik* (1790–1804), Hildesheim 1996.

Kassung, Christian: *EntropieGeschichten*, München 2001.

— »Tichy × 2 = ? Relativitätstheorie als literarisches Gedankenexperiment«, in: Macho, Thomas und Wunschel, Annette (Hg.): *Science and Fiction. Über Gedankenexperimente in Wissenschaft, Philosophie und Literatur*, Frankfurt a.M. 2004, S. 17–32.

Kassung, Christian und Hug, Marius: »Der Raum des Äthers«, in: Kümmel-Schnur, Albert und Schröter, Jens (Hg.): *Äther. Ein Medium der Moderne*, Bielefeld 2008, S. 99–132.

Kittler, Friedrich: *Eine Kulturgeschichte der Kulturwissenschaft*, München 2001.

— *Grammophon Film Typewriter*, Berlin 1986.

— »Zum Geleit«, in: Engelmann, Jan (Hg.): *Foucault. Botschaften der Macht*, Berlin 1999, S. 7–9.

Kittler, Wolf: »Thermodynamik und Guerilla. Zur Methode von Michel Foucaults Archäologie des Wissens«, in: *Trajekte* 4 (2002), S. 16–21.

Kötter, Rudolph: »Kants Schwierigkeiten mit der Physik. Ansätze zu einer problemorientierten Interpretation seiner späten Schriften zur Philosophie der Naturwissenschaft«, in: Blasche, Siegfried (Hg.): *Übergang. Untersuchungen zum Spätwerk Immanuel Kants*, Frankfurt a.M. 1991.

Kristeva, Julia: *Die Revolution der poetischen Sprache*, Frankfurt a.M. 1978.

Kuhn, Thomas S.: *Black-Body Theory And the Quantum Discontinuity 1894–1912*, Chicago 1978.

Lacan, Jacques: »Das Spiegelstadium als Bildner der Ich-Funktion wie sie uns in der psychoanalytischen Erfahrung erscheint«, in: Ders.: *Schriften 1* (1949), Berlin 1991, S. 61–70.

— *Die Angst. Das Seminar, Buch X*, Wien 2010.

Lacoue-Labarthe, Philippe: *Die Fiktion des Politischen. Heidegger, die Kunst und die Politik*, Stuttgart 1990.

Latour, Bruno: *Eine neue Soziologie für eine neue Gesellschaft*, Frankfurt a.M. 2007.

— *Wir sind nie modern gewesen*, Frankfurt a.M. 2002.

Luckner, Andreas: *Heidegger und das Denken der Technik*, Stuttgart 2008.

Mancosu, Paolo und Ryckman, T. A.: »Geometry, Physics and Phenomenology: Four Letters of O. Becker to H. Weyl«, in: Peckhaus, Volker (Hg.): *Oskar Becker und die Philosophie der Mathematik*, München 2005, S. 153–227.

Mehrtens, Herbert: *Moderne Sprache Mathematik. Eine Geschichte des Streits um die Grundlagen der Disziplin und des Subjekts formaler Systeme*, Frankfurt a.M. 1990.

Merleau-Ponty, Maurice: *Die Natur. Vorlesungen am Collège de France 1956–1960*, München 2000.

Michelson, Albert A. und Morley, Edward W.: »On a Method of Making the Wave-Length of Sodium Light the Actual and Practical Standard of Length«, *American Journal of Science*, 34 (1887), S. 427–430.

— »On the Relative Motion of the Earth and the Luminiferous Ether«, *American Journal of Science*, 203 (November 1887), S. 333–345.

Minkowski, Hermann: »Das Relativitätsprinzip«, *Annalen der Physik*, 47 (1915), S. 927–938.

— »Raum und Zeit«, in: Ders.: *Gesammelte Abhandlungen*, Bd. 2, Berlin 1911, S. 431–444.

Nagel, Ernest und Newman, James R.: *Gödel's Proof*, New York 2001.

Nancy, Jean-Luc: *Die undarstellbare Gemeinschaft*, Stuttgart 1988.

Neumann, John von: »First Draft of a Report on the EDVAC« (1945), *IEEE Annals of the History of Computing*, 15.4 (1993), S. 22–75.

— *Mathematische Grundlagen der Quantenmechanik*, Berlin 1932.

Oexle, Otto Gerhard: *Hahn, Heisenberg und die anderen*, Berlin 2003.

Ofak, Ana: »Meinst Du Glas? Das Durchscheinende und die Geometrie des Durchscheinens«, in: Kittler, Friedrich und Ofak, Ana (Hg.): *Medien vor den Medien*, Berlin 2007, S. 105–122.

Planck, Max: *Physikalische Abhandlungen und Vorträge*, Bd. 1–3, Braunschweig 1958.

— *Wege zur physikalischen Erkenntnis*, Leipzig 1933.

— »Dynamische und statistische Gesetzmäßigkeiten« (1914), in: Ders.: *Wege zur physikalischen Erkenntnis*, Leipzig 1944, S. 54–67

Platon: *Timaios*, Stuttgart 2003.

Pöggeler, Otto: *Heidegger in seiner Zeit*, München 1999.

Polt, Richard: »Einführung in die Metaphysik. Eine Erkundung der physis und ihrer Entmachtung«, in: Thomä, Dieter (Hg.): *Heidegger-Handbuch*, Stuttgart 2003, S. 174–181.

Prigogine, Ilya und Stengers, Isabelle: *Dialog mit der Natur*, Zürich 1980.

Quine, Willard van Orman: »Posits and Reality« (1955), in: Ders.: *The Ways of the Paradox and other essays*, Cambridge 1973, S. 246–255.

Randall, Lisa: *Verborgene Universen*, Frankfurt a.M. 2008.

Rebentisch, Juliane: *Ästhetik der Installation*, Frankfurt a.M. 2003.

Rheinberger, Hans-Jörg: *Epistemologie des Konkreten. Studien zur Geschichte der modernen Biologie*, Frankfurt a.M. 2006.

Röller, Nils: *Medientheorie im epistemischen Übergang. Hermann Weyls Philosophie der Mathematik und Naturwissenschaft und Ernst Cassirers Philosophie der symbolischen Formen im Wechselverhältnis*, Diss. Bauhaus-Universität Weimar, 2000.

Schmidt, Ina: *Vom Leben zum Sein. Der frühe Martin Heidegger und die Lebensphilosophie*, Würzburg 2005.

Schrödinger, Erwin: »Die Grundgedanken der Wellenmechanik« (1933), in: Ders.: *Was ist ein Naturgesetz? Beiträge zum naturwissenschaftlichen Weltbild*, Oldenburg 1997, S. 86–101.

— »Über das Verhältnis der Heisenberg-Jordanschen Quantenmechanik zu der meinen«, *Annalen der Physik*, 79 (1926), S. 734–576.

— »Unsere Vorstellung von der Materie« (1952), in: Ders.: *Was ist ein Naturgesetz? Beiträge zum naturwissenschaftlichen Weltbild*, Oldenburg 1997, S. 102–120.

— *Was heißt Leben? Die lebendige Zelle mit den Augen des Physikers betrachtet* (1943), München 1951.

— »Was ist ein Naturgesetz?« In: Ders.: *Was ist ein Naturgesetz? Beiträge zum naturwissenschaftlichen Weltbild*, Oldenburg 1922, S. 9–17.

Schröter, Manfred: »Bilanz der Technik«, in: Bayerische Akademie der schönen Künste (Hg.): *Die Künste im technischen Zeitalter*, Darmstadt 1956, S. 123–135.

Seitter, Walter: *Physik der Medien. Materialien, Apparate und Präsentierungen*, Weimar 2002.

Serres, Michel: »Boltzmann und Bergson«, in: Ders.: *Hermes IV: Verteilung*, Berlin 1993, S. 131–150.

— (Hg.): *Elemente einer Geschichte der Wissenschaften*, Frankfurt a.M., 1995.

Seubold, Günther: *Heideggers Analyse der neuzeitlichen Technik*, Freiburg 1986.

Siegert, Bernhard: »Das trübe Wasser der reinen Vernunft. Kantsche Signaltechnik«, in: Vogl, Joseph (Hg.): *Poetologien des Wissens um 1800*, München 1999, S. 53–68.

— »(Nicht) am Ort«, *Thesis*. Wissenschaftliche Zeitschrift der Bauhaus-Universität Weimar. Bd. 3. 2003, S. 93–104.

— *Passage des Digitalen. Zeichenpraktiken der neuzeitlichen Wissenschaften 1500–1900*, Berlin 2003.

— »Schüsse, Schocks und Schreie. Zur Undarstellbarkeit der Diskontinuität bei Euler, d' Alembert und Lessing«, in: Baxmann, Inge und Franz, Michael und Schäffner, Wolfgang (Hg.): *Das Laokoon-Paradigma. Zeichenregime im 18. Jahrhundert*, Berlin 2000.

Sigurdsson, Skúli: »Physics, Life, and Contingency. Born, Schrödinger, and Weyl in Exile«, in: Ash, Mitchell G. und Söllner, Alfons (Hg.): *Forced Migration and Scientific Change. Emigre German-Speaking Scientists and Scholars after 1933*, Cambridge 1996, S. 48–70.

— »Unification, Geometry and Ambivalence: Hilbert, Weyl, and the Göttingen Community«, *Trends in the Historiography of Science*. Dordrecht, Boston, London 1994, S. 355–367.

Simonyi, Karl: *Kulturgeschichte der Physik. Von den Anfängen bis 1990*, Frankfurt a.M. 1995.

Sloterdijk, Peter: *Nicht gerettet. Versuche nach Heidegger*, Frankfurt a.M. 2001.

Smorodinskij, J.A. und Ziesche, P.: *Was heißt Temperatur? Begriff, Geschichte, Labor und Kosmos*, Frankfurt a.M. 2000.

Staley, Richard: »Michelson's Interferometer: Experiment or Instrument?«, in: Meinel, Christoph (Hg.): *Instrument – Experiment. Historische Studien*, Berlin 2000.

Stölken-Fitschen, Ilona: *Atombombe und Geistesgeschichte. Eine Studie der fünfziger Jahre aus deutscher Sicht*, Baden Baden 1995.

Stumpe, Martin: *Geviert, Gestell, Geflecht. Die logische Struktur des Gedankens in Martin Heideggers späten Texten*, Norderstedt 2002.

Thomä, Dieter (Hg.): *Heidegger-Handbuch*. Stuttgart 2003.

Thönnes, Volker: »Das Leben zur Sprache bringen. Bergson und Heidegger im Lichte eines buchstäblich zeitlosen Problems«, Diss. Albert-Ludwigs-Universität Freiburg i.B., WS 2003/2004.

Turing, Alan: »On Computable Numbers with an Application to the Entscheidungsproblem«, *Proceedings of the London Mathematical Society*, Reihe 2, Bd. 42 (1937), S. 230–254.

Tyradellis, Daniel: *Untiefen. Husserls Begriffsebene zwischen Formalismus und Lebenswelt*, Würzburg 2006.

Uexküll, Jakob von: *Umwelt und Innenwelt der Tiere*, Leipzig 1909.

Uhlmann, Armin: *Schrödinger und seine Gleichung*, Berlin 1989.

Vagt, Christina: »Komplementäre Korrespondenz. Heidegger und Heisenberg zur Frage der Technik«, *NTM – Zeitschrift für Geschichte der Wissenschaften, Technik und Medizin*, Bd. 19, Heft 4 (2011), S. 391–406.

— »Zeitkritische Bilder. Bergsons Zeitphilosophie zwischen Topologie und Fernsehen«, in: Vollmer, Axel (Hg.): *Zeitkritische Medien*, Berlin 2010, S. 105–126.

Vernant, Jean-Pierre: *Die Entstehung des griechischen Denkens* (*Les origines de la pensée grecque*, 1962), Frankfurt a.M. 1982.

Vukićević, Vladimir: *Heidegger und Sophokles*, Stuttgart 2003.

Walter, Scott: »The non-Euclidean style of Minkowskian Relativity«, in: Gray, Jeremy (Hg.): *The Symbolic Universe. Geometry and Physics 1890–1930*, Cambridge 1999, S. 91–127.

Weizsäcker, Carl Friedrich von: »Heidegger und die Naturwissenschaft«, in: Gadamer, H.-G. und Marx, Werner (Hg.): *Heidegger. Freiburger Universitätsvorträge zu seinem Gedenken*, Freiburg 1979, S. 63–86.

— »Begegnungen in vier Jahrzehnten«, in: Neske, Günther (Hg.): *Erinnerung an Martin Heidegger*, Pfullingen 1977, S. 239–247.

Weyl, Hermann: *Das Kontinuum. Kritische Untersuchungen über die Grundlagen der Analysis*, Leipzig 1918.

— »Erkenntnis und Besinnung«, in: Ders.: *Gesammelte Abhandlungen*, Bd. IV, Berlin 1968, S. 631–649.

— »Philosophie der Mathematik und Naturwissenschaft«, in: *Handbuch der Philosophie*, hrsg. von Bäumler, Alfred und Schröter, Manfred, Abt. 2, Bd. A, Oldenburg 1927.

— *Philosophie der Mathematik und Naturwissenschaft*, Oldenburg 1982.

— *RaumZeitMaterie.* Vorlesungen über Allgemeine Relativitätstheorie, Berlin 1918.

— *RaumZeitMaterie.* Vorlesungen über Allgemeine Relativitätstheorie, 5. Auflage, Berlin, 1923.

— *Was ist Materie? Zwei Aufsätze zur Naturphilosophie*, Berlin 1924.

Whitehead, Alfred North und Bertrand Russell: *Prinicpia Mathematica* (1910), Frankfurt a.M. 1994.